古代歷史文化研究輯刊

十七編

王明蓀 主編

第23冊

京師大學堂科學教育研究

白天鵬 著

國家圖書館出版品預行編目資料

京師大學堂科學教育研究／白天鵬 著 — 初版 — 新北市：花
木蘭文化出版社，2017〔民106〕
目 2+292 面；19×26 公分
（古代歷史文化研究輯刊 十七編；第 23 冊）
ISBN 978-986-404-963-9（精裝）
1. 京師大學堂 2. 科學教育
618   106001489

ISBN-978-986-404-963-9

9 789864 049639

古代歷史文化研究輯刊
十七編　第二三冊   ISBN：978-986-404-963-9

京師大學堂科學教育研究

作　　者　白天鵬
主　　編　王明蓀
總 編 輯　杜潔祥
副總編輯　楊嘉樂
編　　輯　許郁翎、王筑　美術編輯　陳逸婷
出　　版　花木蘭文化出版社
社　　長　高小娟
聯絡地址　235 新北市中和區中安街七二號十三樓
　　　　　電話：02-2923-1455／傳真：02-2923-1452
網　　址　http://www.huamulan.tw 信箱 hml810518@gmail.com
印　　刷　普羅文化出版廣告事業
初　　版　2017 年 3 月
全書字數　274053 字
定　　價　十七編 34 冊（精裝）台幣 68,000 元

京師大學堂科學教育研究

白天鵬　著

作者簡介

白天鵬（1984～），遼寧丹東人，北京師範大學歷史學院中國近現代史專業博士，中國科學院自然科學史研究所博士後，研究方向為中國近代科學史，中國近代文化史。

提　　要

　　近代中國的科學教育發軔於洋務運動，直至 1898 年京師大學堂成立，科學教育的發展才邁出了重要的步伐。

　　京師大學堂科學教育在近代中國的發展歷程，以庚子事變為界分為前後兩個階段。前一個階段是大學堂科學教育的籌備、初創時期。大學堂科學教育以普通學與專門學的形式進行了初步實施。其間雖經歷戊戌政變與保守勢力的阻撓，大學堂科學教育終究被保留下來。

　　庚子事變中，大學堂科學教育被迫中斷，直至 1902 年才重新開學授課。在大學堂恢復重建的過程中，管學大臣張百熙做出了重要貢獻。庚子事變後，大學堂科學教育的發展進入了新的階段。隨著奏定大學堂章程的頒行，大學堂科學教育開始向著正規化、效率化的方向轉變。此一時期，京師大學堂相繼創辦了師範館、預備科、博物實習科以及分科大學、譯學館等教學部門，京師大學堂的科學教育體系逐漸形成。大學堂科學教育在開辦過程中也流露出種種缺陷與弊端，但是它作為近代早期，特別是清末時期中國大學的典範，不僅是近代中國科技發展史、教育發展史中的一座里程碑，更為重要的是，它以直接間接的方式改變人們的知識結構、更新人們的思想觀念來推動了近代社會的整體進步。

目次

緒　論

一、選題背景及意義

　　在近代中國一百多年的發展歷程中，科學的影響無疑是巨大的。現代中國人一提到「科學」往往肅然起敬，甚至於達到了頂禮膜拜的地步。科學儼然變得至高無上。而科學之所以能對近代中國產生如此大的影響，並且獲得如此高的禮遇則是與它在近代中國的傳播途徑與形式——科學教育有密切的聯繫。

　　「科學」和科學教育是由西方傳入中國的，它是在清末強國禦辱的環境下產生的，19 世紀 60 年代開始的洋務運動是近代科學教育的萌芽時期，而戊戌變法期間，京師大學堂的成立，則標誌著科學教育在近代中國的發展進入了一個新的歷史時期。

　　京師大學堂在籌辦伊始，就對各門類科學課程進行了規劃。總理衙門制定的《大學堂章程》為大學堂科學教育確立了普通學、專門學的模式，而《欽定大學堂章程》提出大學堂內成立師範館、仕學館以及預備科的辦法，並進而對各門科學課程的設置作出了明確規定，《奏定大學堂章程》則著重對包括格致科、工科、農科、醫科等在內的分科大學進行佈局，它提出「在京師大學務須全設，若將來外省有設大學者可不必限定全設，惟至少須置三科，以符學制。」〔註 1〕大學堂科學教育就是在以上三個章程的指導下陸續實施，逐步深入的。在科學教育的推行過程中，大學堂根據自身情況及當時的教育

〔註 1〕　《奏定大學堂章程》，璩鑫圭、唐良炎編：《近代教育史資料彙編——學制演變》，上海：上海教育出版社，1991 年，第 340 頁。

形勢，在實踐中對各因素加以整合。大學堂內的譯書局、譯學館、醫學實業館，尤其是博物實習科的開辦，都是當時大學堂科學教育體系的不斷完善、不斷充實的體現。1912 年 5 月，京師大學堂更名為北京大學。此後，北京大學取消了經學科，並將格致科改名為理科。北京大學不僅繼承了京師大學堂科學教育的寶貴遺產，而且在日後的發展中，不斷擴大辦學規模。

在中國近代歷史上，科學教育和科技知識的傳播經歷了一個曲折的發展過程。在伴隨著中國社會經濟、政治、文化等各領域的急劇變革的同時，科學教育一直參與並促進了變革高潮的出現。而近代中國的大學在科學知識的傳播與普及過程中發揮著中流砥柱的作用。晚清時期的京師大學堂，以其對科學教育的創建與發展作為中國近代大學的典型代表，深刻地反映了這一歷史發展趨勢。由京師大學堂培養的出來的科技人才，如何育傑、馮祖荀、俞同奎、胡先驌等人，也相繼在日後的北大等各高校擔任教職，這為現代大學科學教育的發展帶來了極大的活力和蓬勃的生機，同時也提高了中國現代大學科學教育以及科學研究的整體水平。

京師大學堂科學教育的創建與發展，無疑是近代社會進步的具體體現。而由科學教育的發展，改變了世人的知識結構，豐富了世人的知識儲備。知識結構的變化不僅是某一時代思想變化的前兆，它還制約著該時代下人們對不同事物的認識程度。京師大學堂對科學知識的傳播內容與傳播方式，直接促進了中國社會在思想、文化、政治、經濟等各方面出現的震蕩和變動。實際上，近代科學自清末傳入中國後，便已逐步地對社會的發展施加影響，從經濟基礎到上層建築，無不在科學的作用下，發生巨大的變化。而這種種影響與變化與自然科學在近代社會中的傳播途徑、傳播形式有著密切關聯。京師大學堂科學教育則正是科學知識在近代中國傳播的具體形式與重要途徑。

在近代中國，不同門類的科學知識、科學知識的不同傳播方式都會引生出異彩紛呈的思想文化。因此，自晚清以來，考察和研究中國的歷史，就不能不考察和研究西方科學在中國的傳播，就不能不考察中國大學科學教育發展歷程，就不能不考察京師大學堂科學教育的創建與演變。可見，對京師大學堂科學教育的研究有著極為重要的價值和意義，它不僅是深化認知中國近代史、中國近代思想文化史、中國近代科學史、中國近代教育史發展走向的重要路徑，也是理解現代中國人思想形成之不可或缺的要素。

二、學術史回顧

近些年來，學術界對於中國近代科學教育的研究，大多將目光集中於科學教育的整體發展上，而疏於對個案的分析，由於缺乏對以某個近代大學科學教育爲代表的具體分析，必然會使宏觀性研究流於空乏。而對京師大學堂的研究則基本上局限於北京大學的校史研究領域，其雖對大學堂教育體制的沿革、以及人文課程的規劃、操作有所涉及，但對京師大學堂科學教育進行研究、分析的論著卻是微乎其微。因此，對京師大學堂科學教育研究的學術史梳理可以從兩方面入手，即一方面是對京師大學堂教育實施的研究，另一方面則是對晚清、民國時期，中國科學教育整體發展的研究。

1、關於京師大學堂教育實施的研究

當前學術界，與京師大學堂科學教育相關的研究論著極少，大部份都是集中於對五四前後北京大學教育發展或者某一學科發展進行論述，此外還有一少部份是對京師大學堂教育體制創建及課程設置的研究，但是涉及到的基本都屬於人文性課程，對自然科學課程的實施內容與實施形式則鮮有提及。

在專著方面，郝平在《北京大學創辦史實考源》一書中對民國成立前的京師大學堂的一些史實進行了考辨和梳理。〔註2〕在該書的第九章中，作者介紹了京師大學堂的課程設置和教學實施，裏面涉及到某些科學專業與科學科目，由此對大學堂開設的與自然科學相關的課程進行了一定程度的闡述。

蕭超然等人編著的《北京大學校史》一書全面系統地記述了北京大學自1898年建校起，到1949年北京解放這五十年的歷史。〔註3〕書中除了對北大的光榮革命傳統進行了介紹外，在其第一章裏對京師大學堂的創辦與發展、大學堂的教學組織與教學活動也有所述及。

郭德俠在《中國近代高等學校課程設置研究》一書中，對近代中國高等學校課程設置的演變歷程進行了闡述，其考察時段上至晚清洋務運動時期，下至二十世紀二三十年代。〔註4〕作者在該書的第三章第二節中，對京師大學堂的課程設置進行了相關介紹，其中涉及到對大學堂對一些科學課程的開設，但僅是概括性的介紹。

〔註2〕　郝平：《北京大學創辦史實考源》，北京：北京大學出版社，2008年。
〔註3〕　蕭超然等人編著：《北京大學校史》，北京：北京大學出版社，1988年。
〔註4〕　郭德俠：《中國近代高等學校課程設置研究》，青島：中國海洋大學出版社，2007年。

　　此外，曲士培著的《中國大學教育發展史》、金以林著的《近代中國大學研究》、朱國仁的《西學東漸與中國高等教育近代化》、霍益萍的《近代中國的高等教育》、王杰與祝士明編著的《學府典章：中國近代高等教育初創之研究》等書均設有獨立的章節，對京師大學堂教育實施的總體情況，包括課程設置在內都進行了相關介紹，但篇幅都很短。

　　臺灣地區的莊吉發曾在 1970 年出版了《京師大學堂》一書，此書是在其碩士論文的基礎上修改而成的。〔註5〕作者利用臺灣地區的檔案資料，對京師大學堂的創建、沿革、課程的設置以及對學生的管理等方面都進行了論述，但是此書並非針對科學教育專門研究，因此對科學課程的介紹，仍舊失於簡略，以致無法進行深度分析。

　　國外方面，與京師大學堂相關的闡述也主要是夾雜在對北京大學的研究之中。比較重要的著作有美國學者 Xiaoqing Diana Lin 的專著《*Peking University: Chinese Scholarship and Intellectuals，1898~1937*》〔註6〕。該書以北京大學的建立與發展為研究對象，從知識史與文化史的角度對北京大學的學科設置與學術研究進行考察。但研究目光集中於民初北大的人文學科與社會學科，對自然科學較少關注。作者對京師大學堂時期的教育制度也進行了分析、探討，尤其是在奏定學堂章程對大學堂科目設置的規範，以及清政府對大學堂的管理等方面都有詳細闡述，但對大學堂時期科學教育的實施以及演進則較少提及。

　　另一位外國學者 Timothy B.Weston 對北京大學也做了深入研究，其代表作為的著作《*The Power of Position:Beijing University，Intellectuals and Chinese Political Culture，1898~1929*》〔註7〕作者以五四運動前後北京大學與當時社會間的相互作用為主題，從政治文化的角度出發，對五四時期北京大學的知識分子對社會變革的影響進行詳細闡述。該書對京師大學堂也有一定的論述，主要是側重於大學堂的創辦與晚清政治生態的內在關聯，以及新政時期大學堂對國家政治行為產生的影響等。

〔註5〕　莊吉發：《京師大學堂》，臺北：臺灣大學文學院，1970 年。

〔註6〕　Xiaoqing Diana Lin. *Peking University: Chinese Scholarship and Intellectuals, 1898~1937*.State University of NewYork Press，2005.

〔註7〕　Timothy B.Weston. *The Power of Position:Beijing University, Intellectuals and Chinese Political Culture, 1898~1929*. Berkeley: University of California Press, 2004.

在論文方面，有法國學者巴斯蒂的文章《京師大學堂的科學教育》。〔註8〕
作者在文中首先考察在京師大學堂的各種章程與其它相關文件中，科學被置
於何種地位，之後作者結合先前對各種史料的分析，力圖對京師大學堂科學
教育的特點作出新的解釋。作者認爲京師大學堂對現代中國科學發展的重要
意義不在於它培養出了多少科技專家，而在於逐漸建立起來的正規的科學教
育體制。由此作者提出大學堂科學教育的實施，有值得重視的方面，即專業
分科以及基礎課與專業課互相結合，同時在大學堂內，科學又不完全等同於
西學。作者最終得出結論，科學不分民族，其放之四海而皆準，具有普世性。

關維民在《中國高校建立地理學系的第一個方案——京師大學堂文學科
大學中外地理學門的課程設置》的文章中，對大學堂中地理專業內的課程規
劃，進行了相關的分析、探討。〔註9〕作者認爲，奏定大學堂章程將大學堂劃
分爲八科，而與地理學有關的專業，則設置在文學科下的中外地理學門。由
於種種原因，地理學門直到清廷覆亡也沒有眞正成立，但是奏定大學堂章程
對地理學科的各項規劃，爲日後北京大學地理學的發展奠定了必要的基礎。

鮑嶸在《課程與權力——以京師大學堂（1898～1911）課程運營爲個案》
的文章中，通過對京師大學堂課程運營基本情況的介紹，進而對影響其課程
設置安排的各種因素和力量進行分析，最終著重指出國家權力是京師大學堂
中課程運營中最爲重要的統治性力量。〔註10〕作者在文中探討了大學堂時期
中學課程與西學課程孰輕孰重的問題，作者認爲，開辦大學堂的指導思想，
並沒有一直拘泥於中體西用的框架中，早在戊戌時期制定的大學堂章程中，
就已明確提出中西會通的口號。

郭建榮、劉淑君的《中國近現代理科人才培養的歷史研究》論文，主要
是針對北京大學理科課程體系的演變進行研究，但其中也提到京師大學堂時
期一些自然科學課程的設置。〔註11〕作者認爲，課程設置在建構學生的知識
結構中起著重要作用，課程體系是否合理與學生能否成材有著直接的聯繫。

〔註8〕　〔法〕巴斯蒂：《京師大學堂的科學教育》，《歷史研究》，1998 年第 5 期。
〔註9〕　關維民：《中國高校建立地理學系的第一個方案——京師大學堂文學科大學中
　　　　外地理學門的課程設置》，《中國科技史料》1998 年第 4 期。
〔註10〕　鮑嶸在《課程與權力——以京師大學堂（1898～1911）課程運營爲個案》，《浙
　　　　江師範大學學報（社會科學版）》2005 年第 4 期。
〔註11〕　郭建榮、劉淑君：《中國近現代理科人才培養的歷史研究（北京大學理科課程
　　　　體系演變的考察）》，《高等理科教育》1996 年第 3 期。

而且作者提出京師大學堂對理科學生的培養，並沒有一個獨立的目標，即無論理科、文科，何種人才，都要忠君愛國，這在民國之後又轉變為健全人格。

劉軍在《近代北京大學預科述評》一文中對北京大學預科的發展、演變進行了考察。〔註 12〕文章的第一部份是對京師大學堂預備科的介紹。作者通過對京師大學堂預備科的招生考試、大學堂預備科的學科門類以及課程設置等一系列的考察，指出京師大學堂預備科的辦學特色之一就是對西學的偏重，這裡的西學主要指的是外語和西方的科學知識。這也是對傳統教育中只注重中學的一種糾偏嘗試。

張運君在其《京師大學堂與近代教科書的審定》與《京師大學堂和近代西方教科書的引進》〔註 13〕兩篇論文中，對京師大學堂與近代教科書間的關係進行了梳理、分析。作者認為京師大學堂一方面作為審定機構，審定、頒發了各個門類的教科書，其中也包括一些科學教科書；另一方面，京師大學堂也通過各個渠道從國外購置了包括科學教科書在內的大量的西方原版教材，並對其進行翻譯編輯，大學堂進行這樣的翻譯、審定活動，不僅推動了傳統學術的轉型，而且加速了近代教育體系的建構。

吳洪成、金丹丹、王彤的《清末京師大學堂編譯書局與學校教材的關係芻議》一文，對京師大學堂編譯教材的活動，以及大學堂所編譯的教材的流通情況進行了考察研究。〔註 14〕通過對史料的分析，作者認為京師大學堂對圖書的編譯活動，不僅促進了科學的傳播，而且推動了中外文化間的交流、融合。作者提出通過對大學堂編譯活動的歷史反思，可以從中汲取經驗、教訓，對當前的課程改革有所裨益。

此外，除了對京師大學堂實施教育的研究、分析外，還有諸多文章從政治史的角度的出發，將京師大學堂的創建與當時清廷的政治形勢相互聯繫，闡發議論，其中較為重要的如茅海建的《京師大學堂的初建——論康有為派與孫家鼐派之爭》〔註 15〕、孔祥吉的《李盛鐸與京師大學堂》〔註 16〕、王曉

〔註12〕 劉軍：《近代北京大學預科述評》，《蘭州學刊》2012 年第 1 期。

〔註13〕 張運君：《京師大學堂和近代西方教科書的引進》，《北京大學學報》(哲社版) 2003 年第 3 期。

〔註14〕 吳洪成、金丹丹、王彤：《清末京師大學堂編譯書局與學校教材的關係芻議》，《高等教育研究》，2013 年第 2 期。

〔註15〕 茅海建：《京師大學堂的初建——論康有為派與孫家鼐派之爭》，《北大史學》2008 年第 13 期，第 234～302 頁。

秋的《京師大學堂與日本》〔註 17〕及《戊戌維新與京師大學堂》〔註 18〕、錢
耕森的《孫家鼐與京師大學堂》〔註 19〕等文。

2、關於中國近代科學教育整體發展的研究

　　當前學術界關於近代科學教育整體發展的研究大多是從教育學、教育史
的角度去入手進行的。在專著方面，曲鐵華、李娟的《中國近代科學教育史》
〔註 20〕以及孫宏安的《中國近現代科學教育史》〔註 21〕都是以整個近代史爲
背景，從多個視角對中國近代科學教育史進行了詳細介紹。這其中既有從制
度史方面梳理了近代不同時期科學教育的發展、嬗變，同時也有從專題史的
視角，對與近代科學教育發展密切相關的專題，如科學教育的刊物、團體及
研究機構等進行了一定的探討，但對於近代高校在科學教育發展史中的地位
與作用，則論述簡略。

　　蔡鐵權、陳麗華的《漸攝與融構──中西文化交流中的中國近現代科學
教育之濫觴與演進》一書論述了從 16 世紀末到 21 世紀初這樣長時段內中國
科學和科學教育形成、發展的演變過程。〔註 22〕作者認爲近代中國的科學教
育，是中西文化交流的產物，是在西學東漸的土壤下成長起來的。他以漸、
攝、融、構四個字來描述中國近現代科學教育發展的特點。

　　金忠明、廖軍和等人著的《中國近代科學教育思想研究》一書則以近代
科學教育思想爲考察對象，從制度、文化、師資、社會環境等方面，介紹了
中國近代科學教育的思想，其介紹內容包括三部份，分別爲晚清科學教育思
想、「五四」新文化運動時期的科學教育思想、國民政府時期科學教育思想。
〔註 23〕

　　王倫信、樊夕梅等人的《中國近代中小學科學教育史》一書著重對近代

〔註 16〕孔祥吉：《晚清史探微》，成都：巴蜀書社，2001 年，第 77～94 頁。
〔註 17〕王曉秋：《近代中國與世界：互動與比較》，北京：紫禁城出版社，2003 年，
　　　　第 387～403 頁。
〔註 18〕王曉秋：《戊戌維新與京師大學堂》，《北京大學學報》（哲社版）1998 年第 2 期。
〔註 19〕錢耕森：《孫家鼐與京師大學堂》，《安徽大學學報》（哲社版）1999 年第 1 期。
〔註 20〕曲鐵華、李娟：《中國近代教育史》，北京：人民教育出版社，2010 年。
〔註 21〕孫宏安：《中國近現代科學教育史》，瀋陽：遼寧教育出版社，2006 年。
〔註 22〕蔡鐵權、陳麗華：《漸攝與融構──中西文化交流中的中國近現代科學教育之
　　　　濫觴與演進》，杭州：浙江大學出版社，2010 年。
〔註 23〕金忠明、廖軍和、張燕、代洪臣：《中國近代科學教育思想研究》，北京：科
　　　　學普及出版社，2007 年。

中國中小學科學教育的推行進行論述。書中不僅對中小學科學教育體制的建立和發展進行了闡述，同時還對近代以來，中小學的科學教學方法和教學條件改進進行了考察。〔註24〕

王炳照主編的《中國教育思想通史》和杜成憲、丁鋼主編的《20世紀中國教育的現代化研究》以及董寶良、周洪宇主編的《中國近現代教育思潮與流派》等書中都將科學教育思潮作爲獨立的部份進行考察。〔註25〕他們對科學教育思潮的形成背景、主要內容以及影響評價等都進行了論述，詳細地考察了科學教育思想的演變軌迹。

與近代科學教育相關的論文數量較多，其中劉鐵芳在《科學教育：過去、現在和未來》一文中，回顧了百餘年來，中國科學教育的發展歷程。〔註26〕作者認爲洋務運動時期，科學教育開始興起，但眞正發展還是在維新變法以後。經過五四新文化運動，以及科玄論戰後，科學作爲一種觀念，廣泛深入民眾之中。作者在總結近代中國科學教育發展史的基礎上，提出未來科學教育的實施，必須處理好與社會發展的關係，不僅要普及科學、尊重科學，也要注意防止唯科學主義傾向的出現。

曾琦在《二十世紀我國科學教育回顧》一文中，論述了科學教育在中國百餘年來的發展歷程。作者將中國的科學教育的發展劃分爲若干階段，根據一些自然科學門類，如物理、化學等學科本身的發展趨勢，剖析了不同歷史時期科學教育的發展特點，最終揭示出了科學教育的重要性。〔註27〕

曲鐵華、李娟在《洋務運動時期的科學教育及其主要特徵》一文中論述了洋務學堂中科學教育的開展，並進而對這一時期科學教育的特點以及科學教育對當時社會所產生的影響進行了分析。作者認爲，科學與科學教育是推動社會現代化進程的主要力量，而近代西方科學在中國制度層面的發展，則是源於洋務運動時期的科學教育。〔註28〕

〔註24〕 王倫信、樊冬梅、陳洪傑、解亞：《中國近代中小學科學教育史》，北京：科學普及出版社，2007年。

〔註25〕 王炳照主編：《中國教育思想通史》，湖南教育出版社，1994年；杜成憲、丁鋼主編：《20世紀中國教育的現代化研究》，上海：上海教育出版社，2004年；董寶良、周洪宇主編：《中國近現代教育思潮與流派》，北京：人民教育出版社，1997年。

〔註26〕 劉鐵芳：《科學教育：過去、現在和未來》，《河北師範大學學報（教育科學版）》2000年第3期。

〔註27〕 曾琦：《二十世紀我國科學教育回顧》，《學科教育》1999年第8期。

〔註28〕 曲鐵華、李娟：《洋務運動時期的科學教育及其主要特徵》，《東北師範大學大

　　其它相關的論文還有吳洪成、彭澤平的《試論五四時期的科學教育思潮》
〔註29〕、葉哲銘的《我國近代科學教育思潮與教育實驗運動》〔註30〕、汪灝、
馮劍峰的《中國近代科技教育的濫觴》〔註31〕、曲鐵華、王健在《中國近現
代科學教育發展嬗變及啓示》〔註32〕、吳冬梅的《淺析中國近代科學教育中
科學精神缺失之原因》〔註33〕、王冬凌的《科學教育在我國近代新式學堂的
最早發端辨析》與《試論中國近代科學教育產生的動因與背景》以及《中國
近代科學教育的文化審視》〔註34〕等等。

　　此外，還有一些涉及近代科技體制建立與科技知識傳播的專著，如劉大
椿、吳向紅的《新學苦旅——科學、社會、文化的大撞擊》一書主要是以科
學的角度，對西方科學在近現代中國的演化過程進行分析，作者認爲西方近
代科學文化向中國的移植過程，既是一個艱難的學習和創造的過程，也是中
國科學體制逐步完善的過程。〔註35〕

　　張劍的《中國近代科學與科學體制化》一書對中國近代科學體制化作出
了全面的分析，不僅對中日兩國科學體制化進行對比研究，還有對科研機構
體系特徵、科學交流評議以及中國科學家的社會角色都進行了探討。〔註36〕

　　謝清果的《中國近代科技傳播史》以翔實的史料爲基礎，全面論述了 19
世紀中期至 20 世紀中期西方近代科技在中國傳播的歷史。〔註37〕書中對科

　　　　學報（哲學社會科學版）》2003 年第 6 期。
〔註29〕吳洪成、彭澤平：《試論五四時期的科學教育思潮》，《西南師範大學學報》1999
　　　　年第 2 期。
〔註30〕葉哲銘：《我國近代科學教育思潮與教育實驗運動》，《教育研究與實驗》，1998
　　　　年第 2 期。
〔註31〕汪灝、馮劍峰的《中國近代科技教育的濫觴》，《上海師範大學學報》（哲社版）
　　　　1999 年第 2 期。
〔註32〕曲鐵華、王健：《中國近現代科學教育發展嬗變及啓示》，《東北師範大學學報》
　　　　（哲社版）2003 年第 6 期。
〔註33〕吳冬梅：《淺析中國近代科學教育中科學精神缺失之原因》，《濟南大學學報》
　　　　（社會科學版）2002 年第 3 期。
〔註34〕王冬凌：《科學教育在我國近代新式學堂的最早發端辨析》，《教育科學》2003
　　　　年第 5 期；王冬凌：《試論中國近代科學教育產生的動因與背景》，《清華大學
　　　　教育研究》2004 年第 1 期；王冬凌：《中國近代科學教育的文化審視》，《大連
　　　　理工大學學報》（社會科學版）2004 年第 1 期。
〔註35〕劉大椿、吳向紅：《新學苦旅——科學、社會、文化的大撞擊》，桂林：廣西
　　　　師範大學出版社，2003 年。
〔註36〕張劍：《中國近代科學與科學體制化》，成都：四川人民出版社，2008 年。
〔註37〕謝清果：《中國近代科技傳播史》，北京：科學出版社，2011 年。

技傳播過程給中國社會帶來的諸多影響進行詳細的闡述，並籍此來反映中國近代社會的變遷。

3、現階段存在的不足與尚待研究的問題

縱觀近些年來學術界對於近代科學教育史的研究，可以說是成果頗豐，但是對中國近代大學的科學教育，尤其是京師大學堂的科學教育仍舊很少關注。而且就目前現有的與京師大學堂相關的論著而言，尚存在諸多問題。

首先，與京師大學堂科學教育相關的論著還處於文獻整理和描述階段，甚至對史料的挖掘與整理也不夠充分，這便導致對京師大學堂開辦教育的創建歷程、發展特點描述的過於簡略，無法反映出大學堂科學教育在西學東漸浪潮下，在內憂外患的形勢下，不同於國內外其它大學的本質特徵。而且與大學堂有關的論著，都將其教育的整體發展作爲闡述的重點，而對於其科學教育的實施，只流於相關介紹，缺乏深入細緻的分析。

其次，在論析京師大學堂科學教育及其在近代社會發展變革方面的反映著力不夠，沒有深入分析近代科學教育的發展對近代社會變革的影響，也沒有探討近代社會環境對科技教育的制約，如巴斯蒂等人沒有深入探討當時國內政治、經濟、文化以及國際形勢對大學堂開辦科學教育的影響，也缺乏考察科學教育與社會變革之間的雙向作用。由此，難以對科學教育及其與世人觀念變革的相互影響進行深度的剖析。

總之，從目前的研究現狀來看，關於近代科學教育、近代大學科學教育、特別是京師大學堂科學教育的研究，與其對中國近代社會的巨大影響和它在中國近現代歷史上的重要地位是極不相稱的。筆者認爲，將中國近代科學教育的研究引向深入，一方面需要加強宏觀指導與微觀考察的結合，在把握近代中國社會發展背景、西方社會發展背景的基礎上，理清在近代科學教育在某個大學內的形成、發展過程中的一個個具體問題。只有從個案入手，並考察清楚其科學教育的有關起源、形成標誌、發展脈絡等之後，才能眞正理解近代科技知識與近代社會變革之間的內外關係，才能眞正把握科學教育發展的客觀規律。也只有這樣研究，才有可能貼近歷史事實，才有可能得出正確的結論。另一方面，在研究中，需要加大史料搜集、整理的力度。有關反映近代以來大學科學教育發展的文獻資料紛繁複雜，與其相關的一些近代大學的檔案、一些教職人員與畢業學生的文集、書信、日記、年譜、自傳及回憶錄與近代重要的報紙雜誌等資料，以及大學堂舉行的科學科目考試中的各種

考題，對於科學教育研究而言都有著重要的史料價值。

三、研究對象與資料

1、研究對象的界定

（1）「科學」的界定

「科學」一詞雖然由日本傳來，但其意義實際是對應西方 science 一詞。1881 年，在日本出版的《哲學字彙》一書已明確地將英文 science 譯爲「科學」。甲午戰爭之後，大量留日學生從日本把科學一詞帶回中國。既然科學一詞對應西方 science，就不得不考察 science 在西方的含義。在不列顛百科全書中，science 被解釋爲「涉及對物質世界極其各種現象並需要無偏見的觀察和系統實驗的所有各種智力活動。」〔註 38〕顯然，science 就是自然科學的意思。儘管 science 一詞的含義在西方的歷史上也在不斷地發展變化，但是從近代以來，它的自然科學本義絲毫沒有改變。

1897 年康有爲在《日本書目志》中列有《科學入門》、《科學之原理》，科學一詞已開始被使用。嚴復在 1897 年翻譯的《原富》中也開始把「格致」直接改爲「科學」，如「科學中一新理之出，其有裨益於民生日用者無窮。」「故其中古所講求者，皆神道設教，天人交際之理，寡所謂科學者矣。」「科學中所立名義大抵出於二文，若動植物之學、化學、生學、人身體用和醫學等所用尤夥……」〔註 39〕此後，嚴復在其著作中，頻繁使用科學一詞。科學一詞也逐漸爲社會所接受。至二十世紀初期，科學一詞已在知識界普及開來，被人們廣泛使用。

（2）「科學教育」的界定

本文提到的「科學教育」一詞，主要是指與自然科學各門類，如數學、物理學、化學、地理學、生物學等各學科有關的教育，即通過傳播、教授自然科學知識與各種科學實驗方法等，以使受教育者認識、理解並掌握自然科學的內容、本質及其與社會作用，從而具備一定的科學素養，最終促進受教育者整體素質的發展。科學與科學教育雖然與自然世界有著緊密的聯繫，但

〔註38〕　《不列顛百科全書（國際中文版）》第 15 冊，北京：中國大百科全書出版社，1999 年，第 137 頁。

〔註39〕　亞當斯密著，嚴復譯：《原富》下冊，北京：商務印書館，1981 年，第 624、626 頁。

卻是人類社會發展到一定階段的產物。只有人類對自然世界的瞭解達到一定程度，才會出現理論化與系統化的科學知識體系，只有科學技術的發展得到了社會的認同，才會出現有組織、有規模的科學教育活動。

2、研究資料

本文對京師大學堂科學教育的研究，是以京師大學堂的發展歷程為線索，做動態性的考察與分析。因此，只有依照歷史次序，在充分佔有文獻資料的基礎上，並且審慎地耙梳和準確地解讀這些文獻，才能得出符合歷史事實的結論。本書所涉及的文獻資料，十分龐雜，但與京師大學堂實施教育的相關史料則是收集的重點。

一、北京大學檔案館、中國第一歷史檔案館、北京市檔案館內與京師大學堂有關的檔案材料。除各檔案館所藏資料外，還有一些已經出版的檔案史料，如《京師大學堂檔案選編》、《北京大學史料》、《北京高等教育文獻資料選編（1861～1948）》，此外其它史料還涉及到《清實錄》、《光緒宣統兩朝上諭檔》、《光緒朝硃批奏摺》、《宮中檔光緒朝奏摺》、《清代起居註冊》、《光緒朝東華錄》、《清會典》、《光緒政要》、《諭摺彙存》、《清朝續文獻通考》、《皇朝經世文新編》、《清光緒朝文獻彙編》、《中國近代史資料叢刊》、《清代檔案史料叢編》、《近代中國史料叢刊》、《晚清四部叢刊》、《欽定學堂章程》、《奏定學堂章程》、《大清光緒新法令》、《大清宣統新法令》以及《中國科技史料》、《中國科學翻譯史料》、《中國近代教育史資料彙編》、《中國近代學制史料》、《中國近代教育史教學參考資料》、《中國書院史資料》、《近代中國教育史資料》、《中國近代出版史料》、《民國教育公報彙編》、《民國教育統計資料彙編》等一系列史料，需要加以綜合利用。

二、一些刊載京師大學堂教育實施的重要刊物，如《學部官報》、《大公報》、《申報》、《萬國公報》、《湖南官報》、《時務報》、《知新報》、《選報》、《經濟叢編》、《京報》、《順天時報》、《中西聞見錄》、《格致彙編》、《科學世界》、《教育雜誌》、《教育世界》、《東方雜誌》，以及晚清時期外國在華的一些報刊如《北華捷報》、《教務雜誌》、《京津泰晤士報》等等。除此之外，京師大學堂使用過的與編輯出版的一些科學教材、科學講義，如《重增格物入門》、《京師大學堂地理學講義》、《京師大學堂譯學館代數學講義》、《京師大學堂中國地理講義》、《京師大學堂心理學講義》等，以及京師大學堂科學科目考試中的各種科學考題，均是考察大學堂科學教育重要文本，因此史料價值極高。

　　三、一些與京師大學堂有關人物的文集、書信、日記、回憶錄等，也是本書研究需要的利用材料，如《張百熙集》、《嚴復集》、《吳汝綸全集》、《飲冰室合集》、《康有爲全集》、《袁世凱全集》、《張謇全集》、《羅振玉學術論著集》、《煙霞草堂文集》等，還有曾擔任大學堂總教習的美國人丁韙良的著作與回憶錄，如《A Cycle of Cathay》、《The Siege in Peking》、《The Lore of Cathay》、《The Awakening of China》等，與一些收錄大學堂學生著述與回憶的文集，如《北京大學廿週年紀念冊》、《北京大學五十週年紀念特刊》、《文史資料存稿選編・教育》、《覺庵叢稿》、《老北大的故事》、《北大舊事》、《我的父輩與北京大學》、《我與北大：老北大話北大》也是本書研究必不可缺的重要資料。

　　本文結合歷史學、教育學、科學學等交叉邊緣學科的研究方法，在充分利用第一手資料的基礎上，科學、合理地解讀史料，對京師大學堂科學教育從籌備、開辦到中斷、重建，再到重建後的陸續完善，以及在這一歷史過程中，大學堂對科學課程的具體實施等環節，進行深入、細緻地考察，而且將深入探討社會背景、如當時的經濟、人們觀念文化與京師大學堂科學教育之間的互動關係，既從宏觀把握，又有微觀分析，同時還要實現理論分析與實際論證相結合，最終做到言之有據，史論統一，並對京師大學堂科學教育在近代中國的歷史地位與重要意義給予客觀公正的評價。

第一章　科學教育在近代中國的出現

近代科學發端於西方，建立在形式邏輯與系統實驗兩大基礎之上，對自然世界展開研究。以傳播與教授近代科學知識爲主要任務的科學教育也是從西方興起。早在明末清初之時，西方科學曾在中國一度流播，但那只是曇花一現，很快便被封建文化壓制下去。直到兩次鴉片戰爭之後，清政府爲了擺脫積弱積貧的窘境，開展了一場以自強、求富爲目標的洋務運動，科學技術才開始大規模湧進中國，近代中國的科學教育也由此誕生。

一、洋務學堂中的科學課程

洋務運動時期，洋務派官員創辦了諸多新式學堂，所謂新式學堂之「新」，主要體現在這些學堂開設了不同程度的科學課程。這些新式學堂從辦學方向與培養目標上可以分爲兩大類，即語言學堂與軍事技術學堂。就語言學堂而言，洋務派辦有京師同文館、上海廣方言館、廣州同文館、新疆俄文館、琿春俄文書院等；軍事技術學堂方面，當時成立了福建船政學堂、福州電報學堂、天津水師學堂、天津電報學堂、湖北武備學堂等等。這兩類學堂雖然培養目標不同，但卻不約而同地講授一些科學知識，儘管這些知識內容各具特色。

在眾多語言學堂當中，京師同文館的科學課程設置是較有代表性的一例。京師同文館創辦於 1862 年，由當時的總理衙門主管負責。創辦初期，京師同文館只是教授外語，並無科學課程。1866 年，恭親王奕訢主張在同文館內原有各館的基礎上，應添設天文算學館以教授科學知識。經過奕訢等人的再三陳說，以及與倭仁等人的反覆論爭，其開設科學課程、實行科學教育

的意見最終爲清廷所採納。

　　1867 年，同文館天文算學館正式成立，而後隨著醫學館、格致館、化學館陸續開設，京師同文館內的科學課程逐漸增多起來。京師同文館曾制定了一個八年制的授課計劃，涉及到對科學課程的安排。在八年時間裏，學生們前三年學習語言文字，從第四年起，開始學習與自然科學有關的內容，並一直持續到第八年。在後五年中，開設的科學課程主要是「數理啓蒙、代數學、微分積分、幾何學、平三角、弧三角、天文測算、航海測算、地理金石」〔註 1〕等。除了這個八年制的課程計劃之外，同文館針對館內一些年紀較大且不懂外語的學生又制定了一種五年制的教學計劃。在此五年之內，學生們不需學習外語，只專門學習自然科學，其中第一年、第二年只向學生設置數學課程，如「九章算法、代數學、數理啓蒙、學四元解、幾何原本、平三角與弧三角」。〔註 2〕第三年至第五年，陸續開設物理、化學等各類課程。

　　同文館內各門科學課程的內容，大多比較淺顯，但在當時而言，有些知識還是顯得較爲新奇，例如同文館化學課的內容首先是從單質等基本概念講起，而後逐次介紹六十七種化學元素，並將這些元素歸爲金屬與非金屬兩大類，每一類中又各分爲五種，然後再分別介紹酸、堿、鹽，「非金類與養氣相合成酸，永不能成反酸。金類與養氣相結合成反酸時，亦能成酸，反酸與酸相合爲鹽類。」〔註 3〕在此之後，還要講述金屬提煉之法，其中涉及到煉鐵、煉銅、煉金、煉銀、煉鉑等方法，如對煉鐵方法的介紹，「將礦鐵置於爐內，加炭以大火鍛之，鐵即分出，其炭養氣隨之騰去，令所含雜質，熔爲一種，似玻璃狀，浮於鐵上，其不能熔化者，須配加他質以化之……」〔註 4〕同文館物理學課程則圍繞力、熱、光、電四個方面進行講授，其中力學主要介紹動力學、靜力學以及聲音傳播原理。熱學主要講述物體做功而產生熱量的原理與這些熱量的用途。光學內容主要是論述光源、物體的反射、折射原理以及平面鏡、凸透鏡、凹透鏡三種鏡的透光原理，「取光以鏡，鏡有平凸凹三種，於三種中變而通之，則有返光，折光，夜視，水視，分影，分光。」

〔註 1〕　參見《同文館題名錄》，中國史學會編：《洋務運動》（二），上海：上海人民出版社，2000 年，第 85 頁。

〔註 2〕　參見《同文館題名錄》，中國史學會編：《洋務運動》（二），上海：上海人民出版社，2000 年，第 86 頁。

〔註 3〕　《清會典》（影印本）卷一百，北京：中華書局，1991 年，第 907 頁。

〔註 4〕　《清會典》（影印本）卷一百，北京：中華書局，1991 年，第 907 頁。

〔註5〕電學則介紹各種導體、絕緣體的屬性以及生電原理、生電工具。

同文館中數學課的教學內容分為兩類，一類是數學的基礎知識、基本理論，另一類則是屬於運用基礎知識實際測算。基礎知識主要是包括九章〔註6〕、八線〔註7〕、測量〔註8〕等內容。實踐計算則是應用以上理論知識去解決實際問題，其中有的是利用三角函數知識計算幾何問題，如求邊角比例的解法，「三邊求角，用總較法，或用開平方得半角正弦法；兩弧夾一角，用矢較法，或用半外角正切法。」〔註9〕還有一些與天文學相關的測算，如求時差、節氣時刻、日月距地地影半徑、太陽食限等等，這些都與曆法有直接關聯，實用性很強。

關於學生功課的考試測驗，同文館內也有相應要求，即以月考與年考兩種形式進行考核。月考是指對館內的學生在開學半年後，每個月考試一次，督促學生認真學習，「今議俟該員等學習半年之後，按月出題考試一次，由臣等親加校閱，分別甲乙，優者記功，劣者記過。功過份而勤惰見，相形之下，奮勉益生。」〔註10〕年考則是指對館內學生每三年考試一次，成績優異者給予獎賞，成績較差者留館補習，重新參加下屆考試，再根據成績進行錄用。

在洋務派開辦的軍事技術學堂中，福州船政學堂科學課程的設置頗具代表性。福州船政學堂創辦於同治五年（1866年）。早在福州船政學堂的籌辦初期，洋務派官員左宗棠就對課程設置進行了大致地規劃。而且他還認為福州船政學堂的成立不僅有助於中國輪船製造業的興辦，而且通過對船舶理論的學習，可以帶動與之相關的科學技術在中國的發展，從而使國人能夠逐漸地

〔註5〕　《清會典》（影印本）卷一百，北京：中華書局，1991年，第908頁。
〔註6〕　所謂的九章，清會典中解釋為方田，粟米，衰分，商功，均輸，盈朒，方程，少廣，勾股等九種。其中方田是關於計算平面圖形面積的方法；粟米是關於穀物之間折算的方法，衰分是有關計算比例問題的方法；商功是關於求立體幾何體積的算法，均輸與衰分相似，主要是用於計算人口分攤的賦稅等；盈朒是關於盈虧問題的計算方法；方程即通過數學式求解未知數；少廣則是根據已知物體的面積、體積，去計算某一邊長，勾股是指利用勾股定理解決幾何問題。
〔註7〕　八線即現代數學中的三角函數，分別是正弦，餘弦，正切，餘切，正矢，餘矢，正割，餘割。
〔註8〕　測量在清會典中被記載為兩類，「度之可以取直角者，曰勾股測量。其不能取直角者，曰三角測量。」
〔註9〕　《清會典》（影印本）卷一百，北京：中華書局，1991年，第907頁。
〔註10〕　《籌辦夷務始末・同治朝》第五冊（卷四十六），北京：中華書局，2008年，第1985頁。

接納科學。

　　福州船政學堂分前後兩個學堂，前學堂以法語爲必修課，故又稱爲「法文學堂」，而後學堂以英語爲必修課，故又稱「英文學堂」。但無論是法文學堂還是英文學堂，都要教授與科學技術有關的內容。前學堂專學製造，下設三類專業，分別是造船科、設計科、藝圃（學徒班）。造船科有算術、畫法幾何、解析幾何、三角函數、微積分、機械學以及力學等科學課程，設計科的課程主要是算術、畫法幾何、平面幾何、透視原理、輪機學，藝圃作爲學徒班培訓青年工人操作技術，其課程在算術、幾何、畫圖的基礎上增加了設計和蒸汽機構造；後學堂專習管輪駕駛，亦下設三類專業，即航行理論科、航行實踐科與輪機科，其中航行理論科內開設的科學課程主要是代數、幾何、平面與球面三角、地理、航行理論、航海天文學等，航行實踐科內則設有船舶駕駛術、航海術、射擊、指揮等課程，輪機科內除了算術與幾何外，還有設計蒸汽機結構、繪製發動機、海上操縱輪機規則、使用儀表等課程。〔註11〕

　　船政學堂對學生們的實習十分重視，船政大臣沈葆楨曾強調出海實習在整個教學過程中具有重要意義，「年來招中國之素習洋舶者充管駕官，固操縱合法，而出自學堂者，則未敢信其能否成材，必親試之風濤，乃足以覘其膽智，否即實心講究，譬之談兵紙上，臨陣不免張皇。」〔註12〕儘管海上實習需要耗費大量資金，但船政學堂仍然克服各種困難，創造各種條件，讓學生們進行海上實踐。

　　同治十二年十月（1873年），船政大臣沈葆楨將船政學堂學生們的考核及實習情況上報清廷，前學堂側重考驗學生們對理論知識的掌握程度，「並令前學堂之學生、繪事院之畫童分廠監之，數月以來，驗其工程，均能一一吻合，此教導製造之成效也。」〔註13〕後學堂側重於駕駛等實踐能力的考核，「後學堂學生既習天文、地輿、算法，就船教練，俾試風濤，出洋兩次，而後教習挑學生二名令自行駕駛，當臺颶猝起，巨浪如山之時，徐覘其膽識，現保堪勝駕駛者已十餘人。管輪學生凡新造之輪船機器皆所經手合攏，分派

〔註11〕　參見朱有瓛主編：《中國近代學制史料》第一輯上冊，上海：華東師範大學出版社，1983年，第464、466頁。

〔註12〕　中央研究院近代史研究所編：《海防檔（乙）·福州船廠》（一），臺北：中央研究院近代史研究所，1957年，第236、237頁。

〔註13〕　中國史學會編：《洋務運動》（五），上海：上海人民出版社，2000年，第141頁。

各船管車者已十四名，此教導駕駛之成效也。」〔註14〕經過各項考核，洋務派人士對船政學堂內實施的科學教育，頗爲滿意，他們對船政學堂日後的發展以及對科技人才的培養，充滿了信心，「如果優其廩餼，寬以時日，嚴其程督，加以鼓舞，則以機器造機器，以華人學華人，以新法變新法，似製造駕駛之才固不可勝用也。」〔註15〕

福州船政學堂還多次派遣學生赴歐洲各國留學。前學堂學生被派往法國，「仍赴法國深究其造船之方，及其推陳出新之理。」〔註16〕後學堂學生熟悉英語，被派往英國，「仍赴英國深究其駛船之方，及其練兵制勝之理。」〔註17〕對於學生們在國外學習的具體內容，學堂亦有相關規定，即第一年修習重學統論、畫影勾股、水力重學、汽學、化學、輪機製造法、畫圖等課程；第二年學習輪機重學、材料配力之學、輪機製造法、水力重學、化學、房屋製造法、畫圖等；最後一年學習輪機製造法、輪機重學、挖鐵，挖煤學、船上輪機學、畫圖、鐵路學等內容。〔註18〕三年修業結束後，分派學生至造船廠、輪機水缸廠、槍炮廠進行實習演練。

這些新式學堂科學課程的設置，承載了世人對中國自強的希望，尤其是洋務派人士在新式學堂的發展上滿懷信心，他們認爲科學教育的開辦，科學知識的推廣普及，不僅能夠促進近代中國教育的轉型，而且可以給中國帶來獨立、富強的希望，「誠以進取之途，一經推廣，必有奇技異能之士出乎其中。華人之智巧聰明不在西人以下，舉凡推算格致之理，製器尚象之法，鈞河摘洛之方，倘能專精務實，盡得其妙，則中國自強之道在此矣。」〔註19〕洋務運動期間，新式學堂科學課程的設立，初步開啓了中國近代科學教育的閘門，變動了國人的知識結構，爲晚清社會能夠融納近代科學知識，做了必要的鋪墊。儘管這些學堂在實施科學教育的過程中，尚存諸多問題，但這些

〔註14〕中國史學會編：《洋務運動》（五），上海：上海人民出版社，2000年，第142頁。
〔註15〕中國史學會編：《洋務運動》（五），上海：上海人民出版社，2000年，第111頁。
〔註16〕中央研究院近代史研究所編：《海防檔（乙）・福州船廠》（二），臺北：中央研究院近代史研究所，1957年，第473頁。
〔註17〕中央研究院近代史研究所編：《海防檔（乙）・福州船廠》（二），臺北：中央研究院近代史研究所，1957年，第473頁。
〔註18〕參見中央研究院近代史研究所編：《海防檔（乙）・福州船廠》（二），臺北：中央研究院近代史研究所，1957年，第506、507頁。
〔註19〕《籌辦夷務始末・同治朝》第五冊（卷四十六），北京：中華書局，2008年，第1946頁。

開辦經驗也爲日後在清政府京師大學堂內開展科學教育，提供了借鑒之處。

二、書院內科學課程的增設

洋務運動時期，科學教育不僅出現在新式學堂中，傳統書院也開始逐漸改變原有課程結構，陸續增設一些與自然科學有關的課程。對書院而言，這也是應對西學浪潮衝擊的無奈之舉。

早在光緒十六年（1890 年）時，湯震就曾建議改革書院，裁汰課程，廣習西學，「亟乞明詔中外所有省府州縣各書院一切剗除舊令，改延諳習西學者爲之教習……季鍛之，月練之，致知格物，實事求是，領異標新。」〔註 20〕光緒二十二年二月（1896 年），山西巡撫胡聘之上書朝廷，請求變通書院章程，他指出先前書院講學內容多是空談義理，於國富民強無實際用處，因此建議必須對其進行整頓，傳統詩文課程的裁撤首當其衝，同時，增設天文、算學、物理、化學等課程。「由是參考時務，兼習算學，凡天文、地輿、農務、兵事，與夫一切有用之學，統歸格致之中，分門探討，務臻其奧。」〔註 21〕胡聘之認爲，以增設科學課程的形式來變通書院，有助於改變人們對西學的觀念，進而可以逐漸緩解當時中學與西學的緊張關係。

同年，翰林院侍講學士秦綬章也向清廷提出應對各省書院進行整頓。他也認爲在對傳統書院的整頓中，首要一點就是應當在書院內應開設一些自然科學課程，如地理學、數學、物理學等，「輿地之學，測量、圖繪附焉」「算學，格致、製造附焉。」「士之肄業者，或專攻一藝，或兼習數藝，各從其便。」〔註 22〕他強調地理學與數學這兩門課程，與現實生活緊密相連，應當成爲書院中的必修之課，令學生認眞修習。

胡聘之、秦綬章等人的建議，最終得到了清廷的允准，由禮部通行各省。就此，改造傳統書院進入了實施階段。全國各省也相繼要求本地書院加設與科學有關的課程，如湖南常德德山書院、廣西經古書院、雲南經正書院、長

〔註20〕湯震：《危言》，政協浙江省蕭山市委員會文史工作委員會編：《湯壽潛史料專輯》1993 年，第 229 頁。

〔註21〕中國第一歷史檔案館編：《光緒朝硃批奏摺》第一〇五輯，北京：中華書局，1996 年，第 408 頁。

〔註22〕席裕福、沈師徐編：《皇朝政典類纂·學校·書院》卷二百二十六，沈雲龍主編：《近代中國史料叢刊續編》第九十輯第 893 冊，臺北：文海出版社，1984 年，第 4246 頁。

沙嶽麓書院、湖北兩湖書院、山西令德書院、江西友教書院等，均先後設立了算學、格致學，江蘇的南菁書院還籌劃購買一些實驗器具，供教學使用，「特籌款購辦製造機器一具，並測量圖繪諸器置諸院中，俾諸生目睹其物，因而推求其理，庶收居肆成事之效。」〔註23〕常德德山書院也要求學生們親身參與一些科學實驗、實習，「測量高深廣遠，為勾股三角之實用，非身體力行不為功，有志學此者，必須攜帶儀器，由院長自定時日，隨同出外測量書院左近地面，以資考驗。」〔註24〕

與其它書院相比，陝西味經書院開辦的科學教育頗具規模。味經書院雖然地處內陸，但由於得到關中學者劉光蕡的主持，因而開展的有聲有色。陝西味經書院最初創辦於同治十二年（1873年），後於書院內增設時務齋，以專門講授科學課程。當時主持書院工作的劉光蕡認為新增加課程必須涵蓋數學、地理、物理、化學乃至醫學、礦物學等內容，而且這些學科的分門應盡可能詳細、準確。他認為在各門科學之中，數學與物理學兩類知識尤為重要，「算學為各學之門徑，重學為製造之權輿。」〔註25〕而與物理學相比，數學在中國發展的歷史更為悠久，因此，他格外強調學生們要加強對數學知識學習，要求學生們無論學何種功課，都要兼學數學，「今定凡有志時務之學者，無論自占何門，均須習算，亦如士子無論為何學，無不習字之類。」〔註26〕數學成為書院中的必修課。除了增設科學課程外，劉光蕡還主張應組織人員對西方科學書籍進行翻譯，以供書院教學及研究所需，「西商所以獲利者，製造精也，故宜急刻造器務書，造器之原，均由格致，故宜急刻格致諸書。」〔註27〕

洋務運動期間，除去對原有書院整頓改造外，在全國各地還新創辦了許多書院。這些新創辦的書院成立伊始，便不約而同地開設了各門科學課程，

〔註23〕 席裕福、沈師徐編：《皇朝政典類纂・學校・書院》卷二百二十六，沈雲龍主編：《近代中國史料叢刊續編》第九十輯第893冊，，臺北：文海出版社，1984年，第4251頁。

〔註24〕《新定學算生童課章》，江標等編：《湘學報》第一冊，長沙：湖南師範大學出版社，2010年，第252、23頁。

〔註25〕 王典章編：《煙霞草堂文集》卷八，戊午春季（1918年）刊於蘇州，第22、23頁。

〔註26〕 王典章編：《煙霞草堂文集》卷八，戊午春季（1918年）刊於蘇州，第18、19頁。

〔註27〕 王典章編：《煙霞草堂文集》卷八，戊午春季（1918年）刊於蘇州，第25頁。

如浙江的求是書院、陝西的格致實學書院等。浙江求是書院，是由浙江巡撫廖壽豐於光緒二十三年（1897年）向清廷奏請設立的。廖壽豐認為，新開辦的書院，要以講求實學為宗旨，只有講求實學，才能富強國家，「若船學、若礦務、若種植、若製造，猶是講武訓農、通商惠工之政也，苟事事物物務求其實，朝考夕稽，弗得弗措，何學之不成，亦何事之不舉。」〔註28〕因此，他要求浙江求是書院，應一面教授外語，一面教授自然科學，並盡力購置儀器用具，便於開展科學實驗，「泰西各學，門徑甚多，每以兵農工商化驗製造諸務為切於時用，而算學則其階梯……循序以進，漸有心得，非博通格致不得謂之學成。」〔註29〕求是書院成立後，其教學內容主要就是算學、地理與英文三項。書院在每個月的初一，舉行考試測驗，對於考試成績優異者，給予獎勵，如在每月的考試中，算學成績第一名，獎銀二兩，第二、三名獎銀一兩五錢，第四、五名則獎銀一兩。

陝西格致實學書院創建於光緒二十二年（1896年），該書院在籌備初期，便計劃向學生講授不同門類知識，「……創建格致實學書院，延聘名師，廣購古今致用諸書，分門研習……如天文、地輿、吏法、兵法、格致、製造等類，互相講求。」〔註30〕格致實學書院在成立後不久，又改名為崇實書院，並於院內設立興藝齋，「並推算測量以遞及汽、化、聲、光各學，以裕製器尚象之源。」〔註31〕書院規定學生們從各門科學課程中任選一門，同時還要盡量參加實驗活動，「西人之藝，則極神奇……我輩宜各占一門，日夜禪心，若有其器，如法試驗，不過三年，即能貫通。西人汽機、輪船等事，其分功課，亦不過三年也。」〔註32〕雖然學生們可任意挑選，但是數學與物理學知識則必須掌握。

在眾多新建的書院中，值得一提的，還有上海的格致書院。上海的格致書院是由中國的官員、商人、學者與西方傳教士共同創辦，是一個集科普展

〔註28〕 中國第一歷史檔案館編：《光緒朝硃批奏摺》第一〇五輯，北京：中華書局，1996年，第423頁。

〔註29〕 席裕福、沈師徐編：《皇朝政典類纂·學校·書院》卷二百二十六，沈雲龍主編：《近代中國史料叢刊續編》第九十輯第893冊，臺北：文海出版社，1984年第，4243頁。

〔註30〕 中國第一歷史檔案館編：《光緒朝硃批奏摺》第一〇五輯，北京：中華書局，1996年，第409頁。

〔註31〕 朱壽朋編：《光緒朝東華錄》第四冊，北京：中華書局，1958年，總第4007頁。

〔註32〕 王典章編：《煙霞草堂文集》卷八，戊午春季（1918年）刊於蘇州，第33頁。

覽館與科學教育爲一體的機構。格致書院中設置了大量科學課程，是近代中國傳播科技知識的一個重要基地。

格致書院於 1876 年 6 月正式成立，由王韜擔任書院山長。書院最初曾籌劃徐壽等人作爲書院的董事，並輪流向學生講授數學、化學、物理學等內容，「每月擬定日期，輪流講論格致一切，如天文、算法、製造、輿圖、化學、地質等事。」〔註 33〕1879 年，格致書院開始正式招生授課。在書院發佈的招生啓示中，明確提出格致書院是以講授實學爲主要任務，「本書院於算學、化學、礦學、機器之學皆有專家，其考據書籍、器具亦皆羅列。」〔註 34〕格致書院的內所設置的科學科目有礦務、電務、測繪、工程、汽機、製造六科。由於各項條件所限，六科中的汽機與製造兩科未能開列出具體的課程，其餘的四科，則根據自身專業特點，有的設全課，有的設分課，有的全課、分課均有設置。所謂全課，即主要講授該學科的基礎知識，專課則針對某一專業進行相對深入講解。如礦務科的全課便有數學、洞內通風法、求煤各法、開煤井煤洞法、開各金類礦法、機器學、圖畫法、開煤開礦管帳法、吹火筒試辦各礦法、礦學、試驗各礦法、金類礦之地學、相地求礦法等課程；電務科中全課主要是幾何學、代數學、水重學、重學略法、運規畫圖法、汽機學、配機器樣式法、材料堅固學、機器重學、鍋爐學、電氣學、用電各器、吸鐵電機器配式樣尺寸法、通電燃燈或傳力法；測繪科內的全課內容則涉及數學、代數學、幾何學、重學略法、水重學、氣學、運規畫圖法、測量各法、測國分界法、畫地圖各法。工程科全課分設兩類，一是開鐵路工程課，一是造橋工程課，這兩類課除了均需講授代數學、三角學、量法學、重學以及繪圖法、測量法外，還要另授與鐵路、橋梁有關的內容。〔註 35〕

格致書院還特別要求入院學生要先繳納押金，待學習期滿後，再將押金退回，希冀以此來督促學生們用功學習，重視科學知識，「來學者先納三百金，三年學成後，原銀仍交該生領回，學未三年，不成而思去者，其銀罰充公項。」〔註 36〕

各種書院開設科學課程是在西學東漸的浪潮下，被迫做出的回應，是一

〔註 33〕 徐錫村：《爲上海格致書院上李爵相稟並條陳》，《萬國公報》，1874 年第 314 卷。
〔註 34〕 《格致書院招收生徒啓》，《萬國公報》，1879 年第 564 卷。
〔註 35〕 參見傅蘭雅：《格致書院西學課程綱目》，陳谷嘉、鄧洪波主編：《中國書院史資料》下冊，杭州：浙江教育出版社，1998 年，第 2366～2371 頁。
〔註 36〕 《格致書院招收生徒啓》，《萬國公報》，1879 年第 564 卷。

種不情願的選擇，除了少部份新創辦的書院在科學教育上確有成效外，大部份書院因積弊甚深而收效不大，但這並不能否定近代書院增設科學課程的歷史意義，因為它不僅順應了中國教育現代化的發展趨勢，而且更有力地表明了科學教育在近代社會發展的深層潛力。把自然科學作為教育的主要內容，並逐步地改革傳統教育，這是一種歷史的進步。近代書院的這種變革，也有力推動了中國教育現代化的實際進程。

三、科學知識走近科舉

洋務運動時期，科學教育不僅出現在新式學堂與傳統書院，而且與科舉考試逐漸走近。同治一朝，便已出現將科學知識的考驗納入到科舉考試中的倡議。當時的船政大臣沈葆楨就曾主張將在科舉考試中增添對算學的考驗。

至同治九年九月（1870年），沈葆楨會同閩浙總督英桂等人，一同向清廷提出要在中國發展科學技術、傳播科學知識，不能單純依靠在學堂中開設科學課程，還要把對科學知識的測驗放進科舉考試中，只有這樣才能既扭轉社會上輕視科學的風氣，又能促進科學教育的發展、科技知識的普及。至於如何對科學科目進行考驗，沈葆楨、英桂等人建議清廷在全國範圍內開算學特科，以之取士，「臣等再四籌商，合無仰懇聖恩，特開算學一科，誘掖而獎進之，使家有其書，人自為學。」〔註37〕同治十三年，李鴻章向清廷上籌議海防摺，也提到對科舉考試進行變通。他對沈葆楨等人關於改革科舉的意見表示認同，並提出應將洋務作為科舉考試的內容之一，「是以沈葆楨前有請設算學科之奏……臣愚以為科目即不能驟變，時文即不能遽廢，而小楷試帖，太蹈虛飾，甚非作養人才之道，似應於考試功令稍加變通，另開洋務進取一格，以資造就。」〔註38〕但在當時的環境下，反對變通科舉的保守勢力仍很強大，時任通政使的於凌辰固守著夷夏之大防的教條，極力反對在科舉考試中添加考驗科技知識，他攻擊李鴻章等人提倡學習西方科學將使國人道德敗壞，「是古聖先賢所謂用夏變夷者，李鴻章、丁日昌直欲不用夷變夏不止！」「人才是今日作事根本，如李鴻章、丁日昌講求洋學，實愈加敗壞，尚何人才之可言？」〔註39〕並堅持認為，學習西方的科技絕非救國之

〔註37〕 沈葆楨：《沈文肅政書續編》，陳支平主編：《臺灣文獻彙刊》第四輯第五冊，北京：九州出版社，2004年，第455頁。
〔註38〕 中國史學會編：《洋務運動》（一），上海：上海人民出版社，2000年，第53頁。
〔註39〕 中國史學會編：《洋務運動》（一），上海：上海人民出版社，2000年，第121頁。

道，卻是禍國之源，「今以重洋人機器之故，不能不以是爲學問、爲人才，無論教必不力、學必不精，竊恐天下皆將謂國家以禮義廉恥爲無用，以洋學爲難能，而人心因之解體，其從而習之者必皆無恥之人，洋器雖精，誰與國家共緩急哉？」〔註 40〕大理寺少卿王家璧也表示傳統科舉取士之法，已臻於至善，不必變通，更不可以洋學取士，「且以章句取士，正崇重堯舜周孔之道，欲人誦經史，明大義，以敦君臣父子之倫也。人若不明大義，雖機警多智，可以富國強兵，或恐不利社稷。操用人之柄者，苟捨德而專尙才，從古亂臣賊子，何一非當世能臣哉？今欲棄經史章句之學，而盡趨向洋學，試問電學、算學、化學、技藝學，果足以禦敵乎？」〔註 41〕由於當時反對變通科舉者甚多，因此設立算學特科一事沒有實行。

　　直至光緒十年（1884 年），國子監司業潘衍桐再次向清廷奏請開藝學科，他認爲近年來洋務派開辦的一些機器局、實學館都在招收學生，傳授科學知識，但成效甚微，其原因就在於學生所學與科舉考試的實際內容不相符，導致學生們埋頭於八股章句之中，而延誤了對自然科學的學習，因此朝廷理應設立藝學科，「爲今之計，莫如仿照翻譯例，另開一藝學科，凡精工製造、通知算學、熟悉輿圖者，均准與考。」〔註 42〕他認爲藝學科一開，可與學堂、書院相互配合，既可以引導人們重視科學知識，有開風氣之功，並能改變先前科學教學收效甚微的局面，「機器、船政等局所以無用者，爲其費由官出，力不能繼耳，若既有科名，則人人各出其私財以講求製造，其技必精……且設爲鄉會試，則合各省相比較，人皆有求勝之心，必不敢如近時之甘於朽窳矣。」〔註 43〕至於考試的時間，他認爲藝科會試可三年舉辦一次，鄉試一年一次；考試的題目，則應囊括算學、輿地及製造，「此科之設，宜略分數場，以製造爲主，而算學、輿圖次之，其能製造而兼通文字者，作爲東學，其但能製造而不嫺文字者，作爲西學。考校時不分東西學，但以製器精良爲上。」〔註 44〕藝科考試的考場，可以設在天津、江蘇、福建、廣東四地，「每處各取錄一等二名或三名爲舉人，二等十名爲生員。」〔註 45〕他還向清廷提出對

〔註 40〕　中國史學會編：《洋務運動》（一），上海：上海人民出版社，2000 年，第 121 頁。
〔註 41〕　中國史學會編：《洋務運動》（一），上海：上海人民出版社，2000 年，第 129 頁。
〔註 42〕　《道咸同光四朝奏議》第十二冊，臺北：臺灣商務印書館，1970 年，第 5293、
　　　　　5294 頁。
〔註 43〕　《道咸同光四朝奏議》第十二冊，臺北：臺灣商務印書館，1970 年，第 5294 頁。
〔註 44〕　《道咸同光四朝奏議》第十二冊，臺北：臺灣商務印書館，1970 年，第 5295 頁。
〔註 45〕　《道咸同光四朝奏議》第十二冊，臺北：臺灣商務印書館，1970 年，第 5295 頁。

於在藝科考試中取得功名的考生，應當在任用上給予重視。潘衍桐關於設立藝科提議，再次引發了清廷對科舉與科學二者的關注。

　　光緒十三年（1887 年），江南道監察御史陳琇瑩又上摺，他也主張將科學吸納進科舉之中，但是他反對潘衍桐等提出的另立藝科的方法，而建議將對算學的考試直接歸入正常的鄉、會試中即可，不必另設特科，「可否仰懇天恩，飭下各該學政，於歲科試報習算學之卷面，試其實在通曉者，即正場文字稍遜、亦寬予錄取。」〔註46〕對於具體的考試程序，他提出在鄉試中，前兩場仍試以四書五經，第三場仿照翻譯鄉試例，「策問五題，專試算學，再照官卷例，另編字號，於定額外酌中數名，會試亦如之。」〔註47〕他認為如此考試，雖沒有將算學單獨設科，但依然能夠促進科學教育的發展，推動西方科學知識在中國的傳播，「如此雖不必特設專科，而此項人員，其學則參究中西，實事求是，其職則多居清要，進非他途，不至為時論所輕，而得力亦與藝成而下者有間。」〔註48〕陳琇瑩還特別提出，與其它自然科學門類相比，算學在中國的發展早有淵源，因此對算學的注重，並非蹈襲他人，不過是禮失求諸野而已，「如以學習西法為嫌，不知西人算學，其始亦竊中土之緒餘，特禮失求野，不能不師其所長耳。其實勾股之術，具載《周官》、《算經》諸書，歷代多有。聖祖仁皇帝御製《數理精蘊》，亦俯採西法。」「考之古聖之遺經，證之國朝之成憲，揆之當今之急務，算學之習，似無可議。」〔註49〕因而，陳琇瑩認為，與其它科學門類相較，把算學納入到科舉之中，反對之聲會小得多，操作起來更便易。

　　御史陳琇瑩的奏章得到諸多朝廷官員得響應。先是李鴻章向朝廷表示自己贊同陳琇瑩關於將算學歸入正途考試的辦法，而且他還向清廷提出應准許在天津水師學堂、武備學堂內就讀的學員們參加算學考試，「除各省士子兼通算學者由本省學政考試咨送外，所有天津水師武備學堂學生及教習人員，屆時就近由臣遴選文理清通者，開單咨送總理衙門聽候考試錄送，一體鄉試，以資鼓勵，而廣登進。」〔註50〕隨後，總理衙門王大臣奕劻、醇親王奕譞等

〔註46〕中國史學會編：《洋務運動》（二），上海：上海人民出版社，2000 年，第 207 頁。
〔註47〕中國史學會編：《洋務運動》（二），上海：上海人民出版社，2000 年，第 207 頁。
〔註48〕中國史學會編：《洋務運動》（二），上海：上海人民出版社，2000 年，第 207、208 頁。
〔註49〕中國史學會編：《洋務運動》（二），上海：上海人民出版社，2000 年，第 208 頁。
〔註50〕中國第一歷史檔案館編：《光緒朝硃批奏摺》第一〇四輯，北京：中華書局，

人也就變通科舉一事上奏朝廷，他們在奏摺中不僅肯定了陳琇瑩提出算學取士的意見，並且制定了具體的實行方案，即不需要另設特科，直接於歲試之中，除正場仍試《四書》、詩、策外，「其考試經古場內另出算學題目，果能通曉算法，即將原卷咨送總理各國事務衙門復勘註冊。」〔註51〕待到鄉試之年，根據先前考生的註冊名單，選送至總理衙門，「試以格物測算及機器製造、水陸軍法、船炮水雷⋯⋯擇其明通者，錄送順天鄉試，不分滿、合、貝、皿等字號，如人數在二十名以上，統於卷面加印『算學』字樣，與通場士子一同試以詩、文、策問，無庸另出算學題目。」「至會試向年另編字號之例，凡由算學中式之舉人，應仍歸大號，與各省士子合試，憑文取中。如此則搜求絕藝之中，仍不改科舉取人之法，似亦獎勵人才之一道。」〔註52〕而且奕劻、奕譞等人還主張對算學試取中名額，應加以嚴格限制，寧缺毋濫。

最終，清廷下令依照奕劻等人擬定的方案，組織實施算學取士。光緒十五年七月（1889年8月），總理衙門大臣奕劻將上年算學的考試情況，奏報於慈禧太后，「上年午子鄉試，總理各國事務衙門將各省送到生監及同文館學生試以算學題目，共錄送三十二人，由順天府統於卷面加算學字樣，按照人數，在二十名以上取中一名亦在案。」〔註53〕由此，算學考試成為科舉考試的組成部份。這也標誌著科學開始逐漸滲入科舉。而科舉對科學的容納，則為日後大學科學教育在近代中國的發展營造了有利的環境，也為民眾觀念的更新做了必要的準備。當然，隨著科學教育的普遍實施，科學與科舉間的關係也越發緊張，二者矛盾的解決最終是以科舉的廢除而告終。

本章小結

洋務運動時期，科學教育的出現，為日後京師大學堂科學課程的理論規劃與實踐，積纍了寶貴的經驗。這一時期，科學教育呈現出很強的實用性與技術性，尤其是在軍事技術與工程技術方面，據統計，在洋務學堂所培養的畢業生中，學習軍事技術、工程技術類的學生的比例占到了總人數的71.61%，即便是同文館、廣方言館等語言學堂，乃至新創立的各種書院內，都增設了

1996 年，第 722 頁。

〔註51〕 朱壽朋編：《光緒朝東華錄》第二冊，北京：中華書局，1958 年，總第 2262 頁。

〔註52〕 朱壽朋編：《光緒朝東華錄》第二冊，北京：中華書局，1958 年，總第 2262 頁。

〔註53〕 中國史學會編：《洋務運動》（二），上海：上海人民出版社，2000 年，第 212 頁。

各種應用性很強的科學課程。

與基礎科學有關的課程，在當時則很少出現，這也是在京師大學堂成立之前，中國科學教育發展的一個嚴重缺陷。只重視實用技術，忽視基礎科學理論，必然阻礙本國科學研究的深入發展，最終導致技術層面上也難有創新突破。之所以出現這樣的情況，則由兩方面所致：一者，當時的中國社會，極端缺乏能夠教授科學理論的師資人才，缺乏專門的科研人員進行理論性的研究，各類學堂、書院聘請的外國教習大多是西方傳教士，這些人本身對科學知識的掌握不夠專業，而除去這些傳教士外，在本國更難找到合適人選；二者，出現這種情況也與當時的統治階層對科學的認識有關。此期，清廷大部份官員都將科學視為製器之術，認為只有在強國禦侮中才體現出價值，統治者對科學認識的片面與狹隘，自然制約了科學教育的深入開展。

但是畢竟在洋務派官員那裏，科學技術的意義已經得到發現與重視。在當時的社會環境下，洋務派能夠堅持自己的觀點，力主實行科學教育實屬不易，更難得的是，以奕訢為代表洋務派人士已知曉科學自身的發展原本就是一個互相借鑒，互相學習的過程，師法西人並無可恥之處，「查西洋各國，數十年來，講求輪船之制，互相師法，製作日新。東洋日本近亦遣人赴英國學其文字，究其象數，為仿造輪船張本，不數年後亦必有成。」〔註 54〕近代中國向西方的學習，經歷了一個由被動到主動的轉變過程，在這轉變過程中，必然伴隨著科學地位的上升。

洋務運動時期的科學教育，表露出近代中國科學教育不成熟、不完善等種種缺陷，但這畢竟是國人自辦科學教育最初的起點，循著這個起點，近代中國的科學教育一步步地走了下去。

〔註 54〕《籌辦夷務始末·同治朝》第五冊（卷四十六），北京：中華書局，2008 年，第 1983 頁。

第二章　京師大學堂科學教育的創建與初步實施

一、興辦京師大學堂科學教育的創議

1、國人對西方大學科學教育的評介

　　國人對西方各國高等教育的關注，在光緒初年就已出現。一些有過出洋經歷的文人學者將國外大學創辦科學教育的規制與條例，相繼地介紹回國內。早在光緒四年（1878年），郭嵩燾在出使歐洲的過程中，依其見聞，將法國高等教育體系中科學科目的設置情況介紹回國內，對數學、物理學、化學等學科在其大學中的基礎性地位進行了記述，「法國分八十七省，二百七十七府，二千八百六十六縣。」「各省置學館，所學勾股畫法、格致學、代數學、化學，十三歲以上十九歲以下者業之，亦自備膏火。國置學館分爲十二：曰格致算學，曰礦務，曰船機，曰槍炮，曰武兵學堂，曰建造學堂……凡學礦務、船機、槍炮、五兵、建造，必先入格致算法學堂，以立其基。二年以後，各視其性情意向，分門專習一學。其入格致算法學堂，仍先考察其所業，已入門徑能有成者，始聽入學。」〔註1〕這裡提到的國置學館即法國的國立大學，省置學館則是屬於普及中等教育的各省立中學。

　　在維新變法之前，清廷官員王之春也對西方大學中科學教育的整體情況

〔註1〕　郭嵩燾：《倫敦與巴黎日記》，鍾書河主編：《走向世界叢書》，長沙：嶽麓書
　　　　社，1984年，第597、598頁。

進行過介紹，他認為西學規例極為詳備，「鄉塾之上有郡學院，再上有實學院，再進為仕學院，然後入大學院。」〔註2〕大學之中設有四科，分別為經學、法學、智學、醫學。其中智學、醫學兩科與自然科學有關，「智學者，講求格物性理，各國語言文學之事；醫學者，先考周身內外部位，次論經絡表裏功用，然後論病源、製藥品以至於胎產等事。」〔註3〕而其中的算學則「兼天文、地球、勾股、測量之法，化學則格金石、植物、動胎、經卵化之理。」〔註4〕總之，他十分推崇西方國家在大學中實行的科學教育，認為其實事求是，「誠法之至善者也。」

在評介西方各國的科學教育中，晚清國人對德國大學實施的科學教育最為重視。晚清數學家李善蘭就曾提出，德國之強大乃源於德國教育體系之發達，「始知德國之必出於學校者，不獨兵也，蓋其國之制，無地無學，無事非學，無人不學。」「又如實學院，格物院，船政院……凡有一事，必有一專學以教之。」〔註5〕薛福成也認為，在歐洲各國中，德國教育的發展最具有代表性，而以德國為首的西方國家，之所以國勢昌盛，進步迅猛，皆為學校教育之成果，「近數十年來，學校之盛，以德國尤著……德國之兵多出於學校，所以戰無不勝，推之於士農工賈，何獨不然？」「夫觀大局之興廢盛衰，必究其所以致此之本原，學校之盛有如今日，此西洋諸國所以勃興之本原歟！」〔註6〕

鄭觀應在其名篇《盛世危言》中，也提到西方各國皆重視興辦大學，「查各國京師，俱有大學堂，各精一藝。」〔註7〕但是與歐洲其它國家相比，鄭觀應認為德國的科學教育體系最值得中國仿傚，並予以具體論述。他指出，「今泰西各國猶有古風，其學校規制，大略相同，而德國尤為明備，學之大

〔註2〕 王之春：《蠡測卮言》，《國朝柔遠記》附編，臺北：廣文書局，1978年，第832頁。
〔註3〕 王之春：《蠡測卮言》，《國朝柔遠記》附編，臺北：廣文書局，1978年，第832頁。
〔註4〕 王之春：《蠡測卮言》，《國朝柔遠記》附編，臺北：廣文書局，1978年，第833頁。
〔註5〕 李善蘭：《德國學校論略》序一，於寶軒編：《皇朝蓄艾文編》卷十四，上海：上海官書局，光緒癸卯秋七月，第1頁。
〔註6〕 薛福成：《出使英法義比四國日記》，鍾書河主編：《走向世界叢書》，長沙：嶽麓書社，1985年，第291頁。
〔註7〕 鄭觀應：《盛世危言》卷一（影印本），上海：上海古籍出版社，2008年，第120頁。

小，各有次第。」〔註 8〕在德國國內，各地郡學學生畢業後，根據個人成績進入實學院學習，而實學院又分上、下兩院，上院畢業者方可進入大學學習，「大學之掌教，必名望出眾，才識兼優者，方膺此任，院中書籍、圖畫、儀器，無一不備。」〔註 9〕鄭觀應指出德國大學在學科設置中，將科學課程劃歸於智學、醫學兩大類中，「智學者，格物、性理、文字語言之類；醫學者，統核全身內外諸部位、經絡表裏、功用病源，製配藥品、胎產接生諸法。」〔註 10〕此外，他對專門實施科學教育的格物學院與技藝學院也進行了詳細介紹，「技藝院者，汽機、電報、採礦、陶冶、製煉、織造等事物。格物學院與技藝院略同，大抵多原於數學，數學則以幾何原本為宗；其次力學，力學者，考究各物之力量；化學者，考核金石，植物、胎卵、濕化各物化生之理；其次為天學、測步、五星、七政之交會伏留；其次為航海之學，必嫻於地理、測量、駕駛者，方能知船行何度，水性何宜，臺颶沙礁若何趨避。」〔註 11〕鄭觀應還指出德國的科學教育並不始發於其高等院校，許多科學課程從小學、中學時期就已經開始設立，「初訓以幼學，間附數學入門、本國地理等書。」〔註 12〕郡院之學分有數班，每班均有教員專教數學、物理、化學等課。

　　此時期，除了介紹歐洲大學科學教育的規制外，一些有過旅日經歷的官員、學者對日本大學科學教育的創建與實施，也相繼撰文介紹。黃遵憲在其駐日期間，就曾考察日本東京大學的科學教育，「東京大學生徒，凡百餘人，分法、理、文三部。」「理學有化學、氣學、重學、礦學、畫學、天文地理學、動物學、植物學、機器學。」〔註 13〕黃遵憲還對日本大學中附設的實驗室，進行了簡單列舉，「而隸於學校者，有動物室、植物室、金石室、古生物室、土木機械模型室、製造化學諸品室、古器物室，羅列各品，以供生徒實地考研之用。」〔註 14〕黃慶澄於光緒十九年赴日考察，在考察途中，他深入瞭解了日本各高校設置自然科學科目的情況，在回國後整理成文出版。據他描述，

〔註 8〕　鄭觀應：《盛世危言》卷一，上海：上海古籍出版社，2008 年，第 44 頁。
〔註 9〕　鄭觀應：《盛世危言》卷一，上海：上海古籍出版社，2008 年，第 45 頁。
〔註 10〕　鄭觀應：《盛世危言》卷一，上海：上海古籍出版社，2008 年，第 46 頁。
〔註 11〕　鄭觀應：《盛世危言》卷一，上海：上海古籍出版社，2008 年，第 46 頁。
〔註 12〕　鄭觀應：《盛世危言》卷一，上海：上海古籍出版社，2008 年，第 44 頁。
〔註 13〕　黃遵憲：《日本雜事詩（廣注）》，鍾叔河主編：《走向世界叢書》，長沙：嶽麓書社，2008 年，第 645 頁。
〔註 14〕　黃遵憲：《日本國志》，陳錚編：《黃遵憲全集》下冊，北京：中華書局，2005年，第 1413 頁。

在日本公立大學中，東京帝國大學的科學教育最為完備，「而以帝國大學之規模為最闊。案大學章程分為五科，曰法科，曰醫科，曰工科，曰文科，曰理科。」〔註15〕該校工科又分六目，即六種專業，「曰土木，曰機器，曰造船，曰造軍器，曰造房屋，曰應用化學。」〔註16〕理科內則有數學、物理學、化學、地質學等專業。

由於國人不斷地將西方、日本等國在大學中開辦科學教育的情形介紹回國內，這一方面引起了清廷上下對大學科學教育的關注，通過創辦大學來實施科學教育，一時成為士人評論的焦點，另一方面也為在中國本土創建大學科學教育提供了可以參照的對象。而此期爆發的甲午戰爭，則更進一步激發了國人對科學教育的重視。

甲午戰敗，震動朝野，大部份官員們開始意識到加快發展新式教育是強國禦侮的本源，而這種新式教育，正體現把自然科學知識作為各級各類教育的主要內容。《馬關條約》簽訂不久，順天府府尹胡燏棻便向清廷上奏摺，提出西方各國之所以強大，皆在於其教育體系的發達，而教育整體之進展尤以科學教育為重，「泰西各國，人才輩出，其大本大源全在廣設學堂……工有學堂，則創造利用之智日闢；農桑有學堂，則樹藝飼畜之利日溥……聲、光、化、電各項格致有學堂，則新理新物日出而不窮……」〔註17〕正因為西方各國重視學校教育，重視人才培養，才有其蒸蒸日上之勢。而日本近幾十年來，發展如此迅速，也恰恰在於仿傚西方，發展新式教育，而當下中國若要尋求富強之道，則應吸取日本崛起的經驗，「日本自維新以來，不過一二十年，而國富民強，為泰西所推服，是廣興學校，力行西法之明驗，今日中國關鍵，全繫乎此。蓋人材為國家根本，盛衰之機，互相倚伏，正不得謂功傚之遷遠也。」〔註18〕胡燏棻認為，與國外相比，中國的傳統教育缺乏對自然科學的訓練，僅將詩書詞章作為教學的核心內容，「今中國各省義塾，制亦大備，乃於八股、試帖、詩賦、經義而外，一無講求……人才消耗，實由

〔註15〕黃慶澄：《東遊日記》，鍾叔河主編：《走向世界叢書·甲午以前日本遊記五種》，長沙：嶽麓書社，2008 年，第 341 頁，

〔註16〕黃慶澄：《東遊日記》，鍾叔河主編：《走向世界叢書·甲午以前日本遊記五種》，長沙：嶽麓書社，2008 年，第 341 頁，

〔註17〕沈桐生編：《光緒政要》卷二十一，沈雲龍主編：《近代中國史料叢刊》第三十五輯第 345 冊，臺北：文海出版社，1973 年，第 1119、1120 頁。

〔註18〕沈桐生編：《光緒政要》卷二十一，沈雲龍主編：《近代中國史料叢刊》第三十五輯第 345 冊，臺北：文海出版社，1973 年，第 1120、1121 頁。

於此。」〔註 19〕結果致使中學愈加興盛，而西學倍加冷落，「天下豪傑所注重者，仍不外乎制藝、試帖、楷法之屬。而於西學，不過視作別途，雖其所造已深，學有成就，亦第等諸保舉議敘之流，不得廁於正途出身之列，操術疏斯，收效寡也。」〔註20〕這樣的舊式教育，在列強橫行的時代裏，只能把中國引向積貧積弱的道路。因此，他呼籲清廷能夠盡早改變教育內容，重視科學教育的實施，廣立學堂以儲人才。

甲午之後，康有為數次上書光緒帝，多次提及西方富強與其教育發展的內在關聯，並提出應設法促進科學教育在中國的發展，「嘗考泰西之所以富強，不在炮械軍兵，而在窮理勸學。」「其各國讀書識字者，百人中率有七十人。其學塾經費，美國乃至八千萬，其大學生徒，英國乃至一萬餘。其每歲著書，美國乃至萬餘種。其屬郡縣，各有書藏，英國乃至百餘萬冊，所以開民之智者亦廣矣。」〔註21〕而反觀中國，卻是另一番景象，「學校則教及詞章詩字，寡能講求聖道，用非所學，學非所用，故空疏愚陋，謬種相傳，而少才智之人。」〔註 22〕欲改變此種局面，則須擴大科學知識在中國傳播途徑，康有為提出不僅要變通科舉，而且應該在各省府州縣開設藝學書院，學習西方的自然科學，「大增學校，而令鄉塾通讀史、識字、測算、繪圖、天文、地理、光電、化重、聲汽之學，亦可謂能變通矣。」「凡天文、地礦、醫、律、光、重、化、電、機器、武備、駕駛分立學堂，而測量、圖繪、語言、文字皆學之。」〔註23〕待學成之後，再參加藝科考試，取得功名，即其所謂的「設藝科以勵智學」。嚴復在其《救亡決論》一文中，也明確地指出科學技術的實用價值，「求才、為學二者，皆必以有用為宗，而有用之效，徵之富強；富強之基，本諸格致；不本格致，將無所往而不荒虛，所謂蒸砂千載，成飯無期者矣。」〔註 24〕因此，發展科學教育，培養科技人才，乃中國實現獨立、富強的必由之路。

〔註19〕沈桐生編：《光緒政要》卷二十一，沈雲龍主編：《近代中國史料叢刊》第三十五輯第 345 冊，臺北：文海出版社，1973 年，第1120 頁。

〔註20〕沈桐生編：《光緒政要》卷二十一，沈雲龍主編：《近代中國史料叢刊》第三十五輯第 345 冊，臺北：文海出版社，1973 年，第1106 頁。

〔註21〕湯志鈞編：《康有為政論集》上冊，北京：中華書局，1981 年，第 130 頁。

〔註22〕湯志鈞編：《康有為政論集》上冊，北京：中華書局，1981 年，第 122 頁。

〔註23〕湯志鈞編：《康有為政論集》上冊，北京：中華書局，1981 年，第 154、131 頁。

〔註24〕嚴復：《救亡決論》，王栻主編：《嚴復集》第一冊，北京：中華書局，1986 年，第 43 頁。

　　近代國人將西方、日本等國創辦大學科學教育的理念、體制等一系列經驗方法輸入國內，並加以評論，這不僅表明科學技術在國人心目中地位的提升，也充分體現了國人在學習西方先進經驗，發展高等教育的進程中由被動開始轉向主動，開始主動尋求實施科學教育的具體形式與方法。儘管科學教育在近代中國的發展是一個艱難曲折的過程，但這種態度、觀念的轉變卻是一切開始的前提。

2、創辦本土大學科學教育的倡議

　　光緒二十二年五月（1896年6月），刑部左侍郎李端棻向清廷上摺，正式提出在京師設立大學堂並在大學堂內實施科學教育。長久以來，學術界普遍將李端棻視爲奏請設立大學堂第一人，但卻忽略了李端棻在其奏摺中所陳述的關於在大學堂內開展科學教育的內容。換言之，這既是近代以來，晚清官員首次向清廷正式提議設立京師大學堂，也是首次向清廷正式提出在國內實行大學科學教育。

　　在這份奏摺中，李端棻主張自京師至各省府州縣皆設立學堂，省府州縣應設立各自的省學、縣學，在京師設立大學堂，「京師大學，選舉貢監生年三十以下者入學，其京官願學者聽之……惟益加專精，各執一門，不遷其業，以三年爲期。」〔註25〕他提出在大學堂中要開設天文、輿地、算學、格致、製造、農桑、礦學等自然科學類課程，以爲育才之法。李端棻在奏摺中指出，大學科學教育與往日的傳統教育不同，有其自身特點，傳統教育提倡培養通才，而科學教育則講求專業劃分明晰，培育專才，也只有分門學習，才能有所成效，「格致、製造諸學，非終身執業，聚眾講求，不能致精。」〔註 26〕故而，此次創辦大學堂，科學課程應分門教授。更爲重要的是，李端棻還指出科學教育要求學生們親身參與實驗、實習，這點完全不同於傳統的詩文學習，「諸學或非試驗、測繪不能精，或非遊歷、察勘不能確，今之諸館，未備器圖，未遣遊歷，則日求之於故紙堆中，終成空談，自無實用。」「格致、製造、農、商、兵、礦諸學，非若考據、詞章、帖括之可以閉戶獺祭而得也。」〔註27〕因此，李端棻強調在大學堂內進行科學教育，一定要重視包括實驗、

〔註25〕　朱壽朋編：《光緒朝東華錄》第四冊，北京：中華書局，1958年，總第3792頁。
〔註26〕　朱壽朋編：《光緒朝東華錄》第四冊，北京：中華書局，1958年，總第3791頁。
〔註27〕　朱壽朋編：《光緒朝東華錄》第四冊，北京：中華書局，1958年，總第3791、
　　　　　3792頁。

實習在內的教學方式，重視親證，「格致實學，咸藉試驗，無遠視之鏡，不足言天學；無測繪之儀，不足言地學；不多見礦質，不足言礦學；不習睹汽機，不足言工程之學，其餘諸學，率皆類是。」〔註28〕他建議清廷在大學堂內設立科學儀器院，並為其加大財力、物力的投入，即由國家出資購置各種科學儀器、實驗設備，「今請於所立諸學堂咸別設一院，購藏儀器，令諸學徒皆就試習，則實事求是，自易專精。各器擇要而購，每省撥萬金以上，已可粗備，此後陸續添置，漸成大觀，則其費尚易措籌，而學徒所成，視昔日紙上空談，相去遠矣。」〔註29〕以之落實科學教學的實施。

鑒於西方各國科技發展迅猛，知識更新疾速，李端棻提出有必要在京師建立譯書館，以使對西方最新出版的科技書籍及時翻譯，「泰西格致新學，製造新法，月異歲殊，後來居上。今所已譯出者，率十年以前之書，且數亦甚少，未能盡其所長。今請於京師設大譯書館，廣集西書之……言學校農商工礦者，及新法新學近年所增者，分類譯出，不厭詳博，隨時刻布，廉值發售，則可以增益處見聞，開廣才智矣。」〔註30〕他還建議清政府在學堂之中選拔優秀人員派遣出國，這樣不僅可以充分瞭解國外科技發展的實際情況，而且能夠更深入地學習西方科學知識，「學徒既受學數年，考試及格者，當選高才以充遊歷。遊歷之道有二：一遊歷各國，肄業於彼之學校，縱覽乎彼之工廠，精益求精以期大成；二遊歷各省，察驗礦質，鈎核商務，測繪輿地，查閱物宜，皆限以年期，厚給薪作，隨時著書歸呈有司，察其切實有用者，為之刊佈，優加獎勵。」〔註31〕京師大學堂及其科學教育創辦可以帶動人才的培養，李端棻對此寄予了很大的希望，「十年以後，賢俊盈延，不可勝用矣。」〔註32〕

李端棻在其奏摺中，不僅明確提出了創辦京師大學堂，而且闡述了大學堂科學教育的實施特點。由此，拉開了創辦京師大學堂科學教育的帷幕。李端棻的這份奏摺引起了清廷的高度重視，朝廷上下對於如何創辦大學科學教育展開熱議。光緒帝在李端棻上摺當日，便做出批覆，要求總理衙門就開辦

〔註28〕 朱壽朋編：《光緒朝東華錄》第四冊，北京：中華書局，1958 年，總第 3793 頁。
〔註29〕 朱壽朋編：《光緒朝東華錄》第四冊，北京：中華書局，1958 年，總第 3793 頁。
〔註30〕 朱壽朋編：《光緒朝東華錄》第四冊，北京：中華書局，1958 年，總第 3793、
　　　　 3794 頁。
〔註31〕 朱壽朋編：《光緒朝東華錄》第四冊，北京：中華書局，1958 年，總第 3794 頁。
〔註32〕 朱壽朋編：《光緒朝東華錄》第四冊，北京：中華書局，1958 年，總第 3794 頁。

大學堂一事，提出相關辦法。

　　總理衙門對興辦大學堂一事，亦持肯定態度。總理大臣奕訢提出各地書院已經陸續增設了算學、格致等科學課程，加之早先成立的洋務學堂，科學知識已逐漸爲士人所接受，「近日風氣大開，士崇新學，詞林郎署，願就同文館肄業者，頗不乏人。外間各省書院，亦多有斟酌時宜，於肄業經古以外，增加算學、製造諸課者。」〔註33〕因而，創辦大學科學教育，正當其時，他建議將開辦大學堂的具體事務，歸由官書局籌劃辦理，「至該侍郎所請於京師建設大學堂，係爲擴充官書局起見，應請旨飭下管理書局大臣察度情形，妥籌辦理。」〔註34〕此外，奕訢還向清廷建議將登載西方科技知識的報刊雜誌廣爲翻譯，以促進自然科學在中國的傳播，「西人報例，有專談時務者，有專談藝學者。時務之報，譯者尚多，藝學之報，譯者寥寥，而爲用甚廣，亦不妨令學堂中選擇譯之，以收知新之助。」〔註35〕

　　光緒帝在得悉奕訢等人的意見後，便授命官書局管理大臣〔註36〕、工部尚書孫家鼐籌劃如何創辦大學堂。在經過一番深思熟慮後，孫家鼐於光緒二十二年七月向朝廷上摺，闡明了自己關於在京師大學堂中開展科學教育的初步意見。

　　孫家鼐提出要創建大學堂，實行科學教育，分科設學與國家對辦學資金的投入是基本前提，「若云作育人才，儲異日國家之大用，則非添籌經費，分科立學不爲功。」〔註37〕他指出，西方各國成立大學不僅開辦經費充足，大學科系的設置亦完整細密，「其學有分四科者、五科者、六科者……遂以爭雄競長，凌抗中朝，犖犖群才，取之宮中而皆備，非僅恃船堅炮利爲也。」〔註38〕分科設學乃發展科學教育之內在要求，也是近代社會培養科技人才的

〔註33〕中國第一歷史檔案館、北京大學編：《京師大學堂檔案選編》，北京：北京大學出版社，2001年，第7頁。

〔註34〕中國第一歷史檔案館、北京大學編：《京師大學堂檔案選編》，北京：北京大學出版社，2001年，第8頁。

〔註35〕中國第一歷史檔案館、北京大學編：《京師大學堂檔案選編》，北京：北京大學出版社，2001年，第7頁。

〔註36〕這裡提到的官書局，乃是有康有爲、梁啓超等人創辦的強學會、強學書局演變而來。康梁等人在成立強學會同時，又在北京創辦了強學書局，後強學書局被清廷查辦，將其改爲京師官書局。

〔註37〕中國第一歷史檔案館、北京大學編：《京師大學堂檔案選編》，北京：北京大學出版社，2001年，第9頁。

〔註38〕中國第一歷史檔案館、北京大學編：《京師大學堂檔案選編》，北京：北京大

主流方式。孫家鼐認識到西方列強的船堅炮利僅是其外在表象，眞正強大的還是導源於發達的教育。因此，他認爲不能再按照傳統教育模式來辦理京師大學堂，而應該參考國外各所大學，從分科立學的角度來確定規制。而且他指出先前舉辦的一些洋務學堂之所以收效不大，不僅是因爲講授的知識膚淺，而且在分科的問題也沒有得到重視，現今舉辦大學科學教育，就要吸取往日教訓。他建議京師大學堂教學可以分列十科，「一曰天學科，算學附焉；二曰地學科，礦學附焉；三曰道學科，各教源流附焉；四曰政學科，西國政治及律例附焉；五曰文學科，各國語言文字附焉；六曰武學科，水師附焉；七曰農學科，種植水利附焉；八曰工學科，製造格致各學附焉；九曰商學科，輪舟鐵路電報附焉；十口醫學科，地產植物各化學附焉。」〔註39〕在他擬定的十科之中，與自然科學有關的科目占到一半以上，足見其對大學科學教育之重視程度。對於接受了科學教育的大學堂學生，孫家鼐建議清廷應創設機會，使這些學生能夠學以致用。具體的任用辦法，有三條途徑可以嘗試採用，首先是通過設立特科，即在科舉考試中擴大對科學知識的考察，給予這些人以晉升的機會，「……擬援引此例，立時務一科，包算學在內，鄉會試由大學堂咨送與考。中式名數，定額宜寬，應俟學堂規模大定之時，請旨辦理。」〔註40〕其次，是將這些學生派往各製造局、工廠等處任職，「學生應試不中者，由學堂考驗，仿西例獎給金牌文憑，量其所長，咨總署派往中國使館，充當翻譯隨員，或分佈南北洋海軍、陸軍、船政、製造各局，幫辦一切，以資閱歷。」〔註41〕最後，還可以將這些畢業生派至各省新式學堂，充當教習，教授科學知識，「大學堂學生，如不能應舉爲官者，考驗後，仿泰西例獎給牌憑，各省立學之始，皆令向京師咨取教習，庶師資自賴，俯仰無憂，京外各學堂，亦可聯爲一氣，其有益於學業非淺鮮也。」〔註42〕至於開辦大學堂所需要的經費，孫家鼐則建議由南北洋大臣，按月撥銀五千兩上交戶部，以

學出版社，2001年，第9頁。

〔註39〕 沈桐生編：《光緒政要》卷二十二，沈雲龍主編：《近代中國史料叢刊》第三十五輯第345冊，臺北：文海出版社，1973年，第1194頁。

〔註40〕 中國第一歷史檔案館、北京大學編：《京師大學堂檔案選編》，北京：北京大學出版社，2001年，第11、12頁。

〔註41〕 中國第一歷史檔案館、北京大學編：《京師大學堂檔案選編》，北京：北京大學出版社，2001年，第12頁。

〔註42〕 中國第一歷史檔案館、北京大學編：《京師大學堂檔案選編》，北京：北京大學出版社，2001年，第11頁。

此作爲創辦京師大學堂的專用款項。

孫家鼐爲清廷興辦大學堂提供了初步的規劃，在他之後，一些士大夫相繼提出各自意見，關於開展大學科學教育的各種論議，不斷湧現。如直隸候補道姚文棟提出中國目前雖未能遍設鄉學，但可「先設大學堂於京師，亦可樹之風聲。」〔註43〕而且他認爲此次開辦京師大學堂，不但要分門別類地實施教學，以實現「學中諸生，分科習業」，而且在選聘科學教員的問題上，亦應有所注意，不可因吝惜錢財，而忽視了對教員能力的考察，「論學術，則有天算、地輿、格致、公法各項之別，凡此各學，固不可不備於一國，而斷不能求備於一人。故延訂教習，各須專門，方有精詣，毋得惜費兼攝，致有因陋就簡之譏。」〔註44〕他也比較重視科學教學中的實驗、實踐環節，要盡力修建實驗場地，購置儀器設備，「學天文者，須有觀星臺；習格化諸學者，須有陳設器物之所；爲礦學者，須聚各種礦質；考求動物植物者，須有草木園及禽獸苑，又須有玻璃房畜養水族，以上均須布置，方可爲切實之學。」〔註45〕只有如此，大學科學教育方能有所成效。

翰林院編修熊亦奇認爲大學堂教學可以分設藝學、政學兩科進行，在藝學科內應集中開設科學課程，「曰格致，水、光、火、氣、聲、力、化、電無已不賅，所以學爲藝，備農工商兵之用也。」〔註46〕他還主張大學堂應將這些科學課程，編排爲三類，其中數學知識是其它科學知識的基礎，因而把數學課作爲基礎課，放在第一類課程裏，「不習圖算，則天文、地理、格致諸學皆無由入門。」〔註47〕而植物學、動物學、地理學等課程則被列爲第二類課程，「多識於鳥獸草木之名，古人詩教則然，西人有植物、動物等學，亦同此意，不但識其名，更當盡物之性也，此二學最淺顯，當爲第二級課程之附。」〔註48〕物理學、化學與其它科學課程則列入第三類，「格致、化學爲養民富國

〔註43〕楊鳳藻編：《皇朝經世文新編續集》（一），沈雲龍主編：《近代中國史料叢刊》第七十九輯第781冊，臺北：文海出版社，1973年，第390頁。

〔註44〕楊鳳藻編：《皇朝經世文新編續集》（一），沈雲龍主編：《近代中國史料叢刊》第七十九輯第781冊，臺北：文海出版社，1973年，第390頁。

〔註45〕楊鳳藻編：《皇朝經世文新編續集》（一），沈雲龍主編：《近代中國史料叢刊》第七十九輯第781冊，臺北：文海出版社，1973年，第390頁。

〔註46〕熊亦奇：《西學課程：京師創立大學堂熊編修亦奇條議》，《知新報》1897年第6期，第4頁。

〔註47〕熊亦奇：《西學課程：京師創立大學堂熊編修亦奇條議》，《知新報》1897年第7期，第3頁。

〔註48〕熊亦奇：《西學課程：京師創立大學堂熊編修亦奇條議》，《知新報》1897年第

之本……定為第三級課程，令各學生分途學習，以成專身名家。」〔註49〕他同時又將天文學、地質學也劃分在第三類課程之中。值得注意的是，熊亦奇把工學、農學等稱為「專學」，皆排除在大學堂的科學教育之外，而另設學堂專門教授。

創辦京師大學堂、開展科學教育，不僅為本國人所建言，一些在華的傳教士也紛紛撰文，各抒己見，根據自己在西方的經歷，就如何開辦大學科學教育提出相關意見。

美國傳教士李佳白主張在京師設立總學堂。李佳白認為開展科學教育是創辦總學堂的主要任務。因此，學堂中科學科目的設置乃必不可少，他提出應首先設立「物理」與「數理」兩類科學課程，「有如格物以知萬物之理性，化學以分萬物之原質，天文以測三光之運旋，此三者謂之物理；又如數學、代數學、形學、八線以通各種量算之法，此四者謂之數理。」〔註50〕其它科技類的課程亦需陸續開設，「至於地理學、金石學、礦學、地勢學、地質學、形聲學、量地法、航海法、身理學……無一不在當學之中，不可缺其一也。」〔註51〕除開設大量的科學課程之外，他還主張在總學堂之內，可以附設一些專門學堂，以進一步擴大科學教育的普及面。李佳白認為，大學堂科學教育的創辦可以使中國在國際上贏得良好聲譽，從而有助於擺脫外人對中國的鄙夷，「方今泰西各國，因中國不願學各等學問，亦不肯廣設學堂，使人學各等學問，遂致咸生輕視之心。」「若總學堂既設，由中及外，由近及遠，人才輩出，國勢日強，西國將尊之、敬之、愛之、畏之之不暇，安有輕視哉？」〔註52〕

另一位在華傳教士狄考文也贊同在京師創辦總學堂並實施科學教育的提議。他認為這樣可以開通風氣，引領中國教育的發展，意義非凡，「風氣之開，其端在上，故京都必先立一總學堂，以為通國之倡，乃可以號召直省，而翕然從風，登高一呼，遠近響應。」〔註53〕總學堂內必須囊括各種科學課

---

7 期，第 4 頁。

〔註49〕熊亦奇：《西學課程：京師創立大學堂熊編修亦奇條議》，《知新報》1897 年第 7 期，第 4 頁。

〔註50〕〔美〕李佳白：《創設學校議》，《萬國公報》1896 年第 84 卷，第 4 頁。

〔註51〕〔美〕李佳白：《創設學校議》，《萬國公報》1896 年第 84 卷，第 4 頁。

〔註52〕〔美〕李佳白：《擬請京師創總大學堂議》，於寶軒編：《皇朝蓄艾文編》卷十四，上海：上海官書局，光緒癸卯秋七月，第 32 頁。

〔註53〕〔美〕狄考文等：《上譯署擬請創設總學堂議》，於寶軒編：《皇朝蓄艾文編》

程，凡涉及到理、工、農、醫等類，皆應設置，「天算、地輿、測繪、航海、光、電、聲、化、汽機之學，身體、心靈、醫理、藥法、動植物之學，農政、商務、製造、工程之學皆入之。」〔註54〕在實施科學教育的過程中，學堂應該採取實驗、實習等教學方法，儘量多設一些實驗課程，以訓練學生們實際操作能力，「即如格物、化學、天文等，非有合宜之機器隨學隨徵，則教習便難教得透澈，學生更難學至底實。」〔註55〕狄考文還提出，目前在中國創立大學科學教育，要格外重視外國教習，以此來促進風氣的轉變與科學知識的傳播，「故爲今日計，當視教習一項差使，實尤要於練兵、徵稅各差使，不但當優其薪水，且當精其居處，厚其供給，師道立則人才出，可爲中國望之矣。」〔註56〕而且，他建議清廷應從創辦的各學堂之中選拔學生，派赴國外留學深造，「初習語言文，繼入分門之專學堂，速則四年、六年，緩亦不過十年、八年。」〔註57〕待其學成回國之後，再作爲各學堂的總辦、教習人選，如此可以實現中國學堂獨立自主的發展。

自李端棻向清廷提出設立京師大學堂並在大學堂中開辦科學教育的意見以來，朝廷上下各級官員都對此展開了熱烈的討論，乃至於國內外眾多有識之士相繼爲之建言獻策。這些人提出的許多建議，在日後都以各種形式逐步落實，更爲重要的是，這些建議能夠出現即說明了當時社會環境在朝著有利於科學教育的方向發展，而這些言論本身也表明了近代國人對大學教育的認識在不斷地深化。

二、京師大學堂科學教育的開辦

1、光緒帝反覆督促

在朝廷內外一片倡議聲中，清廷終於下定決心創辦京師大學堂，實行科學教育。光緒帝一方面要求朝廷相關部門立即著手籌備，另一方面，仍廣泛地徵集各級官員關於大學堂科學教育開設辦法的具體意見。

卷十四，上海：上海官書局，光緒癸卯秋七月，第 34 頁。
〔註54〕〔美〕狄考文等：《上譯署擬請創設總學堂議》，於寶軒編：《皇朝蓄艾文編》卷十四，上海：上海官書局，光緒癸卯秋七月，第 34 頁。
〔註55〕〔美〕狄考文：《振興學校論（新法）》，《萬國公報》1881 年第 656 卷，第 47 頁。
〔註56〕〔美〕狄考文等：《上譯署擬請創設總學堂議》，於寶軒編：《皇朝蓄艾文編》卷十四，上海：上海官書局，光緒癸卯秋七月，第 38 頁。
〔註57〕〔美〕狄考文等：《上譯署擬請創設總學堂議》，於寶軒編：《皇朝蓄艾文編》卷十四，上海：上海官書局，光緒癸卯秋七月，第 37 頁。

光緒二十四年正月（1898 年 2 月），光緒帝正式提出著手籌辦京師大學堂，
「京師大學堂，迭經臣工奏請，准其建立，現在亟須開辦。」〔註 58〕並且要
求軍機大臣與總理衙門大臣擬定大學堂的辦學章程，指導規劃，「其詳細章
程，著軍機大臣會同總理各國事務衙門王大臣妥議具奏。」〔註 59〕至四月二
十三日（1898 年 6 月 11 日），光緒帝又發佈了近代歷史上著名的「定國是詔」。
值得注意的是，在這份詔書中，光緒不僅著重闡述了發展西學的重要意義，
這裡提到的西學主要指的是西方的科學技術。光緒帝要求朝廷上下各級官
吏，皆應講求西學、實學，力矯往日膚淺之弊病，處處以國家發展爲重，「又
須博採西學之切於時務者，實力講求，以救空疏迂謬之弊，專心致志，精益
求精，毋徒襲其皮毛，毋競騰其口說，總求化無用爲有用，以成通經濟變之
才。」〔註 60〕科學技術於富國強兵有實際作用，就當時的形勢而言，乃名副
其實的實學。而且詔書中再次敦促京師大學堂的開辦，「京師大學堂爲各行省
之倡，尤應首先舉辦，著軍機大臣、總理各國事務王大臣，會同妥速議奏。
所有翰林院編檢、各部院司員、各門侍衛、候補候選道府州縣以下官、大員
子弟、八旗世職、各武職後裔，其願入學堂者，均准入學肄習，以期人才輩
出，共濟時艱。」〔註 61〕光緒帝在詔書中對西學功用的闡明，成爲大學堂實
施科學教育重要依據，這也將科學教育的開展與大學堂的創辦緊密地聯繫在
一起。也由此可見，實施科學教育是京師大學堂創辦的主要目的。同時，光
緒帝在詔論中聲明，大學堂籌辦人員不得敷衍因循，徇私援引，「致負朝廷諄
諄告誡之至意。」光緒帝關於開辦大學堂的諭旨，爲日後大學堂科學教育的
發展，確立了政治上的合法性，雖然在經過戊戌政變之後，許多新法相繼被
廢棄，但是大學堂卻被保留下來。

光緒帝不僅對京師大學堂十分重視，同時他還要求全國各地廣設中學、
小學，以與大學堂互相銜接，形成一個科學教育的體系。他於光緒二十四年
五月（1898 年 7 月）發出興學上諭，命令各省督撫盡快成立中學堂、小學堂，
並把既有書院改爲學堂，以廣西學之傳播，「前經降旨開辦大學堂，入堂肄

〔註 58〕 《諭摺彙存》第一冊，臺北：文海出版社，1967 年，第 715 頁。
〔註 59〕 《諭摺彙存》第一冊，臺北：文海出版社，1967 年，第 715 頁。
〔註 60〕 《大清德宗景皇帝實錄》卷四百十八，楊家駱主編：《清光緒朝文獻彙編》第
　　　　 五冊，臺北：鼎文書局，1978 年，第 C 3814 頁。
〔註 61〕 《大清德宗景皇帝實錄》卷四百十八，楊家駱主編：《清光緒朝文獻彙編》第
　　　　 五冊，臺北：鼎文書局，1978 年，第 C 3814 頁。

業者，由中學、小學次第而升……將即將各省府廳州縣現有之大小書院，一律改為兼習中學、西學之學校。」〔註62〕而且他還要求將部份民間祠廟改辦為學堂，「至於民間祠廟，其有不在祀典者，即著各地方官曉諭民間，一律改為學堂，以節靡費而隆教育。」〔註63〕至於各地興學經費的來源，光緒帝要求由各地督撫盡力籌措，同時也鼓勵民間人士捐資辦學，並給予一定的獎賞。在學堂課程設置方面，光緒帝也很關注，他曾發佈詔旨特別強調在各地學堂、書院開設各類自然科學課程，「各該督府學政，務將新增算學、藝學各書院學堂，切實經理，隨時督飭院長教習，認真訓迪，精益求精……用副朝廷旁求俊秀至意。」〔註64〕可見，光緒帝對於科學課程在各類學堂、書院中的開設，是認真對待的。

光緒帝在命令各地興辦學堂的同時，又頒佈詔令，對傳統科舉考試進行變通與調整，希望以此促進科學教育的發展。在這段時期內，科舉考試的調整、改革，與科學教育靠攏的趨勢愈益明顯。首先，光緒帝下令各地開設經濟特科。而經濟特科中便涵蓋著對自然科學的考驗，「格物，凡考求中西算學、聲光化電諸學者隸之」、「考功，凡考求名物象數、製造工程諸學者隸之」、「理財，凡考求稅則、礦產、農功、商務諸學者隸之」、「經武，凡考求行軍布陣、駕駛測量諸學者隸之」〔註65〕等等。至光緒二十四年五月（1898年7月），光緒帝發佈命令，要求各省為舉辦經濟特科保舉人才，並於三個月之內，將所舉薦之人咨送總理衙門，會同禮部奏請考試。

除了要求設立經濟特科外，光緒帝還決意在科舉考試中廢止八股，改試策論，當時的維新派一直希望清廷能夠廢除八股，他們數次向光緒陳明八股取士之害，梁啟超等人就曾提出，既然京師大學堂確定開辦，並已處於籌備階段，就應當藉此時機變通科舉，停試八股，「今臣工頻請開中西學堂，皇上頻詔有司開京師大學堂矣，然竊觀直省生童之為八股以應科舉……皇上撫有四萬萬之民，倍於歐羅巴全洲十六國之數，有雷霆萬鈞之力，轉移天下之權，舉天下之人，而陶冶成才以禦侮，興治在一反掌間耳，奚憚而不為哉？」

〔註62〕《諭摺彙存》第六冊，臺北：文海出版社，1967年，第4287、4288頁。
〔註63〕《諭摺彙存》第六冊，臺北：文海出版社，1967年，第4289頁。
〔註64〕中國第一歷史檔案館編：《光緒宣統兩朝上諭檔》第二十四冊，桂林：廣西師範大學出版社，1996年，第12頁。
〔註65〕中國第一歷史檔案館編：《光緒宣統兩朝上諭檔》第二十四冊，桂林：廣西師範大學出版社，1996年，第11頁。

〔註66〕維新派關於廢八股的意見，被光緒帝所採納。二十四年五月，光緒帝發佈上諭，正式宣佈在科舉考試中廢止八股，改試策論，「乃近來風尚日漓，文體日敝……若不因時通變，何以勵實學而拔眞才？著自下科爲始，鄉會試及生童歲科各試，嚮用四書文者，一律改試策論，其如何分場命題考試，一切詳細章程，該部即妥議具奏。」〔註67〕可見，廢八股之目的在於「勵實學」，即爲科學讓路。這項廢八股、改策論的舉措爲科學教育在中國的發展，掃除了一定的障礙。

　　經濟特科的設立從正面引導科學教育深入開展，而八股取士的公開廢除，則消除了阻礙實施科學教育的負面因素，這兩項政策相互配合，爲京師大學堂科學教育的開展，營造了有利的外部環境。光緒帝希望由變通科舉來配合大學堂科學教育的開辦，最終達到振興實學的目的，「朝廷造就人才，惟務振興實學，一切考試詩賦，概行停罷，亦不憑楷法取士，俾天下翕然向風，講求經濟，用備國家任使。」〔註68〕值得注意的是，變通科舉的這些舉措，是在清廷創辦大學科學教育的影響之下產生的，因此它們也是科學教育在近代中國發展的組成部份。

　　光緒帝對開辦京師大學堂及其科學教育的督促，得到了當時維新人士的擁護，但是清廷的一些相關部門在辦理過程中，卻進展緩慢，事關大學堂科學教育的章程也遲遲未能出爐。二十四年五月，康有爲向光緒帝明確表示，京師大學堂的籌辦一定要加快進度，不宜拖延，西方、日本等國的發展日新月異，而中國再耽擱下去，有害無益，「京師議立大學數年矣，宜督促早成之，以建首善而觀萬國。夫養人才，猶種樹也，築室可不月而就，種樹非數年不蔭，今變法百事可急就，而興學養才，不可以一日致也，故臣請立學亟亟也。」〔註69〕光緒帝本人對大學堂興建緩慢，亦十分惱火。五月初八，光緒怒下諭旨，聲明大學堂必須加快籌建進度，否則課以重罰，「茲當整飭庶務之際，部院各衙門承辦事件，首戒因循，前因京師大學堂爲各行省之倡，特降諭旨，

〔註66〕中國史學會編：《戊戌變法》（二），上海：上海人民出版社，2000 年，第 346 頁。
〔註67〕中國第一歷史檔案館編：《光緒宣統兩朝上諭檔》第二十四冊，桂林：廣西師範大學出版社，1996 年，第 206 頁。
〔註68〕中國第一歷史檔案館編：《光緒宣統兩朝上諭檔》第二十四冊，桂林：廣西師範大學出版社，1996 年，第 301 頁。
〔註69〕康有爲：《請開學校摺》，湯志鈞編：《康有爲政論集》上冊，北京：中華書局，1981 年，第 307 頁。

令軍機大臣、總理各國事務王大臣會同議奏，即著迅速覆奏，毋再遲延，其各部院衙門，於奉旨交議事件，務當督飭司員，剋期議覆。倘再仍前玩愒並不依限覆奏，定即從嚴懲處不貸。」〔註70〕

在光緒帝三番五次的催促下，相關部門不得不加快大學堂科學教育的籌建步伐。先是江南道監察御史李盛鐸於五月十四日（1898 年 7 月 2 日），向光緒帝上奏了關於創建京師大學堂的大致辦法。李盛鐸提出大學堂科學教育的開辦，事關重大，不可有一絲疏漏，因其不僅影響大學堂本身的建設，而且牽涉到整個國家的發展，「而學堂人才之成不成，在乎創始辦法之善不善，然則中國安危強弱之緊要關鍵，殆無有大且急於此者也。」〔註71〕他認為在大學堂內實行科學教育，可以參考德國、日本兩國大學的教學模式，「現在德國、日本學校章程，坊間均有譯刻本，雖細章未備，而大要具存，擬請諭令王大臣酌量仿照辦理，為第一要義。」〔註72〕他還格外提出日本大學的評議會制度深有裨益，可以在京師大學堂內仿傚設置。在大學堂的校舍選址、房屋構造等問題上，李盛鐸建議要考慮到要有利於日後實科學教育的開展，萬不能因陋就簡，從而妨礙科學教學的開展，「中國創辦之始，若稍存因陋就簡之見，則以後窒礙必多。」「西學門類尤繁，有一種學術，必當立一專學之所，似不宜含混牽並，聊以充數，即如兵、農、工諸學，皆為今日急務，兵學須有操演步伐之場，農學須有試驗種牧之所，工學須有庀化材器之區。」〔註73〕不僅要設置各種實驗場所，即便是講堂、教室亦需精心設計，「此外每一學堂中，安置書籍器具及教習演說，學生肄業之地，皆宜寬廣，他如藏書樓、博物院，皆為考訂之資，自當陸續設立，大約非城外曠地，斷不能容，非新建房屋，斷難合式。即使各種學堂，不能同時並舉，其暫從緩辦者，亦宜預留基址。」〔註74〕關於大學堂所應開設的各門課程名目，李盛鐸在奏摺

〔註70〕 中國第一歷史檔案館編：《光緒宣統兩朝上諭檔》第二十四冊，桂林：廣西師範大學出版社，1996 年，第 207 頁。
〔註71〕 中國第一歷史檔案館、北京大學編：《京師大學堂檔案選編》，北京：北京大學出版社，2001 年，第 19 頁。
〔註72〕 中國第一歷史檔案館、北京大學編：《京師大學堂檔案選編》，北京：北京大學出版社，2001 年，第 20 頁。
〔註73〕 中國第一歷史檔案館、北京大學編：《京師大學堂檔案選編》，北京：北京大學出版社，2001 年，第 20、21 頁。
〔註74〕 中國第一歷史檔案館、北京大學編：《京師大學堂檔案選編》，北京：北京大學出版社，2001 年，第 21 頁。

中並未具體說明，只是建議參考德國、日本等國成例。對於教授科學課程的教員，他則建議從日本人中選聘，「至選訂教習，除中學即用華人外，西學各門，華人如無專精者，宜聘用日本人，較爲妥善，彼國新學蒸蒸，幾無不備。」〔註75〕他認爲聘用日人，不僅薪水低廉，而且其文化、習慣與中國相近，此皆利於教學，「延之教授，必能盡心，其風氣性情，亦易相習，不獨薪資較廉也。」〔註76〕大學堂科學教育的開辦，必然涉及資金的投入，因此李盛鐸主張朝廷應當從寬籌款，並建議從先前發行的股票當中提取資金，以供大學堂使用。

李盛鐸比較重視科學書籍的翻譯，他提出西方科技知識的更新十分快捷，新理論、新發明不斷問世，「今者梯航鱗集，文軌四通，政俗既同歸而殊途，藝學復日新而月異。」〔註77〕因此，應迅速開辦譯書館，著手翻譯西方近代各科學門類書籍，輔助大學堂科學教育的順利舉辦，「武備非講求格致、製造無以爲制勝之具言，理財非考究農、工、商、礦無以爲探養民富國之原。」「擬請特旨開館專辦譯書事務，遴調精通西文之翻譯數員，廣購西書，分門別類，甄擇精要，譯出印行，以宏智學。」〔註78〕至於如何譯書等一些具體工作，李盛鐸則建議派員赴日考察，學習日本翻譯西學書籍的經驗，同時，他還建議清廷應注意從民間中訪尋有能力翻譯西學書籍之人，在通過朝廷的審查後，允許其出版發行，「若民間有一人專譯書籍，准將全書呈送館中察看，實係有用之書，所譯文理亦無陋劣草率之弊，酌仿外國專利章程發給獎牌執照，准其刊印行售，專利十年，庶人思自奮，亦足廣譯書之路。」〔註79〕由授予其專利保護，可知李盛鐸對翻譯科學書籍的重視程度。

李盛鐸在奏摺中，還爲大學堂籌辦緩慢作出辯解，他提出由於中國一直慣於實行科舉，而缺少開辦大學科學教育的經驗，加之其它因素的限制，故

〔註75〕中國第一歷史檔案館、北京大學編：《京師大學堂檔案選編》，北京：北京大學出版社，2001年，第21頁。

〔註76〕中國第一歷史檔案館、北京大學編：《京師大學堂檔案選編》，北京：北京大學出版社，2001年，第21頁。

〔註77〕中國第一歷史檔案館、北京大學編：《京師大學堂檔案選編》，北京：北京大學出版社，2001年，第14頁。

〔註78〕中國第一歷史檔案館、北京大學編：《京師大學堂檔案選編》，北京：北京大學出版社，2001年，第14、15頁。

〔註79〕中國第一歷史檔案館、北京大學編：《京師大學堂檔案選編》，北京：北京大學出版社，2001年，第15頁。

而行動頗遲，「臣極知王大臣體國公忠，斷不至敷衍塞責，所慮者，中國向行科舉，於各國學堂章程，或未諳悉，而度支又當匱乏之時，若稍意存遷就，非獨將來無以得實用之人才，即目前已不能動天下之觀聽，甚非所以隆上都而觀萬國也。」〔註80〕

李盛鐸的奏摺，是對光緒皇帝關於如何創辦大學堂科學教育的最初回應，儘管他對科學教育的具體辦法，語焉不詳，但是他的回應卻起到了拋磚引玉的作用。

就在李盛鐸上摺幾天後，光緒帝委派慶親王奕劻與禮部尚書許應騤負責大學堂工程事務。奕劻等人經各項勘查、選定，將大學堂校舍置於地安門馬神廟處，並在原府第舊宅的基礎上加以修繕。當年六月光緒帝再次發佈上諭，要求大學堂校舍的修建應盡快完工，大學堂要盡快開學授課，「其大學堂及時務官報局，亟應迅速開辦。」「至大學堂借撥公所，迭經諭令內務府剋日修葺移交，即著趕緊督催，先將辦理情形即日覆奏。國家昌明政教，不惜多發帑金，該大臣等務當督催在事人員認眞籌辦，務令經費綽有餘裕。」〔註81〕應該說，戊戌政變之前，光緒帝一直對大學堂科學教育的開辦高度重視，並且認眞督辦。

2、大學堂科學教育的籌辦

在光緒帝再三催促下，二十四年五月十五日，總理衙門會同軍機大臣終於將大學堂開辦科學教育的具體辦法以及擬定的京師大學堂章程一併上報給朝廷。在奏摺中，軍機大臣禮親王世鐸與總理大臣等人，首先對籌備大學堂緩慢一事進行了解釋，「臣等以事屬創始，籌劃匪易，當即查取東西洋各國學校制度，及各省學堂現行章程，參酌釐訂，尚未就緒，旋於四月二十三日奉上諭……臣等跪誦之下，驚懼莫名。」〔註82〕之後，便是圍繞如何創辦大學堂科學教育提出具體辦法。

禮親王世鐸等人十分贊同創建京師大學堂，他們認爲在京師大學堂中實施科學教育，離不開對各種科學書籍與實驗儀器的購買，這勢必要花費大量

〔註80〕中國第一歷史檔案館、北京大學編：《京師大學堂檔案選編》，北京：北京大學出版社，2001年，第20頁。

〔註81〕中國第一歷史檔案館編：《光緒宣統兩朝上諭檔》第二十四冊，桂林：廣西師範大學出版社，1996年，第295頁。

〔註82〕中國第一歷史檔案館、北京大學編：《京師大學堂檔案選編》，北京：北京大學出版社，2001年，第23、24頁。

貲財，因此寬籌經費是首要問題，「購圖書、庀儀器需款甚巨，非有額撥常年專款，斷難持久，而現在經營創始，所費尤爲不貲。」〔註83〕世鐸等人列舉西方各國政府投入的大學經費，「其學校每年所需經費，英至九百三十餘萬鎊（每年約合華銀六千五百數十萬兩），法至四百餘萬鎊（每年約合華銀二千八百數十萬兩），其餘諸國，亦數百十萬不等。」〔註84〕而與英、法等國大學相比，京師大學堂此次開辦經費不過三十餘萬兩而已，與之相差甚爲懸殊，「臣等約計開辦經費需銀三十五萬兩，常年經費二十八萬兩有奇，其數似已甚多，然較諸西國尚不及千分之一。」〔註85〕因此，他們請求朝廷能夠落實資金的下撥，以免延誤大學堂的開辦，「伏乞飭下戶部，即速籌撥專款，俾得興辦。所有常年經費，亦宜預先指定，庶免延誤，將來如有推廣，不敷支給，再由管學大臣臨時酌度，請旨辦理。」〔註86〕在任用教學及管理人員的問題上，他們認爲大學堂管理大臣與總教習的地位重要，關乎大學堂及其科學教育的日後發展，因此，關於這兩項職務的人選，不僅要精通中學，而且還必須對西學有深入瞭解，「伏乞皇上簡派大臣中之博通中外學術者一員，管理京師大學堂事務，即以節制各省所設之學堂，其在堂辦事各員，統由該大臣愼選奏派。命官既須鄭重，而擇師尤關緊要。」「總教習綜司學堂功課，非有學賅中外之士，不足以膺斯重任，非請皇上破格錄用，不足以得斯宏才。」〔註87〕

　　在上奏摺的同時，軍機大臣與總理衙門大臣也將擬定好的大學堂章程上報於光緒帝。這份大學堂章程是京師大學堂自籌辦以來，第一份比較系統、完整的大學科學教育的辦學綱領，也是在近代中國高等教育發展史中，一份出現較早的大學章程。章程中所有大學堂科學教育的各項設計與規劃，爲其日後的發展與變革樹立了基本框架。

〔註83〕 中國第一歷史檔案館、北京大學編：《京師大學堂檔案選編》，北京：北京大學出版社，2001年，第24頁。
〔註84〕 中國第一歷史檔案館、北京大學編：《京師大學堂檔案選編》，北京：北京大學出版社，2001年，第24頁。
〔註85〕 中國第一歷史檔案館、北京大學編：《京師大學堂檔案選編》，北京：北京大學出版社，2001年，第24頁。
〔註86〕 中國第一歷史檔案館、北京大學編：《京師大學堂檔案選編》，北京：北京大學出版社，2001年，第24頁。
〔註87〕 中國第一歷史檔案館、北京大學編：《京師大學堂檔案選編》，北京：北京大學出版社，2001年，第24頁。

　　此份大學堂章程首先對包括自然科學在內的各種教材資料作出規定，因為創辦科學教育，向學生傳授科學知識，離不開對科學教科書的使用，這也是國外各級各類學校的教學通例，「西國學堂，皆有一定功課書，由淺入深，條理秩然，有小學堂讀本，有中學堂讀本，按日程功，收效自易。」﹝註 88﹞而當時的中國由於缺乏對教科書編寫與應用，致使先前的科學教育收效不大，人才難出，「今中國既無此等書……言西學則淩亂無章，顧此失彼，皮毛徒襲，成效終虛，加以師範學堂未立，教習不得其人，一切教法皆不講求，前者學堂不能成就人才，皆由於此。」﹝註 89﹞因此，在大學堂章程的總綱中，明確提出了成立譯書機構，以加快對各種教科書的編譯進度，「今宜在上海等處開一編譯局，取各種普通學，盡人所當習者，悉編為功課書，分小學、中學、大學三級，量中人之才所能肄習者，每日定為一課。局中集中西通才，專司纂譯。」﹝註 90﹞科學教科書的取材可以直接譯自西方各國所用之課本，「其言西學者，譯西人學堂所用之書，加以潤色，既勒為定本，除學堂學生每人給一分外，仍請旨頒行各省學堂，悉遵教授，庶可以一趨向而廣民智。」﹝註 91﹞大學堂章程還十分強調科學實驗在教學中的重要作用，它提出實驗儀器是進行科學教育必不可缺的重要工具，西方各國大學之中皆有配備，「泰西各種實學，多藉實驗始能發明，故儀器為學堂必需之事。各國都會，率皆有博物院，搜集各種有用器物，陳設其中，以備學者觀摩，事半功倍。」﹝註 92﹞因此，大學堂章程規定在京師大學堂中，亦應配置各種實驗設備，以訓練學生的實踐能力，「今亦宜倣其意，設一儀器院，集各種天算、聲、光、化、電、農、礦、機器製造、動植物各種學問應用之儀器，咸儲院中，以為實力考求之助。」﹝註 93﹞由於中國當時缺少開展新式教育的師資人才，因而在章程的

﹝註88﹞　《謹擬京師大學堂章程》，光緒二十四年五月，北京大學綜合檔案・全宗一・卷 146，北京大學檔案館藏。

﹝註89﹞　《謹擬京師大學堂章程》，光緒二十四年五月，北京大學綜合檔案・全宗一・卷 146，北京大學檔案館藏。

﹝註90﹞　《謹擬京師大學堂章程》，光緒二十四年五月，北京大學綜合檔案・全宗一・卷 146，北京大學檔案館藏。

﹝註91﹞　《謹擬京師大學堂章程》，光緒二十四年五月，北京大學綜合檔案・全宗一・卷 146，北京大學檔案館藏。

﹝註92﹞　《謹擬京師大學堂章程》，光緒二十四年五月，北京大學綜合檔案・全宗一・卷 146，北京大學檔案館藏。

﹝註93﹞　《謹擬京師大學堂章程》，光緒二十四年五月，北京大學綜合檔案・全宗一・

總綱中又提出設立師範齋，培養教學人員，「西國最重師範學堂，蓋必教習得人，然後學生易於成就，中國向無此舉，故各省學堂不能收效，今當於堂中別立一師範齋，以養教習之才。」〔註94〕

在大學堂在籌辦之時，清廷尚未建立起完整的學制，各地成立的中、小學堂極少，難與大學堂銜接，為此，章程中提出兩項解決辦法，一是在大學堂內部設立中學、小學，「今當於大學堂兼寓小學堂、中學堂之意，就中分列班次，循級而升。庶幾兼容並包，兩無窒礙。」〔註95〕二是要求各省加快對中、小學堂的創辦，「現時各省會所設之中學堂尚屬寥寥，無以備大學堂前茅之用，其各府州縣小學堂，尤為絕無僅有，如不迭期開辦，則雖有大學堂，而額數有限，不能逮下，成就無幾。今宜一面開辦，一面嚴飭各省督撫學政迅速將中學堂、小學堂開辦……」〔註96〕限其一年之內，各省府州縣務必皆有學堂。同時，明確了大學堂與這些學堂間的隸屬關係，「今京師既設大學堂，則各省學堂皆當歸大學堂統轄，一氣呵成，一切章程功課，皆當遵依此次所定，務使脈絡貫注，綱舉目張。」〔註97〕京師大學堂不僅成為當時中國社會的最高學府，也是全國最高教育行政機關。

章程還就大學堂招收的學生進行分類，一類是朝中各級官員及其子弟，「翰林院編檢、各部院司員、大門侍衛、候補候選道府州縣以上及大員子弟、八旗世職、各省武職後裔之願入學堂肄業者。」〔註98〕另一類則是由各地學堂選拔出來的學生，「從各省中學堂學成，領有文憑咨送來京肄業者。」〔註99〕這些學生在大學堂學成畢業後，還要被授予一定的功名，加以重用，「由大學卒業，領有文憑者作為進士，引見授官。」「既得進士者，就其專

　　　　　卷 146，北京大學檔案館藏。

〔註94〕　《謹擬京師大學堂章程》，光緒二十四年五月，北京大學綜合檔案‧全宗一‧
　　　　　卷 146，北京大學檔案館藏。

〔註95〕　《謹擬京師大學堂章程》，光緒二十四年五月，北京大學綜合檔案‧全宗一‧
　　　　　卷 146，北京大學檔案館藏。

〔註96〕　《謹擬京師大學堂章程》，光緒二十四年五月，北京大學綜合檔案‧全宗一‧
　　　　　卷 146，北京大學檔案館藏。

〔註97〕　《謹擬京師大學堂章程》，光緒二十四年五月，北京大學綜合檔案‧全宗一‧
　　　　　卷 146，北京大學檔案館藏。

〔註98〕　《謹擬京師大學堂章程》，光緒二十四年五月，北京大學綜合檔案‧全宗一‧
　　　　　卷 146，北京大學檔案館藏。

〔註99〕　《謹擬京師大學堂章程》，光緒二十四年五月，北京大學綜合檔案‧全宗一‧
　　　　　卷 146，北京大學檔案館藏。

門，各因所長，授以職事，以佐新政……」〔註 100〕在當時的社會環境下，只有給那些掌握了科學知識的畢業生以一定的出路，使其得到社會的認可，科學教育才會在大學堂內有不斷發展的空間，否則難以維繫下去。畢業生中一些學習優秀者，則由大學堂選拔出來，派赴國外，留學深造，「大學堂中卒業各生，擇其尤高才者，先授之以清貴之職，仍遣遊學歐美各國數年，以資閱歷而期大成。遊學既歸，乃加以不次擢用，庶可以濟時艱而勸後進。」〔註 101〕章程中同時規定，大學堂此次招生人數暫定為五百名，在這五百名學生中，根據個人的學習情況分出不同等級，按等級給以膏火資助。

創辦大學教育，尤其是進行科學教學，選任教員十分重要，「學生之成就與否，全視教習，教習得人，則綱目畢舉；教習不得人，則徒糜巨帑，必無成效。」〔註 102〕章程聘用京師大學堂的總教習、教習，皆應按照學貫中西的原則去挑選，不能如往常一般，僅看重教習的中學功底，忽視了對西學的掌握，一定要中西兼通，「此舉既屬維新之政，實事求是，必不可如教習庶吉士、國子監祭酒等之虛應故事，宜取品學兼優、通曉中外者，不論官階，不論年齒，務以得人為主。」〔註 103〕章程規定自然科學科目中只有少部份課程，如初級算學等，可以從本國人中進行挑選，候任教習之職，其它大部份科學課程，如物理學、化學、衛生學等，本國人僅知皮毛，無法教學，難以勝任教習之職，因此需要聘用歐美人士來擔任教習。對於這些外國教習的聘請，需要由大學堂總教習聯繫總理衙門與各駐外官員，在海外各國訪詢選聘。

該章程還對此次創辦大學堂所需的各項費用進行了預算。在其編制的預算中，各項支出預計為：建築學堂費約十萬兩，購儀器費約十萬兩，建築藏書樓費約二萬兩，建築儀器院費約二萬兩，購中國書費約五萬兩，購西文書費約四萬兩，購東文書費約一萬兩，洋教習川資約一萬兩，總計共需銀為三十五萬兩。從這份預算當中可見，用於購買科學圖書、實驗儀器等與開展科

〔註100〕《謹擬京師大學堂章程》，光緒二十四年五月，北京大學綜合檔案‧全宗一‧卷 146，北京大學檔案館藏。
〔註101〕《謹擬京師大學堂章程》，光緒二十四年五月，北京大學綜合檔案‧全宗一‧卷 146，北京大學檔案館藏。
〔註102〕《謹擬京師大學堂章程》，光緒二十四年五月，北京大學綜合檔案‧全宗一‧卷 146，北京大學檔案館藏。
〔註103〕《謹擬京師大學堂章程》，光緒二十四年五月，北京大學綜合檔案‧全宗一‧卷 146，北京大學檔案館藏。

學教育有關的費用在支出總額中佔據了很大比例，僅購買科學儀器一項就占到總支出的 29%。除了創辦大學堂的經費外，章程中還列出了大學堂常年教學所需的經費數目，約爲十九萬零四百二十兩，這主要是用於學堂教學、管理人員的薪俸以及學生的膏火。章程中還特別強調應嚴格管理資金的使用，嚴禁款項被挪用以及貪污，「一切工程及購書、購器等費，皆由總辦提調經理，皆當實支實銷，不得染一毫官場積習。」〔註104〕

　　光緒帝對這份京師大學堂章程較爲滿意，當日便做出批覆，「京師大學堂爲各行省之倡，必須規模閎遠，始足以隆觀聽而育人才，現據該王大臣詳擬章程，參用泰西學規，綱舉目張，尚屬周備，即著照所議辦理。」「所需興辦經費及常年用款，著戶部份別籌撥。」〔註105〕而且，清廷還將這份大學堂章程頒發至全國各省，要求各省按照章程上的規定創辦學堂，「前經降旨開辦京師大學堂，入學肄業者由中學、小學以次而升，必有成效可睹……即將各省府廳州縣現有之大小書院，一律改爲兼習中學、西學之學校。至於學校階級，自應以省會之大書院爲高等學，郡城之書院爲中等學，州縣之書院爲小學，皆頒給京師大學堂章程，令其仿照辦理。」〔註106〕章程中所有大學堂科學教育的各項規劃也因得到了光緒帝的正式批准，而得以逐漸落實。作爲第一個相對完整的大學堂章程，其正式頒佈與實行爲日後大學堂科學教育的有序發展奠定了重要基礎。

　　同時，光緒帝任命孫家鼐爲大學堂管學大臣，正式主持大學堂科學教育的創建工作，「派孫家鼐管理大學堂事務，辦理各員由該大臣愼選奏派，至總教習綜司功課，尤須選擇學賅中外之士，奏請簡派，其分教習各員，亦一體精選，中西並用。」「所有原設官書局及新設譯書局，均著併入大學堂，由管學大臣督率辦理。」〔註107〕光緒帝還明確要求孫家鼐根據大學堂章程，認眞落實包括自然科學在內的各類課程，「此次設立大學堂，爲廣育人才，講求時務起見，該大臣務當督飭該教習等按照奏定課程，認眞訓迪，日起有功，用

〔註104〕《謹擬京師大學堂章程》，光緒二十四年五月，北京大學綜合檔案・全宗一・卷146，北京大學檔案館藏。
〔註105〕中國第一歷史檔案館編：《光緒宣統兩朝上諭檔》第二十四冊，桂林：廣西師範大學出版社，1996年，第227、228頁。
〔註106〕《諭摺彙存》第六冊，臺北：文海出版社，1967年，第4287、4288頁。
〔註107〕中國第一歷史檔案館編：《光緒宣統兩朝上諭檔》第二十四冊，桂林：廣西師範大學出版社，1996年，第227、228頁。

副朝廷振興實學至意。」〔註 108〕由此，在大學堂章程指導下，科學教育的籌辦步入了一個新的階段。

作爲首任管學大臣，孫家鼐十分重視大學堂科學教育的創辦。他本人對歐美各國科學教育的發達，與其國力強盛間的內在聯繫，有著明確的認識，「臣維泰西各國兵、農、工、商，所以確有明效者，以兵、農、工、商皆出自學堂。兵知學，則能知形勢，守紀律；農知學，則能相土宜，辨物種；工知學，則能通格致，精製造；商知學，則能識盈虛，綜名實，其事皆士大夫所宜講求，而爲近日切要之務。」〔註 109〕因此，科學教育的開辦刻不容緩。而此次創建京師大學堂科學教育，在孫家鼐看來，就應仿傚西方在堂中教授各種科學課程，「臣維大學堂之設，所以陶鑄群材，博通萬理……一切格致之書，專門之學，則又宜博採泰西所長，以翊成富強之業。」〔註 110〕只有如此，大學堂的成立才具有眞正的價值和意義。

孫家鼐走馬上任後，按照大學堂章程的各項規定，積極推進各項工作的籌辦。在處理具體事務的過程中，他根據實際情況，就如何開展大學堂科學教育萌生了諸多新意見新觀點，認爲可以就此對原定章程中的部份條文做出變通調整，或者進行一定程度的補充。他與相關人員反覆商議，再三斟酌，「臣每日會集辦事各員，公同核議，雖不在學堂辦事之人，臣亦多方咨訪，廣集眾思。」〔註 111〕他首先主張在大學堂內設立一仕學院，以集中招收朝中官員入堂學習，「進士、舉人出身之京官，擬立仕學院也。」〔註 112〕在仕學院中，應該設置不同門類的科學課程，把講授包括科學知識在內的西學內容作爲其主要教學任務，「既由科甲出身，中學當已通曉，其入學者，專爲習西學而來，宜聽其習西學之專門。」〔註 113〕至於中學課程，仕學院內的

〔註 108〕 中國第一歷史檔案館編：《光緒宣統兩朝上諭檔》第二十四冊，桂林：廣西師範大學出版社，1996 年，第 228 頁。
〔註 109〕 中國第一歷史檔案館、北京大學編：《京師大學堂檔案選編》，北京：北京大學出版社，2001 年，第 72 頁。
〔註 110〕 中國第一歷史檔案館、北京大學編：《京師大學堂檔案選編》，北京：北京大學出版社，2001 年，第 71 頁。
〔註 111〕 《孫家鼐奏覆籌辦大學堂情形摺》，光緒二十四年六月，北京大學綜合檔案‧全宗一‧卷 1，北京大學檔案館藏。
〔註 112〕 《孫家鼐奏覆籌辦大學堂情形摺》，光緒二十四年六月，北京大學綜合檔案‧全宗一‧卷 1，北京大學檔案館藏。
〔註 113〕 《孫家鼐奏覆籌辦大學堂情形摺》，光緒二十四年六月，北京大學綜合檔案‧全宗一‧卷 1，北京大學檔案館藏。

學生只需選修一門即可，不必苛求。大學堂仕學院的學員要參加定期的考核，「每月考課……其學問之淺深，造詣之進退，同堂自有定論，臣亦隨時考驗其人品、學術，分別辦理，仕優則學，以期經濟博通。」〔註114〕孫家鼐關於創建大學堂仕學院的意見直接推動了科學知識在清廷各級官員中的傳播與普及，可謂影響深遠。因為在封建社會，統治階層擁有著絕對的權力，統治階層觀念轉變，自然預示著社會變革的到來。清廷各級官員被要求入大學堂接受科學教育，這不僅有助於其更新知識結構、瞭解科學常識，更由此促進其對西方事物的重新認識，並進而對原有道德觀念乃至政治秩序都進行深入反思。清代士大夫對近代科學的認識有一個轉變的過程，在兩次鴉片戰爭之前，這些人深受儒家思想教化，直到西方的科技通過戰爭傳進中國，他們起初還是以傳統儒家的思維模式去看待這些新事物，一場轟轟烈烈的洋務運動，雖然為中國走向近代化打下了一定的物質基礎，然而，能夠對自然科學持正確認識的士大夫仍屬少數，真正觸及靈魂的觀念變革遠遠沒有完成，科學知識在清末的傳播，不僅為日後科技自身的發展做了必要鋪墊，更關鍵的是促進了士人對傳統思想的反思，就此而言，創辦大學堂科學教育的重要意義也在於將此項歷史遺留任務的嘗試解決。

在實際籌備中，孫家鼐意識到大學堂科學教育的開展並不是獨立於社會之外的，大學堂學生日後的晉身、出路等一系列問題，關乎學堂的發展前景，因而如何與當時作為國家「掄才大典」的科舉取士之間互相連接，是大學堂科學教育能否發展下去的一個重要問題，為此，他向光緒帝建議在科舉考試中採取分科取士之法，「學堂卒業諸生，果能屢試優等，學堪致用，即予以生員、舉人、進士之名，仿唐人分科舉士之例。」〔註115〕並按照自然科學的門類授予功名，「習化學者，名曰化學科舉人、進士；習算學者，名曰算學科舉人、進士，推之各科，皆冠以專門之名。將來何項需人，皇上按即所習之科採擇錄用，如此則學堂之士，可以爭自濯磨矣。」〔註116〕而且孫家鼐還提出，那些在大學堂中接受了科學教育的學生，其畢業後的謀生之路應

〔註114〕《孫家鼐奏覆籌辦大學堂情形摺》，光緒二十四年六月，北京大學綜合檔案·全宗一·卷1，北京大學檔案館藏。

〔註115〕《戊戌變法檔案史料》，沈雲龍主編：《近代中國史料叢刊續編》第三十二輯第317冊，臺北：文海出版社，1984年，第239頁。

〔註116〕《戊戌變法檔案史料》，沈雲龍主編：《近代中國史料叢刊續編》第三十二輯第317冊，臺北：文海出版社，1984年，第239頁。

得到朝廷關照，以實現學以致用的目的，「凡學堂肄業之人，其已經授職者，由管學大臣出具考語，各就所長請旨優獎。其作爲進士之學生，亦由管學大臣嚴核品學，請旨錄用。」「學製造者歸工部及各製造局」「學商務、礦務者歸戶部。」「俾所學與所用相符，冀盡收實效。」〔註117〕如此學有所用，方能促進大學堂科學教育不斷開展下去。

增設西學總教習，這是孫家鼐對大學堂章程所做的一個重要補充。總理衙門制定的大學堂章程原定只設立一位總教習，並聲明只有兼通中西之人才有資格擔任，但在當時的情況下，真正能做到博通中西學問的人少之又少，吳汝綸就曾向孫家鼐提出，適合要求的總教習人選在當下難以找到，「詔中有所謂總教習者，須兼通中西之才，此等人目前無有，若必求其人，必至魚目充珍珠。且此等議論，必謂以中學爲主，主中學，勢必不能更深入西學，若深入西學，亦決不能再精中學，既不能兼長，何能立之分教習之上，而美其名爲總教習哉！」〔註118〕有鑒於此，孫家鼐要求在大學堂中，再增設一位西學總教習，負責包括自然科學在內各項西學課程的教學事務。他認爲西學總教習的設立，可以使各門科學課程在大學堂內得到合理規劃與配置，教學質量也可就此得到提高。他向光緒帝推薦美國人丁韙良擔任西學總教習，「臣擬用丁韙良爲總教習，總理西學，仍與訂明權限，其非所應辦之事概不與聞。」〔註119〕並建議提高西學教習的薪水待遇，以示重視科學教育之意。

關於孫家鼐的一系列建議，光緒帝均表示贊成，並於六月二十二日（1898年 8 月 9 日）發佈上諭，聲明孫家鼐所提各項辦法「與前奏擬定辦法，間有變通之處，縷析條分尚屬妥協，造端伊始，不妨博取眾長，仍須折衷一是，即著孫家鼐按照所擬各節，認眞辦理，以專責成。」〔註120〕同時要求內務府加快大學堂校舍的修建，「其學堂房舍，業經准令暫撥公所應用，交內務府量爲修葺，著內務府剋日修理，交管理大學堂大臣，以便及時開辦，毋稍延緩。」

〔註117〕《孫家鼐奏覆籌辦大學堂情形摺》，光緒二十四年六月，北京大學綜合檔案·全宗一·卷 1，北京大學檔案館藏。
〔註118〕吳汝綸：《與李季皋》，《吳汝綸全集》第三冊，合肥：黃山書社，2002 年，第 195 頁。
〔註119〕《孫家鼐奏覆籌辦大學堂情形摺》，光緒二十四年六月，北京大學綜合檔案·全宗一·卷 1，北京大學檔案館藏。
〔註120〕《清代起居註冊·光緒朝》第六十七冊，臺北：聯經出版事業公司，1987 年，第 30985、30986 頁。

〔註121〕在西學總教習人選的問題上，光緒帝同意了孫家鼐的舉薦，任命丁韙良爲大學堂西學總教習，並給予其獎賞，「至派充西學總教習丁韙良，據孫家鼐面奏請加鼓勵，著賞給二品頂戴，以示殊榮。」〔註122〕

西學總教習一職，對於大學堂科學教育的具體實施而言，十分關鍵，丁韙良之所以能夠得到孫家鼐、光緒帝等人的認可，榮膺此任，是與其多年來在中國傳播科學知識的成就以及開展科學教育的辛勤勞作分不開的。

丁韙良在擔任同文館總教習期間，便極力提倡科學，主張將科學引入到科舉考試之中，他曾提出中西學術互異，各有其長短之處，「中法專務本國之文，而人才之卓異者足供國家之需；西法博究異邦之文，而殫心測算、格致諸學。」〔註123〕但是中國若尋求強大，則必須取人之長，補己之短，學習西方先進的科學技術，這無疑需要借助於科學教育，而將科學置入到科舉考試之中，便可極大地促進科學教育在中國的發展，「中國倘能稍用西術於科場，增格致一門，於省會設格致書院，伴學者得門而入，則文質彬彬，益見隆盛矣。」〔註124〕丁韙良在晚年時期，也曾回憶了自己爲推動中國科學教育所做的努力，「我曾向內閣各大臣反覆陳述將科學植入科舉考試的必要性……」「我向另一位大學士沈桂芬建議，主張在各省設立教授科學的學堂……」〔註125〕他認爲同文館開辦的間接影響，便是促使科學滲入科舉。丁韙良大力倡導科學教育在近代中國的發展，他指出在西方教育發展的過程中，科學知識不但被學者視爲要務，而且是各級院校授課的重點內容。中國當前興辦教育，應當吸收西方的經驗。而對於大學堂科學教育的開辦，丁韙良更是滿懷憧憬，他堅信科學教育之於中國發展的重大意義，發出了「有希望革新這古老的帝國的是新教育」的呼聲。

3、大學堂正式開學

就在大學堂積極籌建科學教育，並力爭早日開學之時，戊戌政變爆發了。慈禧太后重新掌權，她將光緒帝早先頒行的各種新法相繼廢棄。因此，朝中

〔註121〕《清代起居註冊·光緒朝》第六十七冊，臺北：聯經出版事業公司，1987年，第 30986 頁。

〔註122〕《清代起居註冊·光緒朝》第六十七冊，臺北：聯經出版事業公司，1987年，第 30987 頁。

〔註123〕丁韙良：《西學考略》自序，同文館聚珍版，光緒九年（1883 年）。

〔註124〕丁韙良：《西學考略》自序，同文館聚珍版，光緒九年（1883 年）。

〔註125〕丁韙良：《花甲憶記》，沈弘等譯，桂林：廣西師大出版社，2004 年，第 215 頁。

許多大臣都認為大學堂也很快會被撤消，連一些在華的外國人也產生了類似的擔憂，當時的美國駐華公使夫人薩拉－康格（Sarah P.Conger）就曾認為「大學堂的開學會被推遲下去……這其中出現了許多問題與麻煩，反對者們對之表示難以信任，而隨著時間的推移，將會出現更多的危險，對大學堂構成威脅。」〔註126〕在華大部份外國人都對大學堂能否開辦持悲觀的看法，「據稱，維新變法期間計劃建立的許多學校都被無限期推遲開辦其主辦者也被紛紛解聘，而京師大學堂的地位則生死未卜，慈禧太后正在努力恢復原來的秩序，變法期間被皇帝下令撤消的諸多衙門，也隨時可能被重建。」〔註127〕然而，出人意料的是，大學堂科學教育的籌辦卻並未因光緒帝的下臺而中斷。在戊戌政變之後，八月十一日（1898年9月26日），清廷便發佈諭示，對大學堂先前的籌備工作表示了肯定，並要求大學堂繼續開辦下去，「大學堂為培植人才之地，除京師及各省會業已次第興辦外，其各府州縣設議小學堂，著該地方官斟酌情形，聽民自便。」〔註128〕九月三十日，慈禧太后下發懿旨，雖然要求現有書院不必再改為學堂，但卻強調士子不應忽視對科學知識的學習，「書院之設，原以講求實學，並非專尚訓詁、詞章，凡天文、輿地、兵法、算學等經世之務，皆儒生分內之事，學堂所學亦不外乎此……」〔註129〕十月初三（1898年11月16日），慈禧太后再次發出懿旨，指斥因循守舊，誤國誤民，並再次強調應學習西方先進的科學技術以富強國家，「從來致治之道，首在破除成見，力戒因循。自古有治人無治法，蓋立法之初，未嘗不善，迨積久弊深，不得不改弦更張，以為救時之計……即如泰西各國風俗政令，與中國雖有不同，而兵、農、工、商諸務，類能力致富強，確有明效，苟能擇善舉辦，自可日起有功。」〔註130〕政治局勢雖然一度出現動蕩，但科學教育仍受到重視。

大學堂能夠經受住戊戌政變的考驗，保留下來，實賴於科學技術的現實功效。自甲午之役後，科學技術對於社會生產、生活的影響，世人有目共睹，

〔註126〕Sarah Pike Conger: *Letter from China*, Chicago, A.C.McClurg&Co., 1910, p23.
〔註127〕*The North China Herald*, Oct.17, 1898.
〔註128〕中國第一歷史檔案館編：《光緒宣統兩朝上諭檔》第二十四冊，桂林：廣西師範大學出版社，1996年，第425、426頁。
〔註129〕中國第一歷史檔案館編：《光緒宣統兩朝上諭檔》第二十四冊，桂林：廣西師範大學出版社，1996年，第512頁。
〔註130〕中國第一歷史檔案館編：《光緒宣統兩朝上諭檔》第二十四冊，桂林：廣西師範大學出版社，1996年，第518頁。

儘管當時仍有一些保守勢力，從自身利益的角度出發，對大學堂的創辦進行批判、攻擊，但是其對科學教育本身卻始終無法否定。正如清末學者尹彥鉌關於變法得失的評論那樣，「自強之樞紐曰人才，人才之樞紐在學校……逮乎甲午以降，則有大學堂之命，戊戌變政，則飭天下普建大中小三等學堂，中國之於新學，誠不可不謂亟亟也。」〔註131〕

而此時大學堂各項準備工作亦接近尾聲，開辦大學堂所需常年經費，已由戶部通知大學堂，可於七月初十日派人領取，「所有大學堂常年經費及購買中西功課書等，銀三萬七千二百四十五兩三錢二分，銀庫定於初十日開放相應片行，貴學堂務於是日卯刻持具印領，赴部關支可也。」〔註132〕大學堂校舍經過內務府修繕，於光緒二十四年十月九日（1898年11月22日）正式移交管學大臣接收，學堂內教職人員已經進住使用，「本月初九日，內務府將大學堂房屋移交臣處接收，當即派辦事人員移住堂內，一面出示曉諭，凡願入堂肄業者報名納卷，甄別取去。」〔註133〕當時報名入學就讀者已超過一千人，但大學堂學生房舍數量卻十分有限，難以容納，爲此孫家鼐向清廷奏明，「現在齋舍僅能容住二百餘人，而報名者已一千有零，當先擇人品純正文理優長者，錄取入堂，以廣造就。」〔註134〕至於課程籌備，孫家鼐亦在奏摺中做了彙報，即中學、西學同時開課教授，在不捨棄傳統經史義理的基礎上「博之以兵、農、工、商之學，以及格致、測算、語言文字各門，務使學堂所成就者，皆明體達用。」〔註135〕

清廷對大學堂科學教育的開辦，一直爲國外所關注。當時遠在上海，被視爲「英國官報」的英文報刊《北華捷報》對大學堂的招生、開課等一系列事宜進行了追蹤報導，「京師大學堂將校址臨時設於馬神廟處，學堂內已開闢出二百八十個房間以供使用，但由於報名入學的學生人數過多，因而這些

〔註131〕尹彥鉌：《劑變篇》，中國史學會編：《戊戌變法》（四），上海：上海人民出版社，2000年，第307、308頁。

〔註132〕《户部知照大學堂具領經費時間事》，光緒二十四年七月，京師大學堂檔案·全宗一·卷7，北京大學檔案館藏。

〔註133〕中國第一歷史檔案館、北京大學編：《京師大學堂檔案選編》，北京：北京大學出版社，2001年，第71頁。

〔註134〕中國第一歷史檔案館、北京大學編：《京師大學堂檔案選編》，北京：北京大學出版社，2001年，第71頁。

〔註135〕中國第一歷史檔案館、北京大學編：《京師大學堂檔案選編》，北京：北京大學出版社，2001年，第72頁。

地方仍然顯得狹小。」〔註136〕

在大學堂籌建工作接近尾聲時，大學堂的分支機構醫學館率先開館授課。京師大學堂醫學館是早先由孫家鼐向清廷奏請設立的。孫家鼐認為醫學一門「所以保全生靈，關係至重，古者九流之學，醫居其一，近來泰西各國，尤重醫學，都城皆有醫院。」〔註137〕孫家鼐很重視醫學課程的開設，將其視為大學堂科學教育的重要組成部份，因此向朝廷提出，「醫學堂歸大學堂兼轄，凡學規及施醫章程，均由管學大臣裁定。」「堂中經費，由大學堂向戶部咨領，轉交醫學堂，所有每月報銷造冊，申送大學堂一併咨部。」〔註138〕晚清學者尹彥鈺針對大學堂設立醫學館，教授西醫一事極為讚揚，「西國醫學為最高等級，凡通各類醫術者，皆由大學堂卒業者也。」〔註139〕他認為傳統中醫理論與科學知識不通，今成立醫學館開設西醫課程，利國利民，「中醫全體之學不精……又不諳格致，不習化學，以故測藥之質，製藥之方，皆未精晰，設學探討以拯民疾，先王之仁政備矣。」〔註140〕而此時醫學館開館授課的消息，也被《北華捷報》所登載：「大學堂醫學館位於琉璃廠附近的醫院裏，它已經開學，有西學教習在館中進行授課教學……」〔註141〕大學堂醫學館開課招生的消息一經傳出，進一步增添了人們對大學堂能夠及時開辦的信心，「京師大學堂雖然尚未開學，但據瞭解，用於授課教學的桌椅等已準備妥當，入學考試也即將舉行，希望這一切都能進展順利。」〔註142〕

光緒二十四年十月，管學大臣孫家鼐向報名的學生頒發招考告示，聲明大學堂招生考試規定與要求，「近日，本學堂報考者已千餘人，亟應考試，以定去留。查從前報考各員尚有缺少圖片、印結、履歷者，限出示後十日內交到彙齊，以使定期考試。本學堂刊定學堂條規，報考者各給一張，預先觀覽，如自度不能遵守條規，即著毋庸到學，其情願到學者，俟定期考試，是

〔註136〕 *The North China Herald*, Sep.5, 1898.
〔註137〕 中國第一歷史檔案館、北京大學編：《京師大學堂檔案選編》，北京：北京大學出版社，2001 年，第 62 頁。
〔註138〕 中國第一歷史檔案館、北京大學編：《京師大學堂檔案選編》，北京：北京大學出版社，2001 年，第 63、64 頁。
〔註139〕 尹彥鈺：《劑變篇》，中國史學會編：《戊戌變法》（四），上海：上海人民出版社，2000 年，第 307 頁。
〔註140〕 尹彥鈺：《劑變篇》，中國史學會編：《戊戌變法》（四），上海：上海人民出版社，2000 年，第 307 頁。
〔註141〕 *The North China Herald*, Dec.4, 1898.
〔註142〕 *The North China Herald*, Dec.24, 1898.

日清晨各自攜帶筆硯來本學堂領卷局試。本學堂業經備齊試卷，不須花費分文，倘有需索，准赴考者指名控告。」〔註 143〕光緒二十四年十一月初一，有一千多人參加了大學堂舉行的初試，十一月初四又進行了復試，錄取名單最終於十一月十三日發榜揭曉。

在所有錄取的學生中，除去一些走讀生外，大學堂原擬定住校生數量為二百人，但因大學堂齋舍有限，無法拓展，只先行傳到了一百六十名，至於剩下的部份學生「作為外班，俟將來額缺添傳。」〔註 144〕大學堂此次錄取的學生，分為三類，即仕學院學生與中學生、小學生，需要指出的是，這裡提到的中學、小學與現代學制系統中的中小學有所不同。在京師大學堂成立初期錄取的學生中，仕學院招收具有進士、舉人等出身的七品以上京官身份的學生，而大學堂內設立的中學主要招收具有進士、舉人、貢生等出身但官銜不及七品以及無有官職且年已過二十的學生，小學則招收沒有任何官職且年紀在二十以下的學生。〔註 145〕僅在錄取的住校生中，隸屬於仕學院的學生有張家樞、文成等三十人，隸屬於中學的有趙中璲、王式楨等六十人，小學生則有干貴潤、孫同祺等七十人。大學堂要求這些學生按時報導，及時入學，不得遲延，「本學堂學生齋舍，按照定章原額尚不敷……仰該生等於十八日到堂，十九日開學。如有不願住堂者，限於十八日以前報明，如屆期不報，立即扣除，以便續傳足數。」〔註 146〕

光緒二十四年十一月十九日（1898 年 12 月 31 日），籌辦已久的京師大學堂正式開學了。大學堂的開學典禮，成為當時國內外新聞媒體競相報導的焦點，如當時的《京津泰晤士報》對大學堂開學儀式進行了詳細報導：「上午十一點開始，政府的官員、大學堂的教職員以及學生們紛紛在孔子牌位前叩頭，以示崇敬……在中國人行完叩首禮後，西教習們亦開始行禮，他們先

〔註143〕《示期考試》，《申報》光緒廿四年十一月初四（1898 年 12 月 16 日），第 9233 號。

〔註144〕《學堂紀事》，《申報》光緒廿四年十二月初六（1899 年 1 月 17 日），第 9255 號。

〔註145〕參見胡先驌：《京師大學堂師友記》，黃萍蓀主編：《四十年來之北京》（第二輯），上海：子曰社，1950 年，第 54 頁；蕭東發等主編：《風骨：從京師大學堂到老北大》，北京：北京圖書館出版社，2003 年，第 20 頁；《孫家鼐奏覆籌辦大學堂情形摺》，光緒二十四年六月，北京大學綜合檔案·全宗一·卷 1，北京大學檔案館藏。

〔註146〕《學堂紀事》，《申報》光緒廿四年十二月初六（1899 年 1 月 17 日），第 9255 號。

是對在孔子牌位行注目禮，接著又脫帽並鞠躬，以表達其敬意，之後這些教習們去了各自的講堂，接受學生們的致敬。」〔註 147〕上海的《北華捷報》報導的更加詳細，它不僅登錄了大學堂開學的時間，「新成立的京師大學堂已於前月 31 日正式開學。」〔註 148〕而且對大學堂的師資力量也進行了介紹，「兩周前，京師大學堂舉行了隆重的開學典禮，大學堂所聘用的西教習們全都參加了這個開學儀式。」「目前大學堂的西教習主要有西學總教習丁韙良博士、德國教習伯羅恩、法國教習吉得爾、俄國教習施密特、日本教習西郡宗、英國教習秀耀春與裴義理，以及教授醫學的滿樂道，以上這些僅是西學教習的部份代表，在京師大學堂各項建築落成後，還將組建陣容更為強大的教習隊伍。」〔註 149〕由此可見，國外對清廷開辦京師大學堂關注程度之高。

大學堂開學伊始，便向堂中學生公佈了學堂規條，即大學堂學生所要遵守的各項規章制度。在規條中，除了對學生作息時間、考勤考試、宿舍管理等作出紀律要求外，還規定入學學生應先學習一段時間中學，考驗合格後再進行科學課程的學習，「學生到學堂後先習中學十許日，由教習、提調悉心察看……如此則以後再延專門之教習，亦易為力。」〔註 150〕儘管如此，經過多年籌備的大學堂科學教育畢竟開辦了，大學堂因其耳目一新的科學教育，承載著人們對未來中國的希望，正如一些旅華的外籍人士參觀大學堂時所感受到的那樣，「那個新成立的，由外國教習教授西學知識的京師大學堂，成為皇城之內富有趣味的景色。美國人丁韙良博士擔任院長，他在中國生活了四十多年，並且極具才學，在他的帶領下，由各國教習所組成的師資隊伍，聲名遠揚。新成立的京師大學堂中，每個教室的牆上都懸掛著地圖，架子上都放滿了用於幾何、物理、化學實驗的各種儀器工具……一旦遮擋住大學堂內建築物屋角上翹起的飛簷，它與世界上其它地方的同類大學相比，別無二致。」〔註 151〕

大學堂開學授課，引來了世人的矚目，尤其是歐美等西方國家更感到驚訝，他們驚訝的不僅是大學堂的創辦從理想走入現實，而實施科學教育能夠

〔註 147〕*Peking and Tientsin Times*, Jan.7, 1899.

〔註 148〕*The North China Herald*, Jan.16, 1899.

〔註 149〕*The North China Herald*, Feb.6, 1899.

〔註 150〕《京師大學堂條規》，《萬國公報》1898 年第 120 卷，第 22 頁。

〔註 151〕A.Henry Savage-Landor: *China and the Allies*, Vol. II, Londo: William Heinemann, 1901, p275.

成為大學堂的主要辦學任務,更令他們刮目相看。大學堂科學教育的創辦,在某種角度上,確實改善提升了近代中國的國際形象。隨著京師大學堂的開學,科學教育遂得以初步實施。

三、大學堂科學教育初步實施

從京師大學堂正式開學到庚子事變之前這段時間,是大學堂科學教育的初步實施階段,也是大學堂的早期發展階段。庚子事變之後,直到民國成立前,是大學堂科學教育實施的第二個階段。這兩個階段的科學教育各有特色,其間既有聯繫,又有區別。在大學堂的早期發展階段中,科學教育的實施特點,主要表現在中西並重的教育方針及其指導下的普通學、專門學相互結合的課程教學模式。

1、中西並重方針下的教育實施

實施科學教育是創辦京師大學堂的主要目的,但在當時的社會環境下,完全偏重於講授西方科學知識的學堂是難以生存與立足的。傳統的經史之學在中國已有上千年歷史,一朝棄置,亦有違於民族情感。而京師大學堂是晚清中央政府創辦的第一所近代大學堂,因此在大學堂中如何平衡中學與西學的關係,尤其是對中國傳統學術與西方近代科學兩者之間關係的處理,意義重大。在大學堂發展的早期階段,科學教育的開展基本上是在中西並重、中西會通的指導方針下進行的。

在大學堂成立之前出現的各種新式學堂與各種書院中,雖然都開設了一定數量的科學課程,但是這些學堂、書院作為教育實體,所存在著共同的弊病,便是未能解決傳統學術與近代科學之間的平衡與會通等問題,它們不但沒有使中國傳統的經史、義理之學與西方科學知識互相融通,反而使二者愈加排斥,「中國學人之大弊,治中學者則絕口不言西學,治西學者亦絕口不言中學,此兩學所以終不能合,徒互相詬病,若水火不相入也。」〔註152〕故而,這些學堂、書院難以培養出真正的人才,「中國人才衰弱之由,皆緣中、西兩學不能會通之故。」〔註153〕而此次開辦大學堂,若仍然無法處理好二者間的關係,不僅對大學堂科學教育的實施效果大打折扣,乃至於會進一步阻礙科

〔註152〕《謹擬京師大學堂章程》,光緒二十四年五月,北京大學綜合檔案·全宗一·卷146,北京大學檔案館藏。
〔註153〕《國聞報》,光緒二十四年五月十八日(1898年7月6日)。

學教育在整個中國社會的普及。因此京師大學堂在創建初期，明確提出了中西並重的教育方針，即「中西並重，觀其會通，無得偏廢。」〔註 154〕而且強調中學與西學「二者相需，缺一不可」〔註 155〕。清廷還將其頒行天下，以示重視，「宜昌明此意，頒示各省。」〔註 156〕在當時的歷史條件下，在當時的文化背景下，提出並堅持以中西並重為原則指導下的教育實踐，是晚清大學科學教育在發展程度上的最高表現形式。

京師大學堂科學教育在創辦初期，不僅要解決中、西學間互相排斥的問題，還要就西學內部，處理好語言文字與自然科學間的關係。這也是鑒於先前在洋務派開辦的一些學堂中，雖然名義上提出講授科學課程，但實際上開設的絕大多數課程都屬於外語課程，「近年各省所設學堂……且有西文而無西學。」〔註 157〕這種「有西文而無西學」的教育方式不能培養出真正的科學人才，因為學習外國的語言文字與學習西方科學知識是既有區別又有聯繫的，「當同文館、廣方言館初設時，風氣尚未大開，不過欲培植譯人以為總署及各使館之用，故僅教語言文字，而於各種學問皆從簡略。」〔註 158〕先前成立的各種新式學堂，大多重於對西方語言文字的傳授，輕於對西方科技知識的講解，是由於科學知識在當時中國社會未能廣泛傳播，中國社會的科技發展程度十分薄弱，而在輸入西方科學之初，必然要對西方語言加以學習，需要借助外語這一工具，因而出現了以西文代西學的現象，但對於外語的學習不能代替對西方科學知識的學習，「此次設立學堂之意，乃欲培植非常之才，以備他日特達之用，則其教法亦當不同，夫僅通中國語言文字之人不能謂為中學之人才，夫僅通西國語言文字之人，亦不能謂為西學之人才明矣。」〔註 159〕語言文字僅是學習西方科學知識的工具而已，「西文與西學二者判然不同，各

〔註 154〕《謹擬京師大學堂章程》，光緒二十四年五月，北京大學綜合檔案・全宗一・卷 146，北京大學檔案館藏。
〔註 155〕《謹擬京師大學堂章程》，光緒二十四年五月，北京大學綜合檔案・全宗一・卷 146，北京大學檔案館藏。
〔註 156〕中國第一歷史檔案館、北京大學編：《京師大學堂檔案選編》，北京：北京大學出版社，2001 年，第 29 頁。
〔註 157〕中國第一歷史檔案館、北京大學編：《京師大學堂檔案選編》，北京：北京大學出版社，2001 年，第 28 頁。
〔註 158〕中國第一歷史檔案館、北京大學編：《京師大學堂檔案選編》，北京：北京大學出版社，2001 年，第 29 頁。
〔註 159〕中國第一歷史檔案館、北京大學編：《京師大學堂檔案選編》，北京：北京大學出版社，2001 年，第 29 頁。

學堂皆專教西文，而欲成就人才必不可得矣。」〔註160〕因次大學堂科學教育的實施，就是要「以西文爲學堂之一門，不以西文爲學堂之全體，以西文爲西學發凡，不以西文爲西學究竟。」〔註161〕這一教育原則的確立，表明了大學堂科學教育的開展，明顯不同於洋務運動時期出現的各種學堂，無論廣度還是深度，大學堂都大大地邁進了一步。

在中西並重這一方針指導下，大學堂科學教育在其初期階段，實行了普通學與專門學相互結合的課程教學模式。大學堂成立伊始，即對科學課程的設置與實施十分注重，「功課之完善與否，實學生成就所彼關，故定功課爲學堂第一要著。」〔註162〕經過多方論證、商討，以及通過對西方、日本等國科學課程的參照，大學堂最終將課程確定爲普通學與專門學兩類。而在此兩類中均含有與自然科學相關的內容。其中，普通學是學生們學習的基礎課程，「凡學生皆當通習者也」，學生入學後，首先就從普通學課程學起，其授學年限爲三年。普通學內原定課程有十門，其中科學課程主要是初級算學、初級格致學、初級地理學課，其餘七門課程則是經學、理學、文學、諸子學、中外掌故學、初級政治學及體操學等。〔註163〕但在實際教學中，許多與中學有關的課程相繼被刪減歸併，如理學、文學、諸子學等，因爲如果不對其調整變通，普通學中所設置的中學課程門類過多，必然會影響到對科學課程講授時間的分配，故而「理學，可併入經學爲一門；諸子、文學皆不必專立一門，子書有關政治、經學者，附入專門，聽其擇讀。」〔註164〕經過這樣的調整，普通學在實際教授中，只有七門課程。而除去體操一門外，中學課程與科學課程數量相等，各爲三門，這確實體現出了中西並重、中西會通特點。學生們在完成對普通學的修習後，便開始進入專門學階段的學習，專門學類似於現在大學中的專業課，「每人各占一門者或兩門」，與普通學相比，

〔註160〕中國第一歷史檔案館、北京大學編：《京師大學堂檔案選編》，北京：北京大學出版社，2001年，第29頁。

〔註161〕中國第一歷史檔案館、北京大學編：《京師大學堂檔案選編》，北京：北京大學出版社，2001年，第29頁。

〔註162〕中國第一歷史檔案館、北京大學編：《京師大學堂檔案選編》，北京：北京大學出版社，2001年，第29頁。

〔註163〕參見中國第一歷史檔案館、北京大學編：《京師大學堂檔案選編》，北京：北京大學出版社，2001年，第30頁。

〔註164〕《孫家鼐奏覆籌辦大學堂情形摺》，光緒二十四年六月，北京大學綜合檔案·全宗一·卷1，北京大學檔案館藏。

專門學內也計劃設置十門課程，其分別是高等算學、高等地理學（附設測繪學）、高等格致學、礦學、工程學、衛生學（附設醫學）、農學、商學、高等政治學、兵學等等〔註165〕（後兵學一門被重新調整）。可見專門學中的課程十之八九都與自然科學有關。修習專門學的學生，熟悉外語者可以直接使用外文原版教科書，「即讀西文各門讀本之書」，而大部份學生外語水平較低，還是需要使用國內編譯的各種科學教材。由於日後庚子事變的爆發迫使大學堂關閉，因此，大學堂早期階段內開設的科學課程基本都是普通學中的內容。

對於大學堂以普通學、專門學的形式來進行科學教育，當時的許多文人學者、士大夫均表示贊成、擁護。晚清學者甘鵬雲就在其日記中抄錄了大學堂開設的科學課程，「其功課分為兩類，一曰普通學，二曰專門學……」〔註166〕而且還將中西並重的教育方針特別記載其中，「其扼要處有則有兩義，一曰中西並重，觀其會通，無得偏廢；二曰以西文為學堂之一門，不以西文為學堂之全體，以西文為西學發凡，不以西文為西學究竟。」〔註167〕而由大學堂科學教育的開辦，引發了他對西方學校繁盛、科學技術發達的感慨，「泰西諸國縱橫海上，虎視而鷹睨，莫敢攖其鋒者……泰西之富強以此，而不知非其自強之本原也，自強之原，則學堂而已矣。」〔註168〕而現如今朝廷不僅創辦了京師大學堂，而且在中西並重這一方針下，以普通學、專門學的形式來落實科學教育，士人所受鼓舞之情，溢於言表。甘鵬雲對大學堂日後發展的美好憧憬，流露在他日記中字裏行間，「朝廷遠覽博諏，禮失求野，採奏西學制，詔設京師大學堂，並使各省、府、州、縣以次設立，此不特可袪茫昧、驕陋之積習，而實得變法自強之本原，普望天下士大夫戮力同心，仰體聖意，經理學堂者不以虛文塞責，肄業學堂者不以濫竽充數，則人材之興起，庶有日乎！」〔註169〕因普通學、專門學課程的開設，體現出大

〔註165〕參見中國第一歷史檔案館、北京大學編：《京師大學堂檔案選編》，北京：北京大學出版社，2001年，第30、31頁。
〔註166〕甘鵬雲：《潛廬隨筆》卷九，沈雲龍主編：《近代中國史料叢刊》第九十七輯第963冊，臺北：文海出版社，1973年，第377、378頁。
〔註167〕甘鵬雲：《潛廬隨筆》卷九，沈雲龍主編：《近代中國史料叢刊》第九十七輯第963冊，臺北：文海出版社，1973年，第378、379頁。
〔註168〕甘鵬雲：《潛廬隨筆》卷九，沈雲龍主編：《近代中國史料叢刊》第九十七輯第963冊，臺北：文海出版社，1973年，第379、380頁。
〔註169〕甘鵬雲：《潛廬隨筆》卷九，沈雲龍主編：《近代中國史料叢刊》第九十七輯

學堂辦學的務實態度，在國人心目中所產生的極大振奮與激勵，由此可見一斑。連在華的一些外國人也對大學堂內科學課程的設置、科學教育的推行給予了高度的評價，「上諭命令……要設立礦業、商業、農業學堂，以及普通中學和高等學堂。新型大學堂則建立在這個多級寶塔之上，貴族子弟有望在大學堂裏學到當代世界的自然科學和精神。舊式科舉取士制度的關鍵所在，像優雅的楷書和文章及詩篇中的韻律，均將廢棄不用，取而代之的是嚴肅的科學和實用的技藝。」〔註170〕京師大學堂科學教育的實施，贏得了當時國內外一切進步人士的好評與讚歎。

　　但同時也有一些人對普通學、專門學中設置的科學課程持反對意見，當時的給事中龐書鴻就曾提議將一些科學課程從大學堂中裁掉，只保留於各省所立學堂中。為此，孫家鼐向朝廷上摺，就開設科學課程的必要性再次進行了強調。他指出京師大學堂作為全國的最高學府，其各門課程必應詳備，「大學堂所以統轄各直省學堂者也，規模既廣，即門類宜詳。」〔註171〕無論普通學還是專門學，其中設立的各門科學課程，均具有實際意義，而且這些課程在知識連貫上互有緊密聯繫，「礦學、農學、醫學皆與化學相表裏；算學中之天文，凡方輿、繪圖、海道、駕駛皆以天文之緯度為憑，需用尤鉅，更不得為無關政治，凡此數端，均大學堂比應設之專門，無可議減。」〔註172〕孫家鼐認為，學堂在具體課程設置上，將普通學課程與專門學課程互相銜接，形成體系，這對於培養科技人才，大有益處，「學堂之設，所以造就群才，以溥通之學為初基，以專門之學為進境，創始規模，必求詳備。」〔註173〕

　　而對於這些科學課程的教授，大學堂要求相關教習必須認真對待，不得敷衍了事，「本學堂以實事求是為主，固不得如各省書院之虛應故事，亦非如前者學堂之僅襲皮毛，所定功課，必當嚴密切實，乃能收效。」〔註174〕大學

　　　第963冊，臺北：文海出版社，1973年，第380頁。
〔註170〕William A. P. Martin: *The Siege in Peking: China Against the World: by an Eye Witness*，路遙主編：《義和團運動文獻資料彙編英譯文卷》（下）（國家清史編纂委員會文獻叢刊），濟南：山東大學出版社，2012年，第12頁。
〔註171〕中國第一歷史檔案館、北京大學編：《京師大學堂檔案選編》，北京：北京大學出版社，2001年，第61頁。
〔註172〕中國第一歷史檔案館、北京大學編：《京師大學堂檔案選編》，北京：北京大學出版社，2001年，第61頁。
〔註173〕中國第一歷史檔案館、北京大學編：《京師大學堂檔案選編》，北京：北京大學出版社，2001年，第60頁。
〔註174〕中國第一歷史檔案館、北京大學編：《京師大學堂檔案選編》，北京：北京大

堂聘請的各位科學教習，也確實做到了工作勤奮，教學嚴謹，以大學堂西學總教習的丁韙良為例，他不僅為學生們授課，還親自編寫、修訂各門科學教材，並且為了擴充大學堂的師資隊伍，他還在四處挑選能夠勝任科學教學工作的教員，如于志聖、朱葆琛、劉永錫等人，〔註 175〕這些人都是大學堂創辦初期科技教師隊伍中的骨幹力量。

庚子事變前，部份大學堂西學教習名單〔註 176〕

格致副教習	朱葆琛
格致副教習	于志聖
格致副教習	綦策鼇
化學副教習	劉永錫
化學副教習	徐振清
醫學洋教習	滿樂道
英文洋教習	秀耀春
法文洋教習	吉得爾
德文洋教習	伯羅恩

此期，大學堂內的接受科學教育的學生主要有三類，即仕學院的學員以及中學、小學的學員〔註 177〕，這些學員根據對自身的學習情況，被編為不同的班級。起初計劃入學之初，根據個人成績分為兩班，其中學習普通學課程的學生被編在一起，稱為「二班」。而對於一些從各省中學選送來京的學生而言，因其在地方就學時，就已進行過普通學的學習，故此將這些學生統編在另一個班，即「頭班」，以集中教授專門學。而後在實際教學中，又重新調整劃分。頭班、二班的設置又改為根據學生對科學知識的掌握程度劃分，「凡中學已通，西學又知門徑者作為頭班；中學已通而西學尚不知門徑者作為二班。」

學出版社，2001 年，第 31 頁。

〔註 175〕其中于志聖曾為京師大學堂格致副教習、朱葆琛為格致副教習、劉永錫為化學副教習。

〔註 176〕參見《光緒二十七年教習名單》，光緒二十七年，中國第一歷史檔案館·學部·教學學務·卷 69，中國第一歷史檔案館藏。

〔註 177〕庚子事變之前大學堂內設立的中學、小學與今日所言的中小學意義不同，中學生、小學生是與仕學院學生相對而言的，前文已有闡述。在大學堂創辦初期錄取的學生中，仕學院學生是指具有七品以上京官身份的學生；而具有進士、舉人、貢生、監生等出身，且官不及七品或者無官職但年已過二十者，為中學生；無有官職且年紀在二十下者，則稱為小學生。

〔註 178〕此外，又增設了第三班，「其僅通中文，而未通中學者作為三班。」
〔註 179〕而中文尚未通者，則直接被歸入小學堂。

　　大學堂對學生們的學習時間有著嚴格的規定，「今擬凡肄業者，每日必以六小時在講堂，由教習督課，以四小時歸齋自課，其在講堂督課之六小時，讀中文書、西文書時刻各半，除休沐日之外，每日課肄時刻不得缺少，不遵依者，即當屏出。」〔註 180〕數學、物理學、地理學等科學課程的教授，一般是在午後及晚上進行，「查各堂早習中文，午習西學，晚習算學，誠以國家不惜帑項，培養人才，寸陰皆當愛惜。」〔註 181〕「小學午前讀經，午後習科學，如格致、算術、化學、洋文等；仕學院及中學生午前無功課，但自習經史，午後均習科學。」〔註 182〕當時的管學人臣，亦曾先後多次將大學堂內科學課程的教學情況上報於朝廷，「查現行功課，地輿、算學近皆延有專門教習，兵法則只能講習韜鈐，其擊刺操練乃武備學堂功課，不在此列，開辦之始，及經奏明，天文雖尚少專門教習，然算學實為初基，並非不講。」〔註 183〕儘管學生們需要把一部份時間用在各類中學課程上，但是對自然科學的學習仍孜孜不倦，按部就班地進行著，尤其是對數學、地理學等一系列基礎課程的刻苦學習，為日後進入專門學深入研習自然科學做了充分而紮實的準備，「地輿、測算，甫經數月，肄習者已略知門徑，若得寬以歲月，亦不至遂無成效。一俟語言文字皆能精熟，即當分習專門。」〔註 184〕對於學生功課的考驗，大學堂採取不同的方式，一種是將學生們每日學習功課及其記錄的筆記作為考核內容，「每日讀編譯局所編溥通學功課書，能通一課者，即為及格，功課書之外，每日仍當將所讀書條舉心得，入札記冊中，其札記

〔註 178〕《京師大學堂條規》，《萬國公報》1898 年第 120 卷，第 23 頁。
〔註 179〕《京師大學堂條規》，《萬國公報》1898 年第 120 卷，第 23 頁。
〔註 180〕中國第一歷史檔案館、北京大學編：《京師大學堂檔案選編》，北京：北京大學出版社，2001 年，第 31 頁。
〔註 181〕中國第一歷史檔案館、北京大學編：《京師大學堂檔案選編》，北京：北京大學出版社，2001 年，第 79 頁。
〔註 182〕喻長霖：《京師大學堂沿革略》，劉錦藻編：《清朝續文獻通考》（第二冊）卷一百六，上海：商務印書館，1936 年，第 8649 頁。
〔註 183〕中國第一歷史檔案館、北京大學編：《京師大學堂檔案選編》，北京：北京大學出版社，2001 年，第 78 頁。
〔註 184〕中國第一歷史檔案館、北京大學編：《京師大學堂檔案選編》，北京：北京大學出版社，2001 年，第 80 頁。

冊呈教習評閱，記注分數，以爲高下之識別。」〔註 185〕另一種是每個月對學堂學生進行一次考試，對於學習普通學的學生，考試內容則是從普通學內各門課程中各選一題，「以作兩藝爲完卷」，對於學習專門學的學生，「則命專門之題試之，由教習閱定，分別上取、次取。其課卷、札記列高等者，擇優刊佈，如同文館算學課藝之例，布諸天下，以爲楷模。」〔註 186〕而後，西學考課又調整爲每季一次，「至半年通行甄別一次，以定獎黜。」〔註 187〕

關於大學堂科學科目的考試內容，筆者通過多方查找、考證，發現了一份屬於京師大學堂創辦初期數學科目的課藝考題。該數學考題刊登在《南洋七日報》1901 年第 3 期的「課藝」專欄中，注名爲「京師大學堂課題」，答題人署名爲「瑞安黃曾鍇」，其原題目如下：

「有 甲天丅乙 與 天三⊥巳天二⊥午天⊥未 相乘，求用何至小之正整數，各不相同者，以代甲、乙、巳、午、未諸元，則乘得之式最簡？」〔註 188〕

《南洋七日報》同時刊登作者對該題的解答過程：

「先將原二式相乘爲

甲天四⊥（甲巳丅乙）天三⊥（甲午丅乙巳）天二⊥（甲未丅乙午）天丅乙未 ⊗

觀此可知，如能令甲巳丅乙、甲午丅乙巳、甲未丅乙午 均＝0，則得式止有兩項爲最簡，因令之＝0 而移爲甲巳＝乙⊖、甲午＝乙巳⊜、甲未＝乙午⊜，以⊖約⊜，以⊜約⊜，得 $\frac{午}{巳}=\frac{巳}{一}$、$\frac{未}{午}=\frac{午}{巳}$，即午＝巳二、午二＝巳未，由題理知，巳不能等於一，故令之爲二，而午爲四，未爲八，以此三數代入⊖、⊜、⊜三式之任一式中皆得二甲＝乙，由題理令甲爲三，而乙等於六，乃以之代入⊗式中，得三天四⊥（三×二⊥六）天三⊥（三×四丅六×二）天二⊥（三×八丅六×四）天⊥六×八，即三天四⊥0 天三⊥0 天二⊥0 天丅四八，即

〔註 185〕中國第一歷史檔案館、北京大學編：《京師大學堂檔案選編》，北京：北京大學出版社，2001 年，第 31 頁。

〔註 186〕中國第一歷史檔案館、北京大學編：《京師大學堂檔案選編》，北京：北京大學出版社，2001 年，第 31、32 頁。

〔註 187〕中國第一歷史檔案館、北京大學編：《京師大學堂檔案選編》，北京：北京大學出版社，2001 年，第 87 頁。

〔註 188〕《京師大學堂課題》，《南洋七日報》1901 年第 3 期，第 9 頁。

三天四丁四八，故知用三代甲，六代乙，二代巳，四代午，八代未，

則其乘得之式爲　天四丁四八，即最簡之數。」〔註189〕

刊登這份大學堂數學考題的《南洋七日報》，是由陳國熙、趙連璧、孫鼎等人所創辦。該雜誌於光緒二十七年八月初三（1901 年 9 月 15 日）在上海創刊，爲周刊，每七天出版一次，故曰「七日報」，由南洋七日報館出版發行。據現存資料知該雜誌一直發行到光緒二十八年三月（1902 年 4 月）止。《南洋七日報》聲稱其「願以筆諫去新舊之黨援、泯中西之畛域，此立言第一要義。」〔註190〕該報刊通常設有本館論說、時事新聞、彙論、譯編、官員奏疏以及課藝考題等六個欄目。對於課藝考題的刊載，報館還特別指出其選登標準，「三代庠序育人才，全球學堂求實學……本報採南洋各省大學堂課藝，擇其有關實學者，選尤登錄，俾可瞻各學堂之進步，亦可爲小學校之楷模。」〔註191〕可見，《南洋七日報》重視實學之程度。其對課藝考題的擇錄，也是從實學的角度出發，這自然而然地與近代科學產生聯繫。而且該雜誌的創辦人趙連璧又十分精通數學，除了辦有《南洋七日報》外，還創辦了《中外算報》。由以上這些，不難理解《南洋七日報》對大學堂科學考題的登載，確有淵源，並非突兀而出。

這道大學堂課題刊登在《南洋七日報》第 3 期的「課藝」欄目上，其刊發時間爲光緒二十七年八月十七日，即 1901 年 9 月 29 日，而當時的京師大學堂正因庚子事變而處於關閉狀態，大學堂師生因避禍而散聚各處，直到光緒二十七年十二月初一（1902 年 1 月 10 日）清廷才任命張百熙爲新的管學大臣，大學堂才籌劃如何恢復重建，而直到光緒二十八年十一月十八日（1902 年 12 月 17 日），京師大學堂才重新開學，向學生正式授課。故據此判斷，該雜誌第 3 期所登載的大學堂數學題，乃是大學堂在庚子事變之前的課藝考題，所以它不僅是現存能夠證明大學堂科學教育在初期實施的重要標誌，也能在一定程度上反映出科學教育在京師大學堂早期發展階段中的實施程度。

再從署名來看，答題人爲浙江瑞安人黃曾鍇，係京師大學堂學生。據筆者查考，黃曾鍇於光緒二十四年十一月一日（1898 年 12 月 13 日）參加大學堂的入學考試初試，通過後又參加十一月初四的復試。而後在十一月十三日（1898 年 12 月 25 日）大學堂公佈錄取名單中，黃曾鍇榜上有名，被大學堂

〔註189〕《京師大學堂課題》，《南洋七日報》1901 年第 3 期，第 9、10 頁。
〔註190〕《本館章程》，《南洋七日報》1901 年第 1 期，第 2 頁。
〔註191〕《本館章程》，《南洋七日報》1901 年第 1 期，第 2 頁。

最終錄取，而且他還是當時錄取的一百六十名住校生中的一員。〔註192〕這份錄取名單曾被當時的《申報》轉載記錄。雖然大學堂的各項檔案資料在庚子事變中損失殆盡，但這份載有黃曾錯名字的大學堂錄取名單卻被保存下來。而且黃曾錯還是京師大學堂總辦黃紹箕的堂侄〔註193〕。黃紹箕最初曾被擬爲京師大學堂稽查功課提調，後於光緒二十四年十月（1898年12月）被改任爲京師大學堂總辦。〔註194〕有了這層關係，更增加了黃曾錯能夠通過各種渠道獲得大學堂課藝考題的眞實性。由此種種，可以證明在庚子事變之前，黃曾錯在大學堂內就學，此數學題亦是他當時完成作答的課藝考題。此題最終屬於京師大學堂的課藝考題應無有疑問。

　　既然是大學堂的課藝考題，那麼即可通過此數學題在一定程度上反映出大學堂科學教育的深度與水平，這便需要對該題內容與答題人的解答過程有所理解。若要理解、分析該題內容，首先需要將其以現代數學的表達方式重新表示出來，因爲這道大學堂數學考題的題目以及解答過程均以古法表示。式中對數學符號的表達，與現代迥然不同，其中的「⊥」爲加號，即今日表示爲「+」；「T」爲減號，即「－」，而且清代對代數式的書寫中，是以天干地支等漢字來表示數，這在現代則是以字母代替數。根據現代代數式通行的表示方法，原題中的「甲」、「乙」、「巳」、「午」、「未」在現代一般表示爲 a、b、c、d、e，「天」在現代表達式中常用未知數 x 來替代，則原題目中的代數式「甲天 T 乙」即可以 $ax-b$ 表示；代數式「天$\overline{\overline{=}}$⊥巳天$\overline{=}$⊥午天⊥未」則爲 x^3+cx^2+dx+e。在採用了現代表示方法後，則原題所問內容即可重新表述爲：

　　　　「若將 $ax-b$ 與 x^3+cx^2+dx+e 相乘所得之代數式化簡，則當 a、b、c、d、e 分別爲最小正整數且各不相同時，求 a、b、c、d、e 之值。」

　　由題目所問，可知該題內容涉及到代數學中整式乘法與因式分解間的互相轉換。爲了便於理解，現將大學堂學生黃曾錯的解答過程，亦按照現代數學表

〔註192〕參見《學堂紀事》，《申報》光緒廿四年十二月初六（1899年1月17日），第9255號。

〔註193〕黃曾錯之父爲黃紹第，曾爲翰林院編修。黃紹第之父爲黃體立，其與黃體芳爲親兄弟，黃體芳則是黃紹箕之父，故黃紹第與黃紹箕爲堂兄弟，黃曾錯爲黃紹箕之堂侄。

〔註194〕參見中國第一歷史檔案館、北京大學編：《京師大學堂檔案選編》，北京：北京大學出版社，2001年，第44、72頁。

達方式進行轉換。根據作者的解題思路與程序，原解答步驟可轉述爲：

「$(ax-b) \times (x^3+cx^2+dx+e)$

$=ax^4+(ac-b)x^3+(ad-bc)x^2+(ae-bd)x-be$　　$\otimes$

由此式可知，若 $ac-b=0$ 且 $ad-bc=0$ 且 $ae-bd=0$，則所得之代數式最簡，所以可得三式 $ac=b$㊀、$ad=bc$㊁、$ae=bd$㊂，將㊁式與㊀式相約，㊂式與㊁式相約，分別得 $\dfrac{d}{c}=\dfrac{c}{1}$、$\dfrac{e}{d}=\dfrac{d}{c}$，即 $d=c^2$，$d^2=ec$，因 c 不能等於 1，只能等於 2（由原題要求可知 c 爲最小正整數，但若等於 1 時，則 d 也等於 1，這便有違於原題要求的 a、b、c、d、e 之值各不相同，因此只能等於 2），則 $d=4$，$e=8$，將 c、d、e 之值分別代入㊀、㊁、㊂三式中任何一式，則可得 $2a=b$，（因題意要求 a、b、c、d、e 之值各不相同，故 a 不能爲 1 或者 2）所以 $a=3$，$b=6$，現將 $a=3$、$b=6$、$c=2$、$d=4$、$e=8$ 皆代入⊗式，則原代數式爲 $3x^4+(3\times2-6)x^3+(3\times4-6\times2)x^2+(3\times8-6\times4)x-6\times8$，即 $3x^4-24$，此式最簡。可知當 $a=3$、$b=6$、$c=2$、$d=4$、$e=8$ 時，代數式最簡。」

以上便是採用了現代數學的表達方式，將該數學題的內容與解答過程重新作了表述。在經過重新表述後，可明顯看出此題與代數式的化簡有關，是以化爲最簡式爲條件，來求各係數之值。解答該題需要掌握初等代數中整式乘法的相關運算法則。整式乘法中有三類，即單項式相乘、單項式與多項式相乘，以及多項式相乘，該題則屬於最後一類的多項式與多項式相乘，在整式乘法範圍內比前兩者略有深度。由答題者對該題的解答步驟，可知答題人是按照多項式相乘的運算規律來進行解題，即首先將其中一個多項式的各項乘以另一個多項式的每一項，再將所得之積相加。最後利用題中給出的已知條件，互相代入，求得各係數之值。作者的解答符合運算法則的要求，體現了其對整式運算知識理解、掌握到位。

由該考題可以反映出大學堂當時的科學教學在數學方面，已經進行了初等代數學中相關內容的講授。當然其程度若以今日的標準來衡量，不過是中學水平。但是應考慮到在大學堂成立之前，各級中小學堂尚未普遍設立。教育的發展是一個循序漸進的過程，而晚清社會中基礎科學教育的缺失，必然影響大學堂科學教育的效果，因此大學堂科學教育的實施不得不從最基礎的內容講起，「西國大學堂學生皆由中學堂學成者遞陞，今各省之中學堂草設創立，猶未能遍……今當於大學堂兼寓小學堂、中學堂之意，就中分列班次，

循級而升，庶幾兼容並包，兩無窒礙。」〔註195〕這也深刻地表明大學科學教育的發展是無法脫離社會現實的，近代中國積貧積弱的國情便是大學科學教育賴以生存的土壤。

此前，學術界對於大學堂科學教育在戊戌政變之後、庚子事變之前，是否在實際開辦中真正得到落實，一直存有疑惑、存有爭論，然而通過對《南洋七日報》所刊登的這道大學堂數學考題的發掘、考證以及分析，可以確知，大學堂科學教育在庚子事變之前，即大學堂的早期發展階段內，的確得到了實施。當然，由此「課題」的難易程度，也反映出當時的科學教育的程度不算高深，還基本上處於初等數學的基礎水平，但它卻表明京師大學堂作為中國近代大學的代表，終究突破阻力，開辦了科學教育。就自然科學的發展規律而言，科技本身也是一個由淺入深，從簡到繁，不斷更新、不斷壯大發展過程。科學探索無有止境，但卻是循著起點，一步一步地累積而成，科學教育的發展亦如此。

孫家鼐辭去大學堂管學大臣後，吏部右侍郎許景澄繼任。許景澄曾出訪歐洲多個國家，因此對西方科學技術的發展有著較為深入的瞭解，而且他本人對自然科學也十分重視，他曾提出「物生有象而理寓焉，其理弗明厥用不彰，故有工學以著其用，有格物學以闡其理，知者創之，巧者述之，不可勝用也。」〔註196〕的觀點，他對西方各國科技之先進，亦表現出欽佩之意，「後之學者卑視斯事，飭材辨器盡委細民，致吾華製作今不逮古，而歐美人士方且類族辨物，掬精極微，新理迭出，成器日廣，非格物之效歟！」〔註197〕

許景澄就職後，一方面對學生的學習嚴加督促，「督飭總辦、提調等員，就原定功課詳加考察，核定現行詳細章程，刊佈條目，以俾各學生一律遵守。」〔註198〕並要求大學堂各教學、管理人員認真負責，不可懈怠；另一方面，在大學堂內繼續貫徹中西並重的方針，並在這一基礎上，竭力擴充科學教育的規模。在當時經費拮据的情況下，他開源節流，將大部份資金投入到科學

〔註195〕《謹擬京師大學堂章程》，光緒二十四年五月，北京大學綜合檔案·全宗一·卷 146，北京大學檔案館藏。

〔註196〕許景澄：《重增格物入門》序，丁韙良：《重增格物入門》卷一，京師大學堂刊行，光緒己亥上海美華書館鉛板，第 1 頁。

〔註197〕許景澄：《重增格物入門》序，丁韙良：《重增格物入門》，京師大學堂刊行，光緒己亥上海美華書館鉛板，第 1 頁。

〔註198〕中國第一歷史檔案館、北京大學編：《京師大學堂檔案選編》，北京：北京大學出版社，2001 年，第 86 頁。

教育的開展中去。僅以光緒二十五年九月份大學堂的支出情況為例，當月支出錢款總計約為「京平足銀捌仟柒百捌拾玖兩三錢柒分」，其中，因涉及開辦科學教育而支出的相關款項就有「總辦處移支化學教習於購備煉礦器具七種京平足銀拾肆兩伍錢」、「總辦處移支添購儀器四種京平足銀肆百肆拾兩零伍錢貳分」、「總辦處移支西學各教習九月分薪水京平足銀三仟零伍拾壹兩伍錢」、「交醫學堂九月分經費京平足銀壹仟兩」〔註 199〕等項，大學堂因開展科學教育而支出的款數，約占當月支出總額的 51%，可見，雖然管學大臣有所更換，但中西並重這一教育方針在大學堂內並未改變。

　　經過一年多的實踐，大學堂科學教育已顯露初步成效，學生數量不斷增加，僅住堂肄業者就已超過二百人，其分別是「仕學院學生二十七人，中學生一百五十一人，小學生十七人，又附課生四十三人。」〔註 200〕大學堂內設置的經史講堂有四處，而集中教授自然科學的專門講堂，如數學講堂、地理學講堂、物理學講堂以及化學講堂等都已分別成立，且略具規模，「專門講堂……輿地計三處，算學講堂三處，格致、化學講堂各二處。另設英文學堂三處，法文、德文、俄文、日本文學堂各一處。」〔註 201〕起初，學生們的學習都是先以數學知識為基礎內容，而後再對物理、化學進行學習，「西學則以算學及西文為基，俟算學門徑諳曉，再及格致、化學等事。」〔註 202〕而經過這一年來的認真學習，至光緒二十六年正月，許多學生已經掌握了一定的數學基礎，具備了進入分門專業中研習的資格，「由算學拔入格致、化學等堂者，計有四十九人，其分習各國文字之學生，由辨識字母文法漸能覽解西籍者，亦有四十三人，是該學生肄業情形，確有進境可徵。」〔註 203〕這些都是科學教育在大學堂開辦一年來所取得的成就。雖然成就不大，但卻給當時大學堂乃至整個中國教育的發展帶來希望，人心為之一振，「蓋堂各

〔註 199〕《許景澄呈報大學堂光緒二十五年九月份收支情況》，光緒二十五年十月，北京大學綜合檔案・全宗一・卷 8，北京大學檔案館藏。

〔註 200〕中國第一歷史檔案館、北京大學編：《京師大學堂檔案選編》，北京：北京大學出版社，2001 年，第 87 頁。

〔註 201〕中國第一歷史檔案館、北京大學編：《京師大學堂檔案選編》，北京：北京大學出版社，2001 年，第 87 頁。

〔註 202〕中國第一歷史檔案館、北京大學編：《京師大學堂檔案選編》，北京：北京大學出版社，2001 年，第 87 頁。

〔註 203〕中國第一歷史檔案館、北京大學編：《京師大學堂檔案選編》，北京：北京大學出版社，2001 年，第 87 頁。

生，均能循守規矩，雖所造淺深不一，而欣然咸具嚮學之誠，各教習等亦均盡心講授，毫無做輟，若再寬以時日，諸生學有成就，庶幾拔十得五儲爲將來有用之才。」〔註204〕不僅如此，當時風行於民間的竹枝詞也對庚子事變前大學堂中西並重的教育特色發出讚歎，「宏規大起育英才，學貫中西馬帳開……」〔註205〕竹枝詞作爲一種詩體，因其語言通俗且能反映百姓心聲，故此在清末民間十分流行，而其內容中出現讚歎京師大學堂的詞句，足以表明當時社會對大學堂辦學成就的認可。

然而，如此穩步前進的局面並沒能持續多久，國內保守勢力一直在對大學堂開展的科學教育進行指責與詰難，這對科學教育的實施造成了一定的影響，而義和團運動的爆發，則徹底中斷了大學堂科學教育的實施，而此時大學堂開辦僅一年有餘，大學堂科學教育剛剛起步，又停滯下來。

2、科學教學的早期成果——《重增格物入門》

庚子事變之前，大學堂的科學教學有條不紊地進行著，作爲西學總教習的丁韙良，一直積極主持著科學教學的實際工作。爲了提高大學堂科學教育的教學質量，他親自動手爲學生們編寫科學教材。

實際上，丁韙良在入大學堂之前，一直大力宣傳科學知識。他翻譯西書、辦雜誌，參與創辦了《中西聞見錄》、《新學月報》等刊物，並在這些刊物上發表了大量介紹西方科技知識的文章，他很注重將西方最新的科學發明介紹給中國，如其在《中西聞見錄》中對西方新發明的分光鏡進行了詳細地介紹，「顧格致之理無窮，而窺測之法日備，邇年又有人製器曰分光鏡，尤屬奇妙……此則遠近兼擅，細大無遺，不但至微之物可以察其形而辨其質，即最遠且巨如日月星辰，亦可分其光而知其體，是斯鏡者，誠與二鏡相參並用，鼎足而三，其有裨於格致之學又何如哉！」〔註206〕同時，他還將一些基礎性的科學理論輸入到國內，如對光譜理論的闡述，「凡實質、流質發光，則光帶連接不斷，而無橫線一也；虛質之能焚者，及實、流二質蒸騰爲氣者，其光帶惟有明線而色位不等一也；實、流二質發光，而其光遇氣，其氣質若

〔註204〕中國第一歷史檔案館、北京大學編：《京師大學堂檔案選編》，北京：北京大學出版社，2001年，第87、88頁。

〔註205〕嘐西復儂氏、青村杞廬氏：《都門紀變百詠》，路工編：《清代北京竹枝詞（十三種）》，北京：北京古籍出版社，1982年，第118頁。

〔註206〕丁韙良：《論分光鏡》，《中西聞見錄》第33號，1875年5月，第1頁。

同，即阻其本色使明線易而爲暗三也。」「蓋光色由於空中微氣顫動而生，一若天氣顫動而成聲音然……微氣大顫則成紅光，略顫則成青紫等光，如日有白光，星皆日類，其光悉應白色，然因其運行有遲有速之不同，故光色互異。」〔註207〕自 1869 年至 1895 年，丁韙良還曾在同文館擔任總教習。在同文館工作期間，他努力開展科學教育，不僅在館內增設了許多科學課程，而且組織學生進行各種實驗。光緒十四年，他組織修建了天文臺，以便學生能夠進行天文觀測，「天文一席，延聘教習，已歷年所，因察日月薄蝕，星辰陵犯，平地雖有極精遠鏡，天邊仍未獲極目，爰於光緒十四年建造星臺一區，上設儀器，頂蓋四面旋轉，高約五丈，凡有關天象者，教習即率館生登之，以器窺測。近年所編《中西合曆》一書，深資其助，裨益良多矣。」〔註208〕應該說，丁韙良爲西方科學技術在近代中國的傳播與普及做出了重要的貢獻。

　　科學教育在其實施過程中，科學教材的質量至關重要，它不僅是教學水平的直接反映，也是學生學習的重要依據。而且在晚清的社會條件下，科學教科書是學生們獲取自然科學知識的主要源泉，因此提高科學教育的水平，離不開對教科書的編寫，丁韙良本人對此也深有體會。因爲在此之前，他就曾編寫過多種自然科學方面的書籍，如《格物入門》、《格物測算》、《中西合曆》等書，其中《格物入門》與《格物測算》還曾作爲教會學校使用的科學教科書，由益智書會所出版。而此次爲大學堂學生編寫教材，丁韙良頗費了一番工夫。他認爲大學堂不同於往日的同文館、廣方言館等洋務學堂，其所授科學內容，既要全面、系統，又要跟上自然科學發展的步伐，反映出國外科學技術的新發現、新進展，爲此，丁韙良經過深思熟慮，終於選定對《格物入門》一書重新增補，仔細修訂，最後編寫成了《重增格物入門》一書，以供大學堂科學教學使用，「歲在戊戌，京師創立大學堂，余蒙特旨派充西學總教習，於格物課程，每苦不得善本，又以三十年來，名家輩出，道理益精，遂亟取《格物入門》而重增之……」〔註209〕同時，丁韙良也深知，科學的發展，無有止境，因此他希望後人能夠根據科技發展的新成就，對這份教材進

〔註207〕丁韙良：《論分光鏡》，《中西聞見錄》第 33 號，1875 年 5 月，第 1 頁；丁韙良：《恒星動論》，《中西聞見錄》第 31 號，1875 年 3 月，第 9、10 頁。

〔註208〕《同文館題名錄》，中國史學會編：《洋務運動》（二），上海：上海人民出版社，2000 年，第 91 頁。

〔註209〕丁韙良：《重增格物入門》卷一，京師大學堂刊行，光緒己亥上海美華書館鉛板（1899 年），第 7 頁。

行不斷的修訂增補，「書雖較前詳備，然物理日出日新，尚有未盡周知之處，余漸覺表朽，不知將來增補以匡不逮者，伊誰之屬也。」〔註 210〕只有如此，才能保證大學堂教學內容的系統性與前沿性。

而將格物學選為大學堂科學教學的主要內容，這與西學總教習丁韙良對格物學的重視有著直接的關係。（《格物入門》中的格物學著重指的是是物理學以及化學，而並非是指科學整體。）他認為古代西方各國拘泥於希臘、羅馬之古學，導致科學發展十分緩慢。只是自英國哲學家、科學家培根之後，西方科技才開始加速發展，「英國培根創為格物之論，自此學者改弦易轍，造大遠望鏡以仰觀天文；造顯微鏡以俯察庶物，上下洞見，鉅細靡遺。」〔註 211〕由此，科學之進步日新月異，世界面貌煥然一新。而今日世界之昌盛局面，究其根本，乃是近代物理學、化學的功績，「嗣是機器日出其奇，富強日增其盛，其究夫水火之理者而輪舶火車興焉，其究夫雷電之理者而電線電燈興焉，以化學配五行之本質，開礦窯之寶藏，而五金煤鐵之大利興焉，今諸國相師而學，孜孜惟恐不及，新法迭興，乍見者震而驚之，不知皆格物之功。」〔註 212〕在丁韙良看來，人類社會的不斷發展源於科學技術的進步，而在整個科學中，格物之學即物理學、化學乃是關鍵，數學則為基礎，所以他在大學堂科學教育的實施中，將物理、化學作為教學重點，這也是將《重增格物入門》一書定為大學堂科學教材原因之一。

《重增格物入門》一共分有七卷，皆以問答體的形式進行講授。前五卷是與物理學相關的內容，第六卷講述化學基礎知識，最後一卷為例題集。其中，第一卷介紹物理學中的力學內容，該卷分為上下兩章，上章論力推原，首先講授牛頓運動定律，並列舉各種實驗，對其進行證明。繼之，依據該定律論述各種受力類型、受力關係，以及對合力與分力的計算等。上章中物體在曲線運動中的受力情況，也進行了闡述，「凡物運行，非有力自中吸引，必直行而不偏，毗中力也；非有力使之前行，必直墜至圓心，離中力也，然必二力均勻，始能不離不毗，旋轉不已也。」〔註 213〕並根據離心力、向心力原

〔註 210〕丁韙良：《重增格物入門》卷一，京師大學堂刊行，光緒己亥上海美華書館鉛板（1899 年），第 7 頁。

〔註 211〕丁韙良：《重增格物入門》卷一，京師大學堂刊行，光緒己亥上海美華書館鉛板（1899 年），第 6 頁。

〔註 212〕丁韙良：《重增格物入門》卷一，京師大學堂刊行，光緒己亥上海美華書館鉛板（1899 年），第 6 頁。

〔註 213〕丁韙良：《重增格物入門》卷一，京師大學堂刊行，光緒己亥上海美華書館鉛

理，對圓周運動中的各種現象進行了科學解釋。第一卷下章介紹助力工具，篇幅相對較少。主要針對槓杆、斜面、輪軸、滑車、尖劈、螺絲等六種常用器具進行敘述。

第二卷為水學，介紹物體於水中之受力關係。該卷分為上下兩章，上章論靜水，主要圍繞「水學三綱」即流體靜力學的基本原理展開論述，對不同物體在水中所受浮力、壓力之大小計算等內容都進行了明確講解。第二卷下章論流水，主要介紹各種水力工具的構造及其工作原理，如對節水管、提水管、壓水管、吸水管以及臥輪水磨、豎輪水磨、無輪水磨、礦窯掣水機、水碓等一一予以闡述。而且下章還對德、法國兩國如何利用水力學原理開通新運河，作了介紹，並將各國江河長短大小等情況，製成表格，附於文中。

第三卷為氣學，該卷分為上中下三章。上章論天氣，主要講授空氣尤其是大氣層的功用，如雨露借天氣運行、毒氣借天氣消化、熱氣借天氣存儲、光借天氣散佈、聲借天氣以揚、地借天氣保護等內容。上章還通過對風雨表的介紹，論述了預測風雨天氣的原理。三卷中章論蒸氣，首先闡述蒸氣原理，「汽熱有大力，冷旋失之，一也；汽愈熱，力愈大，二也；汽愈稠，力愈大，三也；水須被壓，始能極熱，四也。」〔註214〕而後接連介紹了西方各國利用該原理，製造蒸汽機的相關情況。第三卷下章論聲音，主要介紹聲學基本知識，對聲音的產生、聲速測量、傳聲之物、音聲高低大小之不同等都進行了論述。

第四卷為火學，實際上是熱學與光學。該卷分上下兩章，上章論熱氣，書中首先提出熱氣並不是氣體，「非氣也，實力之幻化也，故視之無形，聽之無聲，雖為無體之物，然其力可察，其理可究且散佈萬物中。」〔註215〕而後，根據熱的生成，將熱分為四類，逐類予以闡述。對於熱有隱顯以及物之熱量不同等原理，書中舉出以鹽化雪、以磺精令水銀結冰、受熱、散熱等不同實驗分別證明。上章還列舉關於熱學的兩種理論，通過各種分析實驗，最終得出結論，即「熱非物之說」「不過因物之微動以傳播也」較為準確。下章論光，主要講授光學的基本理論，其不僅介紹了凸透鏡、凹透鏡、三棱鏡、分光鏡

　　　　板（1899 年），第 13 頁。

〔註214〕丁韙良：《重增格物入門》卷三，京師大學堂刊行，光緒己亥上海美華書館鉛
　　　　板（1899 年），第 29 頁。

〔註215〕丁韙良：《重增格物入門》卷四，京師大學堂刊行，光緒己亥上海美華書館鉛
　　　　板（1899 年），第 1 頁。

等內容，還對小孔成像原理以及光的反射原理、折射原理均進行了詳細的論述。通過演示實驗，書中還對光譜理論、光譜分析法進行了一定的闡述。

第五卷爲電學，分上中下三章，其中上章論靜電，主要圍繞電的產生、電的分類、導體、絕緣體、各種儲電裝置以及雷電現象等內容展開論述，並對「電爲一氣說」與「電有二氣說」兩種理論進行評論。中章論流電，主要講授電流的產生、電鍍原理、電流與電壓間關係等基本內容，還對各種電池，如福氏電池、葛氏電池、司氏電池等製造及其生電原理逐一進行了講解。中章還著重對電報的製作過程、工作原理等內容進行詳細的敘述。下章論磁電，主要闡述磁石之各種性能，以及電與磁的關係，「流電既能作磁鐵，則磁鐵亦能生流電。」〔註216〕在對各種磁電實驗的演示中，論述了磁鐵的性質、磁鐵的功用以及發電機的工作原理。

第六卷爲化學，該卷章節較多，一共設有六章。第一章爲化學總論，首先介紹有關化學的基本概念，並對化學研究與物理學研究之間的區別作了辨明，「格物係順物之性以役之，化學則毀物之性以變之，此二學之異也。總以格致括之，蓋皆以究察物性爲主耳。」〔註217〕從第二章至第六章依次論述諸化學元素性質，其中第二章主要介紹單質、化合物以及化合反應、分解反應等，並將常見的化學元素製成表格附在文中。第三章論氣類，著重對氧氣、氫氣、氯氣等氣體的化學性質進行論述，並以實驗的形式，介紹了對這些氣體的提取方法。第四章論似氣類，對一些固態非金屬元素如碳、硫、硼等，以及含碳、含硫化合物的性質進行詳細的論述。第五章論金類，對鉀、鈉、鈣、鉛、鐵、銅、銀、水銀等各種金屬的性質，及其在化學反應中呈現出的現象逐一進行了講解。書中還介紹了國外近年來煉鋼所用之新法。第六章論生物之質，主要講授有機化學基礎知識，對糖、蛋白質、酒精、草酸等物質在各種化學反應中的現象，以實驗的形式作了描述，對有機物的命名也有一定程度的介紹。

第七卷爲測算舉隅，是關於物理學的例題集，該卷分有四章，分別是測算力學、測算水學、測算氣學、測算光學及測算電學，每一章緊扣該章主題列舉大量的例題，介紹各種運算方法。另外，該卷還對一些定理、定律以及

〔註216〕丁韙良：《重增格物入門》卷五，京師大學堂刊行，光緒己亥上海美華書館鉛板（1899年），第43頁。
〔註217〕丁韙良：《重增格物入門》卷六，京師大學堂刊行，光緒己亥上海美華書館鉛板（1899年），第1頁。

各種物理公式進行集中講授。

　　《重增格物入門》一書作爲大學堂早期科學教材，已經具備了一定的系統性、完整性，從而表明當時科學教學的規範性。書中對物理學與化學的基礎知識、基本理論進行了全面的闡述，對於物理學中主要的定理、定律也作了較爲確切的講解，如對牛頓運動三大定律的闡述，「物之動也，若無外力阻礙，必直行不偏、常行不止，一也；所受各力皆有功效，二也；抵力必與所受之力均勻，三也。」〔註218〕再如對電學中歐姆定律的講解，「電必有儲力不等，始能流動一也；物雖引電，皆有阻力可計二也；電流之力與儲力成正比，與阻力成反比三也。命儲力爲未，阻力爲午，電流之力爲申，則申＝$\frac{午}{未}$，午＝$\frac{申}{未}$，未＝午×申，是爲公式。」〔註219〕等等，雖然表述形式與現代迥然不同，如上文歐姆定律的物理公式中，分數線以上爲分母，分數線以下爲分子，這與現代分數式的表示方法恰好相反，但實質內容與今日並無太大差異。而且該教材對內容的編排也是由淺入深且邏輯嚴密。每章內容必先由基本原理導出，而後以此原理爲依據，一步步展開論證推演，每論證一項定理、定律，都會列舉諸多相關實驗以對其證明。而且書中圖文並茂，以圖示與文字相配合的方式，對各種實驗的操作過程進行了明晰、準確地描述，使學者易於理解。如以下兩圖便是從教材裏眾多實驗中的兩例。

離心力實驗　　　　　　　電橋原理實驗

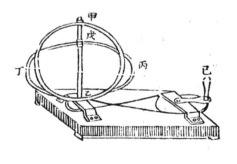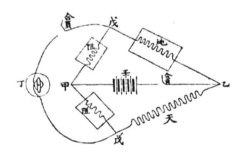

〔註218〕丁韙良：《重增格物入門》卷一，京師大學堂刊行，光緒己亥上海美華書館鉛板（1899 年），第 1 頁。

〔註219〕丁韙良：《重增格物入門》卷七，京師大學堂刊行，光緒己亥上海美華書館鉛板（1899 年），第 62 頁。

作爲大學堂科學教學的早期成果，《重增格物入門》除了具備一般教材的性質與功用外，它還具有諸多突出的特點，這是同時期其它科學教材所不及的，由此也反映出京師大學堂在成立前期，科學教學的某些實際情況。爲了便於說明，本文選取同時代的科學教材《物理學》〔註 220〕爲例，與其比較。因《物理學》出版時間稍晚，其內容與編排體例亦曾得到近代中國學界的好評，對 20 世紀初期物理學教育也有一定的影響，故以該書爲比照對象，更能反襯出《重增格物入門》的顯著特點。

首先，《重增格物入門》對數學表達式高度重視並大量運用。從對定理、定律的推導、闡釋，到應用定律去進行實際運算，都沒有離開公式的表達。譬如，在對動量守恒定律〔註 221〕的相關闡述中，該教材運用大量的數學表達式來推導物體碰撞後的速度。教材指出物體間的相互碰撞，可以分爲彈性碰撞與非彈性碰撞兩類，對於非彈性碰撞的闡述，教材以動量守恒定律公式爲依據，逐步推導出順向相碰後求解物體速度的公式，「二物若俱無躍力，觸後二物必相附而行，欲求其速按觸物理，以二重和除二動力之和，即得二物之後速，設有丙丁二物，命丙速爲子，丁速爲丑，則二動力和爲丙×子⊥丁×丑，觸後之動力爲（丙⊥丁）×後速＝丙子⊥丁丑，故後速＝$\frac{丙⊥丁}{丙子⊥丁丑}$〔註 222〕，若丁爲靜，則後速＝$\frac{丙⊥丁}{丙子}$，若二物皆動而丙速較大，則丙失速

爲 子 T$\frac{丙⊥丁}{丙子⊥丁丑}$＝$\frac{丙⊥丁}{(子⊥丑)×丁}$，丁得速爲$\frac{丙⊥丁}{丙子⊥丁丑}$T丑＝$\frac{丙⊥丁}{(子T丑)×丙}$。」

〔註 223〕對於彈性碰撞中物體相碰後的速度，教材仍是以物理公式的形式層層推演，而且對公式運用更爲頻繁。教材指出物體在發生彈性碰撞後，「得速、失速皆較無躍力物加倍，因有躍力者，觸後縮力與漲力相等，故得失加倍，準無躍力者順觸，丙失速＝$\frac{丙⊥丁}{(子T丑)×丁}$，則有躍力者順觸，丙失速＝

〔註 220〕《物理學》一書的原作者爲日本人飯盛挺造，翻譯者爲藤田豐八，後由王季烈重新編寫，於 1900 年至 1903 年間由江南製造局出版。

〔註 221〕動量守恒定律是物理學中最重要的守恒定律之一，其適用範圍甚至超過了牛頓運動定律，無論宏觀物體運動還是微觀粒子運動都要遵從該定律。

〔註 222〕該教材對分式表達與今日不同，分母在上，分子在下。下文引用之內容，皆如此表示。

〔註 223〕丁韙良：《重增格物入門》卷七，京師大學堂刊行，光緒己亥上海美華書館鉛板（1899 年），第 13、14 頁。

$$\frac{丙\perp丁}{(子丅丑)二丁}$$，觸後丙速＝子 丅 $\frac{丙\perp丁}{(子丅丑)\times二丁}＝\frac{丙\perp丁}{(丙丅丁)\times子\perp二丁丑}$，又丁加

速＝$\frac{丙\perp丁}{(子丅丑)\times二丙}$，觸後，丁速＝丑$\perp\frac{丙\perp丁}{(子丅丑)二丙}＝\frac{丙\perp丁}{(丁丅丙)\times丑\perp二丙子}$；

無躍力者逆觸，丙失速＝$\frac{丙\perp丁}{(子\perp丑)\times丁}$，則有躍力者逆觸，丙失速＝

$\frac{丙\perp丁}{(子\perp丑)\times二丁}$，觸後，丙速＝子 丅 $\frac{丙\perp丁}{(子\perp丑)二丁}＝\frac{丙\perp丁}{(丙丅丁)子丅二丁丑}$，又丁

加速＝$\frac{丙\perp丁}{(子\perp丑)二丙}$，觸後，丁速＝$\frac{丙\perp丁}{(子\perp丑)二丙}$ 丅 丑＝$\frac{丙\perp丁}{(丁丅丙)丑\perp二丙子}$。」

〔註224〕可見，數學表達式在講解物理定律的過程中，得到了充分的運用。

而同樣的定律在《物理學》的描述中，也作了明確的說明，如對物體在彈性碰撞中動量守恒的解釋，「有無凹凸性之二物，於直線方向而爲中心撞擊，則因其撞擊，而得均等之速率。」〔註225〕但此書只是以文字的形式對碰撞中的速度求解進行表達，而並沒有採用各種數學表達式去推導，如對彈性碰撞後物體的速度大小的講解「……第二、有一無凹凸性球撞一靜止球，二者有均等之重率，則俱以撞者之速率之半而進行。」「第三、有二無凹凸性球具相等之重率而於同一方向相撞，則俱受其速率之和之辦。」「第四、有無凹凸性球於反對之方向相撞，則其後以速率之較之半，向速率強者之方向進行。」〔註226〕對於非彈性碰撞的情況，《物理學》仍是文字性講解，缺少公式表達，「……第二、凹凸性球於直線上撞同類之靜止球，則撞之之球當靜止而被撞之球以其等速率進行。」「第三、有同大之凹凸性二球，於直線上同向或反向以相撞，則二球以互換之速率各自進行或反行。第四、有多同大之凹凸性球排爲一行，更以同大之一凹凸性球對之撞擊，則撞之之球於他球悉靜，惟其一行上之末一球當以撞之之球之速率獨自前進，若撞之之球爲二個或三個，則其一行上之他球俱靜止，惟末二球或三球前進，猶之一球撞之者然……」〔註227〕二者相比，可見《重增格物入門》重視運用公式的

〔註224〕丁韙良：《重增格物入門》卷七，京師大學堂刊行，光緒己亥上海美華書館鉛板（1899年），第15頁。

〔註225〕王季烈編：《物理學》上編卷二，光緒庚子秋製造局鋟板（1900年），第 62頁。

〔註226〕王季烈編：《物理學》上編卷二，光緒庚子秋製造局鋟板（1900年），第 62、63頁。

〔註227〕王季烈編：《物理學》上編卷二，光緒庚子秋製造局鋟板（1900年），第 64、65頁。

特點。

再以對電學理論中庫侖定律的講解為例。《物理學》中僅以文字敘述式的簡略描述，「二個電氣體之間，其推引力與相距之自乘為反比例。」〔註 228〕其後雖列舉各種實驗證明，但卻沒有使用公式將該定律直接表達出來。而在《重增格物入門》中，對庫侖定律的闡述不僅有語言性描述，「蓋電有吸驅二力即陰陽二種，同則相驅，異則相吸，無論吸驅，其力按距自乘反比。」〔註 229〕而且還有物理公式表述，「設有二物，命此物所受之電為春，彼物所受之電為春´，則電力 $=\dfrac{距}{春 \times 春´}$，若春為三，春´為四，距為二，則電力 $=\dfrac{(二)^{二}}{三 \times 四}=\dfrac{四}{一二}=$ 三，若又距為四，則電力 $=\dfrac{(四)^{二}}{三 \times 四}=\dfrac{一六}{一二}=\dfrac{四}{三}$。」〔註 230〕總之，在《重增格物入門》中，對公式的運用，可謂比比皆是。

數學表達式的運用，在科學教學中十分重要，因為以公式的形式來闡述定理、定律，較為直觀，簡潔易懂，便於學生們對知識的理解與掌握。因此對公式的重視也是《重增格物入門》的優長之處。但通過對比，同時也要看到，該教材也存在諸多不足之處，如未能很好地將實驗性論證與公式表達結合起來，而且個別公式的表述也不甚妥當。

《重增格物入門》的另一特點則在於其對近代物理學、化學知識講解的同時，又與中國的傳統文化、傳統學術相互銜接，故而在一定程度上呈現出了會通中西的特色。譬如，該教材在具體內容講授之前，首先就格物一事展開闡述，將程朱理學中對格物的看法與近代科學對接起來，「嘗讀大學致知在格物，不禁歎聖人言近旨遠。尋讀五子近思錄，或問格物須物物格之，還只格一物而萬物皆知？伊川先生曰：怎得便會貫通，若只格一物便通眾理，雖顏子亦不敢如此道。須是今日格一件，明日又格一件，積習既多，然後脫然，自有貫通之處。程子之說如此，於是歎先儒於格物之理已見端倪。」〔註 231〕自然科學源於對經驗事物認知的不斷積纍，在大量的觀察實驗中歸納出一般

〔註 228〕王季烈編：《物理學》下編卷二，癸卯夏江南製造局刊（1903 年），第 15 頁。
〔註 229〕丁韙良：《重增格物入門》卷七，京師大學堂刊行，光緒己亥上海美華書館鉛板（1899 年），第 60 頁。
〔註 230〕丁韙良：《重增格物入門》卷七，京師大學堂刊行，光緒己亥上海美華書館鉛板（1899 年），第 60 頁。
〔註 231〕丁韙良：《重增格物入門》卷一，京師大學堂刊行，光緒己亥上海美華書館鉛板（1899 年），第 6 頁。

性結論，進而獲得對客觀規律的把握，而程頤「物物格之」的看法恰好與之相通。該教材以此來說明近代科學與傳統文化早有淵源，二者本具會通之理。在關於電學知識的講授中，教材將地表通電的物理現象與《易》經相互聯繫，「乾電機有鐵鏈垂地，引地中電氣上通於機，若將鐵鏈離地，則電氣立飽，是知地中有電也，故雷之擊物不僅由雲而下，亦有由地而上，易之復卦曰雷在地中，或即此義也。」〔註232〕該教材對化學元素的闡述則與中國的五行互相對照，並根據近代化學的分類方法，以同一種元素組成為標準，將金木水火土五行進一步細分為不同的種類，「金木水火土，中國以為五行，水火風土，西國以為四行，皆非原質，因尚有本原也，水分養輕二氣，火為養炭相合而生，木為水風土三者合成，土可分為養氣與金類，惟金屬則有數十種不能分者，只可謂之原質。」〔註233〕在敘述有機化學中碳、氧、硝、氫四種元素相互合成生成多類時，也與中國傳統的八八六十卦相互聯繫，「其相合之式不一，各有多寡分數，如八卦之變易。若蔗糖、樹膠，一則味甘，一則味淡，其質均繫炭、養、輕各十一分相合而成。」〔註234〕以表示其紛繁多樣的變化。在論述化學功用時，該教材則提出可用化學方法分析傳統中草藥，以利於中醫藥的發展，「化學大功固在鍛鍊金石，然審察一切草藥，功用亦非淺顯，蓋化學之法條縷分析，知某藥含有何質、某品宜於何用……故每草藥一種，必賴化學以究其性，是以調和相濟，應症若神焉。」〔註235〕在整本教材中，與以上這些類似的情況，還存在多處。

這種會通中西的闡述方法，對於清末中國的科學教學十分重要。晚清時期，民眾與科學之間尚存有一定的距離，因此對科學的認同性不強。而在實施科學教育的過程中，若能常常將中國的傳統文化、傳統學術與之相互結合，相互關聯，則必然會減少國人對近代西方科學的隔膜感與疏離感，進而可以順暢地接受科學知識，科學教育也能夠順利地開展下去。也由此可見教材的作者丁韙良努力開拓科學教育的一片苦心孤詣。

〔註232〕丁韙良：《重增格物入門》卷五，京師大學堂刊行，光緒己亥上海美華書館鉛板（1899 年），第 4 頁。
〔註233〕丁韙良：《重增格物入門》卷六，京師大學堂刊行，光緒己亥上海美華書館鉛板（1899 年），第 9 頁。
〔註234〕丁韙良：《重增格物入門》卷六，京師大學堂刊行，光緒己亥上海美華書館鉛板（1899 年），第 51 頁。
〔註235〕丁韙良：《重增格物入門》卷六，京師大學堂刊行，光緒己亥上海美華書館鉛板（1899 年），第 1 頁。

會通中西的目的在於使科學知識能在更大範圍內傳播普及，而並非一味誇大傳統文化的作用，因此該教材在會通的同時，注意以近代科學爲依據，對傳統認識中的錯誤之處給以各種糾正，如對古人關於五行觀念中水先火後的糾正，「按力熱互變之理，當以火爲先……第以地球論之，因熱失散，體積縮小，浮面結成堅質，是以無光，因地心仍有火，故鑿井開礦愈深愈熱……初時地面無水，因空中熱氣減少，養輕二氣合成水質，雨降地面，是水居火之後也。」〔註236〕再如，論述化學起源時，教材雖指出中國古代的煉丹術有一定的內在聯繫，但仍明確指出二者之間根本差異，「煉丹者視金屬爲同質，可以互易。」「然化學則視金屬本質迴異，雖有互感之時，決無互易之理。」〔註237〕

此外，《重增格物入門》還對近年來西方各國科技發展的最新成就，如 X 光、無線電報、電話等發明作了一定的介紹，對一些國家鐵路里數的最新增長、擁有輪船的最新數量，也進行了詳細敘述，如「第以印度考之，道光三年，其鐵路僅一千五百洋里，至光緒二十四年，則有一萬九千三百八十六洋里，蓋增至十三倍云。」「第以英國考之，光緒二十四年其商輪已增至七千七百零二艘（帆船不計），除木質船四百一十外，餘幾盡係鋼鐵製造者，其兵輪則增至五百三四十艘（內帆船僅二十一艘），加是年新制之五十四艘，則共有五百八九十艘。」〔註238〕而因科學上新理論的發現而對舊理論的取代，作者丁韙良在書中進行了說明，並且對原有錯誤一一修正，如「磺強水向以磺養三者，今則定爲輕二磺養四〔註239〕；硝強水向以爲硝養五者，今則定爲輕硝養三。」〔註240〕從中可見丁韙良在對科學教材的編寫中，確實遵循著嚴謹求實的科學

〔註236〕 丁韙良：《重增格物入門》卷四，京師大學堂刊行，光緒己亥上海美華書館鉛板（1899 年），第 19 頁。

〔註237〕 丁韙良：《重增格物入門》卷六，京師大學堂刊行，光緒己亥上海美華書館鉛板（1899 年），第 3 頁。

〔註238〕 丁韙良：《重增格物入門》卷三，京師大學堂刊行，光緒己亥上海美華書館鉛板（1899 年），第 44、45 頁。

〔註239〕 該書中的「輕」即今譯氫氣之「氫」，「養」即氧氣之「氧」，「磺」則是「硫」的別稱。磺強水今譯爲硫酸，輕二磺養四即爲硫酸的化學式，是晚清時期的表示方法，今寫作 H_2SO_4。後文的硝強水今譯爲硝酸，輕硝養三即爲硝酸的化學式，也是晚清時期的表示方法，今寫作 HNO_3。

〔註240〕 許景澄：《重增格物入門》序，丁韙良：《重增格物入門》卷一，京師大學堂刊行，光緒己亥上海美華書館鉛板（1899 年），第 1 頁。

精神。時任大學堂管理大臣的許景澄亦對此深表欽佩，「總教習丁君冠西曾纂《格物入門》一書，再刊於京師同文館，窮物之理，釋器之用，亦既簡要矣，今更廣所未備，補正者凡數百事，若水學門攪和之力與流質之縮率，氣學門氣之輕重與氣之漲力，氣學門之油機、氣機，化學門之原質分率……凡屬新義，悉隸斯編，其用力可謂勤矣。鳴呼！作而行之謂之士大夫，承學之士倘由此窮理而致用乎？願與冠西觀厥成也。」〔註241〕正因如此，《重增格物入門》才能作為大學堂科學教學的早期成果代表，反映出當時科學教學的較高水準。而西學總教習丁韙良在京師大學堂工作期間，為開展科學教育所做出種種努力，有目共睹，贏得了世人對他的尊敬與肯定。當時的美國傳教士明恩溥〔註242〕就曾指出，「丁韙良博士所從事的是一項特別而重要的工作（指丁韙良在學堂中擔任的教學工作）……他在同文館、京師大學堂等職位上的長期任職，給中國的發展帶來了持久的影響。」〔註243〕

這裡還需指出，雖然《重增格物入門》講授的知識大多都屬於物理學、化學中的基礎理論，但相對而言，某些內容的闡述也曾達到了一定的深度，如對電學中利用惠斯通電橋原理測量電阻的講解，「……如圖（參見前文電橋原理實驗圖）……若知戊乙電線之阻力，即可按前比例得戊'乙，因阻比阻'，若地阻比天阻，既得天阻，因可得天線矣。又設兩合頁以隨意通塞電路，蓋電路通，可藉電錶辨別電氣流行方向，然後加減阻力衡之盤線，令錶針恰指空度，比例始準。」〔註244〕這部份內容即使在現代物理學教育中，也常被作為大學教材的重要內容來進行講授。總之，結合當時的歷史環境，《重增格物入門》作為科學教學的重要成果，在京師大學堂科學教育的發展歷程中，乃至於在整個近代中國科學教育發展史上，都應佔有一席之地。

〔註241〕許景澄：《重增格物入門》序，丁韙良：《重增格物入門》卷一，京師大學堂刊行，光緒己亥上海美華書館鉛板（1899 年），第 1 頁。

〔註242〕明恩溥英文名字為 Arthur Henderson Smith（1845～1932），美國人，基督教公理會傳教士。1872 年來華，曾在天津、山東等地居住，進行賑災與傳教，曾任《字林西報》通訊員。他在中國生活五十餘年，寫有多部關於中國的著作，較為有名的是《中國人的性格》（Chinese Characteristics）。

〔註243〕A.H.Smith：「The Late Dr. W. A. P. Martin」，*The North China Herald,* Dec.30, 1916.

〔註244〕丁韙良：《重增格物入門》卷七，京師大學堂刊行，光緒己亥上海美華書館鉛板（1899 年），第 65 頁。

大學堂早期科學教材《重增格物入門》書影

京師大學堂刊行　重增格物入門卷一　力學　美國丁韙良著

京師大學堂刊行　重增格物入門卷七　測算舉隅　美國丁韙良著

本章小結

　　自光緒二十二年李端棻提出創辦京師大學堂科學教育的提議，至二十四年正式開學，大學堂科學教育的籌辦時間長達兩年之久。在籌辦過程中，朝廷上下各級官員，包括在華的外國傳教士就大學堂科學教育的實施辦法爭相倡言，這些意見與觀點彙聚在一起，加之光緒帝的認真督促，最終推動了大學堂科學教育的開辦。負責實際工作的孫家鼐等人根據大學堂章程中的規劃積極籌辦，保證了各項建設的落實，為大學堂早日開學授課爭取了寶貴的時間。雖然慈禧太后發動戊戌政變，鎮壓維新派，但大學堂及其所創辦的科學教育還是有驚無險地保留了下來，大學堂科學教育得以初步實施。大學堂早期科學教育實行時間短暫，僅一年有餘即被庚子事變打斷，但通過發掘、考證的各種史料皆能表明科學教育在大學堂初期確實存在。當然其教育水平，以現在的標準衡量是較低的，但在晚清時期卻引領了科學教育的發展方向。這其中，大學堂的西學總教習丁韙良功不可沒。大學堂科學教育在初期階段的實施，也為日後大學堂在課程設置、教學實踐的陸續完善樹立了基本的框架，奠定了必備的基礎。幾十年後，中國大學科學教育發展的燎原之勢，也正是源自當年保留的這一點火種。

　　京師大學堂在創建初期，所採取普通學——專門學模式是當時實施科學教育的主要形式，這其中雖有對他國的參考、借鑒，但更重要的是適應了本國教育發展形勢、社會發展形勢。事實上，在庚子事變之前，大學堂就已經瞭解到國外大學中對科學科目的劃分設置。當時出使日本的裕庚曾將日本大學分科之法傳回國內，他指出日本大學仿照西方，一般設有六科，即法科、醫科、工科、文科、理科、農科，其中理科下分七門專業，有數學科、物理學科、星學科、植物學科、動物學科、地質學科、化學科；工科下分九門專業，機械工學科、土木工學科、電工學科、造兵器學科、造船學科、應用化學科、探礦及冶金學科、造家學科、火藥學科；農科下設四門專業，即農學科、農藝化學科、林學科、獸醫學科；醫科設立兩門專業，即醫學科與藥學科。〔註245〕裕庚希望大學堂能夠對此有所參考。可見，大學堂科學科目設置的大概情況，在戊戌時期已有所知悉。而且時任管學大臣的孫家鼐，在得到裕庚的介紹後，還向清廷表示「蓋日本之變法也，沈機默運，預籌於數年之前，先得人而後行法，故其成功易也。」〔註246〕裕庚關於大學堂仿照日本，分立六科的意見，「語皆切實，洵閱歷有得之言，臣必當次第實行。」〔註247〕但大學堂科學教育在實際開辦中，卻沒有像裕庚建議的那樣立即成立六科，而是以普通學——專門學的面貌出現的。之所以如此，一方面是因為當時國家財政拮据，如若按照裕庚所言，將科目劃分細緻，各門同時設立，必然耗費大量的資金，這對於當時的清政府而言，是難以承受的；然而更重要的是，當時中國科技發展十分薄弱，民眾對科學知識瞭解甚少，科學素養更無從談起。在這種情況下，科學教育的實施，只能逐步推行，由低到高，由淺入深，不可能一蹴而就，六科齊全的方式脫離了中國社會的現實，只能成為遠景規劃。相對而言，普通學——專門學的課程教學模式，在大學堂科學教育發展的早期階段，更具有操作性。而隨著民眾對科學知識瞭解程度的不斷加深，這種普通學——專門學的模式也會被更換替代。

〔註245〕參見軍機處《隨手檔》，光緒二十四年七月三十日，中國第一歷史檔案館藏；
　　　　中國第一歷史檔案館、北京大學編：《京師大學堂檔案選編》，北京：北京大
　　　　學出版社，2001年，第55頁。

〔註246〕《戊戌變法檔案史料》，沈雲龍主編：《近代中國史料叢刊續編》第三十二輯
　　　　第317冊，臺北：文海出版社，1984年，第309頁。

〔註247〕《戊戌變法檔案史料》，沈雲龍主編：《近代中國史料叢刊續編》第三十二輯
　　　　第317冊，臺北：文海出版社，1984年，第310頁。

第三章　京師大學堂科學教育的中斷與重建

一、大學堂科學教育的中斷

1、國內保守勢力的攻擊

　　科學教育在近代中國的發展，並非一帆風順，總是要經歷各種曲折，大學堂科學教育便是典型一例。早在大學堂籌辦之初，國內保守勢力的就已流露出不滿之聲，當時清廷中一些保守分子對大學堂譯書局的開辦心懷不滿，他們擔憂大學堂翻譯出的西學書籍會惑亂人心，因此要求朝廷對翻譯的書籍嚴加審查，「今者，京師大學堂爲天下倡，學西學、讀西書，其肄業各員即爲他日天下學堂之師表，其翻譯諸書爲大學堂所考訂者，即爲天下學堂之讀本，苟不慎之於始而嚴爲去取，恐其弊之中於人心風俗者不可勝窮。」〔註1〕儘管如此，這些人對科學教科書的編譯未公開批判，只是把目光集中於政治學、法學方面的書籍，「欽派大學堂譯書校勘或一二員，擇學術純正者爲之，凡所譯書嚴爲去取，除格致、藝術各種勿庸校勘外，其政教諸書有涉於此論者，悉屏棄弗錄。」〔註2〕這也是由於當時的社會尚處於百日維新期間，整個社會氛圍仍有利於變法新政，有利於大學堂科學教育的開展。

〔註1〕　中國第一歷史檔案館、北京大學編：《京師大學堂檔案選編》，北京：北京大學出版社，2001年，第65頁。

〔註2〕　中國第一歷史檔案館、北京大學編：《京師大學堂檔案選編》，北京：北京大學出版社，2001年，第66頁。

　　但是自戊戌政變之後，批判、指責之聲便開始不絕如縷。戊戌政變後不到一月，改歸知縣庶吉士繆潤紱就向朝廷提出大學堂在梁啓超等人的管理下，鋪張浪費，「今京師大學堂舉辦四閱月矣，領譯書之梁啓超，首以逆謀敗，付二萬金於東流，此外虛糜，殆難悉數。自皇太后訓政，管學大臣遂寂然無聲，人咸以孔光目之。」〔註3〕因此，他主張裁撤大學堂，「至於大學堂，有名無實，有損無益，應請明諭，即日裁歸併撤，以節浮費。」〔註4〕他還提出沒有必要在大學堂內繼續實施科學教育，因為國子監內已設有算學之課，「國家以太學位儲才淵藪，國子監是也，近設算學助教，於時務非不講求。」〔註5〕同文館等機構亦涵納西學，不必再另設大學堂，「習西學、西文，設有同文館，使臣翻譯，不患乏才……何必強人人而學之以化中為西哉？」〔註6〕

　　當月，高賡恩又上奏清廷，直指新辦大學堂隱患甚巨，並且斥責學堂內傳播的各種西學為禍亂的根源，他攻擊維新派「乃以所通之西學，變我祖法，亂我聖道，結黨謀叛，罪通於天，向使純務中學而不通西學，世間無此種全才，焉有此非常之禍？」〔註7〕他認為康梁黨人雖已翦滅，但是維新變法遺留下來的大學堂仍然隱患無窮，「然康有為等顯構之逆案雖破，其隱蓄之逆謀，猶在新創各學堂之中。」〔註8〕其原由就在於這些學堂專尚西學，而中學課程僅作為點綴裝飾而已，在學堂中有名無實，「緣此等學堂類皆以中學飾為外觀，掩人耳目，而專致志惟在傳佈西學，以洋人為宗主，恃洋人為護符。」「故學堂之中，僅存中學名目，而西學乃所服膺。入其彀者，無不奉其教，習其禮，服其迷心之藥，甘心從逆而不改。」〔註9〕故此，大學堂不但不能培養國家所需的人才，反而教出了許多叛亂忤逆之輩，「是學堂之沒，

〔註3〕　《戊戌變法檔案史料》，沈雲龍主編：《近代中國史料叢刊續編》第三十二輯第317冊，臺北：文海出版社，1984年，第157頁。

〔註4〕　《戊戌變法檔案史料》，沈雲龍主編：《近代中國史料叢刊續編》第三十二輯第317冊，臺北：文海出版社，1984年，第157頁。

〔註5〕　《戊戌變法檔案史料》，沈雲龍主編：《近代中國史料叢刊續編》第三十二輯第317冊，臺北：文海出版社，1984年，第157頁。

〔註6〕　《戊戌變法檔案史料》，沈雲龍主編：《近代中國史料叢刊續編》第三十二輯第317冊，臺北：文海出版社，1984年，第157頁。

〔註7〕　《戊戌變法檔案史料》，沈雲龍主編：《近代中國史料叢刊續編》第三十二輯第317冊，臺北：文海出版社，1984年，第484頁。

〔註8〕　《戊戌變法檔案史料》，沈雲龍主編：《近代中國史料叢刊續編》第三十二輯第317冊，臺北：文海出版社，1984年，第484頁。

〔註9〕　《戊戌變法檔案史料》，沈雲龍主編：《近代中國史料叢刊續編》第三十二輯第317冊，臺北：文海出版社，1984年，第484頁。

不特不能培植人才，正所以作養亂黨也，其禍患可勝言哉！」〔註10〕至於科學課程，他認為雖然重要，但是不必在大學堂中開設，在同文館、武備學堂或者各地的機器局中有所保留即可，「臣愚以為，方今時勢西學之不能廢者，洋人語洋文所以為往來交涉之用，則有同文館可增其額也；機器槍炮所以備兵戎工藝之用，則有武備學堂、機器局可擴其規也。其餘邪說詖行，奇技淫巧，徒壞風氣，徒惑眾心……於我大清國計民生，但見其害，不見其利。」〔註11〕因此，他明確建議清廷立即廢除京師大學堂與各地新辦的中、小學堂，「臣伏願皇太后、皇上洞燭機先，明降諭旨，除同文館、武備學堂、機器局留備實用外，所有京外新創之大、中、小各種學堂，已立者一律裁撤，未立者停止舉行，以杜亂萌而綿國祚。」〔註12〕並對民間再有私自學習西學者，從重查辦，「隨地隨時，明查暗訪，如有私肄西學，謬稱講求時務者，立即嚴拿，奏明重懲，庶浸淫西學甘心從逆之徒，無所憑依，即無從蠱惑。」〔註13〕只有如此，才能夠端人心、正風俗，以絕後患。

在大學堂正式開學授課之後，這種反對之聲依舊存在。光緒二十五年三月（1899 年 4 月），陝西道監察御史吳鴻甲再向朝廷上摺，指出大學堂的開辦耗費資金過多，「請旨飭令刪除歸併」。在奏摺中，吳鴻甲提出大學堂延聘教習過多，以致格外耗費銀兩，「延訂教習至二十八人之多，歲支薪水三萬餘金固已駭人聽聞」「近又添分教習五人而辦事諸人，其繁多甚不可解。」「此外之一切雜用，臣不知其詳，但聞戶部月撥銀一萬七千二百餘兩，合週年計之，當二十萬兩有奇，值帑項艱難之會，更添此鉅款之支銷……」〔註14〕他認為大學堂辦理不善，非議者甚多，長此以往，終為禍患，「竊惟學堂本屬新政，苟辦理妥善，尚得謂之培植人才，如此情形，徒滋物議。」〔註15〕對於

〔註10〕 《戊戌變法檔案史料》，沈雲龍主編：《近代中國史料叢刊續編》第三十二輯第 317 冊，臺北：文海出版社，1984 年，第 484 頁。

〔註11〕 《戊戌變法檔案史料》，沈雲龍主編：《近代中國史料叢刊續編》第三十二輯第 317 冊，臺北：文海出版社，1984 年，第 484、485 頁。

〔註12〕 《戊戌變法檔案史料》，沈雲龍主編：《近代中國史料叢刊續編》第三十二輯第 317 冊，臺北：文海出版社，1984 年，第 485 頁。

〔註13〕 《戊戌變法檔案史料》，沈雲龍主編：《近代中國史料叢刊續編》第三十二輯第 317 冊，臺北：文海出版社，1984 年，第 485 頁。

〔註14〕 中國第一歷史檔案館、北京大學編：《京師大學堂檔案選編》，北京：北京大學出版社，2001 年，第 73 頁。

〔註15〕 中國第一歷史檔案館、北京大學編：《京師大學堂檔案選編》，北京：北京大學出版社，2001 年，第 75 頁。

大學堂中教授各門的科學課程，他則直接提出不宜設立，其理由是目前大學堂內學生中學功底不深，基礎不牢，在這種情況下，接受科學教育不合時宜，「至若天文、地輿、兵法、算學等經世之務，亦當次第講求，不宜開辦……制藝爲進身之階，學堂並無保作舉人、進士之條則。」〔註 16〕吳鴻甲還指責大學堂對學生的要求過於嚴格，以致教習與學生間關係不睦，「聞辦事諸人，日出新法，以束縛學生，一不如意即群焉記過，聲言逐出……乃稽查者必於休沐之日強令學生上堂背書講義，已屬不情，又抹改分教所記功課分數，顛倒錯亂。學生與教習最爲親切，何必攙越其事，以致群焉不服。」〔註 17〕總之，吳鴻甲列舉種種理由，要求清廷考慮裁撤大學堂。

朝廷中出現的各種反對開辦大學堂的風聲，愈演愈烈。嚴峻的形勢，連外國人士都有所察覺，當時遠在上海的《北華捷報》就曾對大學堂艱難的處境，進行了相關的報導，「京師大學堂目前的處境，十分困難……學堂在籌辦時就遭到了保守勢力的反對，直到現在仍是如此，大學堂的開辦會遇到許多來自經濟和政治方面的阻力。」〔註 18〕大學堂西學總教習丁韙良對此也有所感歎，「……大學創辦初期，朝野上下一致擁護，但在慈禧太后發動戊戌政變後，風向也變了。」「實際上，舊制度下的高官貴爵們，仍對這種新式教育側目而視，就像對待鐵路那樣，他們將它視爲一種危險的嘗試和禍根。」〔註 19〕

戊戌政變之後，清廷雖然堅持開辦大學堂，但面對來自保守勢力的一連串反對意見，也不得不嚴令大學堂加以整頓。光緒二十五年三月二十七日（1899 年 5 月 6 日），清廷發佈上諭，對大學堂提出批評，「大學堂之設，原以培植人材，備國家任使，孫家鼐職司總理，自應悉心經畫，俾入堂肄業者，鼓舞奮興，期收實效。乃開辦以來，時滋物議，是辦法未得指歸，更何以激揚士類，殊失朝廷實事求是之意。」〔註 20〕慈禧太后要求管學大臣孫家鼐認

〔註 16〕 中國第一歷史檔案館、北京大學編：《京師大學堂檔案選編》，北京：北京大學出版社，2001 年，第 75 頁。

〔註 17〕 中國第一歷史檔案館、北京大學編：《京師大學堂檔案選編》，北京：北京大學出版社，2001 年，第 73、74 頁。

〔註 18〕 *The North China Herald,* Apr.17, 1899.

〔註 19〕 〔美〕丁韙良：《中國覺醒》，沈弘譯，香港：中華書局，2008 年，第 200、201 頁。

〔註 20〕 中國第一歷史檔案館編：《光緒宣統兩朝上諭檔》第二十五冊，桂林：廣西師範大學出版社，1996 年，第 93 頁。

眞整頓，整頓之原則當以講求實學爲準，「至堂中一切功課，尤須妥定章程，總以講求實學爲主，毋得鋪張敷衍，徒飾具文，至負委任，仍將整頓情形，據實覆奏。」〔註21〕在當時的社會環境下，實學與科學有著千絲萬縷的聯繫，以講求實學爲整頓原則，可知清廷仍爲科學教育在大學堂內的發展預留了一定的空間。

孫家鼐在接到朝廷命令後，立即著手整改。在整頓過程中，他發現保守派們對大學堂的指責中含有許多不實之詞，於是便將大學堂開辦以來的各項眞實情況陸續向清廷奏明。在奏摺中，孫家鼐首先將大學堂的入學情況作了說明，「去多甄別考取學生五百餘人，現時傳到者二百一十八人，其住堂肄業者一百七十人，不住堂而肄業者四十八人，皆中西並學，有冊可稽。」〔註22〕他指出，按大學堂章程，大學堂原定計劃招收學生五百名，但是由於學生齋舍規模極爲有限，無法容納，不得不減少招收名額，並非爲外界傳聞所言報名者稀少，而且在入學的學生當中，學習科學知識者，亦超過百人，「是傳到者並不止百三十人，學西學者亦不止百人，其未足五百人者，因限於齋舍不能敷住，現已度地建屋，以待擴充。」〔註23〕針對有些人提出大學堂因延聘教習過多而浪費資金的觀點，孫家鼐提出，當前學堂所聘用的中西各教習人數，完全符合大學堂章程上的規定，而且還比原規定人數有所減少，原定章程要求聘用漢教習十四人，西教習二十六人，「查現派漢教習九人，已減少五人；西教習二十三人，已減少三人。」〔註24〕而且孫家鼐著重提出，教授科學知識的外國教習不能過多地削減，因爲這些人是在大學堂內實施科學教育的主要力量，是開展科學教育的必然需要，「其西教習不能多減者，因洋人指授，必藉副教習轉述，言語方能暢明，而化學、格致門類本多，未能偏廢。」〔註25〕大學堂內其它辦事人員也都是有減無增，各項

〔註21〕中國第一歷史檔案館編：《光緒宣統兩朝上諭檔》第二十五冊，桂林：廣西師範大學出版社，1996年，第93頁。

〔註22〕中國第一歷史檔案館、北京大學編：《京師大學堂檔案選編》，北京：北京大學出版社，2001年，第77頁。

〔註23〕中國第一歷史檔案館、北京大學編：《京師大學堂檔案選編》，北京：北京大學出版社，2001年，第77頁。

〔註24〕中國第一歷史檔案館、北京大學編：《京師大學堂檔案選編》，北京：北京大學出版社，2001年，第78頁。

〔註25〕中國第一歷史檔案館、北京大學編：《京師大學堂檔案選編》，北京：北京大學出版社，2001年，第78頁。

開支都在節約，朝廷下撥的經費，大學堂每個月都有結餘，「戶部所領經費，每月節省，皆有盈餘，自去年七月至十二月，常年經費節省八萬餘兩，合之原撥經費未經動用者，共二十八萬餘兩。」〔註 26〕因此，學堂內並無鋪張浪費之事。而且這些節省下來的經費，都將用以大學堂日後進一步擴大科學教育的規模，「本留爲添齋舍、購儀器、續開工藝學堂之用，經臣於二月十四日奏明，咨部有案，並未敢稍有虛糜。」〔註 27〕孫家鼐希望朝廷能夠珍惜大學堂的開辦，不要輕易聽信反對者誣陷之詞，「總期款不虛糜，功由漸進，於大學堂名實亦無不相符，若徒以經費艱難，半途而廢，無論上違朝廷樂育之心，下負學徒進取之志……」〔註 28〕最終，孫家鼐的意見還是得到了清廷的認可。

　　儘管存在種種壓力，京師大學堂依舊被清廷保留了下來，管學大臣孫家鼐卻因這一系列的事件而倍感抑鬱，遂長期稱病請假。清廷於是任命許景澄暫行管理京師大學堂各項事務。許景澄就任管學大臣後，對大學堂的管理格外謹慎，他吸取了孫家鼐的教訓，在大學堂經費的使用上尤爲注意，以避免被保守勢力抓到攻擊大學堂的把柄。他在任上，十分注重大學堂收支情況的核算，尤其是因開展科學教育所花費的資金名目，他都要一一核實清楚，並及時上報朝廷。而且許景澄還將大學堂內沒有動用的開辦經費繳還於戶部。他提出實施科學教育所需的各項費用，已從清政府下撥大學堂常年經費中支出，因此原撥付的開辦經費可以節省下來，以備日後所需，「臣查光緒二十四年六月，准戶部撥到華俄銀行息銀二十萬兩，按照奏定章程，作爲開辦經費，以備購儀器書籍之用，原以西洋天文曆算、一切精美儀器動費鉅款，必須寬爲籌備起見，茲開學以來，所有應用書籍及西法尋常權度等器，已在常年用款隨時購置，將來學生所習測算工夫漸熟，需購大宗儀器，尚可在上屆報銷餘存款內支給。是此項開辦經費即可無庸動用，自應繳還部庫，稍濟餉需。」〔註29〕許景澄如此小心翼翼，就是爲了防備反對者在學堂經費問題上

〔註26〕 中國第一歷史檔案館、北京大學編：《京師大學堂檔案選編》，北京：北京大學出版社，2001 年，第 78 頁。

〔註27〕 中國第一歷史檔案館、北京大學編：《京師大學堂檔案選編》，北京：北京大學出版社，2001 年，第 78 頁。

〔註28〕 中國第一歷史檔案館、北京大學編：《京師大學堂檔案選編》，北京：北京大學出版社，2001 年，第 80、81 頁。

〔註29〕 《許景澄奏大學堂經費、學生額數摺》，光緒二十六年三月，北京大學綜合檔案‧全宗一‧卷 10，北京大學檔案館藏。

大做文章，以便減少波折使大學堂能夠順利地開辦下去。

　　大學堂創辦初期，外國列強也曾一度試圖插手科學教育的運行。當時意大利駐華使臣曾就大學堂聘請西學教習一事，多次照會清政府，對大學堂沒有聘用該國教習表示不滿。他提出意大利乃是西方科學技術的發源地，「電氣、天文法均繫義國人所覓定」，現今大學堂創辦科學教育，理應重視意國教習，他並且以明末利瑪竇在華傳播科學之例為證，要求大學堂聘請意大利教習來華教授科學課程。緊隨其後，德國公使也要求大學堂必須聘請兩名德國人作為專門學教習，以教授自然科學。對於這些外國列強的無理要求，時任大學堂管學大臣孫家鼐毫無遲疑地予以回絕，維護了大學堂科學教育的辦學自主權。

　　如果將國內保守勢力的攻擊與國外列強的試圖干預加以比較，不難發現，國內的保守思想、封建觀念，對開展科學教育的阻力更大，危害更深，管學大臣孫家鼐的結局就是明顯的例證，他在拒絕外國干涉事件中，得到了朝廷上下理解，然而，在國內保守勢力的詰難與指責中，卻顯得力不從心，最終憤而辭職。他能夠頂住外部壓力，卻抵不過國內反對者的聲討。保守勢力的強大，實際反映出了傳統觀念的落後性與穩固性。在近代中國社會，雖然落後的意識觀念難以阻止科學教育的興起，但是它卻可以推遲、延緩近代科學教育的發展進程，這也充分表明了科學教育在一種社會文化裏能否順利地開展下去，思想觀念的轉變起著重要的作用。當然，不能完全否定傳統文化與科學技術的兼容性，也不能單純強調科學教育的發展只能依靠意識觀念，它離開了物質性的保障，照舊不能前進。但通過這些史實，確實表明了在特殊的歷史環境下，在制約科學教育發展的諸種因素中，解決思想觀念問題的緊迫性與關鍵性。

2、庚子事變的破壞

　　1900 年，庚子事變爆發，義和團陸續進入北京，導致城內秩序混亂。義和團團民極其仇視西學以及與西學有關的事物，「義和團謂鐵路、電線，皆洋人所藉以禍中國，遂焚鐵路，毀電線。凡家藏洋書、洋圖皆號二毛子，捕得必殺之。」〔註 30〕因此，已經開辦了科學教育的大學堂便成為義和團攻擊的

〔註30〕羅惇融：《庚子國變記》，中國歷史研究社編：《庚子國變記》，上海：上海書店，1982 年，第 3、4 頁。

主要目標之一。在義和團的揭帖中，就發出了拆毀大學堂、掃滅學堂學生的號召，「……二十九日，將拆毀同文館、大學堂等，所有師徒，均不饒放。」〔註31〕六月初十，即有義和團民來到大學堂攪鬧，「是日北京有團匪數十人到大學堂尋覓西人，閣者拒不使入，團匪不允，旋搶去對象無數而散。」〔註32〕據當時居住在東交民巷的張潤普回憶，義和團進入北京後，在京師大學堂附近設起了所謂的神壇，「往往壇門口的旗杆上就掛出血淋淋的人頭來。」「大學堂先是被義和團燒了東部的藏書樓，後又被洋兵拆毀了西部的各講堂。」〔註33〕學堂的學生也是義和團攻擊的主要對象，「傳言殺盡教民後，將讀洋書之學生，一律除去，於是學生倉皇失措，所有藏洋書之家，悉將書付之一炬。」〔註34〕「拳眾謂學堂肄業者為二毛子，經人指出，往往罹害……」〔註35〕可憐那些年輕無辜的學生們，只是因為學習了些許科學知識，便慘遭殺害，「曾有學生六人，倉皇避亂，因身邊隨帶鉛筆一支、洋紙一張，途遇團匪搜出，亂刀並下，皆死於非命。」〔註36〕大學堂的各位西教習也因躲避戰亂而相繼逃入各自的使館。當時的法國公使就曾親眼看到大學堂的教學人員受到攻擊，「一位名叫吉特（Gieter）的在中國京師大學堂任教的志願者，腦後部中彈，穿到頸部下方，頭皮下端。」〔註37〕大學堂的西教習英國人秀耀春則直接死於戰亂之中。西學總教習丁韙良在大學堂的住所，也被義和團民所毀，他本人不得不逃進使館避難。

大學堂內的許多科學書籍，也遭到了義和團與聯軍不同程度的破壞，丁韙良曾在義和團退去後返回大學堂，但映入眼簾的卻是一副淒慘、破敗的景

〔註31〕〔日〕佐原篤介等編：《拳亂紀聞》，楊家駱主編：《義和團文獻彙編》第一冊，臺北：鼎文書局，1973年，第114頁。

〔註32〕〔日〕佐原篤介等編：《拳亂紀聞》，楊家駱主編：《義和團文獻彙編》第一冊，臺北：鼎文書局，1973年，第128頁。

〔註33〕張潤普：《庚子北京義和團運動的回憶》，全國政協文史資料委員會編：《文史資料存稿選編‧晚清‧北洋》（上），北京：中國文史出版社，2002年，第188頁。

〔註34〕楊典誥：《庚子大事記》，中國社會科學院近代史研究所近代史資料編輯室編：《庚子紀事》，北京：中華書局，1978年，第86頁。

〔註35〕中國社會科學院近代史研究所《近代史資料》編輯組編：《義和團史料》（上），北京：中國社會科學出版社，1982年，第73頁。

〔註36〕〔日〕佐原篤介等編：《拳事雜記》，中國史學會主編：《義和團》（一），上海：上海人民出版社，2000年，第289頁。

〔註37〕〔法〕綠蒂：《北京的陷落》，劉和平等譯，濟南：山東友誼出版社，2005年，第10頁。

象，「我回到美國使館後，去看的第一個地方就是這所大學……在那裏我發現士兵（不是俄國的）和義和拳的人毀掉了所有的傢具，把所有的書，我本人以及學堂的書，其中還包括很多有價值的中國作者寫的書，倒入井裏或水池裏。看到這些，他們踐踏宏大的翰林院圖書館，或是將那裏的圖書付之一炬的行為就沒什麼可奇怪的了！」〔註38〕

在這種情形下，京師大學堂的教學秩序，顯然難以維持下去。為了避免大學堂遭受到更大的損失，管學大臣許景澄主動要求朝廷暫時關閉大學堂。許景澄提出由於義和團事件，大學堂的學生紛紛逃難，學業不得不中斷，「……現在京城地面不靖，住堂學生均告假四散。」〔註39〕而且為大學堂存放錢款的華俄道勝銀行，也遭到嚴重的破壞，無法經營，也無法為大學堂繼續發放經費，「又該大學堂常年經費，係戶部奏明在華俄銀行息銀項下撥給，現東交民巷一帶，洋館焚毀，華俄銀行均經毀壞，所有本年經費，尚未支領，上年餘存款項，向係存放該銀行生息，雖有摺據，此時無從支銀，以後用費亦無所出。」〔註40〕因此，他請求立即關閉大學堂，並有序、妥善地做好大學堂內各項儀器、設備的移交工作，「溯查創建大學堂之意，原為講求實學，中西並重……應請將大學堂暫行裁撤，以符名實，如蒙俞允，容臣分飭總辦提調，將書籍器具等項妥籌安頓。」〔註41〕大學堂上年所用經費上報戶部備案，房屋則由內務府代為看管，「其經費除所存華俄銀行餘款，俟日後事定再飭清理外，應先將自上年七月後用過銀兩，列款咨報戶部備核。俟一切辦理清楚，即將大學堂房屋咨交內務府衙門收管。」〔註42〕許景澄同時提出大學堂附設的醫學堂、官書局等機構亦應一併停辦。許景澄關於停辦大學堂的意見，遂得到朝廷允准，大學堂內實施一年多的科學教育被迫中止。京師大學堂科學教育發展的早期階段也就此告終。

〔註38〕 William A. P. Martin: *The Siege in Peking: China Against the World: by an Eye Witness*，路遙主編：《義和團運動文獻資料彙編英譯文卷》（下）（國家清史編纂委員會文獻叢刊），濟南：山東大學出版社，2012年，第36頁。

〔註39〕 《為擬請暫行裁撤大學堂恭摺》，光緒二十六年六月，北京大學綜合檔案·全宗一·卷11，北京大學檔案館藏。

〔註40〕 《為擬請暫行裁撤大學堂恭摺》，光緒二十六年六月，北京大學綜合檔案·全宗一·卷11，北京大學檔案館藏。

〔註41〕 《為擬請暫行裁撤大學堂恭摺》，光緒二十六年六月，北京大學綜合檔案·全宗一·卷11，北京大學檔案館藏。

〔註42〕 《為擬請暫行裁撤大學堂恭摺》，光緒二十六年六月，北京大學綜合檔案·全宗一·卷11，北京大學檔案館藏。

從光緒二十六年六月份開始，大學堂將其原有的各種圖書、實驗儀器以及其它設備，陸續地移交給接手部門。六月二十九日（1900 年 7 月 25 日），許景澄要求內務府派人前來驗收接管校舍，「本大學堂房屋業經備文移請定期派員接收在案，茲查原冊所列正所寢殿五間，係大學堂作爲藏書樓安放書籍，又後樓五間安放落儀器。現值地面未靖，搬移不便，自應暫爲封鎖安放，又有鐵櫃壹架、書櫃兩架，內存各項冊籍亦應暫存。」「查本大學堂原領房屋共伍百零柒間半，有貴衙門原送清冊，毋庸另行開造外，其拆卸間數及添蓋樓房邊屋，造具清冊，一併移交貴衙門查照，迅即定期派員前來接收可也。」〔註43〕同時，關於大學堂放在華俄銀行錢款的各項單據，以及大學堂的關防大印，也都移交相關部門，「存款十餘萬兩在華俄銀行及中國通商銀行存放，其字據、銀摺均已送交戶部，關防恭繳禮部，各在案。」〔註44〕由於在接收過程中，內務府對大學堂內的一些圖書、儀器沒有及時妥善安置，以致在庚子事變中受到了不同程度的損壞，「……旋於七月間，聯軍入城，彼處房間被俄、德兩國洋兵迭次佔據，嗣經退出，所有內外簷裝修及遊廊門扇等項，全行拆毀。」〔註45〕庚子事變過後，清政府外務部也曾就京師大學堂在義和團事件中受到的破壞情況，向時任管學大臣進行了通報，「當因所存書籍、儀器、傢具等項，未及請旨……又於七月十二、十六等日，在都察院具呈批准，未及具奏，詎料於七月二十一日洋兵入城，俄兵、德兵先後來學堂占住，看守人役力不能支，均已逃散，所有書籍、儀器、傢具、案卷等項，一概無存，房屋亦被匪拆毀，情形甚重。」〔註46〕大學堂官書局與醫學館也受到不同程度的破壞。

北京城內的形勢也日益危急。慈禧太后命令清軍帶領義和團圍攻各國駐華使館，義和團在清政府的慫恿下，更是有恃無恐，「而官兵率領拳民，遽往焚燒攻擊，凡使館附近華俄銀行、滙豐銀行及中國所用總稅務司公館，以及

〔註43〕 《許景澄爲移交大學堂房屋、傢具等呈內務府文》，光緒二十六年六月，北京大學綜合檔案·全宗一·卷9，北京大學檔案館藏。
〔註44〕 《外務部爲恢復大學堂知照管學大臣張》，光緒二十七年十二月，北京大學綜合檔案·全宗一·卷13，北京大學檔案館藏。
〔註45〕 《內務府爲移交校舍知照大學堂》，光緒二十七年十二月，北京大學綜合檔案·全宗一·卷14，北京大學檔案館藏。
〔註46〕 《外務部爲恢復大學堂知照管學大臣張》，光緒二十七年十二月，北京大學綜合檔案·全宗一·卷13，北京大學檔案館藏。

同文館所延洋教習，不分皂白，概行焚殺⋯⋯」〔註47〕

　　大學堂管學大臣許景澄一直反對攻打外國使館，他深知此舉有悖於國際公法。在慈禧爲應對時局而召開的御前會議上，許景澄對圍攻使館一事明確表示反對，「中國與外洋交數十年矣，民教相仇之事，無歲無之，然不過賠償而止，惟攻殺使臣，中外皆無成案。今交民巷使館，拳匪日窺伺之，幾於朝不謀夕，倘不測，不知宗社生靈，置之何地？」〔註48〕他不贊成慈禧對各國開戰的意見，認爲應該主動派兵保護使館，並且剿滅義和團，嚴懲禍首。也正因此，許景澄觸怒於慈禧太后，最終慘遭殺害。後光緒二十六年十二月二十五日（1901年2月13日），清廷又發佈上諭爲許景澄平反昭雪。

　　許景澄雖稱不上爲科學殉道，但是作爲大學堂管學大臣的身份，以及他對科學教育的積極提倡與辦理，還是招致了一些人的憤恨，儘管這樣的理由難以正大光明地公開出來，但確實是導致他被殺的一個重要因素。當然，也有部份人士對其遭遇表示理解與同情，如當時在華的日本人服部宇之吉，就因管學大臣許景澄的被殺，而感到十分痛心，「許君曾出任駐俄、德兩國公使，多少通曉外國事務，現爲主持京師大學堂的管學大臣，併兼總管鐵路大臣，屬於開明派⋯⋯此次開戰以來，二君忠言直諫，大大激怒了守舊派，被以讒言加害，實在不可思議。我與二人均相識⋯⋯故深感痛惜。」〔註49〕大學堂西學總教習丁韙良也對許景澄的死表示哀悼，「我們將他們作爲朋友來哀悼，因他們傾盡全力施加影響，以使情況對我們有利。我對此確信不疑，因其中一位乃管學大臣，他也是我們這所新大學的主管。」〔註50〕但身爲外國人的服部宇之吉與丁韙良，終究不能理解中國人在這場動亂中的矛盾心態。

　　狂熱的排外情緒，在庚子事變中達到了高潮，義和團把一切來自於西方的事物都視爲最危險的敵人，科學技術也未能幸免。民族矛盾的激化，致使民眾把對西方列強的仇恨，擴展至對科學教育的破壞。但是這種遷怒行爲，不但不能化解矛盾，反而使民族危機空前嚴重。科技的威力，再一次令清政

〔註47〕錢應溥：《誥授光祿大夫太子少保兵部尚書筱雲徐公家傳》，轉引自陸玉芹：《穿越歷史的忠奸之辨：庚子事變中「五大臣」被殺研究》，北京：中國社會科學出版社，2010年，第169頁。
〔註48〕李希聖：《庚子國變記》，中國史學會編：《義和團》（一），上海：上海人民出版社，2000年，第12頁。
〔註49〕陳平原：《老北大的故事》，北京：北京大學出版社，2009年，第148頁。
〔註50〕陳平原：《老北大的故事》，北京：北京大學出版社，2009年，第147頁。

府顏面掃地，而義和團民所使用的所謂的法術，連朝廷官員，包括慈禧太后都將信將疑，這更加有力地證實了近代中國社會不僅缺乏科學知識，更需要一種科學的精神。科學教育確實任重道遠。

二、大學堂科學教育的恢復重建

1、大學堂恢復開辦前的籌備

在經歷庚子事變的慘痛教訓後，清政府深感國力微弱，在與聯軍的戰鬥中，再次領教到了科技的威力。清廷上下深刻地認識到，若不變法新政，國家瀕臨滅亡。光緒二十六年十二月（1901年2月），遠在西安避難的慈禧太后發佈諭旨，再提變法，她命令朝中大小各級官員，就教育、財政、軍事等的各項關乎國計民生的議題提出變法革新的方案，「總之，法令不更，錮習不破，欲求振作，尚議更張。」〔註51〕就這樣，如何興辦教育以及興辦何種教育，再一次擺到了關乎民族興亡的議事日程上來。

在這種情況下，清廷的士大夫們再次對教育的開辦展開熱議。先是兩廣總督陶模與廣東巡撫德壽一起提出應在全國各州縣設立小學，各州府設中學，省會設大學，京師設國學，「小學以上皆由官設，並以書院改建。」〔註52〕並且向清廷建議重視學堂出身，以促進學堂發展，促進實學教育發展，「小學、大學均各授以本學執照一紙，嗣後無論旗漢，無論由何項進身，非有學堂執照者不得授以是官，則所取皆實學，所學皆實用，學校既興，人才自出，吏治、民生、軍政、財政漸可得人而理。」〔註53〕在奏摺中，陶模等人還提到了要對京師大學堂章程應進行修訂變通，「光緒二十四年曾奉旨，飭部酌議京師大學堂章程，今宜都其說而變通之。」〔註54〕至於變通辦法，陶模等人沒有具體的方案。安徽巡防王之春則向清廷建議在各省學堂內，廣泛開設科學課程。各州縣學官應從當地生員中挑選學習優異者「申送省城學堂，俾資學習」，所學內容亦應包括各門自然科學，「其所習之事，則分天文、地

〔註51〕中國第一歷史檔案館編：《光緒宣統兩朝上諭檔》第二十六冊，桂林：廣西師範大學出版社，1996年，第461頁。

〔註52〕陶模：《奏請變通科舉摺》，舒新城編：《近代中國教育史料》第一冊，上海：中華書局，1928年，第100頁。

〔註53〕陶模：《奏請變通科舉摺》，舒新城編：《近代中國教育史料》第一冊，上海：中華書局，1928年，第100頁。

〔註54〕陶模：《奏請變通科舉摺》，舒新城編：《近代中國教育史料》第一冊，上海：中華書局，1928年，第100頁。

輿、兵法、掌故、算學、格致爲六門，隨其才之高下與質之所近，從而教授之，黜其荒嬉，獎其勤學，取無求備，業維求精。」〔註55〕隨著對教育問題逐漸深入的討論，大學堂的重新開辦自然被提到議程上來。光緒二十七年三月（1901 年 5 月），山東巡撫袁世凱向清廷提出應當將大學堂重新修整，並且擴大辦學規模。他強調世界各強國無不由興辦教育、發展科技而來，中國此次辦理新政，亟應仿傚，「查五洲各國，其富強最著，學校必廣，人材必多，中國情見勢絀，急思變計，興學儲才，洶刻不容緩矣。」〔註56〕因此，在各項新政之中，大學堂的重新興建當爲重中之重，「擬請飭將京師本有大學堂認眞整頓，竭力擴充，並飭下各行省籌經費，多設學堂，或仿照各國學校章程，區分等次，以次推廣。」〔註57〕同年，時任都察院御史張百熙也再次呼籲清廷應盡快整頓京師大學堂，不可延誤時機，「惟學堂者所以變舉國之風氣，廣天下之教育。」〔註58〕他建議成立專門的機構負責大學堂的整改，爭取早日開學，「即以創始爲難，亦應於各省遍設一中學堂，而議整頓京師大學堂，另立專官以董理之。」〔註59〕

　　劉坤一、張之洞等人於光緒二十七年八月聯名上書朝廷，就育才興學，變革教育提出意見，即「江楚會奏變法三摺」中的第一摺。在這份奏摺中，他們對科學教育的發展做出了宏觀規劃。他們指出，當前國家危難，正需人才報國，而報國之才則源於科學教育的實施，因而興辦科學教育乃強國第一要務。至於如何開展科學教育，張之洞等人則認爲不僅要在大學堂內設置各種科學科目，在各地的小學堂、中學堂內也應廣泛地開設科學課程，講授科學知識。他們向朝廷提議，應令十二歲以上的兒童入小學，所學的科學知識至少包括「學粗淺算法，至開立方止，學粗淺繪圖法，至畫出地面平形止。」〔註60〕十五歲以上者入高等小學校，要達到「看中外詳細地圖，學較深算法

〔註55〕王之春：《覆議新政疏》，舒新城編：《近代中國教育史料》第一冊，上海：中華書局，1928 年，第 102 頁。

〔註56〕袁世凱：《覆奏條陳變法疏》，王延熙、王樹敏編：《皇朝道咸同光奏議》卷六下，光緒壬寅秋上海久敬齋石印，第 4 頁。

〔註57〕袁世凱：《覆奏條陳變法疏》，王延熙、王樹敏編：《皇朝道咸同光奏議》卷六下，光緒壬寅秋上海久敬齋石印，第 4 頁。

〔註58〕張百熙：《敬陳大計疏》，王延熙、王樹敏編：《皇朝道咸同光奏議》卷六下，光緒壬寅秋上海久敬齋石印，第 17 頁。

〔註59〕張百熙：《敬陳大計疏》，王延熙、王樹敏編：《皇朝道咸同光奏議》卷六下，光緒壬寅秋上海久敬齋石印，第 17 頁。

〔註60〕朱壽朋編：《光緒朝東華錄》第四冊，北京：中華書局，1958 年，總第 4730

至代數、幾何止，學較深繪圖法，至畫出地上平剖面、立剖面、水底平剖面止。」〔註 61〕的水平。十八歲以上者，則可以進入中學堂，繼續學習自然科學知識，「學精深算法，至弧三角、航海使船法止，學精深繪圖法，至測算經緯度、行軍圖、目揣遠近斜度止……並講明農工商等學之大略。」〔註 62〕張之洞等人建議各省在中學堂之上再設高等學堂，並在學堂內仍置各門科學課程，其中格致學課程的講授內容應有「中外天文學、外國物理學，化學、電學、力學、光學皆屬焉」，工學課程則主要教授「測算學、繪圖學、道路、河渠、營壘、製造、軍械、火藥等事」〔註 63〕。同時，他們建議在各省設立農、工、商、礦等專門學堂，「專以考驗實事為主，機器、藥料、試驗場皆備，亦三年而畢業。」〔註 64〕待這些學生畢業後，再派赴各地進行實習，「農學派赴本省外縣山鄉水鄉考驗農業」、「工學派赴本省、外省華洋工廠考驗製造」、「礦學派赴本省、外省開礦之山，煉礦之廠考驗採煉。」〔註 65〕至於大學堂內科學科目設置，他們認為可與高等學堂相同，但所學內容必須有所深入，「大學校學業又益加精，門目與省城所設高等專門學校同，三年學成會試，總裁考之，取中者授以官。」〔註 66〕張之洞、劉坤一以及其它官員的奏摺，不僅為清廷變法新政、興辦教育提供了最初的方案，更重要的是堅定了清廷恢復大學堂科學教育的決心與信心。

光緒二十七年七月（1901 年 8 月），朝廷下令，將在戊戌政變之後恢復的八股取士之法再次廢除，並再次聲明科舉取士應以講求實學為原則，「況近來各國通商，智巧日闢，尤貴博通中外，儲為有用之材，所有各項考試，不得不因時變通，以資造就……以上一切考試，凡四書五經義，均不准用八股文程序，策論均應切實敷陳，不得仍前空衍剽竊。」〔註 67〕

光緒二十七年八月初二（1901 年 9 月 14 日），清廷發佈上諭，首次提出要對京師大學堂進行重建整頓，「近日士子，或空疏無用，或浮薄寡實，如

　　頁。
〔註 61〕 朱壽朋編：《光緒朝東華錄》第四冊，北京：中華書局，1958 年，總第 4730 頁。
〔註 62〕 朱壽朋編：《光緒朝東華錄》第四冊，北京：中華書局，1958 年，總第 4730 頁。
〔註 63〕 朱壽朋編：《光緒朝東華錄》第四冊，北京：中華書局，1958 年，總第 4731 頁。
〔註 64〕 朱壽朋編：《光緒朝東華錄》第四冊，北京：中華書局，1958 年，總第 4731 頁。
〔註 65〕 朱壽朋編：《光緒朝東華錄》第四冊，北京：中華書局，1958 年，總第 4731 頁。
〔註 66〕 朱壽朋編：《光緒朝東華錄》第四冊，北京：中華書局，1958 年，總第 4731 頁。
〔註 67〕 中國第一歷史檔案館編：《光緒宣統兩朝上諭檔》第二十七冊，桂林：廣西師範大學出版社，1996 年，第 152 頁。

欲革除此弊，自非敬教勸學，無由感發興起。除京師已設大學堂應行切實整頓外，著各省所有書院，於省城均改設大學堂，各府及直隸州均改設中學堂，各州、縣均改設小學堂，並多設蒙養學堂。」〔註68〕由京師大學堂的重新開辦，帶動了整個教育體系的變革。光緒二十七年十月（1901 年 11 月），清廷又頒發興學上諭，要求各省從小學堂畢業生中，考取功課合格者，送入中學堂就學，待中學畢業，再經考取，錄入大學堂學習，學成畢業後經過初試、復試「候旨欽定作為舉人、貢生」「俟舉人積有成數，再由大學堂嚴加考取，咨送禮部，奏請特派大臣考試，候旨欽定，作為進士，一體殿試，分別等第，帶領引見，量加擢用，不拘庶吉士、部屬中書等項成例，以勵通材而收實效。」〔註69〕此外，清廷還要求各省選派學生出洋學習西方的科技知識，「造就人才，實係當今急務，前據江南、湖北、四川等省選派學生出洋肄業，著各省督撫，一律仿照辦理，務擇心術端正、文理明通之士，前往學習於一切專門藝學，認真肄業，實力講求，學成領有憑照回華，即由該督撫、學政，按其所學，分門考驗。」〔註70〕這裡的提到專門藝學，實際就是指西方的科學技術。而且清廷還聲明將設立一些獎賞辦法，如歸國後通過各項考驗，分別給以進士、舉人等出身，以此鼓勵留學人員在外認真學習，掌握國外先進的科學技術。這一系列的興學舉措，營造了有利於恢復、重建大學堂科學教育的外部環境，為大學堂的開辦作了重要準備。

大學堂內部教學人員也希望大學堂能早日得到恢復。作為大學堂西學總教習的丁韙良便十分關切學堂開課。他曾向清廷多次提出盡早重建大學堂，盡快恢復大學堂的教學秩序，恢復大學堂科學教育的實施。當時在華的西方媒體《教務雜誌》曾對此有所記錄，「據悉，丁韙良博士已經向清廷上書，他敦促朝廷恢復重建大學堂，並且措辭堅決，希望朝廷不要再遲疑下去，因為盡快重建大學堂會表明政府真誠致力於變法新政，而且大學堂的開辦會在民眾中樹立良好的道德影響，消除民眾的憂慮感，更為重要的是，國家的發展需要大學堂培養出來的各種人才。」〔註71〕光緒二十七年八月，丁韙良向當

〔註68〕中國第一歷史檔案館編：《光緒宣統兩朝上諭檔》第二十七冊，桂林：廣西師範大學出版社，1996 年，第 176 頁。

〔註69〕中國第一歷史檔案館編：《光緒宣統兩朝上諭檔》第二十七冊，桂林：廣西師範大學出版社，1996 年，第 222 頁。

〔註70〕中國第一歷史檔案館編：《光緒宣統兩朝上諭檔》第二十七冊，桂林：廣西師範大學出版社，1996 年，第 177 頁。

〔註71〕 *The Chinese Recorder,* Vol.32, Jun, 1901, p.307.

時留守京城的慶親王奕劻提出，朝廷應該派專人負責辦理大學堂重建事宜，以表重視之意，「竊以和局大定，回鑾在即，學堂爲中外注意，亟應振刷精神，從速規復，用示鼓舞，況科舉已改，學堂乃中興儲才根基，京師首善更宜急起，爲天下倡率。本教習日薄桑榆，尤冀兵燹之餘，重瞻維新景象，以酬國家歷來知遇之深恩，藉慰四十載效力興學之苦衷。」〔註72〕他還建議慶親王奕劻能夠向慈禧太后奏請簡派新任管學大臣。三個月後，丁韙良再次敦促大學堂重新開辦，並要求清廷盡快任命大學堂管學大臣，以督辦科學教育的恢復重建，「敝教習等忍耐等候，日盼學堂復開，而原管學大臣已於去歲慘罹不測，領袖無人，敝教習等只得聯名公懇外務部堂，奏請簡派管學大臣以資照料，庶學堂可以速興。」「邇來迭奉明昭，諭令各省開辦大小學堂，總以京師大學堂爲歸宿，是中興之基，肇自新學，華士之企望者在斯，外人之相信者亦在斯，從速興辦，洵爲扼要，第一著可否如各洋教習所請，由貴部奏請簡派管學大臣，以免延岩之處悉出鈞裁，無任翹盼。」〔註73〕

在眾多有識之士的呼籲下，光緒二十七年十二月初一（1902 年 1 月 10 日），清廷正式下令，要求重新開辦京師大學堂，「興學育才，實爲當今急務，京師首善之區，尤宜加意作養，以樹風聲，從前所建大學堂，應即切實舉辦。」〔註74〕並且任命張百熙爲新任大學堂管學大臣，負責大學堂的重建工作，「著派張百熙爲管學大臣，將學堂一切事宜，責成經理，務期端正趨向，造就通才，明體達用，庶收得人之效。」〔註75〕至此，已經停辦近兩年的京師大學堂，開始進入恢復重建的實際階段。隨後，朝廷又發佈命令，將京師同文館併入大學堂，由張百熙一併管理。

開辦大學堂的上諭發佈後，重建、修復工作迅即展開。內務府將在庚子事變中由其看管的大學堂校舍重新修繕，在當月十四日通知大學堂前來接收，「查本府官房租庫，現在暫看之大學堂房間，緣於去年五月間，經管學大臣奏明移交本府⋯⋯本府當飭該庫派役，於上年九月十三日復行看守在

〔註72〕中國第一歷史檔案館、北京大學編：《京師大學堂檔案選編》，北京：北京大學出版社，2001 年，第 92 頁。

〔註73〕朱有瓛主編：《中國近代學制史料》第一輯下冊，上海：華東師範大學出版社，1983 年，第 648 頁。

〔註74〕中國第一歷史檔案館編：《光緒宣統兩朝上諭檔》第二十七冊，桂林：廣西師範大學出版社，1996 年，第 249 頁。

〔註75〕中國第一歷史檔案館編：《光緒宣統兩朝上諭檔》第二十七冊，桂林：廣西師範大學出版社，1996 年，第 249 頁。

案。今准大學堂管學大臣咨會，本府應將該學堂房間，照數移交。」〔註76〕
大學堂科學教育的重建工作正式開啓了。

2、張百熙重辦科學教育之五項主張

　　張百熙在任職大學堂之前，就十分熱衷維新事業。他深知科學技術之於
強國禦侮的重要作用，曾積極提倡引進西方先進的工業技術，在內地修建鐵
路，開發礦藏，「今造修鐵路，人情就安避危，貨物行料，誰不爭趨。」「現
在外洋又創造新式極快火車，其不憚精益求精者，彼蓋深悉富強之策，首基
於此也。」〔註77〕他還針對當時民智未開的社會狀況，提出應該廣譯西書，
尤其是西方的科學書籍，而且在翻譯中，應盡力做到譯名統一，「所有官名、
地名、人名、物名，以及製造、格致諸家名目，皆擬成一定之音，書作一定
之字，以就指歸，而免淆亂。」〔註78〕他提倡大量翻譯出版科學書籍，以對
日後科學教育的開展深有裨益，「蓋求才莫先於教學，而教學莫先於譯書，使
即日爲之，而收效尚在十年之後，事固無急於此者也。」〔註79〕在戊戌變法
時期，他曾因保舉康有爲而受到牽連，被革職留任。

　　張百熙就任大學堂管學大臣後，認眞督辦大學堂重建的各項事務，一絲
不苟。他把大學堂科學教育的恢復與重辦放在各項恢復工作的首位。張百熙
強調此次大學堂重新開辦，不是要單純地恢復至庚子事變前的規制，而是應
該在先前已有的基礎上，有所開拓，有所增益。在他看來，戊戌時期大學堂
科學教育的開展，還存在著許多不完善之處，需要改進與擴充，「惟是從前
所辦大學堂，原係草創，本未詳備，且其時各省學堂未立，大學堂雖設，不
過略存體制，仍多未盡事宜。今值朝廷銳意變法，百度更新，大學堂理應法
制詳盡，規模宏遠，不特爲學術人心極大關係，亦即爲五洲萬國所共觀瞻。」
〔註80〕因此，張百熙主張，此次重建不同於往日一般性的整頓修改，而是要
注意在吸取各方辦學經驗的基礎上，盡力擴大規模。而且在重建過程中，辦
理的大學堂各項事務都要縝密籌劃，嚴格落實，以免影響大局，「是今日而再

〔註76〕《内務府爲移交校舍知照大學堂》，光緒二十七年十二月，北京大學綜合檔
　　　　案・全宗一・卷14，北京大學檔案館藏。
〔註77〕張百熙：《上條呈時事疏》，《張百熙集》，長沙：嶽麓書社，2008年，第12頁。
〔註78〕張百熙：《上條呈時事疏》，《張百熙集》，長沙：嶽麓書社，2008年，第17頁。
〔註79〕張百熙：《上條呈時事疏》，《張百熙集》，長沙：嶽麓書社，2008年，第17頁。
〔註80〕中國第一歷史檔案館、北京大學編：《京師大學堂檔案選編》，北京：北京大
　　　　學出版社，2001年，第102頁。

議舉辦大學堂，非徒整頓所能見功，實賴開拓以爲要務，斷非因仍舊制，敷衍外觀，所能收效者也。」「今日中國若議救敗圖存，捨此竟無辦法，如使成規坐隘，收效無從。」〔註81〕這也是張百熙重建大學堂科學教育的一個基本方針。

爲此，張百熙在具體籌辦過程中，結合實際情況，對日後大學堂科學教育的實施，形成了一系列開拓性的方案。光緒二十八年正月，張百熙將這些方案上奏於清廷。在奏摺中，他針對科學教育在大學堂內的重新開展，制定出了五項具體辦法。

首先，他主張在新開辦的大學堂中設置預備科，「通融辦法，惟有暫且不設專門……以此項學校造就學生，爲大學之預備科。」〔註82〕並在預備科中，根據課程類別分設政、藝兩科，以取代原來的普通學、專門學的分類方法，「所有預備科功課，謹遵繹本年變通科舉、普設學堂歷次上論，分爲二科：一曰政科，二曰藝科。」〔註83〕將各種與自然科學相關的課程集中於藝科內開設，系統地進行科學教育，「以聲、光、電、化、農、工、醫、算等事隸藝科。」〔註84〕這種藝科的培養方式，能夠爲大學堂專門正科輸送合格的生源，「三年之後，預備科所造人才，與各省省學堂卒業學生，一併由大學堂考取，升入專門肄業。」〔註85〕同時，張百熙提出大學堂預備科招收學生，也應進行嚴格的測驗，通過各項考試後方能錄取，「惟取入預備科肄業學生，亦須平日在中學堂卒業者方能從事。」「再由各省督撫、學政就地考取各府、州、縣高材生，咨送來京，由管學大臣復試如格，方准送大學堂肄業。其外省考試之法，由大學堂擬定格式，頒發各省，照格考取以免歧異。」〔註86〕在預備科中藝科就讀的學生，學習年限爲三年，三年之後舉行畢業考

〔註81〕 中國第一歷史檔案館、北京大學編：《京師大學堂檔案選編》，北京：北京大學出版社，2001年，第102頁。

〔註82〕 中國第一歷史檔案館、北京大學編：《京師大學堂檔案選編》，北京：北京大學出版社，2001年，第103頁。

〔註83〕 中國第一歷史檔案館、北京大學編：《京師大學堂檔案選編》，北京：北京大學出版社，2001年，第103頁。

〔註84〕 中國第一歷史檔案館、北京大學編：《京師大學堂檔案選編》，北京：北京大學出版社，2001年，第103頁。

〔註85〕 中國第一歷史檔案館、北京大學編：《京師大學堂檔案選編》，北京：北京大學出版社，2001年，第103頁。

〔註86〕 中國第一歷史檔案館、北京大學編：《京師大學堂檔案選編》，北京：北京大學出版社，2001年，第103頁。

試，根據考試的成績決定是否錄入大學堂正科學習。同時，對於預備科藝科的畢業生，張百熙建議朝廷應當賜予出身，以示鼓勵，「大學堂預備科卒業生，與各省省學堂卒業生，功課相同，應請由管學大臣考驗如格，擇尤帶領引見，候旨賞給舉人，升入正科。又三年卒業，再由管學大臣考驗如格，帶領引見，候旨賞給進士。」〔註87〕此外，張百熙提出大學堂內還需建立速成科，在該科之下，分設仕學館與師範館，其中仕學館專招在京的各級官員，「凡京員五品以下、八品以上，以及外官候選暨因事留京者，道員以下，教職以上，皆準應考入仕學館。」〔註88〕以之代替戊戌時期大學堂設立的仕學院；而師範館則招收各地的監生、貢生等，以培養教習之才。在此兩館之內，也要開設不同程度的科學課程。

　　張百熙提出的第二項辦法，是關於京師大學堂的房舍，尤其是實驗室的設計與建造，以及大學堂科學教員的招聘。張百熙認為，大學堂的教室、實驗室需要改造擴建，但是這個改建過程要符合科學教育的實施原則。在建造中應盡力滿足不同門類的科學教學的各項要求，「又講求化學、電學，其房屋皆有一定造法，以及光學家之暗室、醫學家之暖房，凡欲深究專門，皆須先造特室，其圖式皆宜預向各國考求。」〔註89〕而且他要求朝廷另撥地面擴建大學堂，「以便陸續增造工、醫等項專門學堂」，「方足便推廣而壯規模。」〔註90〕張百熙還指出，清廷不僅應派人赴國外考察西方大學實驗室的建造，還應該在海外招聘具備教師資格的科學教員。他認為大學堂先前招聘的一些教授科學課程的教習，缺乏作教師的資格，「中國學堂所請西人教習，向皆就近延其本居中國者，或為傳教來華之神甫，或為海關退出之廢員，在教者本非專門，而學者亦難資深造。」〔註91〕而且他也意識到自然科學在西方發展的日新月異，而國內卻難以知曉，因此在國外考察選聘科學教習十分必

〔註87〕中國第一歷史檔案館、北京大學編：《京師大學堂檔案選編》，北京：北京大學出版社，2001年，第103、104頁。

〔註88〕中國第一歷史檔案館、北京大學編：《京師大學堂檔案選編》，北京：北京大學出版社，2001年，第104頁。

〔註89〕中國第一歷史檔案館、北京大學編：《京師大學堂檔案選編》，北京：北京大學出版社，2001年，第104、105頁。

〔註90〕中國第一歷史檔案館、北京大學編：《京師大學堂檔案選編》，北京：北京大學出版社，2001年，第105頁。

〔註91〕中國第一歷史檔案館、北京大學編：《京師大學堂檔案選編》，北京：北京大學出版社，2001年，第105頁。

要，「且西國學問數年一變，則其人才亦月異而歲不同，將來延請教習專門，亦非彼國文部及高等學堂考問，不能分別優劣，似派員考察一層，爲必不可少之舉。」〔註92〕總之，對教員的招聘不僅看重其才學，尤其是自然科學的素養，還要具備教師資格。

張百熙提出的第三點是對科學書籍與實驗儀器應大量購置。大學堂在開辦初期，爲了開展科學教育，曾經購置了一定數量的科學書籍與實驗儀器，但在庚子事變中，這些儀器與圖書都遭到嚴重地損壞，「查大學堂去歲先被土匪，後住洋兵，房屋既殘毀不堪，而常中所儲書籍儀器，亦同歸無有。」〔註93〕而本次大學堂重新開辦科學教育，必須對科學書籍、實驗儀器等進行增補引進，「臣愚以爲，大學堂功課不外政、藝兩途。」「藝學以實驗而獲益，書籍儀器兩項，在學堂正如農夫之粟，商賈之錢，多多益善，不特前所有者固當買補，即前所無者亦宜添購，方足以考實學而得眞才。」〔註94〕張百熙認爲書籍的採購，一方面可以從各地所設的官書局中調取，「如江南、蘇州、杭州、湖北、揚州、廣東、江西、湖南等處官書局，陸續刊刻應用書籍甚多，請准由臣咨行各省，將各種調取十餘部不等。」〔註95〕另一方面，可以從民間書肆等處訪查，如遇與科學有關內容，即便購買，「此外民間舊本、時務新書，並已譯、未譯西書，均由臣擇定名目，隨時購取，歸入藏書樓，分別查考翻譯。」〔註96〕實驗儀器的採買，張百熙要求不可吝惜資金，應當嚴格按照科學教學的需要，購置完備，「至儀器一項，除算學家所用以測量、圖學家所用以繪畫外，如水、火、氣、力、聲、光、電、化以及醫學、農學專門應用甚多，不特每門皆有器具全副，即隨時試驗材料藥水等項，學生愈多，則購用愈繁，學問愈精，則考驗愈數，此類尤不可省，譬之武備而靳予槍炮子藥，而責以準頭命中，必不能矣。」〔註97〕限於目前大學堂經費緊張的局

〔註92〕中國第一歷史檔案館、北京大學編：《京師大學堂檔案選編》，北京：北京大學出版社，2001 年，第 105 頁。

〔註93〕中國第一歷史檔案館、北京大學編：《京師大學堂檔案選編》，北京：北京大學出版社，2001 年，第 107 頁。

〔註94〕中國第一歷史檔案館、北京大學編：《京師大學堂檔案選編》，北京：北京大學出版社，2001 年，第 107 頁。

〔註95〕中國第一歷史檔案館、北京大學編：《京師大學堂檔案選編》，北京：北京大學出版社，2001 年，第 107 頁。

〔註96〕中國第一歷史檔案館、北京大學編：《京師大學堂檔案選編》，北京：北京大學出版社，2001 年，第 107 頁。

〔註97〕中國第一歷史檔案館、北京大學編：《京師大學堂檔案選編》，北京：北京大

面，張百熙建議，可以先從國內上海等地尋購，待經費充足後，再赴海外，專門採買，「現擬先向上海、日本等處，購辦萬餘金，以爲開辦普通要需，再籌定經費，向歐美各國廣購，歸入各專門應用。惟採買必須得人，價目務從核實，俟臨時由臣採訪通達誠樸之員，遣往辦理，以期器歸實用，款不虛靡。」〔註98〕

　　第四項辦法是開設編譯局，加快翻譯出版西方各種科學書籍。翻譯科學書籍在戊戌時期的大學堂章程中就曾提到過，並且由孫家鼐、梁啓超等人負責籌辦，但由於受到隨後而來的戊戌政變、庚子事變等一系列事件的影響，編譯工作沒有得到順利開展下去。此次大學堂重辦，張百熙再次提出應在原譯書局的基礎上擴充改建，以加快對科學書籍的翻譯。他強調譯書局的主要工作，就是對包括科學科目在內的各類教科書進行編譯，「然譯局非徒翻譯一切書籍，又須翻譯一切課本。」「故學堂又以編輯課本爲第一要事。」〔註99〕按西方慣例，各學科皆有一定的教科書供學生使用，大學堂此次重辦科學教育，亦應重視對西方各國教材的翻譯，「泰西各國學校，無論蒙學、普通學、專門學，皆有國家編定之本，按時卒業，皆有定程，今學堂既須考究西政、西藝，自應翻譯此類課本，以爲肄習西學之需。」〔註100〕而先前翻譯出的科學書籍，其中許多科技術語及專門詞彙，沒有統一的標準，名目繁雜，致使學生們在理解上頗感費力，從而限制了科學知識的普及，「惟是中國譯書近三十年，如外洋地理名物之類，往往不能審爲一定之音，書作一定之字。」〔註101〕針對這種混亂的現象，張百熙要求新開辦的大學堂譯書局，在全國範圍內確立統一的翻譯標準與規範，以利於科學知識的傳播，「擬由京師譯局定一凡例，列爲定表，頒行各省，以後無論何處譯出之書，即用表中所定名稱，以歸劃一，免淆耳目。」〔註102〕同時，他主張在上海地區設

　　學出版社，2001年，第107、108頁。
〔註98〕中國第一歷史檔案館、北京大學編：《京師大學堂檔案選編》，北京：北京大
　　　　學出版社，2001年，第108頁。
〔註99〕中國第一歷史檔案館、北京大學編：《京師大學堂檔案選編》，北京：北京大
　　　　學出版社，2001年，第106、107頁。
〔註100〕中國第一歷史檔案館、北京大學編：《京師大學堂檔案選編》，北京：北京大
　　　　學出版社，2001年，第106頁。
〔註101〕中國第一歷史檔案館、北京大學編：《京師大學堂檔案選編》，北京：北京大
　　　　學出版社，2001年，第106頁。
〔註102〕中國第一歷史檔案館、北京大學編：《京師大學堂檔案選編》，北京：北京大
　　　　學出版社，2001年，第106頁。

立大學堂的譯書分局。因爲上海不僅地利方便，風氣開通，譯人較爲集中，「惟欲隨時採買西書，刷印譯本，更宜設分局於上海，則風氣既易流動，辦理亦較妥便，又翻譯東文，費省而效速，上海就近招集譯才，所費不多，而成功甚易。」〔註103〕而且上海地區印刷成本也比較低廉，因此與科學有關的書籍，可以在上海隨時翻譯、隨時印刷，盡早出版流行。

最後，張百熙提出朝廷要爲大學堂的恢復重建加大資金投入。因爲在大學堂內興辦科學教育，引進各種科學書籍與實驗儀器等，需要花費大量的錢款，「學堂之設，其造就人材爲最重要，其需用款項亦最繁。」〔註104〕此次大學堂開辦，不僅要爲庚子事變中破損的儀器設備進行修復，而且還要大量地購進新設備、新儀器，擴大科學教育的規模，這必然涉及大筆開銷，「今議規模既須宏備，則款項何止倍增，加以現在情形，一切講舍、書籍、儀器等項，或半歸殘破，或掃地無遺，計修理舊屋，增造新齋，暨購買各項政學應用書籍、輿圖，藝學備驗器具、材料等件，又增添翻譯西書編輯課本等局，費亦不資，將來推廣博物院、驗工場以及派員考察之資、學生遊歷之費，亦動需鉅款。」〔註105〕庚子事變前，在戶部劃撥給大學堂的所有經費中，尚有一萬餘兩沒有動用，留存於戶部，張百熙要求清政府現將這筆剩餘經費重新撥給大學堂，「查戶部向有存放華俄銀行庫平銀五百萬兩，每年四釐生息，應得庫平銀二十萬兩，申合京平二十一萬二千兩。光緒二十四年經戶部奏准，以此項息銀，由該行按年提出京平銀二十萬零六百三十兩，撥作大學堂常年用款，僅餘一萬一千三百七十兩未撥，今請將此項存款銀兩，全數撥歸大學堂，仍存放華俄銀行生息，款項既有專注，名目亦免涉紛歧，將來或支或存，由學堂自與銀行結算。」〔註106〕在庚子事變中大學堂停辦，部份剩餘錢款也曾暫時交由華俄銀行保管，現在張百熙提出大學堂重辦，也需要將此部份款項返還大學堂，「至去歲學堂停辦，尚有未經付出存款，當時一律交回華俄銀行暨中國銀行，暫行收管……現在學堂事同創始，需用一切開辦經費甚多，應請

〔註103〕中國第一歷史檔案館、北京大學編：《京師大學堂檔案選編》，北京：北京大學出版社，2001年，第106頁。

〔註104〕中國第一歷史檔案館、北京大學編：《京師大學堂檔案選編》，北京：北京大學出版社，2001年，第108頁。

〔註105〕中國第一歷史檔案館、北京大學編：《京師大學堂檔案選編》，北京：北京大學出版社，2001年，第108頁。

〔註106〕中國第一歷史檔案館、北京大學編：《京師大學堂檔案選編》，北京：北京大學出版社，2001年，第108頁。

將前項存款，仍發回學堂應用。」〔註107〕但僅此兩部份款項，數目仍為有限，張百熙請求清廷再予另行撥款。他建議清廷飭令全國各省督撫大員，為京師大學堂及其科學教育的開辦籌劃專款，「查近年各直省如江南、四川、湖北、湖南等處督撫皆資遣學生出洋，每次亦費至數萬金，今大學堂既定高等功課專門教習，則前項學生赴外肄業可送外國者，亦可送大學堂，且大學堂專門正科，本為各省高等學堂卒業學生資送肄業地步，則各省理宜合籌經費撥濟京師。」〔註108〕張百熙提出各省份根據自身實力，預定不同的籌款數額，按年交納於中央政府，「應請飭下各直省督撫，大省每年籌款二萬金，中省一萬金，小省五千金，常年撥解京師。大學堂有此增添常款，庶幾得以展布一切，而諸事自日起而有功，人才亦積久而漸出矣。」〔註109〕以此緩解中央政府財政吃緊的局面。

張百熙關於大學堂重辦科學教育的五項辦法得到了清廷首肯，慈禧在接到其奏摺的當天，便做出批覆，認為這幾項辦法「尚屬周妥，著即認真舉辦，切實奉行。」〔註110〕要求管學大臣張百熙按照這幾項辦法，次第籌辦。張百熙所提出的五項辦法，不僅在科學教育恢復上，而且在日後大學堂的整體發展上，都有著深遠的影響。此後，大學堂科學教育的重建、擴建，與逐步完善，都沒有離開這五個方面的推進。張百熙為了振興京師大學堂的科學教育而費盡心血、功不可沒。日後，大學堂的畢業生昆蟲學家鄒樹文在追溯這段歷史中，對張百熙做出的貢獻有著深切的感慨，「我們現在人知道景仰蔡孑民先生，而忘記了張冶秋先生任管學大臣時代創辦之艱苦，實在比蔡先生的處境難得許多呢！」〔註111〕而且化學家俞同奎在回憶京師大學堂的發展史中，對張百熙也有著高度評價，「這塊園地，是戊戌京師大學堂孫家鼐開墾的，播佳良種子卻是張百熙先生，我寫到這裡，不能不追念他老人家，當時計劃遠

〔註107〕中國第一歷史檔案館、北京大學編：《京師大學堂檔案選編》，北京：北京大學出版社，2001年，第108、109頁。

〔註108〕中國第一歷史檔案館、北京大學編：《京師大學堂檔案選編》，北京：北京大學出版社，2001年，第109頁。

〔註109〕中國第一歷史檔案館、北京大學編：《京師大學堂檔案選編》，北京：北京大學出版社，2001年，第109頁。

〔註110〕中國第一歷史檔案館編：《光緒宣統兩朝上諭檔》第二十八冊，桂林：廣西師範大學出版社，1996年，第5頁。

〔註111〕鄒樹文：《北京大學最早期的回憶》，《北京大學五十週年紀念特刊》，北京：國立北京大學出版部，1948年，第5頁。

到和宏大，排除百般困難，培養這個嬌嫩的幼苗，實在不是件容易的事。京師大學堂對於中國教育史，佔有重要的一頁。我們這位張百熙先生，在這一頁教育史上，亦實在佔有重要的位置。」〔註112〕

3、總教習吳汝綸赴日考察

在大學堂的恢復重建過程中，為了使科學教育能夠得到合理的規劃與實施，學堂還派出相關人員對國外大學實行科學教育的具體情況進行考察。管學大臣張百熙認為去日本考察大學科學教育是當時的最佳選擇。實際上，在清廷各級官員中，主張仿傚日本教育的不只是張百熙一人。張百熙的前任孫家鼐，在庚子事變前，就向清廷建議由大學堂派員赴日考察學務。孫家鼐即認為日本的科學教育已經認真吸取了西方各國的辦學經驗，其教育成就已不在西方之下，「聞日本創設學校之初，先派博通之士分赴歐美各國，遍加採訪，始酌定規制，通國遵行，故能學校如林，人才蔚起。」〔註113〕再加上中日兩國路途較近，兩國的國情相似，語言文化亦有相通之處，「歐美各國，程途窵遠，往返需時。日本相距最近，其學校又兼有歐美之長，派員考察，較為迅速。」〔註114〕因此赴日訪詢教育已為清廷上下所共識。

早在光緒二十四年七月（1898年8月），使日大臣裕庚就曾將日本大學科系設置的大概情形介紹回國內，但對日本大學科學教育體制介紹的極為簡略，因此，清廷一直醞釀再次派人專程考察。現正值大學堂重辦科學教育之時，張百熙也在物色派赴國外的人選，而剛剛被任命為大學堂總教習的吳汝綸主動請纓向張百熙表示願親赴日本，考察日本大學的各項辦學事宜。

作為大學堂總教習的吳汝綸雖然飽受儒家文化的薰染，但其思想極為開明。在赴日之前，他一直積極關注西方的科學技術，他本人時常閱讀介紹科學知識的書籍、報刊，並把西方科技發展的最新成果都摘抄下來，「閱西報，英人有麥克雪者，新制氣槍……西人精於化學，漸能用之於行軍資仗，可謂日新月異矣。」〔註115〕而對於戊戌時期大學堂的開辦，吳汝綸早先就主張要

〔註112〕俞同奎：《四十六年前我考進母校的經驗》，《北京大學五十週年紀念特刊》，北京：國立北京大學出版部，1948年，第16頁。

〔註113〕《戊戌變法檔案史料》，沈雲龍主編：《近代中國史料叢刊續編》第三十二輯第317冊，臺北：文海出版社，1984年，第276頁。

〔註114〕《戊戌變法檔案史料》，沈雲龍主編：《近代中國史料叢刊續編》第三十二輯第317冊，臺北：文海出版社，1984年，第276頁。

〔註115〕吳汝綸：《吳汝綸全集》第四冊，合肥：黃山書社，2002年，第515頁。

充分參考國外大學的規制條列,「壽州孫相國主持大學堂,最爲幸事。詔中言採取西國學堂條規,此最扼要,中國人好自是,不肯取資西國,多以己意,別立新章。」〔註116〕而且他建議大學堂應把西學課程放在主體位置,不應把時間都花費在中學的講授上,「開學當以西學爲主,所以取人之長,輔我之不足。士人聰明,不宜泛涉,既專力西學,即中學不可不稍寬假,但使之文理粗明足矣。」〔註117〕可見其對自然科學是十分重視的。日本人早川新次就將其評價爲「東方儒林中最有開化之思想者」。

　　光緒二十八年五月(1902 年 6 月),吳汝綸率大學堂提調紹英、榮勳等人正式啓程赴日。在日期間,他對日本大學開辦的科學教育進行了細緻地考察,並及時彙報於管學大臣張百熙,以輔助其重建大學堂。在參訪過程中,吳汝綸十分關注日本大學對實驗課程的設置,他瞭解到在日本大學的課程體系中,實驗課程佔有很重要的地位。學校裏不僅各項實驗器具一應俱全,而且理、工、農、醫各科有各自的實驗場所,「大學校無書……須有各種實驗,如天文學有天文臺,博物學有博物館、植物園,人類學有各種標本,地震學有試驗地震器具,工科以繪圖爲主,化學以試驗爲重。工科設有工場,以備研究。農科有林學一科,有森林場,以備實驗;動物亦歸農科,有獸醫、獸病院。」〔註118〕「大學校附屬各種:醫科有病院;理科有天文臺,有植物園,水產臨海實驗所;農科有演習林,演習林者,林學演習實驗之所。」〔註119〕在對日本京都大學的考察中,吳汝綸瞭解了科學實驗的操作過程,「與中島率生徒赴大學堂……旋領觀傳電法、叉光鏡……謂大學必宜有機器局、水道兩事,遂導觀機局三座。」〔註120〕在對工科教室的參觀中,他瞭解到教室的建造佈局要符合工科教學的要求,「導至工學教室,謂生徒末座太高,教習須時時仰首,於養腦有礙,此乃實測教室,學徒宜望見師几案所陳,非他講室之

〔註116〕吳汝綸:《與李季皋》,《吳汝綸全集》第三冊,合肥:黃山書社,2002 年,第 195 頁。
〔註117〕吳汝綸:《與陸學使》,《吳汝綸全集》第三冊,合肥:黃山書社,2002 年,第 389 頁。
〔註118〕吳汝綸:《文部所講》,《東遊叢錄》第一卷,日本東京:三省堂書店,明治三十五年(1902 年),第 24 頁。
〔註119〕吳汝綸:《文部所講》,《東遊叢錄》第一卷,日本東京:三省堂書店,明治三十五年(1902 年),第 42 頁。
〔註120〕吳汝綸:《摘鈔日記》,《東遊叢錄》第二卷,日本東京:三省堂書店,明治三十五年(1902 年),第 13、14 頁。

比也。」〔註121〕在考察京都大學的木工製圖室與標本室的過程中，還獲得了京都大學贈與京師大學堂的標本器物。

　　五月二十五日，吳汝綸又去東京大學考察。在到達東京大學的當天，他先是詳細查看了該校教室的設計、佈局，「講堂容四百人坐位，講師座後有板卷上房頂，其末端又向下卷，板用黃漆，滑而有光，謂講師發語，由此板逆折而落諸生座中，乃可遍聞，此聲學事也……」〔註122〕接著又參訪了東京大學的顯微室與動物學、地質學陳列室以及解剖室、物理實驗室等，「入顯微室，有小鏡機在南，蔽室光使暗，以極小之物納鏡間，能令其形遍滿北壁。」「繼入動物學列品室，箕作導觀之，備列各國山海所產奇物怪狀。」「入地質學列品室，觀礦物，古生物，地層中生物化石，小藤、飯島分導之，各爲解說，甚明顯。繼至物理實驗所，用顯微鏡觀礦物中細質，皆五色斑爛。繼至動物解剖室，觀學者用機器解剖細微之物，至爲玄妙。」〔註123〕第二天，在日方人員的陪同下，吳汝綸對東京大學工科的各個實驗室，逐一參觀，「教授、工學博士、工學士辰野金吾相見；遂與工學博士、理學士高松豐吉導閱機械工學、應用化學、造船學、建築學、採礦冶金學、土木工學、電氣工學，每導觀一學，則由其學科之教授導示……」〔註124〕在工科實驗室裏，他還親自觀看了力學實驗，「其機器有壓鐵機，有拉鐵機，有扭鐵機；試驗其拉鐵機，用英尺八寸，使九萬四千斤力之機器牽引其上下兩端，能令八寸之鐵拉長三寸八分三；過此，則此鐵斷裂。」〔註125〕吳汝綸不僅對日本大學理科、工科進行詳細地瞭解，他還對日本大學中農科的設置情況進行了考察，觀看了獸醫學的陳列室與林學的實驗田，「繼觀獸醫學，陳列標本極多，有自牛胃中取出大圓石如碗大者，又取牛身之病蟲，納之合生牛溫度之室一養之，則蟲皆活不死。見診狗病者，狗皆帖耳受治，似若有知。」「繼觀田苗，各用木區分爲界，試苗之肥瘠。繼觀

〔註121〕吳汝綸：《摘鈔日記》，《東遊叢錄》第二卷，日本東京：三省堂書店，明治三十五年（1902年），第15頁。

〔註122〕吳汝綸：《摘鈔日記》，《東遊叢錄》第二卷，日本東京：三省堂書店，明治三十五年（1902年），第17頁。

〔註123〕吳汝綸：《摘鈔日記》，《東遊叢錄》第二卷，日本東京：三省堂書店，明治三十五年（1902年），第17、18頁。

〔註124〕吳汝綸：《摘鈔日記》，《東遊叢錄》第二卷，日本東京：三省堂書店，明治三十五年（1902年），第18、19頁。

〔註125〕吳汝綸：《摘鈔日記》，《東遊叢錄》第二卷，日本東京：三省堂書店，明治三十五年（1902年），第19頁。

林學，茂木叢立，人行綠陰間，至其極密處則兩人爲撥開翳障，乃能得路。」「校長在樟腦室相候，其前一室燒木炭，兼取藥材六種，其制樟腦不用樟木，但取樟葉爲之，皆新法也。」〔註126〕總之，吳汝綸對日本大學中理、工、農、醫等與自然科學有關的學科均進行了較爲充分的考察。

在日本大學進行考察後，吳汝綸還現場觀摩了日本高級師範學校的課堂教學。他將物理實驗課與化學實驗課的教學過程與實驗的演示，都詳細地記錄了下來，「觀化學室，教師用鏹水化礦石，用藥水數種分礦產之爲金、爲銀、爲銅鐵鉛等，各以色別之。又試提金法，銅鐵雜者，以鐵絲入瓶中，銅隨鐵絲而出；銀銅雜者，以銅絲入瓶中，銀即隨銅絲而出。」「觀格致室，教師試驗磁氣，以鐵燒紅，持一鐵條按於紅鐵上，即有聲，聲之大小隨按力之大小而異……」〔註127〕此外，吳汝綸抽出時間，對日本的一些科研機構，如地質調查所等，進行了訪問，充分感受到了日本科學技術的發達。

在日期間，吳汝綸不僅細心考察日本的各級各類學校，還就如何開展科學教育一事，訪談於日本教育界人士，向他們徵詢意見。日本礫川的田中公不二麿向吳汝綸建議大學堂的科學教科書應儘量採用外文原版，不必翻譯成本國語言，「用原書之利，有數端焉。課本爲數無多，譯而用之，不如原書省費；學問深理，譯而用之，不如原書得要；西學貴日新，新理續出，譯而用之，不如原書有益進境。」〔註128〕日本數學家菊池大麓向吳汝綸提出，目前中國缺乏完備的教育體制，京師大學堂的發展也必然受其制約，他建議大學堂的招生培養，可以採取預科制，「京師大學堂旁設一預備學堂，考取十二三歲之學生教之，使爲入大學堂之階梯。」「大學由預備學校升入，若必與小學相接，則預備學堂下更設一預備學校，相續遞陞，俟學制漸備之後，再立中學校，最切實用。」〔註129〕東京大學教授高橋作衛則向吳汝綸提出，此次開辦大學堂，應該把科學課程放在首要位置，他根據日本自身發展歷史，向吳汝綸闡述了古代日本科技衰落的原因，並進而指出當前的中國社會的發展仍

〔註126〕吳汝綸：《摘鈔日記》，《東遊叢錄》第二卷，日本東京：三省堂書店，明治三十五年（1902 年），第 26 頁。

〔註127〕吳汝綸：《摘鈔日記》，《東遊叢錄》第二卷，日本東京：三省堂書店，明治三十五年（1902 年），第 22、23 頁。

〔註128〕吳汝綸：《函箚筆談》，《東遊叢錄》第四卷，日本東京：三省堂書店，明治三十五年（1902 年），第 67、68 頁。

〔註129〕吳汝綸：《摘鈔日記》，《東遊叢錄》第二卷，日本東京：三省堂書店，明治三十五年（1902 年），第 60 頁。

與古代日本的情形相似，即缺乏對科學教育的重視，以致國勢日漸衰弱。既然此次中國重新開辦大學堂，就應對實施科學教育倍加重視，吸取日本的辦學經驗，「竊惟貴邦人今日尚有此弊，蓋孔孟以來數千年，人講道德文藝，無形之學，次第振起，其美其妙，或有駕歐美而上之者，所惜者格物數理之學，比之泰西，猶幼童之於巨人、萌蘗之於松柏也。敝邦深有猛悟，上下一心，學泰西之學，究數理格物之藝術，貴邦現將大興學政，正宜及時補救，究心於格物致知之學焉。」〔註130〕此外，東京的勝浦鞆雄也向吳汝綸強調科學課程的講授在大學教育中意義重大，「數學、博物、物理、化學四者，古來東方國人之未曾考究者，而今日之時局，萬不可忽者也。」〔註131〕同時，他還指出在大學堂開展科學教育的過程中，應慎重使用「西學」這一名詞，尤其要注意不能把自然科學完全稱為西學，科學知識為天下公理，乃世界所公用，「貴諭稱此種之學科為『西學』，恐誤。是唯經西人之考究以明於世耳，其理則天地固有之理，而世界萬國之所通有，決非西人之宜私者也，是故貴邦學堂教習之，則貴邦之學也。」〔註132〕在教學中，若一味地稱其為「西學」，會給學生們造成誤解，易於激起狹隘的民族主義心理，從而使科學教育的開展陷入困境，「倘單稱之『西學』，則恐致貴邦人有疏斥此等學科之心。此事雖似末節，當學堂施設之初，最要考慮者也。」〔註133〕日本的一些報刊媒體，也就如何發展教育一事向吳汝綸發出倡議，他們認為中國之弱，就體現在科學教育的落後，「唯其不足者，則利用厚生之道，質而言之，所短者在實學也。」〔註134〕他們表示希望吳汝綸能夠通過此次訪問，深刻理解科學教育之要義，「是以先生由觀大學而觀小學……進而觀察理化、格致之方面，此為必要者。」〔註135〕並能夠落實在大學堂的日後實踐中。

〔註130〕吳汝綸：《函箚筆談》，《東遊叢錄》第四卷，日本東京：三省堂書店，明治三十五年（1902年），第136頁。

〔註131〕吳汝綸：《函箚筆談》，《東遊叢錄》第四卷，日本東京：三省堂書店，明治三十五年（1902年），第116頁。

〔註132〕吳汝綸：《函箚筆談》，《東遊叢錄》第四卷，日本東京：三省堂書店，明治三十五年（1902年），第116頁。

〔註133〕吳汝綸：《函箚筆談》，《東遊叢錄》第四卷，日本東京：三省堂書店，明治三十五年（1902年），第117頁。

〔註134〕吳汝綸：《函箚筆談》，《東遊叢錄》第四卷，日本東京：三省堂書店，明治三十五年（1902年），第12頁。

〔註135〕吳汝綸：《函箚筆談》，《東遊叢錄》第四卷，日本東京：三省堂書店，明治三十五年（1902年），第13頁。

　　吳汝綸將其在日本的所見所聞都及時記錄下來，先行發回國內，以供張百熙恢復大學堂而參照借鑒。吳汝綸還抄錄了日本東京大學員數度支表、京都大學預算表、高等學校預備科課程表及東京師範學校經費表等，將其一併發回國內。吳汝綸訪日的這些收穫，爲清政府重辦京師大學堂提供了充沛的資源，從大學堂日後的發展，也明顯可以看出對日本大學模仿的痕迹。

　　通過對日本教育的訪察，吳汝綸本人關於大學堂科學教育的辦學方向、辦學模式，有了更爲深刻的見解。他認爲大學堂應把傳授科學知識作爲其主要辦學任務，「即明年開大學堂，恐仍須扼定此旨，此等學徒，中國文學業已成就，入學功課宜專主西學，俾可速成。」〔註136〕關於大學堂內的科系設置，他在經過考察後，認爲可以分列理科、工科、農科、法科、文科等五科，而醫科可以單獨設立專門學堂，「鄙意醫學當專立一學堂，不必入大學分科。」〔註137〕對於傳統的義理、詩文等課程，他提出有必要進行大幅度削減、壓縮，以便學生有更多的時間與精力投入到自然科學的學習中去，「減課之法，於西學則宜以博物、理化、算術爲要，而外國語文從緩，中等則國朝史爲要，古文次之，經又次之。」〔註138〕吳汝綸通過訪察，也瞭解到海外留學生在振興日本教育中起到的重要作用，因此他建議中國應當認眞仿傚，即大力提倡赴海外留學，掌握西方先進的科學技術，「日本維新，全賴遊學外國之力，當時學生卒業還國，政府實能破格錄用，所以能用西法，人材奮興；今中國政府宜傚辦，乃望轉機。」〔註139〕吳汝綸還強調在海外選聘教員的過程中，應首先招聘科學教員，以免科學課程的教學受到延誤。

　　在中國教育一步步走向現代化的進程中，日本起到了重要的橋梁作用。作爲京師大學堂總教習的吳汝綸，親赴日本考察學務，希望能夠借鑒日本大學在科學教育方面所取得的成功經驗，這既是對日本教育發展的認同，也充分地體現出了在歷經庚子事變後，國人重建科學教育的急迫心情。清末十年，是近代新式學校發展的蓬勃時期，在這過程中，不僅京師大學堂科學教育的

〔註136〕吳汝綸：《與張尚書》，《吳汝綸全集》第三冊，合肥：黃山書社，2002 年，第 435 頁。
〔註137〕吳汝綸：《答勝浦鞆雄》，《吳汝綸全集》第三冊，合肥：黃山書社，2002 年，第 433 頁。
〔註138〕吳汝綸：《與張尚書》，《吳汝綸全集》第三冊，合肥：黃山書社，2002 年，第 436、437 頁。
〔註139〕吳汝綸：《答大學堂執事諸君餞別時條陳應查事宜》，《吳汝綸全集》第三冊，合肥：黃山書社，2002 年，第 441 頁。

實施仿傚日本，乃至於近代中國從小學到大學整個學制系統的建立，都是在日本的影響下完成的。

4、大學堂科學教育的重新佈局

光緒二十七年、二十八年這兩年，是大學堂重建、擴建階段。在這個階段中，大學堂重建的顯著成果，主要體現在科學教育的重新佈局上。戊戌時期大學堂實行的各種條例規定，此時已不能滿足科學教育深入發展的客觀要求，反而對其形成一定的束縛，大學堂創建初期設置的普通學——專門學課程教學模式，此時也跟不上不斷發展的教育形勢，需要加以變更。因此，大學堂科學教育的重新佈局，也是時勢發展的必然結果。

管學大臣張百熙在實際工作中，亦逐漸認識到只有對原有規制進行調整，才能促進大學堂繼續向前發展，不至於停頓。當然，在重新調整中，仍然需要借鑒歐美，尤其是日本等國的成例。閉門造車，固步自封，不可能實現教育的振興，「今日而議振興教育，必以真能復學校之舊為第一要圖，雖中外政教風氣，原本不同，然其條目秩序之至賾而不可亂者，固不必盡泥其迹，亦不能不兼取其長，以期變通而盡利。」〔註140〕吳汝綸訪日期間的各項收穫，也為張百熙對大學堂科學教育的佈局提供了重要的參照。

此次重建過程中，科學教育的重新佈局著重表現在大學堂中新設立速成科、預備科，並在其中開設不同程度的科學課程，以取代先前的普通學、專門學。

（1）速成科內科學課程的設置

速成科的成立，是重辦大學堂的重要成果之一，也是大學堂推行科學教育的新形式。速成科下設師範館與仕學館兩館。培養師範生的想法，早在戊戌時期就已有所醞釀，當時提出設立師範齋，但是在大學堂正式開學之後，並沒有真正落實，只是成立了一個仕學院。此次重辦大學堂，師範館得以正式建立，而且館中開設了各個門類的科學課程。大學堂師範館學習年限設定為四年。在四年當中，師範館學生要修習的科學課程，主要是算學課、物理課、化學課、中外輿地課、博物課與圖畫課等，這裡設置的圖畫課，乃是涉及科學技術的一種製圖、作圖課程，並非普通的美術課。具體的教學內容以及課時安排如下表所示。

〔註140〕中國第一歷史檔案館編：《光緒朝硃批奏摺》第一○五輯，北京：中華書局，1996年，第508頁。

速成科師範館四年制科學課程設置與課時安排〔註141〕

	課程門類	教　學　內　容	每周課時
師範館第一年，科學課程內容與課時安排	算學課	加減乘除、分數、比例、開方等	3小時
	物理學課	講授力學、聲學、熱學等內容	3小時
	中外輿地課	教授全球大勢、本國各境、仿繪地圖等	2小時
	化學課	單質、化合物等基本概念	2小時
	圖畫課	講授以毛筆繪製實物模型	3小時
	博物課	講授動、植物之形狀及構造等	2小時
	課程門類	教　學　內　容	每周課時
師範館第二年，科學課程內容與課時安排	算學課	講授帳薄用法、算表成式、幾何面積、比例等	4小時
	物理學課	講授熱學、光學等內容	3小時
	中外輿地課	外國各境以及仿繪地圖	2小時
	化學課	講授無機化學	2小時
	圖畫課	毛筆繪製實物模型與帖譜手	2小時
	博物課	講授動植物的構造	2小時
	課程門類	教　學　內　容	每周課時
師範館第三年，科學課程內容與課時安排	算學課	代數、方程、立體幾何等	4小時
	物理學課	電氣、磁氣等	3小時
	中外輿地課	地文學、地質學	2小時
	化學課	無機化學	2小時
	圖畫課	用器畫大要	2小時
	博物課	生理學基礎知識	2小時
	課程門類	教　學　內　容	每周課時
師範館第四年，科學課程內容與課時安排	算學課	代數、級數、對數及「授以教算學及幾何之次序方法」	4小時
	物理學課	理科之次序方法	3小時
	中外輿地課	地理之次序方法	2小時
	化學課	有機化學	3小時
	圖畫課	作圖的次序方法	3小時
	博物課	講授礦物學知識	2小時

〔註141〕參見《欽定大學堂章程》，光緒二十八年七月，北京大學綜合檔案‧全宗一‧卷144，北京大學檔案館藏。

　　由此表可知，在師範館開設的六門科學課程中，算學課佔用的課時最長。在第一學年裏，各門課程的總課時爲每周 15 小時，每門科學課程所佔學時平均下來，僅爲 2.5 小時，而算學一門課的每周課時就達 3 小時，其占第一年總課時比重的 20%。第二學年每周總課時亦爲 15 小時，而算學課增加至 4 小時，其在當年總課時中所佔比重上升至 27%。第三學年的情形，與第二年相同。最後一年，各門課程的課時總計爲每周 17 小時，平均每門課程所佔學時爲 2.8 小時，算學課每周的課時仍爲 4 小時，占當年課時總量的 24%，雖然與上兩年相比略有下降，但仍高於第一學年。可見，與其它課程相比，師範館算學課的地位顯然更加重要。課時最少的是博物課，其在前三年裏所佔比重皆爲 13%，在最後一年裏則降至 12%。四個年級六門課程的每周總課時相較，第四年的總課時最長，爲每周 17 小時。四年下來，師範館總課時量累計爲每周 42 小時，這五門課程平均每年每周爲 10.5 小時，以一周六個工作日計算，平均每天僅 1.7 小時的上課時間。由此可知，師範館的教學壓力並不沉重。從教學內容上來看，雖然這些科學課程的內容也是從低到高，逐漸深入，但總體說來，都不是很難。以算學爲例，師範館所教授的內容基本都屬於初等數學的基礎知識，並沒有開設與高等數學有關的內容。而且值得注意的是，師範館在其最後一年裏，設置了許多算學、物理、地理等教學法之類的課程，體現出了師範館特點。

　　大學堂速成科內還設有仕學館。在庚子事變停辦之前，大學堂曾經成立過仕學院。此次重開仕學館，仍舊開設諸多科學課程，如算學、博物、物理、輿地等，當然，這些課程的教學內容明顯易於師範館。仕學館內學生的學習年限爲三年，在第一年裏，算學課所講授的主要還是加減乘除、比例、開方等一些基礎內容，每周課時爲 3 小時；博物課主要介紹動植物的形狀及構造，每周課時爲 2 小時；物理學課講授力學、聲學淺說等內容，其每周課時爲 3 小時；輿地課講授全球大勢、本國地理，每周課時爲 3 小時。仕學館第二年內，算學課講授平面幾何，每周課時爲 3 小時；物理學的主要內容爲熱學、光學淺說，每周課時 3 小時；博物學課講授生理學知識，每周課時爲 2 小時；輿地課主要教授外國地理，每周課時爲 3 小時。在仕學館第三年，算學課的講授立體幾何、代數等，其課時增加至每周 4 小時；博物學課講授礦物學知識，其每周課時爲 2 小時；物理課講授內容爲電氣、磁氣淺說，每周課時爲 3 小時；輿地課教學內容是地文學、地質學，每周課時 3 小時。〔註142〕

〔註142〕參見《欽定大學堂章程》，光緒二十八年七月，北京大學綜合檔案·全宗一·

（2）預備科內科學課程的設置

在速成科之外，大學堂還擬定成立預備科。預備科的設置是大學堂科學教育重新佈局的重要體現。預備科也是爲大學堂正科提供合格生源的主要途徑，「京師大學堂本爲各省學堂卒業生升入專門正科之地，無省學則大學堂之學生無所取材，今議先立預備一科，本一時權宜之計。」〔註143〕在大學堂預備科中，下設藝科與政科兩類，「習政科者，卒業後升入政治、文學、商務分科；習藝科者，卒業後升入農學、格致、工藝、醫術分科。」〔註144〕因此，科學課程主要集中在藝科內開設。藝科中的科學課程共有六門，分別是算學、物理、化學、地質及礦產學、動植物學、繪圖等課。其中，物理、化學、地質及礦產學、動植物學、圖畫這五門課規定由外國教習授課，這裡設置的圖畫課不是平常所說的美術課，而是一種與科學技術有關的作圖、製圖課。而算學一課，則可由本國與外國教習兼授。藝科的學制年限爲三年。三年之內，具體的教學內容與課時計劃如下表所示。

藝科三年制科學課程設置與課時安排〔註145〕

	課程門類	教　學　內　容	每周課時
藝科第一年，科學課程內容與課時安排	算學課	代數、級數、對數、三角等基礎知識	6小時
	物理學課	講授物性論、力學、聲學等	4小時
	地質及礦產學課	地質之材料、礦物之種類等	4小時
	化學課	介紹化學基本知識	3小時
	圖畫課	用器畫、射影圖法、圖法幾何等	3小時
	課程門類	教　學　內　容	每周課時
藝科第二年，科學課程內容與課時安排	算學課	解析幾何、測量、曲線等	5小時
	物理學課	熱學、光學、磁氣等	2小時
	地質及礦產學課	地質之構造與發達、礦物之形狀等	3小時
	化學課	講授無機化學	3小時

卷144，北京大學檔案館藏。
〔註143〕《欽定大學堂章程》，光緒二十八年七月，北京大學綜合檔案·全宗一·卷144，北京大學檔案館藏。
〔註144〕《欽定大學堂章程》，光緒二十八年七月，北京大學綜合檔案·全宗一·卷144，北京大學檔案館藏。
〔註145〕參見《欽定大學堂章程》，光緒二十八年七月，北京大學綜合檔案·全宗一·卷144，北京大學檔案館藏。

	圖畫課	用器畫、射影圖法、陰影法、遠近法等	3 小時
	動植物學課	動物、植物的種類與構造	2 小時
藝科第三年，科學課程內容與課時安排	**課程門類**	**教　學　內　容**	**每周課時**
	算學課	微分與積分等	5 小時
	物理學課	靜電氣、動電氣等電學內容	2 小時
	地質及礦產學課	礦物化驗	3 小時
	化學課	講授有機化學	3 小時
	圖畫課	用器畫、陰影法、遠近法、器械圖等	3 小時
	動植物學課	動物、植物的種類與構造	2 小時

　　由分析上表可知，在藝科課程設置中，算學課的課時最長，這與師範館的情況極為相似。其次是地質及礦產學課、化學課以及圖畫課，課時所佔比重最少的是動植物學與物理學，其中動植物學從二年級才開始設置。這樣的課程安排，表明算學課被大學堂預備科視為最重要的基礎課。三個年級的每周總課時相較，一年級的總課時最多，每周共計 20 小時，二、三年級的總課時相同，均為 18 小時。由每周總課時來看，藝科平均每天教學的時間並不長。從教學內容上看，從一年級到三年級，逐級加深，如算學課從代數、幾何等基礎知識講到微分積分，物理學課從力學講到電學，化學課則從無機化學講到有機化學，學習的內容明顯深入。微積分屬於高等數學的內容，一般在大學內開設。而藝科則計劃在其最後一年就開課，說明大學堂在對藝科學生的培養中既重視基礎，又重視深度，同時也實現了預備科與本科在課程上的順利銜接。

　　在預備科中，政科的學習年限亦為三年。雖然政科的學生畢業後，升入文學、政治、商務等分科大學，但是大學堂在政科當中也設置了一定數量的科學課程，如算學、物理學、中外輿地等。在政科第一學年裏，算學課的主要內容是代數、級數、對數、三角等，其課時為每周 3 小時；物理學課程主要內容是聲、光、熱力學，其課時為每周 4 小時；中外輿地課主要講授外國、歐美、非洲各境、群島各境等，其課時為每周 3 小時。在政科第二年，算學課講授解析幾何與三角，課時為每周 3 小時；物理學課程內容仍為聲學、光學與熱力學，課時為每周 4 小時；中外輿地科課教授地質學大意，每周課時為 3 小時。在政科第三年內，算學課主要是講授曲線；物理學課則主要進行物理實驗；中外輿地學則講授地文學大意，這三門課的課時也分別與第二學

年的設置相同。〔註146〕

　　在設立師範館、仕學館與預備科的同時，大學堂也在籌劃如何設置本科教育。管學大臣張百熙對分科教學一事十分關注。通過對國外大學教育的不斷瞭解，他已認識到大學分科是科學教育開展的必然形式，也是科學教育體制的外在特徵。經過一番籌劃後，張百熙向清廷提出，京師大學堂專門正科擬分為七科，其中與科學有關的學科，即格致科、工藝科、農學科及醫術科，其中，格致科下設六目，即六門專業，分別是天文學、地質學、高等算學、化學、物理學、動植物學等；工藝科內下設八門專業，依次是採礦冶金學、電氣工學、機器工學、建築學、土木工學、應用化學、造兵器學、造船學等；農學科則設置四門專業，即農藝學、農業化學、林學、獸醫學等；醫術科僅分兩門專業，即醫學與藥學。〔註147〕由於大學堂預備科以及速成科內尚未產生畢業生，全國各省高等學堂畢業的合格人才也極少，大學堂七門分科因缺乏生源而不能招生，故此分科大學中暫緩成立，其中的科學科目也僅能簡單、粗略地劃分，詳細具體的課程安排只能待預備科與速成科的學生畢業時，大學正科有了合格生源，再行編定。由此可見，師範館、仕學館以及預備科是大學堂實施科學教育的主要部門。

　　值得注意的是，張百熙雖然主張分科設學，提出在大學堂中應成立各類科學科目，以擴大科學教育的規模，然而他卻格外強調，這種分科立學並不是西方所獨有的，在中國古代的唐、宋時期就已出現，「第考其現行制度，亦頗與我國古昔盛時良法大概相同……其科目則唐有律學、算學、畫學諸門，宋因唐制，而益以畫學、醫學，雖未及詳備，亦與所謂法律、算術、習字、圖畫、醫術、各學科不甚相殊，自司馬光有分科取士之說……各國學堂有所謂分科、選科者，視之最重，意亦正同。」〔註148〕因此，在大學堂中設立專門分科並非新奇之事。張百熙極力表明大學堂科學教育與中國傳統文化深有淵源，意在希望通過喚起民族熱情以推動科學教育的發展。

　　大學堂科學教育的重新佈局是大學堂重建工作中的主要成果，它也直接

〔註146〕參見《欽定大學堂章程》，光緒二十八年七月，北京大學綜合檔案・全宗一・卷144，北京大學檔案館藏。

〔註147〕參見《欽定大學堂章程》，光緒二十八年七月，北京大學綜合檔案・全宗一・卷144，北京大學檔案館藏。

〔註148〕中國第一歷史檔案館編：《光緒朝硃批奏摺》第一〇五輯，北京：中華書局，1996年，第507頁。

推動了科學教育在大學堂中深入實施，對大學堂日後的發展產生了深遠的影響，也正因此得到了清廷的首肯。光緒二十八年七月（1902 年 8 月），清廷發佈詔令，要求張百熙對大學堂「悉心經理、加意陶熔，樹脂風聲，以收成效」，並提出在大學堂正式開學後，「如有未盡事宜，應行增改，仍著隨時審斟奏明辦理。」〔註 149〕與戊戌時期大學堂實行的科學教育相比，此次佈局有明顯的進步，不僅科學教育的規模進一步擴大，而且其科目設置的更加明晰，它一改先前普通學、專門學的設置體系，而變為速成科、預備科，將科學課程集中於師範館、藝科等部門實施，這樣可以實現與分科大學中科學學科的良好銜接，進而為培養專門性的科研人才打下基礎，同時在政科以及仕學館內也進行不同層次的科學教學，以達到普及科學知識的效果。

三、恢復大學堂科學教育的資金投入

創辦大學科學教育，必然涉及經費的投入，單是購買科學書籍、實驗設備、各種器材用品等就需要花費大量的資金，再加上實驗室的修建，儀器設備日常維護等費用，更是一筆巨大的開銷。而清廷在經歷庚子事變之後，已是國庫空虛、財政拮据。在這種局面下，京師大學堂堅持重辦科學教育，其艱難處境可想而知。

身為管學大臣的張百熙，千方百計為大學堂科學教育籌措經費，他先是於光緒二十八年正月向清廷上摺，提出將屬原同文館的經費指撥給大學堂。早在上年十二月，朝廷就已下令，將同文館歸併入大學堂，但是原本供同文館使用的經費仍被外務部扣留，「同文館歸入大學堂，自應查照從前章程變通辦理，惟同文館常年經費在海關船鈔項下撥三成，每年為數甚巨，現外務部已將此項扣留。」〔註 150〕張百熙提出，同文館雖早先隸屬於總理衙門，暨現今的外務部，然既已併入大學堂，理應將其常年經費由外務部轉交至大學堂，而且當下大學堂重建、擴建，正為急需用款之時，「查同文館為早就翻譯之才，以供外務部及各使館舌人之用，雖亦有天算、醫化諸科，率皆淺近初級未足以語專門，大學堂為造就非常特達之才，以備國家異日干城之選……今既將

〔註 149〕中國第一歷史檔案館編：《光緒宣統兩朝上諭檔》第二十八冊，桂林：廣西師範大學出版社，1996 年，第 181 頁。

〔註 150〕中國第一歷史檔案館、北京大學編：《京師大學堂檔案選編》，北京：北京大學出版社，2001 年，第 110 頁。

每年經費扣歸外務部,則大學堂經費本不甚充,現方議拓規模,請增款項,實無從挹注。」〔註151〕張百熙的這項要求得到了清廷的批准,在該年的十一月,外務部也表示隨時可以將經費通過華俄銀行撥交給大學堂。

大學堂所用經費,有一部份來自各省督撫的協助認解。這原是張百熙提出的解決大學堂資金緊張的辦法,後得到了清廷的允准,並且制定了各省繳費的標準,即大省每年籌銀二萬兩,中省每年籌銀一萬兩,小省每年籌銀五千兩。於是自光緒二十八年開始,各省開始為大學堂重新開辦上繳經費。張百熙還特別就此致信各省督撫,對大學堂所需經費進行說明,希望各省督撫能夠對籌款一事,予以理解,「……其中籌款一條,蓋因大學堂自經變亂整頓,一切事同創始,且以舊址不甚寬廣,難以開拓……惟近日來,各省咨送來堂者逐次漸增,勢非添置房舍不能為廣廈儲才之計,更兼將來廣立專門,推廣醫、工各學,並派遣學生出洋遊歷,每年所費當亦不貲,除學堂舊有的款外,非再籌常年經費二十萬金,斷難認真辦理,前請各省分認協助,明知各處財力支絀,頻年整理庶務,籌還賠款已屬不支。第大學堂為中國百度振興要圖,必得同力維持於事,方為有濟……素仰執事忠盡為懷,必能上體朝廷作育盛心,力任其難,無待鄙人瑣瀆。務望執事先其所急,按照原奏省分,籌足常年經費,分期解京,以濟需要,並望早日賜覆。」〔註152〕

儘管朝廷明令各省根據自身情況分攤,但在實際的收繳過程中,卻遇到各種各樣的困難。大多數省份都向中央政府表示了本省處在經濟困頓,難以支撐的局面,如山西省原被列為中省,應繳納白銀一萬兩,但是山西巡撫岑春煊在給清廷的奏摺中表示一萬兩之款額,難以湊齊,「晉省雖在原奏單開中省之列,惟向號瘠區,常年出款浮於所入者,已有數十萬之多。自庚子禍變以來,師旅飢饉交集,一時餉賑吃緊,司庫搜羅一罄,京協各餉積欠至二百餘萬,現又加以大案賠款、本省教案償款,並辦理新政,如簡練常備續備各軍、創辦大小學堂以及農工各事,一切經費在在均需鉅款,庫儲支絀萬分,本屬無從籌措。」〔註153〕但是聖命難違,最終山西省表示只能先行繳納五千

〔註151〕中國第一歷史檔案館、北京大學編:《京師大學堂檔案選編》,北京:北京大學出版社,2001年,第110頁。

〔註152〕《時事新聞》,《大公報》第二百六十五號,光緒二十九年二月二十一日(1903年3月19日),第4頁。

〔註153〕《山西巡撫為籌解大學堂經費事咨呈大學堂文》,光緒二十八年五月,北京大學綜合檔案‧全宗一‧卷144,北京大學檔案館藏。

兩白銀，「惟查興學爲今日要政，京師大學堂尤爲各省根本，自宜於無可爲計之時，設法籌措，茲擬格遵諭旨，量力認解，於每年上下兩忙收齊以後，勉爲籌解京師大學堂經費銀五千兩，以資應用。」〔註154〕河南省亦屬中省，本應繳費一萬兩，但由於當地資金緊張，也表示只能暫時先繳納銀五千兩，剩下的錢款事後再行籌措，「查豫省學堂經費銀兩，係在各州縣徵收丁漕平餘內，酌量提解專款，存儲備用，前因籌解俄、法、英、德償款，鎊價不敷，經前撫臣裕長奏明借動在案，本省現辦學堂亦由本款內動支。今京師大學堂需款甚殷，自應遵照按中省每年認解銀一萬兩，在於徵收本年學堂經費項下先行籌提銀五千兩，委令管解頭批京餉委員、試用知縣韓兆瀛，搭解進京交納。下短銀五千兩，隨後再行籌解。」〔註155〕出現類似情況的還有湖南、江西等省，都只交納了原分攤費用的半數。

廣西巡撫丁振鐸則直接向清廷表示，籌解大學堂經費甚爲艱難，一時無法繳納，「伏查廣西著名貧瘠，近年因墊付兩湖欠解協餉，常年用款不敷甚巨，前派洋債磅價及新派賠款，搜索已盡，籌措甚難，其竭蹶情形實爲各省所無，惟京師大學堂爲天下風氣之先，但使力有可爲，不敢稍存推諉。一俟財用稍紓，即當設法籌解。」〔註156〕因此，只能推遲至日後補交。

大學堂重建科學教育所需的主要經費還是來自於戶部的撥款。早在戊戌時期大學堂創辦之初，戶部就曾將大學堂所需的開辦經費與常年用款進行劃撥。當時這些費用都是取自於戶部存放在華俄銀行的錢款所生之息銀，「惟查華俄銀行前由臣部撥給庫平銀五百萬兩，第一年四釐行息……今華俄銀行息銀，繫屬常年新增之款，自可源源接濟，除將本年息銀撥作開辦經費外，其本年以後息銀，每年由合京平銀二十一萬二千兩，臣等亦擬由該行按年提出京平銀二十萬零六百三十兩撥作大學堂常年用款。下餘京平銀一萬一千三百七十兩，仍存該行俟撥。」〔註157〕在庚子事變中，大學堂沒有使用完的經費，曾放於華俄銀行處保管，而此次重建大學堂，張百熙要求華俄銀行將

<hr />

〔註154〕《山西巡撫爲籌解大學堂經費事咨呈大學堂文》，光緒二十八年五月，北京大學綜合檔案・全宗一・卷144，北京大學檔案館藏。
〔註155〕中國第一歷史檔案館、北京大學編：《京師大學堂檔案選編》，北京：北京大學出版社，2001年，第141頁。
〔註156〕中國第一歷史檔案館、北京大學編：《京師大學堂檔案選編》，北京：北京大學出版社，2001年，第143頁。
〔註157〕《戶部籌撥京師大學堂興辦經費及常年用款奏摺》，光緒二十四年六月，北京大學綜合檔案・全宗一・卷7，北京大學檔案館藏。

這些錢款返還於大學堂,「自光緒二十四年開辦以來,學堂未經用完各款,並光緒二十六年停辦以後,學堂未經支領等款,現均存放華俄銀行,擬即向該行支用,以為現在增修房屋、購買書籍儀器、聘請教習川資。」〔註158〕同時,他還要求將存放在華俄銀行中的息銀,即原用於支付大學堂歷年的常用經費,這次也照常接續發放給大學堂,「大學堂經費,經臣前摺敘明,戶部向有存放華俄銀行庫平銀五百萬兩,四釐生息,應得庫平銀二十萬兩,申合京平銀一二十一萬二千兩。光緒二十四年,經戶部奏准,以此項息銀,由該行按年提出京平銀二十萬零六百三十兩,撥作大學堂常年用款,僅餘一萬一千三百七十兩未撥,今請將此項存款銀兩,全數撥歸大學堂,仍存放華俄銀行生息,由學堂自與銀行結算。」〔註159〕清廷對於大學堂的經費要求也都相繼應允。

　　庚子事變中,戶部、大學堂以及華俄銀行都相繼遭到了義和團的破壞,戶部保留的大學堂在華俄道勝銀行各項存款的單據,也在戰亂中被焚毀遺失,這給戶部、大學堂與華俄銀行間的結算帶來極大不便,為此,戶部及時通知了大學堂,「正月二十二日,准戶部片覆,大學堂存留款項各單摺,前因聯軍入城,衙署被焚,全行遺失。」〔註160〕張百熙在得知此事後,立即向外務部提出由大學堂負責查找單據,自行與華俄銀行結算,不需戶部再經手辦理,只最後將核算結果報與戶部備案即可,「查華俄銀行存款各單摺,戶部既經遺失,自應由學堂查明逐年長息及存留各數目,結算清楚,補取單摺存案,並訂嗣後每年年終由大學堂向華俄銀行結算一次,再行咨報貴部及戶部查核,以清款目。」〔註161〕他請外務部轉告華俄銀行做好核對款目的準備,以便大學堂隨時派人進行結算。

　　外務部在接到大學堂的咨呈後,就結算一事與華俄銀行聯繫。外務部根據本部留存底案,將戶部歷年撥交大學堂的款項以及大學堂與華俄銀行的結算細目,告知於該行代辦璞科第,「本部查華俄銀行,中國夥開股款庫平銀

〔註158〕中國第一歷史檔案館、北京大學編:《京師大學堂檔案選編》,北京:北京大學出版社,2001年,第118頁。

〔註159〕中國第一歷史檔案館、北京大學編:《京師大學堂檔案選編》,北京:北京大學出版社,2001年,第117、118頁。

〔註160〕中國第一歷史檔案館、北京大學編:《京師大學堂檔案選編》,北京:北京大學出版社,2001年,第123頁。

〔註161〕中國第一歷史檔案館編:《清代檔案史料叢編》第十二輯,北京:中華書局,1987年,第216頁。

五百萬兩，每年先按四釐息交銀二十萬兩，如有餘利，再行補交。計光緒二十四年收到俄歷一千八百九十七年週年利息庫平銀二十萬兩，並餘利庫平銀一萬八千一百零七兩四錢，均由戶部撥交大學堂應用。光緒二十五年收到俄歷一千八百九十八年週年利息庫平銀二十萬兩，亦由戶部撥交大學堂應用，又餘利庫平銀十二萬一千二百八十五兩九錢二分，提留銀六萬兩存在銀行，常年按五釐行息，俟利薄之年，再議提撥，其餘銀六萬一千三百八十五兩九錢二分，除再遵案撥留東省鐵路學堂本年經費銀一萬兩外，找交銀五萬一千三百八十五兩九錢二分，內銀三萬五千兩撥歸順天府提用，餘銀一萬六千三百八十五兩九錢二分，轉交戶部，歷經辦理在案。」〔註162〕外務部同時提出，華俄銀行應為在庚子事變中遺失的大學堂存款單據重新補立，以便於日後直接交涉，「所有大學堂存留華俄銀行款項各單摺，前既因亂遺失，自應查明原存款項並長息各數目，補立單摺，相應箚行華俄銀行代辦璞科第查照，即與大學堂所派之員會同結算，並嗣後逕行往還，以省周折。」〔註163〕並要求華俄銀行在理清賬目後，盡快撥款，以免延誤大學堂科學教育的重辦，「其光緒二十五年以後中國應得利息，未據開報，現在大學堂需款孔殷，亟待撥付，應即由該代辦一併詳析聲覆，以憑轉咨核辦可也。」〔註164〕

華俄銀行在接到外務部的通知後，即著手清理、核實大學堂存款本息的賬目。關於庚子事變前的賬目，華俄銀行整理完畢後便交給大學堂，「查光緒二十六年拳匪亂前利銀，業由管學大臣張箚令清釐，當與所派委員，會同稽核，已經結算清楚，並將單摺送呈張大臣處在案。」〔註165〕而關於光緒二十五、二十六兩年的存款息銀，華俄銀行則提出由於該行在庚子事變中也受到破壞，因此關於這二年的賬目至今未能理清，現需要轉請聖彼得堡總行查照核對，待核實清楚後，才能予以答覆，「至二十五、六兩年之利，委因亂後有尚未清理各賬，礙難懸計，茲承箚詢，當即轉致上海分行暨彼得堡總

〔註162〕中國第一歷史檔案館編：《清代檔案史料叢編》第十二輯，北京：中華書局，1987年，第218頁。

〔註163〕中國第一歷史檔案館編：《清代檔案史料叢編》第十二輯，北京：中華書局，1987年，第218、219頁。

〔註164〕中國第一歷史檔案館編：《清代檔案史料叢編》第十二輯，北京：中華書局，1987年，第218頁。

〔註165〕中國第一歷史檔案館編：《清代檔案史料叢編》第十二輯，北京：中華書局，1987年，第219頁。

行查照核明，即行聲覆。一俟覆到，再行統為籌算。」〔註 166〕但鑒於大學堂當前恢復、重辦科學教育，急需用款，華俄銀行不得不另行籌措了四十萬兩白銀，以供大學堂目前應急之用，「惟大學堂刻下需款孔殷，亟待撥付，自不得不先其所急，勉為籌措。現謹籌備銀四十萬兩，聽候提用，似可支應要需。」〔註 167〕光緒二十八年四月二十八日，管學大臣張百熙派員至華俄銀行，領取了這四十萬兩的開辦經費。

光緒二十八年八月（1902 年 9 月），華俄銀行將二十五、二十六兩年的息銀最終核算清楚，並將細目發送至外務部備案，「按西曆一千八百九十九年即華曆二十五年，應交息銀庫平三十六萬八千零九兩七錢六分；一千九百年即華二十六年，應交息銀庫平三十九萬六千二百四十七兩二錢二分；一千九百零一年即華二十七年，應交息銀庫平四十六萬七千四百二十五兩五錢六分。三共合庫平銀一百二十三萬一千六百八十二兩五錢四分，內扣還墊撥大學堂之庫平四十萬兩外，下餘銀八十三萬一千六百八十二兩五錢四分。」〔註 168〕除去撥借龍州鐵路與俄文學堂的費用外，餘銀六十二萬八千三百三十兩二錢六分，從中提取二十萬兩，作為大學堂二十七年的常年使用經費，剩下的白銀四十二萬八千三百三十兩二錢六分，也一併撥給大學堂，供其開展科學教育使用。

大學堂重辦前，華俄銀行向大學堂撥交經費的歷年情形〔註 169〕

撥　交　時　間	撥　款　數　額
光緒二十四年八月	撥交二十三年息銀二十一萬八千一百零七兩四錢
光緒二十五年八月	撥交二十四年息銀二十萬兩
光緒二十八年四月	撥交二十五、六、七年息銀四十萬兩
光緒二十八年八月	撥交二十五、六、七年息銀六十二萬八千三百三十兩二錢六分
光緒二十九年七月	撥交二十八年息銀三十八萬二千二百八十三兩五錢三分

〔註 166〕中國第一歷史檔案館編：《清代檔案史料叢編》第十二輯，北京：中華書局，1987 年，第 219 頁。
〔註 167〕中國第一歷史檔案館編：《清代檔案史料叢編》第十二輯，北京：中華書局，1987 年，第 219 頁。
〔註 168〕中國第一歷史檔案館、北京大學編：《京師大學堂檔案選編》，北京：北京大學出版社，2001 年，第 177 頁。
〔註 169〕參見中國第一歷史檔案館、北京大學編：《京師大學堂檔案選編》，北京：北京大學出版社，2001 年，第 203 頁。

　　張百熙在努力擴充大學堂經費來源的同時，還盡力減少大學堂不必要的花銷，如他在光緒二十八年正月向朝廷申請免除大學堂使用電報的費用，「京師大學堂爲各省學堂之表率，必須聯絡一氣，聲息相通，方足以昭畫一，現在整頓伊始……不能不用電報，以期迅速靈通。目前學堂經費不充，能撙節一分即得一分之用，應請援照外務部成例，凡係學堂應辦之事，均用印電請免費，以節虛糜。」〔註170〕同年十一月，張百熙向清廷提出，大學堂爲了深入開展科學教育，需從國外進購大量的科學儀器、標本等物，而這些物品在國內的運輸途中，經過各項關卡需繳納稅費，因此他建議清廷能夠免除各種關卡稅費，以減少大學堂的開支，「大學堂需用書籍、儀器、標本、器具及一切對象種類繁多，均由臣向外洋購運或內地採買，經過關卡擬請一律免納稅鈔，由臣發給印單，凡經過關卡，驗照印單，隨時放行，庶免留礙而資迅速。」〔註171〕他要求清廷飭令外務部及總稅務司，向各關卡監督及分稅務司傳達，如遇有大學堂公用對象、設備，只須驗照大學堂印單無誤，隨即免稅放行。光緒三十一年九月，大學堂再次就從日本購買的博物標本向清廷提出免稅請求，「案據本學堂服部教習函稱，前在東洋代買博物標本四十箱，業已抵津，相應咨請貴大臣箚飭津海關道並咨明崇文門監督，照例免稅放行。」〔註172〕張百熙的這一系列請求，相繼得到清廷的批准。這便爲大學堂節省了一筆不小的開支。

四、大學堂二次開學

　　隨著大學堂科學教育重新佈局的完成，以及各項經費的劃撥到賬，大學堂的恢復、重建工作接近尾聲，最後剩下的便是對各地學生的挑選與招考。早在光緒二十八年七月（1902 年 8 月），管學大臣張百熙就向清廷提出大學堂師範生的招考方案。他提出，除了對京師本地報考的學生進行錄取外，還應由各省督撫從本省的學生中挑選部份，派送至大學堂參加復試，以定是否錄取。在挑選過程中，對中學、西學皆須考查，「餘當取之各省舉貢生監，

〔註170〕中國第一歷史檔案館、北京大學編：《京師大學堂檔案選編》，北京：北京大學出版社，2001 年，第 110 頁。

〔註171〕中國第一歷史檔案館、北京大學編：《京師大學堂檔案選編》，北京：北京大學出版社，2001 年，第 185 頁。

〔註172〕《大學堂爲進口標本請免稅事呈學務大臣文》，光緒三十一年九月，京師大學堂檔案・全宗一・卷 59，北京大學檔案館藏。

必求品行端方，志趣閎遠，中學既具根柢，西學已諳門徑者，由各省督撫學政就近調考咨送。」〔註173〕而且，張百熙明確規定了在各省的選拔考試內容中，一定要有與自然科學有關的考題，「其考試之法，除中國經史大義首須考驗外，如算學、物理、歷史、輿地，條對詳明，方爲及格。至各生年歲，俱取三十以內者，由本省督撫學政逐加考驗合格，咨送來京。」〔註174〕通過考試後，錄取學生名額一般爲大省七名、中省五名、小省三名，「分別務於九月前考取足額，開具三代籍貫、年貌、履歷及原取試卷，一併咨送本大學堂，以憑復加考試，收入學堂肄業。」〔註175〕張百熙制定的招生辦法得到了清廷的批准，於是各地方官員按照要求，紛紛選送當地學生入大學堂復試就學。

以東北奉天地區爲例，光緒二十八年九月（1902年10月），當時的奉天學政根據大學堂規定，從本省內選拔招考大學堂師範學生。考題共計八道，有六道是自然科學方面的內容，其中數學考題有兩道，內容爲「設如平三角形底長四十二尺，大腰與中垂線之較十八尺，小腰與中垂線之較四尺，求兩腰及中垂線各幾何？」「斜剖方形以句且受馭之，若斜剖四不等邊形馭之當用何法？」〔註176〕物理學試題兩道，分別是「正電負電釋。」與「空氣傳音述。」〔註177〕地理試題兩道，依次爲「中國西北界山、東南濱海其控扼要害之區安在策。」與「徐氏《瀛寰志略》謂日本平列三大島，試證明誤策。」〔註178〕通過對這些題目的測驗，奉天學政最終挑選出曾有翼、貴恒、閻毓秀、鄒大庸、李樹滋等五名學生，咨送其入大學堂參加復試。奉天學政還將學生的履歷、考題與印結等一同送交大學堂，以備參考。在印結中，還附有對考生掌握的科學知識水平的評定，如對遼陽學生閻毓秀的評語，「依奉結得民籍廩生閻毓秀，委係學有根柢，講求西學，於算學、聲、光、電、化並圖繪等類皆

〔註173〕《奉天學政爲送師範生事咨大學堂》，光緒二十八年九月，北京大學綜合檔案・全宗一・卷19（二），北京大學檔案館藏。

〔註174〕《奉天學政爲送師範生事咨大學堂》，光緒二十八年九月，北京大學綜合檔案・全宗一・卷19（二），北京大學檔案館藏。

〔註175〕《奉天學政爲送師範生事咨大學堂》，光緒二十八年九月，北京大學綜合檔案・全宗一・卷19（二），北京大學檔案館藏。

〔註176〕《奉天學政爲送師範生事咨大學堂》，光緒二十八年九月，北京大學綜合檔案・全宗一・卷19（二），北京大學檔案館藏。

〔註177〕《奉天學政爲送師範生事咨大學堂》，光緒二十八年九月，北京大學綜合檔案・全宗一・卷19（二），北京大學檔案館藏。

〔註178〕《奉天學政爲送師範生事咨大學堂》，光緒二十八年九月，北京大學綜合檔案・全宗一・卷19（二），北京大學檔案館藏。

入門徑，年歲合格，並無冒濫等弊，所具印結是實。」〔註179〕再如，對考生鄒大庸的評語，「依奉結得民籍增生鄒大庸，委係學有根柢，講求西學，於算學猶入門徑，年歲合極，並無冒濫等弊，所具印結是實。」〔註180〕與奉天省的招考情形相似，雲南省也經過對各門科目的測驗，最終選拔出五名學生，送入大學堂復試，「臣即於九月初十、十二、二十五等日，分場按格局試三場，合校照額取定舉人袁嘉毅等五名，覆查均屬品行端放，志趣宏遠，中學既具根底，西學已諳門徑。」「委員齎解試卷，護送咨請大學堂復試，收館肄業。」〔註181〕

　　但是也有一些省份，由於當地學生對自然科學知識的掌握程度甚淺，而無法挑選出可入大學堂就讀的學生，其中甘肅省就是一例。光緒二十八年九月，甘肅學政就本省無合格學生可送入師範館一事，向大學堂呈報。在呈文中，甘肅學政提出甘肅地理偏僻，民風樸陋，科學知識未能廣泛傳播，其報考大學堂的人數也不多，「屢經考試，粗通勾股者不滿十人，如和較方圓諸法略具程序，用以推測高深廣遠，則度數參差不准，他如聲、光、氣、化，更無師承。送入京師大學堂驟無合格之選，本督部堂覆查確係實情。」〔註182〕可見，內陸地區科學教育的發展極其落後，當地學生對科學知識的瞭解十分貧乏。與甘肅省相似的情況，還有新疆、陝西等省，亦無有合格學生可以送入大學堂學習。據北京大學現存檔案顯示，除了奉天省咨送大學堂復試的五名學生、雲南省咨送五名學生外，其它外省送入大學堂參加復試的學生人數達八十六人，其中，直隸咨送學生十四名、山東咨送十一名、江西咨送十名、安徽咨送三名、江蘇咨送八名、浙江咨送五名、河南咨送四名、湖北咨送五名、福建咨送七名、湖南咨送五名、廣東咨送十一名、貴州咨送三名。〔註183〕

　　大學堂仕學館的招生工作也在持續地進行。仕學館的招生對象是從京內外官吏中挑選，因此大學堂向清廷各部院衙門發出招生通告，「本大學堂前經

〔註179〕《奉天學政為送師範生事咨大學堂》，光緒二十八年九月，北京大學綜合檔案・全宗一・卷19（二），北京大學檔案館藏。

〔註180〕《奉天學政為送師範生事咨大學堂》，光緒二十八年九月，北京大學綜合檔案・全宗一・卷19（二），北京大學檔案館藏。

〔註181〕中國第一歷史檔案館、北京大學編：《京師大學堂檔案選編》，北京：北京大學出版社，2001年，第183頁。

〔註182〕《甘肅學政為無合格學生送入大學堂事咨覆文》，光緒二十八年九月，北京大學綜合檔案・全宗一・卷19（一），北京大學檔案館藏。

〔註183〕參見《奉天學政為送師範生事咨大學堂》，光緒二十八年九月，北京大學綜合檔案・全宗一・卷19（二），北京大學檔案館藏。

奏定分設預備、速成兩科，業經奉旨准行在案，茲將速成一科先行開辦，內分仕學、師範二門，其仕學應考人員，按照原奏京官五品以下、八品以上，外官候選及因事留京者，道員以下、教職以上，皆準入仕學館肄業。除出示招考外，合將奏定考選章程咨呈貴部，如有貴衙門滿漢人員願與考試者，取具圖片印結，由本員呈請本衙門，咨送本大學堂定期收試。」〔註184〕

　　由各地選拔出來的學生，包括京師本地願入大學堂學習的人員，均要參加大學堂舉行的考試，考試通過後，方可正式入學。除了從各省挑選學生外，京師本地報考大學堂的學生也要參加含有自然科學科目的考試。對此，大學堂還制定了考選入學規定，報考仕學館的學生需要參加七門考試，分兩日舉行，其中有二門是科學科目的考驗，即「算學策一篇」、「物理策一篇」、「輿地策一篇」。〔註185〕七門考試中，「如有一二門其分數為無者，為不及格，不及格者不錄。」〔註186〕師範館的考試則有八門，分兩日或者三日舉行，其中屬於科學科目的考題有四門，即「算學、比例、開方、代數六問」、「中外地理學十二問」、「物理及化學六問」〔註187〕等。二十八年九月，大學堂公佈了招考告示，將考試時間定為當月的十三、十五兩日，「探聞開考日期，已奉管學大臣酌定於九月十三日頭場、十五日二場。」〔註188〕

　　考題內容以現在的水平衡量都比較簡單，只相當於今日的初中、小學水平，其中很多都是屬於常識性的內容，如大學堂師範館的算學考題共有十四道，既有代數題，又有幾何題。現舉其大要，如下所示，「問：三千九百十六以七百六十乘之，得數若干？」「問：今有六分之五、九分之八及十五分之七，求通分。」「問：今有代數二式如：三甲⊥二乙⊥丁丙 及二甲丁乙⊥五丙求其和。」「問：幾何學中所稱之圓何義？問：三角形內三角之和等於二個直角。以何法證之。」「問：圓內有四角形，其角與角相對，所加之和

〔註184〕中國第一歷史檔案館、北京大學編：《京師大學堂檔案選編》，北京：北京大學出版社，2001年，第180頁。
〔註185〕中國第一歷史檔案館、北京大學編：《京師大學堂檔案選編》，北京：北京大學出版社，2001年，第171頁。
〔註186〕中國第一歷史檔案館、北京大學編：《京師大學堂檔案選編》，北京：北京大學出版社，2001年，第171頁。
〔註187〕中國第一歷史檔案館、北京大學編：《京師大學堂檔案選編》，北京：北京大學出版社，2001年，第172頁。
〔註188〕《時事要聞》，《大公報》第百一十號，光緒二十八年九月初三日（1902年10月4日），第3頁。

等於二個直角。今宜以何法證之。」〔註189〕。師範館的物理學考題有六道，其內容分別是「問：物理學中所謂質物變化有三種變態。其三種變態若何，試論之。」「問：動力與靜力之區別。」「問：鐵艦浮水面其理若何？」「問：攝氏寒暑表與華氏寒暑表之區別若何？」「問：以杖植水中若見其曲折之影者其理若何？」「問：何謂光線之屈折？」〔註190〕師範館的化學考試題亦為六道，其題目依次是「問：化學之變與物理學上所謂之變化，其區別若何？問：水系由何氣而成？問：物體之燃燒，其理若何？問：呼吸之理能化學解之否？問：有謂太陽光線由七色而成，能以何法證之？問：化學中原質之分類。」〔註191〕地理試題數量最多，共計二十四道，分為外國地理與中國地理兩類題型。因篇幅限制，現舉其大要略述之，其中屬於外國地理的考題內容有如「問：中國京師與英國倫敦時差凡八點鐘，試求其理。」「問：從中國京師往英國倫敦其水程幾何？並沿途所經要地，能指其名否。」「問：亞細亞洲之水分四向而流，試明何方之水流為最長，何方之水流為最短。」〔註192〕關於中國地理題考題的題目則有如「問：東三省至大川流，試舉其名目及流域所經之地。」「問：長江流域在中國為最廣，試略明其流域之界。」〔註193〕由以上這些題目，可以反映出當時的學生在未入大學堂學習之前，對科學知識的掌握程度。然而與師範館相比，仕學館的考題更為簡單，其物理題與算學題都屬於論述性質的，如算學題中的「明季西人法中國頗有異同，然其理無爽，其借根方代數諸術以中國何法當之？」「國朝算家著作尤繁，自宣城梅氏之外，更推誰氏？能專精西法者厥有幾家？其各舉所知以對。」〔註194〕物理試題則為「問：政治社會等學為考求人事之學，物理學為考求宇宙萬物理法之學，今以物理學之原理運用於政治社會等學，其運用之法若何？」

〔註189〕《京師大學堂頭場題目》，《大公報》第百二十四號，光緒二十八年九月十七日（1902年10月18日），第4頁。

〔註190〕《京師大學堂二場題目》，《大公報》第百二十五號，光緒二十八年九月十八日（1902年10月19日），第4頁。

〔註191〕《京師大學堂二場題目》，《大公報》第百二十五號，光緒二十八年九月十八日（1902年10月19日），第4頁。

〔註192〕《京師大學堂二場題目》，《大公報》第百二十五號，光緒二十八年九月十八日（1902年10月19日），第4頁。

〔註193〕《京師大學堂二場題目》，《大公報》第百二十五號，光緒二十八年九月十八日（1902年10月19日），第4頁。

〔註194〕《京師大學堂頭場題目》，《大公報》第百二十三號，光緒二十八年九月十六日（1902年10月17日），第3、4頁。

「問：開民智要在普及物理學，其普及之良法若何？」〔註195〕通過對這些科學考題與其它科目的測驗，大學堂師範館錄取學生五十六名，仕學館錄取學生三十六名，而原報考師範館者有三百七十人，報考仕學館的學生則有一百六十五人。但此次錄取人數仍不足額，因此大學堂又發佈了續行招考公示，「本大臣深悉前次未及趕到之人甚多，又時值鄉試甫竣，亦多趲程不及，合即出示續行招考。」〔註196〕續考時間定於十月十七、十月十九兩日。

　　爲了能夠吸引更多的學生進入大學堂接受科學教育，張百熙還向清廷提出今後要對大學堂各類畢業學生給予一定功名，「恭繹歷次諭旨，均有學生學成後賞給生員、舉人、進士明文，此次由臣奏准，大學堂豫備、速成兩科學生卒業後，分別賞給舉人、進士。」〔註197〕在科舉考試尚未廢除的情況下，爲了給科學教育在大學堂內贏得足夠的發展空間，張百熙努力將大學堂所辦的科學教育與科舉考試融合在一起，他規定師範館的學生，在入大學堂前已獲得一定的功名，如原係生員者，在通過師範館第四年的畢業考試後，准予其爲貢生，而「原係貢生者，准作舉人，原係舉人者，准作進士，均候旨定奪，分別給予准爲各處學堂教習文憑。」〔註198〕對於一些已經獲得進士出身的學生，「不必再入高第學堂肄業，概歸仕學館學習。」〔註199〕若已獲得舉人頭銜的學生也「不必再入中學堂肄業，如願入高等學堂者，卒業後送京師大學堂覆考及格，加給學堂舉人文憑，並奏明給予內閣中書銜，毋庸帶領引見。」〔註200〕大學堂還允許在讀的各類學生按時參加科舉考試，並根據考試路途的遠近給定假期，「凡在堂肄業學生，均准其照例應鄉、會試，於給假之日，由學堂按照路途遠近予以期限，中式者若干日，不中式者若干日，均不得逾期

〔註195〕《京師大學堂二場題目》，《大公報》第百二十五號，光緒二十八年九月十八日（1902 年 10 月 19 日），第 3 頁。

〔註196〕《時事要聞》，《大公報》第百三十四號，光緒二十八年九月二十七日（1902 年 10 月 28 日），第 4 頁。

〔註197〕中國第一歷史檔案館、北京大學編：《京師大學堂檔案選編》，北京：北京大學出版社，2001 年，第 162、163 頁。

〔註198〕中國第一歷史檔案館、北京大學編：《京師大學堂檔案選編》，北京：北京大學出版社，2001 年，第 163 頁。

〔註199〕中國第一歷史檔案館、北京大學編：《京師大學堂檔案選編》，北京：北京大學出版社，2001 年，第 164 頁。

〔註200〕中國第一歷史檔案館、北京大學編：《京師大學堂檔案選編》，北京：北京大學出版社，2001 年，第 164 頁。

輟業。」〔註 201〕

除了通過考試選拔學生入大學堂就讀外，清廷還要求自光緒二十九年開始，通過科舉考試新晉爲編修、中書等職位官員一律先入大學堂接受科學教育，「現在學堂初設，成材尚需時日……進士入官之始，尤應加意陶成，用資器使，著自明年會試爲始，凡一甲之授職修撰編修，二、三甲之改庶吉士用部屬中書者，皆令入京師大學堂分門肄業。」〔註 202〕清廷對這些官員在大學堂的學習要求也較爲嚴格，不僅有著明確的考勤規定，「如有因事告假及學未卒業者，留俟下屆考試……如因事告假及學未及格，必俟補足年限課程，始准作爲學習期滿，其即用知縣簽分到省，亦必入各省課吏館學習，由該督撫按時考核，擇其優者立予敘補。其平常者，仍留肄習，再行酌量補用。」〔註 203〕而且提出將根據其在大學堂內學習成績，參酌錄用，「其在堂肄業之一甲進士庶吉士，必須領有卒業文憑，始准送翰林院散館，並將堂課分數於引見排單內注明，以備酌量錄用。」「分部司員及內閣中書，亦必須領有卒業文憑，始准奏留歸本衙門補用。」〔註 204〕清廷通過這種方式，擴大了科學教育的接受對象，拓展了科學知識的傳播範圍，更新了朝廷官員的知識結構，從某種意義上講，這也是清廷所做出的以新學代舊學、以新人換舊人的努力嘗試。

在各項籌備工作都進行完畢後，光緒二十八年十一月（1902 年 12 月），中斷了兩年之久的京師大學堂終於重新開學了。此次大學堂開學授課，校舍仍位於舊址馬神廟處，但校園內的講堂、齋舍等都經過了重新整修，「屋宇之規模，美輪美奐，較初次所創，尤爲整齊。」〔註 205〕被大學堂錄取之住堂學生自十一月初三開始，便已陸續搬入。十一月十八日，京師大學堂正式開學。開學當天，大學堂舉行了隆重的開學典禮。現存的學部檔案還保留著對開學

〔註 201〕中國第一歷史檔案館、北京大學編：《京師大學堂檔案選編》，北京：北京大學出版社，2001 年，第 164 頁。

〔註 202〕中國第一歷史檔案館編：《光緒宣統兩朝上諭檔》第二十八冊，桂林：廣西師範大學出版社，1996 年，第 281 頁。

〔註 203〕中國第一歷史檔案館編：《光緒宣統兩朝上諭檔》第二十八冊，桂林：廣西師範大學出版社，1996 年，第 281 頁。

〔註 204〕中國第一歷史檔案館編：《光緒宣統兩朝上諭檔》第二十八冊，桂林：廣西師範大學出版社，1996 年，第 281 頁。

〔註 205〕《時事要聞》，《大公報》第百十九號，光緒二十八年九月十二日（1902 年 10 月 13 日），第 3 頁。

當天進行各種儀式的記錄,「十八日午刻開學,提調率學生仍依齋合次序魚貫而行,詣聖人堂前月臺下行禮。」「祀禮畢,管學大臣更衣,堂提凋率兩館學生由院右門出,至前堂階下分班北面立。總、正、分、助各教習,序立於東階下西南面。編譯局及堂中執事各員,序立於西階下東南面。堂提凋俟學生班定,仍入執事各員班內。管學大臣出臨前及階。兩館學生北面三揖,謁見管學大臣,又東北三揖謁見總正分助教習,均答揖。又西北面與編譯執事各員行相見禮,彼此一揖。堂提凋率兩館學生各歸齋舍。」〔註206〕在歷經種種艱難坎坷後,大學堂終於重新開學授課,大學堂科學教育不僅得到了恢復,而且自此之後,進入了一個相對平穩而快速發展的時期。京師大學堂的二次開學,標誌著人學堂科學教育的發展進入了一個新的階段。

本章小結

　　晚清以來,中西文化間的衝突與融合在反反覆覆地進行著。近代中國人一直不甘於受人欺凌的現狀,不得不拿起西方的武器去對抗西方。既要學習西方,又要反對西方,複雜的民族情感,在這樣的歷史際遇下,呈現出不同的表現形式。儘管與其它學科知識相比,自然科學有著明顯的中立性,然而在近代中國的大背景下,卻依舊與民族意識交織在一起。京師大學堂科學教育在近代中國所遇到的挫折與阻力,便深刻揭示出學習西方科學技術與民族觀念之間的複雜關聯。上至朝廷官員,下至平民百姓,儘管曾在生產、生活中潛移默化地接受了科學帶來的益處,可是一旦民族熱情高漲,連同科學技術在內的來源於西方的事物,總要受到各種株連。

　　庚子事變對正處於起步階段的大學堂科學教育,造成了重大的破壞,但終究無法壓抑科學教育強勁的生命。在創深痛劇的戰爭過後,清廷立即著手復建大學堂科學教育。新任管學大臣張百熙為重辦科學教育做出了重要的貢獻。在他的主持下,大學堂重建工作加快進行。大學堂科學教育的重新開辦,不是單純恢復至庚子事變前的舊制,而是要在原來的基礎上進一步擴大規模,為此,京師大學堂派出總教習吳汝綸,赴日本考察學務。吳汝綸使日期間,針對日本京都大學、東京大學等高校實施的科學教育,進行了詳細考察。吳汝綸訪日的收穫,成為京師大學堂參考、借鑒的重要資源。在汲取日本辦

〔註206〕《大學堂告示底冊》,光緒二十八年十一月,學部‧教學學務‧卷 67,中國第一歷史檔案館藏。

學經驗的基礎上，加之張百熙等人的努力探索，大學堂科學教育得到了重新佈局。師範館、仕學館內科學課程的設置，以及預備科中藝科、政科的劃分，取代了先前普通學——專門學的課程教學模式，促進了大學堂科學教育的深入開展，同時，清廷也為科學教育的恢復重建投入了大量的資金。種種舉措都表明大學堂科學教育的實施，已走上正軌，步入了一個新的歷史階段。

　　在經歷了各種波折後，京師大學堂科學教育開始進入其發展的黃金時期。

第四章 復學後大學堂科學教育的開展

一、科學教育制度的逐步完善

　　隨著京師大學堂重新開辦，學生們陸續入校就讀，科學教育在大學堂內的開展也進入了一個逐步完善、積極發展的新階段。這一時期，大學堂不僅在師範館、仕學館與預備科內有序推進科學課程的實施，而且還對分科大學，尤其是與自然科學相關的專業進行了詳細規劃，並予以初步創建，由此，大學堂科學教育得到進一步開拓。

1、奏定大學堂章程與科學課程的編排

　　大學堂二次開學後，師範館、仕學館等各部門的學生紛紛進館學習，雖然這些學生的畢業尚需時日，但身為管學大臣的張百熙卻已經開始籌劃下一步如何設置分科大學，如何在分科大學中實施科學教育。張百熙一直認為分科大學的開辦要盡早規劃，盡早建設，一旦出現問題可以及時解決。為此，他多方咨訪，與有關人員反覆商酌。在此時期，湖廣總督張之洞於辦理學務頗負盛名，其在湖北經辦之學堂成效顯著，「學堂為當今第一要務，張之洞為當今第一通曉學務之人……」〔註1〕因此，張百熙向朝廷請求添派張之洞會同辦理大學堂各項事宜，共同籌劃科學教育日後的開展，「京師大學堂為學術人才根本，關係至重，考究宜詳，自上年奉旨開辦以來……學堂尤政務之大端，所關更重，伏懇天恩，特派該督會同商辦京師大學堂事宜。」〔註2〕

〔註1〕　朱壽朋編：《光緒朝東華錄》第五冊，北京：中華書局，1958 年，總第 5036頁。

〔註2〕　朱壽朋編：《光緒朝東華錄》第五冊，北京：中華書局，1958 年，總第 5036、

張百熙的意見得到了朝廷的採納。慈禧太后命張之洞會商張百熙、榮慶共同辦理大學堂。慈禧太后在召見張之洞時，還特別對其叮囑「汝於學務閱歷甚久，如有應行興革之處，可隨時到大學堂與張百熙、榮慶商辦。」〔註3〕

張之洞進京後，便開始與張百熙等人就大學堂科學教育的開展進行會商。經過半年多時間的籌劃與磋商，張百熙、張之洞等人終於就大學堂內如何深化科學教育的實施等一系列問題，製成了方案，上報於清廷。這份方案很快得到了清廷的批准，頒行全國，即近代史上著名的奏定大學堂章程。此章程最顯著地特點就在於其對分科大學的設定，特別是對分科大學中科學課程的周密部署與安排。

管學大臣張百熙此前曾提出過大學堂應有七門分科，但是新章程則規定大學堂正科分爲八科，即經學科、政法科、文學科、商科、格致科、工科、農科、醫科，其中屬於自然科學類的主要是格致科、工科、農科、醫學科。關於此四類學科科學課程的設置與編排，章程上有著明確詳細的規定。雖然這只是大學堂分科大學發展的前期方案，卻反映出隨著科學教育的不斷發展，學術分科的觀念已爲社會所廣泛接受，而且它作爲「新政」時期大學堂科學教育的實施綱領，有力地促進了科學教育在日後學堂中的深入開展。

在奏定大學堂章程中，京師大學堂規定格致科下設六門專業，即算學門、物理學門、星學門、化學門以及地質學門與動植物學門。每門專業之內都制定了詳細的課程名目。其中設置課程數量最多的是物理學門與動植物學門。物理學門在三年之內開設的課程達到了二十餘門，分別是力學、應用力學、天文學、物理學、物理學實驗、物理實驗法最小二乘法、理論物理學演習、數理結晶學、氣體論、物理化學、化學實驗、音論、毛管作用論、應用電氣學、電磁光學論、物理星學、星學實驗、微積分、幾何學、微分方程序論及橢圓函數論、球函數、函數論等課程。動植物學門設置課程的數量也將近二十門，依次是普通動物學、骨骼學、動物學實驗、普通植物學、植物識別及解剖實驗、植物分類學、植物學實驗、有脊動物比較解剖、植物解剖及生理實驗、組織學及發生學實驗、人類學、寄生動物學、黴菌學實驗、地質學、生理化學及實驗、礦物及岩石實驗、生理學、古生物學、實地研究等課

5037 頁。

〔註3〕 《時事要聞》，《大公報》第三百六十九號，光緒二十九年閏五月初八（1903年7月2日），第2頁。

程。〔註 4〕格致科中開設科學課程數量最少的是算學門，規定課程門類只有十一門，主要是微積分、幾何學、代數學、算學演習、力學、函數論、部份微分方程序論、代數學及整數論、理論物理學初步、理論物理學演習、物理學實驗等。星學門則包含微積分、幾何學、算學演習、星學及最小二乘法、球面星學、實地星學、星學實驗、力學、部份微分方程序論、函數論、光學、天體力學、理論物理學初步、理論物理學演習、天體物理學、物理學實驗等課程。〔註5〕（格致科化學門與地質學門的課程設置將在下節著重論述。）

京師大學堂工科被奏定大學堂章程要求設置九類專業，即機器工學門、造兵器學門、造船學門、火藥學門、土木工學門、建築學門、電氣工學門、採礦冶金學門、應用化學門。與格致科相比，工科各專業在三年的時間中，開設的課程門類普遍較多，因受篇幅限制，本文僅取其代表性的專業，略為闡述。

與其它專業相比，工科造船學門設置的課程數量最少，但也將近二十門課，其主要是算學、力學、應用力學、熱機關、機器學、機器製造學、冶金製器學、水力學、水力機、造船學、應用力學製圖及演習、計劃及製圖、船用機關計劃及製圖、蒸氣、實事演習、船用機關、電氣工學大意、火器及火藥等；應用化學門的課程門類，也相對較少，分別是無機化學、有機化學、製造化學、冶金學、冶金製器學、礦物學及礦物識別、化學分析實驗、計劃及製圖、電氣化學、工業分析實驗、製造化學實驗、試金術及試金實習、實事演習、熱機關、機器學、水力學、應用力學、房屋構造、電氣工學大意、火藥學大意等課程。在工科九類專業中，造兵器學門是課程數量較多的專業，其課程門類達二十七門，即算學、力學、應用力學、熱機關、機器學、水力學、水力機、冶金學、機器製造法、應用力學製圖及演習、機器製圖、炮外彈路學、小槍及大炮、彈丸、炮架及車輛、水雷、蒸氣、鑄鐵學、化學實驗、計劃及製圖、實事演習、冶金製器學、特別講義、火藥學、電氣工學大意、造船學大意、射擊表編設等課程。火藥學門也被要求設置二十五門課程，分別是算學、力學、應用力學、火藥學、小槍及大炮、無機化學、有機化學、製造化學、化學分析實驗、炮外彈路學、彈丸、炮架及車輛、水雷、工業分

<hr/>

〔註 4〕　參見《奏定大學堂章程》，湖北學務處本，清光緒二十九年，第 42、43、45、46 頁。

〔註 5〕　參見《奏定大學堂章程》，湖北學務處本，清光緒二十九年，第 38、40 頁。

析實驗、製造化學實驗、計劃及製圖、實事演習、特別講義、機器學、熱機關、水力學、電氣工學大意、冶金製器學、房屋構造、機器製圖等課。〔註6〕工科中其餘的專業，如機器工學門、電氣工學門、火藥學門等也都規劃了二十餘類科學課程，其中機器工學門向學生開設的課程有二十二門，它們是算學、力學、應用力學、熱機關、機器學、水力學、水力機、機器製造學、應用力學製圖及演習、計劃製圖及實驗、蒸氣及熱力學、機器幾何學及機器力學、船用機關、紡織、機關車、實事演習、特別講義、電氣工學大意、電氣工學實驗、冶金製器學、火器及火藥、房屋構造等。電氣工學門也設有二十二門科學課程，依次是算學、力學、應用力學、熱機關、水力學、水力機、機器學、電氣及磁氣、電氣及磁氣測定法、機器製圖、化學實驗、電氣及磁氣實驗、電信及電話、電燈及電力、發電機及電動機、電氣化學、蒸氣、冶金製器學、電氣工學實驗、計劃及製圖、實事演習、特別講義等等。〔註7〕（工科土木工學門與採礦及冶金學門的課程設置將在下節著重論述。）

　　在奏定大學堂章程中，農科大學分設四類專業，即農藝化學門、農學門、獸醫學門以及林學門。其中，林學門與獸醫學門是設置科學課程最多的兩個專業。林學門在三年的時間裏，共設置了三十五門課程，依次是森林算學、地質學及土壤學、氣象學、森林物理學、最小二乘法及力學、森林植物學、植物生理學、森林動物學、林學通論、森林測量、造林學、植物學實驗、動物學實驗、造林學實習、森林測量實習、實事演習、樹病學、森林化學、森林利用學、森林道路、森林保護學、森林經理學、森林理水及砂防工、森林化學實驗、森林道路實習、林政學等。農科獸醫學門設置的課程也達三十餘門之多，主要有獸體解剖學、獸體組織學、病理通論、外科手術實習、蹄鐵法、獸體解剖學實習、獸體組織學實習、蹄鐵法實習、家畜飼養論、酪農論、外科學、內科學、病獸解剖學及實習、病獸組織學及實習、蹄病論、家畜病院實習及內外科診斷法、畜產學、皮膚病學、寄生動物學、馬學、動物疫論、產科學、眼科學、胎生學、生理學、衛生學、黴菌學、檢驗醫學、獸醫警察法、乳肉檢查法、藥物學、調劑法實習等課。〔註8〕（農科農學門與農藝化學

〔註6〕　參見《奏定大學堂章程》，湖北學務處本，清光緒二十九年，第 61、62、63、64、71、72 頁。

〔註7〕　參見《奏定大學堂章程》，湖北學務處本，清光緒二十九年，第 59、60、65、66 頁。

〔註8〕　參見《奏定大學堂章程》，湖北學務處本，清光緒二十九年，第 53、54、55、

門兩專業的課程設置將在下節著重論述。）

分科大學中的醫科只設立兩類專業，即醫學門與藥學門，其學制各為四年與三年。醫科醫學門在四年時間裏，一共計劃設置二十九門科學課程，依次是中國醫學、生理學、病理總論、胎生學、外科總論、外科各論、內科總論、內科各論、婦科學、產科學、產科模型演習、眼科學、捆紮學實習、醫化學實習、精神病學、衛生學、藥物學、檢驗醫學、外科手術實習、檢眼鏡實習、皮膚病及黴毒學、黴菌學、診斷學、處方學、藥物學實習、外科臨床講義、內科臨床講義、婦科臨床講義、兒科臨床講義等等；藥物學門則在三年的時間裏，設置了十七門課程，分別為中國藥材、製藥化學、藥用植物學、分析術實習、製藥化學實習、植物學實習及顯微鏡用法、生藥學、檢驗化學、衛生化學、植物分析法實習、生藥學實習、有機體考究法、調劑學、檢驗化學實習、衛生化學實習、調劑學實習、藥方使用法實習等課。〔註9〕

在以上四科就讀的學生，至其最後一年畢業時，均需「呈出畢業課藝及自著論說。」雖然張之洞、張百熙等人制定的具體課程名目繁多，但學生們在實際的學習過程中，可以參用國外已出版的簡要課本及各種教輔資料，「以上各專門科學，均參酌外國大學堂分科大學之科目，酌量刪減而後編定，子目雖繁，然外國俱有簡要課本，卷帙並不為多，況在大學又皆以教師之講義為主，並非尋章摘句者比。」〔註10〕這樣便於學生掌握課程內容，降低畏難的心理，而且每天課上的時間不是很多，課業負擔也並不沉重，「且功課名目雖多，而每日講堂鐘點，除實習實驗外，至多不過四點鐘，仍以自行研究為主。三年之久，實不得誣為繁難。」〔註11〕

除了科學課程的規劃外，奏定大學堂章程還對科學儀器、實驗設備的配置，作出了明確要求。實際上，早在大學堂二次開學之前，張百熙就對大學堂實驗器材的配備提出過要求，「堂內所應備者，曰圖書……曰時辰表，曰風雨表，曰寒暑表，以及圖畫、算學、物理、化學、地質、礦學、輿地、體操之各種器具標本模型，皆隨時購置，以應各學科之用。」〔註12〕而此次新章

56 頁。

〔註9〕 參見《奏定大學堂章程》，湖北學務處本，清光緒二十九年，第 33、34、36 頁。

〔註10〕《奏定大學堂章程》，湖北學務處本，清光緒二十九年，第 80 頁。

〔註11〕《奏定大學堂章程》，湖北學務處本，清光緒二十九年，第 80 頁。

〔註12〕中國第一歷史檔案館、北京大學編：《京師大學堂檔案選編》，北京：北京大學出版社，2001 年，第 169 頁。

程規定的更爲明晰，即各分科大學根據自身學科門類的特點，「設置通用講堂及專用講堂，以便教授。各種實驗室、列品室及其它必須諸室，各分科大學均宜全備。」「學堂應用各種器具機器、標本模型，各分科大學均宜全備。」〔註13〕不僅講堂的建造要符合一定規格，「物理、化學及博物之專用講堂，其學生坐位，宜用階段之式，其其各階段之高，以五六寸爲度，並宜特設暗室。」〔註14〕而且一些分科大學應遵照教學要求，建造各種實驗場所，如格致科「當置附屬天文臺以備觀測，並置附屬植物園、附屬動物園，以資學生實地研究，一以聽外人觀覽，使宏多識。」〔註15〕農科大學由於對實驗田地的需要，因而適宜在郊區擇地，與其它分科大學分離，「各分科大學宜設置於一處，惟農科大學可別擇原野、林麓、河渠附近之地設之。」「農科大學當置農場、苗圃、果園及附屬演習林，使得練習實業，並置家畜病院，使實究獸醫學術。」〔註16〕醫科大學則應建立附屬醫院，既可以對外來病人進行診治，還可以爲學生提供臨床實習。

由以上可見，奏定大學堂章程不僅在大學堂科學學科的整體發展上作出了宏觀指向，而且對每一具體學科內科學課程的設置也進行明確規範，即所謂的「條分縷晰，立法周備」。奏定大學堂章程的制定與頒行，爲大學堂科學教育，尤其是分科大學的科學教育在清末時期的開展確立了制度上的合法性與建設上的方向性，使得大學堂科學學科在日後的各項建設中有據可依。它不僅優化了大學堂學科的佈局，而且促進了大學堂科學教育向著正規化、效率化的培養模式轉變。奏定大學堂章程也因此成爲京師大學堂科學教育發展中的一座里程碑。當然，這份章程並不是憑空出現的，而是建立在大學堂實施科學教育既有經驗的基礎之上，並且大力吸收了日本等國開辦大學科學教育的辦法。因此，這份章程既是大學堂科學教育的階段性成果，同時又進一步推動科學教育深化實施。

隨著奏定大學堂章程的頒佈，大學堂的科學教育迎來了一個前所未有的發展機遇。自癸卯學制的頒佈至辛亥革命這十年是大學堂科學教育平穩而快速的發展時期，大學堂內專業與課程的設置逐步優化，用於開展科學實驗的

〔註13〕 《奏定大學堂章程》，湖北學務處本，清光緒二十九年，第 84 頁。

〔註14〕 《奏定各學堂管理通則》，璩鑫圭、唐良炎編：《中國近代教育史資料彙編——學制演變》，上海：上海教育出版社，1991 年，第 486、487 頁。

〔註15〕 《奏定大學堂章程》，湖北學務處本，清光緒二十九年，第 84 頁。

〔註16〕 《奏定大學堂章程》，湖北學務處本，清光緒二十九年，第 84 頁。

各種器具設備亦日漸豐富。在大學堂科學教育的帶動下，自然科學知識在近代中國社會中得到了大力弘揚與深入傳播，科學教育的價值亦爲社會所廣泛接受。

2、格致科、工科、農科等分科大學的組建

京師大學堂自光緒二十八年（1902 年）二次開學後，科學教育的對象一直是師範館、預備科以及其它附屬機構中的各級學生。實際上，在大學堂存在的十餘年時間裏，這些學生一直是接受科學教育的主要對象。分科大學的科學教學方案雖然在奏定京師大學堂章程中，做出了明確而細緻的規劃，但由於預備科的學生尚未畢業，各省高等學堂也無合格人選輸送，因此，在相當長的一段時間裏，大學堂分科大學的招生授課一直停留在計劃之中。

光緒三十一年（1905 年），時任大學堂總監督〔註17〕的張亨嘉曾向清廷提出，大學堂校舍亟應擇地擴建，以爲大學堂各分科大學日後的開辦做準備。張亨嘉在奏摺中指出，隨著大學堂科學教育的重新開展，二次開學後學生人數日益增多，用於實施科學教學的講堂、實驗室等也需要隨之擴建，而目前大學堂的校舍已不敷使用，「現在大學堂係故宅改造，未能悉合程度，臣受事以來，學生漸增至五百餘人，齋舍、講堂次第推廣，其理化、博物各堂及實驗室、陳列室等所需增多，而堂中已無隙地可圖再拓矣。」〔註 18〕他提出大學堂的預備科既然已經開辦，分科大學的籌建也應提到議事日程上來，不容滯緩，「京師既設預備科，按照高等學堂程度而教之，專門科學之始基立矣，而各省高等學堂亦經開辦，其一二年後，畢業之優等生均應升入分科大學，若非早爲之所，屆時各省學生雲集輦轂，無以相處，勢將悉數否回。」〔註 19〕張亨嘉還針對當時有人關於分科大學暫緩建立的觀點進行了回應，「顧或現無大學合格之學生，應從緩議辦者，臣詳加體察，殊覺其不然。」〔註 20〕他強

〔註17〕京師大學堂的負責人在 1904 年以前，一直稱爲管學大臣。當時的京師大學堂不僅是全國的最高學府，而且還是當時國家最高教育行政機關，因此大學堂管學大臣還須統管全國教育事宜。奏定學堂章程頒行後，清廷設立總理學務處，並將管學大臣改爲學務大臣，掌管全國學務，而另設京師大學堂總監督，專職管理大學堂各項事務。光緒二十九年十二月二十一日（1904 年 2 月 6 日），張亨嘉被清廷任命爲首任大學堂總監督。

〔註18〕中國第一歷史檔案館、北京大學編：《京師大學堂檔案選編》，北京：北京大學出版社，2001 年，第 279 頁。

〔註19〕中國第一歷史檔案館、北京大學編：《京師大學堂檔案選編》，北京：北京大學出版社，2001 年，第 279 頁。

〔註20〕中國第一歷史檔案館、北京大學編：《京師大學堂檔案選編》，北京：北京大

調自二次開學以來，科學教育在大學堂內已辦有數年，其歷經坎坷，發展至今，雖然大學堂培養的學生尚未完全畢業，但是大學堂以實際行動推動了整個社會對科學教育的重視，促進了社會風氣的轉變，而且眼下東西方各國皆以發展科學技術作爲強國要務，「夫東西各國，國勢人才駸駸，焉不能抵制者，其本則在上下一心，殫精竭慮，以求實學耳，其所以上下一心，殫精竭慮，以求實學者。」〔註21〕而大學堂分科大學推遲建立，必然影響到科學教育的深入實施，進而對本國科技力量的發展形成制約，仍不能改變落後於東西方強國的局面，「蓋列強並峙，彼有所優，則此有所絀，苟人益精進，我乃墨守舊習，必致窳敗凌夷……日本東瀛三島耳，而立兩大學，生徒四千餘人，吾中國故文明大國也，臣愚以爲亦宜建一大學，以樹首善風聲，國體攸關，人心所繫，計無有亟於此者。」〔註22〕因此，張亨嘉向清廷反覆強調大學堂分科大學的開辦切不可延緩，「……內按本國之情形，旁稽環球之大勢，似分科大學，乃強弱盛衰之關鍵，不容置爲緩圖。」〔註23〕

與此同時，張亨嘉還提出他爲分科大學預先選定了兩處校址，一爲廣寧門外瓦窯附近，一爲德勝門外附近，「今京師大學堂內分八科，需地甚廣，臣遍查內城及南城以內，均無此空曠合用之地，惟廣寧門瓦窯有地一所，又出德勝門數里外有地一所，廣輪之數，均合程度。」〔註24〕他提出瓦窯之地，可以隨時拓展，而德勝門處的校址，則需要朝廷派人赴現場查實。至於分科大學校舍的具體建造，他主張仿照國外大學成例，並建議清廷選派人員赴海外考察國外各大學建造之法，親臨現場，方有心得。

慈禧太后在接到張亨嘉的奏報後，立即命學務處就籌建分科大學一事進行議奏。學務大臣認爲，京師大學堂推行科學教育，雖已有些時日，並且也取得了一定的成效，但由於目前各種條件所限，八科大學難以同時開辦，他建議先行開辦其中的四科，在這四科大學中屬於自然科學類的是格致科大學

學出版社，2001年，第279頁。

〔註21〕 中國第一歷史檔案館、北京大學編：《京師大學堂檔案選編》，北京：北京大學出版社，2001年，第279頁。

〔註22〕 中國第一歷史檔案館、北京大學編：《京師大學堂檔案選編》，北京：北京大學出版社，2001年，第279、280頁。

〔註23〕 中國第一歷史檔案館、北京大學編：《京師大學堂檔案選編》，北京：北京大學出版社，2001年，第280頁。

〔註24〕 中國第一歷史檔案館、北京大學編：《京師大學堂檔案選編》，北京：北京大學出版社，2001年，第281頁。

與工科大學,「查奏定大學堂章程分列八科,目前驟難全設,擬先設政法科、文學科、格致科、工科,以備大學預科及各省高等學堂學生畢業後考升入學,此外四科以次建置。」〔註25〕對於張亨嘉所選定的兩處校址,學務處派員進行了仔細勘查丈量,認爲德勝門處的校址優於廣寧門瓦窯處,「勘得德勝門外舊有操場一大段,東西相距四百八十丈,南北相距四百一十四丈,比之瓦窯地方,寬廣幾多一倍。」〔註26〕因此德勝門外操場之地可以作爲大學堂分科大學的校址。此外,學務大臣也表示同意大學堂總監督張亨嘉關於將廣寧門外瓦窯之地留作農科大學使用,「瓦窯地方則留以專辦農科,查農科需地較廣,萬不能與各科並設一處,日本農科亦係另設。該地宜於種植,以之專辦農科亦屬相宜。」〔註27〕學務處與京師大學堂的意見基本一致,都希望盡快開辦分科大學,但此後大學堂分科大學的籌建工作一直沒有取得實質性的進展。

　　直到京師大學堂預備科、師範科學生畢業期限的臨近,分科大學的開辦才再次被提上議程。光緒三十四年七月(1908 年 8 月),時任學部尙書張之洞再次向朝廷奏請成立分科大學。他提出大學堂預備科的學生畢業在即,因此分科大學亟需組建,而奏定大學堂章程制定的關於分科大學的八科專業,應同時設立,缺一不可,「查分科大學列爲八科,經學、法政、文學、醫科、格致、農科、工科、商科,皆所以造就專門治人才,研究精深之學業,次第備舉,不可缺一。」〔註28〕對於德勝門處的校場之地,張之洞亦派人覆查,認爲確實可以作爲大學堂分科大學的校址,「查德勝門外校場地方……當經派員詳細勘估、圈築地基,繪具圖式,分建各科大學,該處地方廣闊,遠隔市塵,以之建造經、法、文、醫、格致、工、商等七科均屬敷用。」〔註29〕但是學部同時提出,該地區的地形較高,不利於引水,不適宜作爲農科大學

〔註25〕中國第一歷史檔案館、北京大學編:《京師大學堂檔案選編》,北京:北京大學出版社,2001 年,第 291 頁。

〔註26〕中國第一歷史檔案館、北京大學編:《京師大學堂檔案選編》,北京:北京大學出版社,2001 年,第 291 頁。

〔註27〕中國第一歷史檔案館、北京大學編:《京師大學堂檔案選編》,北京:北京大學出版社,2001 年,第 291、292 頁。

〔註28〕朱壽朋編:《光緒朝東華錄》第五冊,北京:中華書局,1958 年,總第 5968 頁。

〔註29〕朱壽朋編:《光緒朝東華錄》第五冊,北京:中華書局,1958 年,總第 5968 頁。

的場地。因此，德勝門處可以為其它七科大學所用，而農科大學的校址則被重新選定於阜成門附近的望海樓處。張之洞還特別提出可以在該地開濬溝渠，以作農事試驗場。

學部還多次向朝廷提出興建分科大學關鍵在於資金的落實，希望朝廷能夠及時下撥經費，加快分科大學的籌建進度。張之洞要求清廷應為分科大學的興建撥銀二百萬兩，但鑒於目前國家資金緊張，財政困難，因此建議清廷採取分期撥款的形式，每年下撥一定數目的經費，逐年累積「……准由度支部撥給開辦經費二百萬兩，分為四年撥給，每年五十萬兩，俾資應用。仍分年籌撥，應付或不至為難，而建築設備所需，更可以從容籌備，逐漸擴充……」〔註30〕如此分四年逐步撥給，既能減輕朝廷的財政壓力，又不至於延誤分科大學的開辦。學部一直強調大學堂八科設學意義重大，不可緩建，皆須具備，「按照奏定章程，大學應分設八科……門目均屬緊要，缺一即不完備。」〔註31〕學部關於大學堂開辦分科大學的這一系列意見先後得到清廷的允准，由此分科大學的創辦進入了實質性的階段。

根據奏定大學堂章程的規定，京師大學堂的八科大學共有四十六門專業，但在當時的條件下，這四十六門專業一時辦齊確有難度。為此，大學堂向學部提議暫時開辦其中的部份專業。時任大學堂總監督的劉廷琛提出，可以先建立格致科與工科，而格致科內則先開辦物理學門與化學門；工科內先開辦土木工學門、機器工學門以及採礦冶金學門，而且格致科與工科兩處校舍應在德勝門處先行建造，「擬先建格致科、工科完全校舍，而各科權宜附入之，其餘按圖接續興築，迨各省生徒漸盛，全學亦可告成。」「凡基址、講堂、齋舍、場圃之規制，圖書、儀器、標本、模型之設備，均應劃定區域，按科籌定，繪列全圖。」〔註32〕而且位於望海樓處的農科的校址也隨時準備開工。至於其它與自然科學相關的專業，則需根據日後實際情況，陸續添設。但是劉廷琛的意見與學部的觀點形成矛盾，學部一直強調要八科同設。在經過反覆磋商後，最終學部關於八科同時組建的辦法得到了清廷的肯定，但因條件所限，四十六門專業中，只有部份專業先行開設，餘者留待日後次第開辦。

光緒三十四年七月（1908 年 8 月），德勝門處的分科大學工程正式動工

〔註30〕 朱壽朋編：《光緒朝東華錄》第五冊，北京：中華書局，1958 年，總第 5968 頁。
〔註31〕 朱壽朋編：《光緒朝東華錄》第五冊，北京：中華書局，1958 年，總第 5968 頁。
〔註32〕 《大學堂為開辦分科大學致學部呈文》，光緒三十四年十月，北京大學綜合檔案‧全宗一‧卷 78，北京大學檔案館藏。

興建，七月十七日，清廷學部向民眾發出分科大學興建通告，要求閒雜人等遠離工地，「照得德勝門外黃寺地方舊有操場……經前學務大臣奏准作建築分科大學之地……本部現擇於本月二十日前往動工，誠恐無知之徒在工滋擾，爲此，示仰軍民人等知悉……」〔註33〕事實上，大學堂對校內建築工程一直比較重視，只是因資金問題才延緩下來。早在分科大學開辦之前，大學堂就對一些科學實驗室的修建提出各項要求，「學堂建築最關緊要，其中如光化實驗、諸特別學堂應令遊學生繪圖貼說，庶學舍建築時，不至有大不合宜之處。」〔註34〕至1908年10月，大學堂爲了加快分科大學的籌建，專門成立了籌辦分科大學工程處負責督辦。當時工程處的主要負責人員何燆時、范源廉等對格致科、工科、農科等分科大學的建造提出了一系列的意見，他們認爲清廷應該花重金聘請專業工程師設計，「大學建築爲永久計劃，非可隨時增損改易者，且格致習、工、醫、農各科之實驗場、工場、圖書館等均須有專門學智識，斷非尋常木廠所能包造。」〔註35〕關於農科、格致科與工科、醫科的建造位置，何燆時等人還特別進行說明，「各科除農科以外所需面積，以醫科爲最廣，工科、格致科次之……工科有工場、實驗室等需地稍廣，宜位於西南，格致科即在工科之東北。」〔註36〕此外，對於格致科、工科、農科等分科大學需要建築的具體項目，何燆時等人分別進行了詳細列舉與統計，其中「格致科：講堂、實驗室、教員研究室、圖書室此係特別圖書應另室儲藏，工、醫、農諸科同，標本室、天文臺、工場等。」「工科：講堂、試驗室、教員研究室、工場標本室、圖書室、電機室、汽鍋室。」「醫科：講堂、實驗室、教員研究室、解剖室、標本室、圖畫室、動物療養室、病院。」「農科：講堂、實驗室、教員研究室、圖書室、標本室、溫室、養蠶室、畜類解剖室等。」〔註37〕大學堂各分科大學的工程建設緊張而有序地

〔註33〕《德勝門外建分科大學通告》，光緒三十四年七月，北京大學綜合檔案‧全宗一‧卷85，北京大學檔案館藏。
〔註34〕《京師大學堂副總教習張筱浦庶常呈吳京卿學務問題》，《經濟叢編》1902年第7期，第3頁。
〔註35〕《籌辦分科大學工程意見書》，中國第一歷史檔案館‧學部‧實業‧卷110，中國第一歷史檔案館藏。
〔註36〕《籌辦分科大學工程意見書》，中國第一歷史檔案館‧學部‧實業‧卷110，中國第一歷史檔案館藏。
〔註37〕《籌辦分科大學工程意見書》，中國第一歷史檔案館‧學部‧實業‧卷110，中國第一歷史檔案館藏。

進行著。

宣統元年閏二月，清廷任命了各分科大學的監督，其中格致科大學監督爲汪鳳藻，工科大學監督爲何燏時，農科大學監督羅振玉，醫科大學監督屈永秋。當年四月，農科大學監督羅振玉便被學部派往日本，考察日本的農學教育以及農科大學的辦學情況。五月十六日，羅振玉抵達日本神戶，開始了對日本大學農科教育的考察。此次考察歷時兩月，時間雖短，但羅振玉對日本大學農學教學有關的儀器設備配置、實驗場所等都進行了細緻的參觀瞭解。他在日本農科大學的考察中，詳細觀看了實驗室的構造佈局及各種設備，「南君因導觀農學教室，計普通教室一、化學實驗室二、林學教室一。其建築頗便易，每一種教室，其旁即附以器械室、教員室、藏書室，此可法也。樓下設植物標本室，皆出宮部博士手集，多至五萬種。出該室後，即至植物學教室及動物學教室，此二室特別築之，其制略如普通教室，蓋農學種二學頗占重要也。」〔註38〕羅振玉還參觀了日本大學的養蠶昆蟲教室、寄宿舍、第一第二農場、製乳室、農具室、水產室及標本室等等。在日本上野，羅振玉觀摩了駒場大學的養蠶學實驗，「由武部君導觀農學、林學二教室及林產物實驗所，養蠶時見方爲種種之試驗……諸室參觀後，又觀溫室及作物園。」〔註39〕羅振玉回國後，將日本大學開辦農學教育的模式與方法，據實彙報於學部與大學堂，根據在日考察期間的收穫，他向清廷提出，一方面應該令農科大學先在原校舍處開課教學，另一方面，他提出在釣魚臺附近選址作爲農科實驗場地，「頃準農科羅監督聲稱農科大學開辦伊邇，除就馬神廟大學堂先行上課並一面建築新校外，查農科重在試驗，第一年即有實習，現在工程師業已抵京，所有新購王姓菜園亟須派員分段測繪，計明畝數。又釣魚臺水地亦須早日接收定明界址，測繪捐圖以便會商工程師，予爲建築試驗場暨修濬溝渠之布置等因……」〔註40〕

由於德勝門處分科大學的新校舍一時難以完工，而大學堂預科學生及各省高等學堂的學生又即將畢業，面臨升學，因此大學堂決定一面令新校舍工程加快建設進度，另一面籌備各分科大學的開學招生，授課地點仍置於原校

〔註38〕羅振玉：《扶桑再遊記》，羅繼祖主編：《羅振玉學術論著集》第十一集，上海：上海古籍出版社，2010年，第133頁。

〔註39〕羅振玉：《扶桑再遊記》，羅繼祖主編：《羅振玉學術論著集》第十一集，上海：上海古籍出版社，2010年，第136頁。

〔註40〕北京農業大學校史資料徵集小組編：《北京農業大學校史 1905～1949》，北京：北京農業大學出版社，1990年，第53頁。

址馬神廟處。

　　至宣統元年十一月（1909 年 12 月），除了新校舍的工程建設外，大學堂分科大學的籌辦工作基本完畢，八門分科中，除了醫科外，其餘七科大學都已做好組建工作，但各科內成立的專業與奏定大學堂章程中的規劃相比，少了很多。其中格致科大學原分六門，此次只先行開設化學門、地質學門；工科大學原分九門，此次只設立了土木工學門、採礦冶金學門；農科大學原分四門，此次只開設農學門（分科大學開學後，又增開了農藝化學門）。對於科學教員的選聘，清廷亦十分重視，「攝政王對於分科大學之組織，異常注重，屢與張中堂籌商。」〔註41〕張之洞即建議由清廷駐外使臣在國外選聘，「愼選留學員生之學業精深，堪認某科教習之責者，毋論官費、自費及有無職官……」〔註42〕後經過大學堂與學部的商討，暫時決定在大學堂格致科內化學門擬設正教員一人，副教員二人，地質學門擬設正教員一人；工科土木工學門設正教員一人，副教員一人，採礦冶金學門設置正教員一人，副教員一人；農科擬設農學教員三人，日後根據各科開辦實際情形，再做調整、陸續添加。

　　關於分科大學學生的招考錄取，大學堂最初曾計劃從高等學堂或大學堂預備科的畢業生中挑選，如果高等學堂或大學堂預備科的畢業生數量，超過各分科大學招生的預定數額時，「則須統加考試，擇尤取入大學，已經考取而限於額數不得入學者，至下次入學期，可不須再考，按其名次先後依次令入大學。」〔註43〕被錄取的學生，還需同鄉京官作為保人。但在分科大學招考工作的實際籌備中，大學堂發覺僅由預備科所提供的學生人數尚且不夠，因此准許師範生等投考，從師範生中進行部份選拔，「惟現在預備科畢業學生不敷分佈，而優級師範及譯學館畢業學生願入分科者甚多，本爲定章所許，自應分別考選，以勵深造。」〔註44〕其中，格致科大學允許預科德文班學生升入，工科大學允許預科英文班學生升入，而農科則可從師範第四類學生中挑選錄取。其它各省從本地高等學堂中選拔出來的畢業生，「俟舉行升學考試時，各按學科程度，分撥肄習。」〔註45〕

〔註41〕《分科大學之組織》，《教育雜誌》，1909 年第 3 期，第 14 頁。
〔註42〕《分科大學之組織》，《教育雜誌》，1909 年第 3 期，第 14 頁。
〔註43〕《奏定大學堂章程》，湖北學務處本，清光緒二十九年，第 83 頁。
〔註44〕《學部奏籌辦京師分科大學並現辦大概情形摺》，《申報》，宣統元年己酉十二月十三日（1910 年 1 月 23 日），第二張第一版。
〔註45〕《學部奏籌辦京師分科大學並現辦大概情形摺》，《申報》，宣統元年己酉十二

宣統二年二月十八日，學部公佈了分科大學的錄取名單，此次分科大學中的格致科錄取了學生路晉繼、雷豫、廖福同、彭繩祖四人；工科錄取了方彥忱、湛祖恩等十四人；農科錄取了高元溥、張景江等十七人，三科錄取學生共計三十五人，再加上經科、文學科、政法科以及商科，整個分科大學此次一共錄取了一百零五人。〔註46〕由於人數偏少，分科大學又曾多次招考錄取。

在經過各項精心準備後，宣統二年二月（1910 年 3 月），籌辦已久的大學堂分科大學終於正式開學了。二月二十一日京師大學堂舉行了分科大學的開學典禮。鑒於先前分科大學錄取人數較少，大學堂總監督又與學部協商，建議能夠放寬考試要求，續行招考錄取，「分科大學已取之學生格致科僅四人，經科僅八人，其餘各科自十餘人，以至二十餘人止耳。監督劉廷琛以費款甚多而育才甚少，乃商之學部，續行招考，且稍寬其格以取之，是因樂育人才之意也。」〔註47〕故此，在開學之後，仍有學生陸續進入分科大學就讀，至三月份時，七科學生已增加至三百八十七人，「惟直隸省人最占多數，新疆省尚無一人。」〔註48〕因此，分科大學的齋舍也隨之進行了擴建。

京師大學堂格致科、工科、農科初期錄取學生名錄（宣統二年二月十八日公佈）〔註49〕

格致科大學錄取學生（4 人）	廖福同、路晉繼、雷豫、彭繩祖
工科大學錄取學生（14 人）	方彥忱、湛祖恩、顧寶埏、溫鴻逵、司徒衍、曹侃然、王蔭濃、季逢宸、費蔭棠、楊後山、萬承珪、劉積清、向肅、戴德馨
農科大學錄取學生（17 人）	高元溥、邢騏、毛鷟、何師富、周清、呂亶野、成林、張景江、葆謙、張鼎治、畢培仁、宋文耕、白鳳岐、郁振域、銍啓、王輔燦、孫鴻垣

分科大學開辦僅一年多，就爆發了武昌起義。由於革命形勢發展迅猛，

月十三日（1910 年 1 月 23 日），第二張第一版。

〔註46〕 參見《分科大學生之題名錄》，《申報》，宣統二年二月十九日（1910 年 3 月 29 日），第一張第五版。

〔註47〕 《申報》，宣統二年庚戌二月廿一日（1910 年 3 月 31 日），第一張後幅第四版。

〔註48〕 《分科大學開校後情狀》，《申報》，宣統二年庚戌三月廿八日（1910 年 5 月 7 日），第一張第六版。

〔註49〕 《分科大學生之題名錄》，《申報》，宣統二年庚戌二月十九日（1910 年 3 月 29 日），第一張第五版。按：該錄取名單僅爲宣統二年二月十八日學部公佈時的分科大學錄取名單。

大學堂也受到影響，學生與教員告假者甚多，課程教學也無法繼續維持，「時革命軍聲勢甚盛，京師震恐，學生紛紛離京，大學學務停頓數月。」〔註50〕總監督勞乃宣也稱病辭職，京師大學堂只得暫時放假停辦。直到民國成立，京師大學堂被改名爲北京大學後，才得以重新開學復課。因此，在京師大學堂時期，分科大學的科學教育沒有得到充分落實，由於教學時間短暫，大學堂也沒有正式的本科生畢業，而且分科大學在其一年多的開辦過程中，也時常由於經費短缺而對科學教育的實施構成影響，因此格致科、工科、農科中科學教育的效果也極爲有限。但是格致科、工科、農科等分科大學的成立，畢竟作爲大學堂科學教育辦學十幾年來所取得的重要成就，呈現在世人的面前。在當時民間流行的竹枝詞中，便已出現讚頌京師大學堂分科大學的詩篇，「分科大學指開堂，功課七門教育良。天下英才期盡得，維新人物在中央。」〔註51〕由此可知，大學堂分科大學在清末公眾心目中的重要地位。格致科、工科、農科等分科大學的開辦，既是京師大學堂科學教育深入發展的歷史證明，也標誌著大學科學教育的成型。它爲民國乃至解放後北京大學科學教育的發展，奠定了堅實的基礎。

二、師範館、預備科及分科大學內科學教育的實施

1、課程的調整與實施

　　奏定大學堂章程雖然對格致科、工科等分科大學做出了詳細的規劃，但是由於分科大學實際成立較晚，而且開辦時間短暫，僅一年有餘便因辛亥革命、國體變更而放假停課，因此在清末十年中，大學堂科學教育實施的主要對象，仍然是大學堂師範館、預備科、仕學館以及其它附屬機構的學生。尤其是師範館與預備科這兩個機構的學生，所接受到的科學教育是大學堂中最爲全面的。而分科大學則因開辦時間短暫，經費嚴重缺乏，教學成果極爲有限。

　　在大學堂二次開學後的第三天，日本教習服部宇之吉便向學生們講解了關於研究自然科學的方法概論，希望學生們在學習具體課程內容之前，對自然科學的研究方法有大致瞭解。這可稱是大學堂在二次開學後的第一堂科學

〔註50〕　胡先驌：《京師大學堂師友記》，黃萍蓀主編：《四十年來之北京》（第二輯），
　　　　　上海：子曰社，1950年，第54頁

〔註51〕　蘭陵憂患生：《京華百二竹枝詞》，路工編：《清代北京竹枝詞（十三種）》，北
　　　　　京：北京古籍出版社，1982年，第125頁。

課程。在這堂課上，服部宇之吉首先介紹的是一些科學知識的基本概念、基本名詞，如對自然現象進行解釋「何爲自然現象？舉天空之虹霓雷電、植物之生長繁茂、人情之喜怒哀樂、國家之學校社會皆自然之現象。」〔註52〕除了對基本概念進行闡釋外，服部宇之吉主要講授自然科學研究方法的總論，即觀察、實驗兩大類。他強調今日科學技術如此昌盛發達，皆是由此兩類積累、演變而成，「考究理科法分觀察、實驗兩門。」〔註53〕觀察之法最爲普遍，也最簡單。凡屬自然現象，皆可進行觀察，「及空中未雨之前，空氣有何動作、有何關係；降雨之時，空氣有何動作、有何關係；雨後之時，空氣有何動作、有何關係，與夫植物之於有日光處則生長易，無日光處則生長難，無非爲自然之現象，即皆可以觀察而知者也。」〔註54〕另一種方法即實驗，相對前者而言，其較爲深入，「又有多種觀察終不可得其詳，非用實驗不爲功。實驗者何？用機器以徵實考驗也，如考求電氣必用機器，考求化學必用機器。」〔註55〕在運用觀察、實驗等方法研究自然現象過程中，服部宇之吉向學生們指出一定要具備認眞、嚴謹的精神，「考究理科學，必須細心，必須精意，否則不特考驗不精，體察不密，偶一失手且有貽害之虞，非若文科之可以疏忽從事。」〔註56〕他以數學爲例說明嚴謹求實的精神對於科學研究的重要意義，「若算學亦爲理科之一部，較之他學，亦須格外留心，始能造釗精熟之境。」〔註57〕對於日後的科學教學，服部宇之吉還要求大學堂應將外國教習所編寫的講義進行準確地翻譯，並及時發放給學生，以配合課堂教學。

通過這堂總論性的講解，學生們對自然科學的學習、研究在整體上有了大致的瞭解與把握，這便爲日後科學教學的深入開展作了必要的鋪墊。

自此之後，大學堂開始對各門科學課程進行較爲系統的教授。當時大學

〔註52〕《時事要聞》，《大公報》第百九十號，光緒二十八年十一月二十四日（1902年12月23日），第3頁。

〔註53〕《時事要聞》，《大公報》第百九十號，光緒二十八年十一月二十四日（1902年12月23日），第3頁。

〔註54〕《時事要聞》，《大公報》第百九十號，光緒二十八年十一月二十四日（1902年12月23日），第3頁。

〔註55〕《時事要聞》，《大公報》第百九十號，光緒二十八年十一月二十四日（1902年12月23日），第3頁。

〔註56〕《時事要聞》，《大公報》第百九十號，光緒二十八年十一月二十四日（1902年12月23日），第3頁。

〔註57〕《時事要聞》，《大公報》第百九十號，光緒二十八年十一月二十四日（1902年12月23日），第3頁。

堂所開設的科學課程主要是算學、地理學、物理學、生理學等課。〔註58〕在對各門課程的講授中，最引人矚目的便是生理學一課。該課的教學，在大學堂中引發了巨大的轟動。學堂學生與教職人員對教學中的解剖演示倍感新奇，因此雲集講堂，爭相目睹授課過程，「京師大學堂新添衛生講堂，是日下午三點鐘至五點鐘演說一起解剖之理，並有全體儀器如眞人形，一一剖開，肝膽畢見。是日，總、正、分、助各教習、兩館學生、總辦、提調各職，事員、供事等，堂中容三百五十一人。」〔註59〕尤其是對活體動物的解剖演示，連管學大臣張百熙亦親赴講堂觀看教學，「……牧田教習演生理學，遂當堂解剖全羊，以指示眾人。是日，管學大臣張大冢宰亦親臨衛生學堂，觀其解剖。」「是日，觀講之客，更多於第一日，自下午三鐘至六鐘半始散。」〔註60〕可見，科學課程的開設，使人耳目一新，不僅傳播了科學知識，也有利於社會風氣的開通。

　　二次開學後，大學堂對科學課程的設置進行過多次調整、變通，如將最初曾計劃開設的化學、博物學等課，改換爲衛生學即生理學課。而課程變動幅度較大主要還是在奏定學堂章程頒行之後，因爲奏定大學堂章程明確提出了調整辦法，即「其仕學館課程，應照進士館章程辦理，師範館可作爲優級師範學堂，照優級師範學堂章程辦理。」〔註61〕因此，大學堂依據規定將一些科學課程進行了新的調整與實施。

　　在具體實施中，師範館〔註62〕內的課程被劃分爲公共科與分類科。所謂公共科的課程是指「因入分類科後，四類學業各有專重之處，鐘點不能兼及，而其中有緊要數事各類皆所必需，故於第一年未分類以前公同習之。」〔註63〕大學堂師範生在四年的學習年限裏，首先在第一年內進行公共科課程的學習。公共科內開設的科學課程，主要是算學課一門，教學內容爲幾何、代數、三角法等等，每周課時爲 6 小時。從第二年開始到第四年末，師範生則要進

〔註58〕參見《月考統計》，《大公報》第三百六十四號，光緒二十九年閏五月初三日（1903 年 6 月 27 日），第 3 頁。

〔註59〕《時事要聞》，《大公報》第三百零一號，光緒二十九年三月二十八日（1903 年 4 月 25 日），第 2、3 頁。

〔註60〕《時事要聞》，《大公報》第三百零二號，光緒二十九年三月二十九日（1903 年 4 月 26 日），第 2、3 頁。

〔註61〕《奏定大學堂章程》，湖北學務處本，清光緒二十九年，第 87 頁。

〔註62〕大學堂師範館在光緒三十年後，改名稱爲優級師範科。

〔註63〕《奏定優級師範學堂章程》，湖北學務處本，清光緒二十九年，第 1 頁。

入分類科的學習。分類科是將所有的課程分成四類，由學生根據個人情況，選擇某一類修習。在這四類課程中，與自然科學有關的內容，主要集中於第三類與第四類，「第三類系，以算學、物理學、化學爲主；第四類系，以植物、動物、礦物、生理學爲主。」〔註64〕學習第三類、第四類課程的學生，也被稱之爲第三類師範生、第四類師範生。

進入第三類系學習的師範生，在其三年的學習時間裏，除了必修數、理、化等相關課程外，還可以選修生物學課。其中，在第三類學科的第一學年裏，算學課的教學內容爲代數學、幾何學、三角法、微分積分初步等，課時爲每周 6 小時；物理學課教授的是力學、物性學以及物理實驗，課時爲每周 5 小時；化學課講授化學總論、無機化學、化學實驗等，每周課時爲 4 小時；圖畫課講授臨畫、用器畫等，每周授課 2 小時；手工課則教授與木工技術有關的內容，每周課時 3 小時。第二學年，算學課的內容則是解析幾何學、代數學、微分等，其課時每周仍爲 6 小時；物理學課的主要內容爲音學、熱學、光學、氣象學、實驗等，每周課時增加至 6 小時；化學課教授無機化學、有機化學及化學實驗等，每周課時增加至 5 小時；手工課傳授木工、金工等知識，每周課時 3 小時。在第三類學科最後一年裏，算學課主要教授微分、積分等內容，每周授課 6 小時；物理學課的講授內容爲光學、電氣學、磁氣學、氣象學、天文學、實驗等，課時增加至每周 7 小時；化學課則向學生教授物理化學理論及實驗，課時仍爲每周 5 小時。〔註65〕

師範館第四類學科，在三年的時間裏，開設的科學課程有動物學、植物學、礦物學、農學、生理學與地學等課程。在第四類學科第一年中，動物學、植物學、生理學、礦物學、農學、地學、圖畫等課爲必修課，化學課則調整爲選修課，其中動物學教學內容爲動物學各論、脊髓動物分類及比較解剖、動物實驗等，其課時爲每周 3 小時；植物學課教授外部形體學、內部形態學、植物實驗等內容，課時爲每周 6 小時；生理學課講授人身生理、哺乳類解剖及實驗，課時爲每周 6 小時；礦物學課主要內容是礦物通論、礦物物理學、礦物化學、礦物特論等，課時爲每周 3 小時；圖畫課的內容是臨畫與用器畫，每周課時 2 小時。第二學年，師範館開設的科學課程有植物學、動物學、地

〔註64〕 《奏定優級師範學堂章程》，湖北學務處本，清光緒二十九年，第 4 頁。
〔註65〕 參見《奏定優級師範學堂章程》，湖北學務處本，清光緒二十九年，第 10、11、12 頁。

學、農學等課程，其中植物學課教授植物生理學與植物實驗，課時爲每周 5 小時；動物學課則講授節足動物、軟體動物、螺形動物，棘皮動物、腔腸動物、原始動物及動物實驗等內容，其課時增加至每周 7 小時；地學課是新開設的課，主要講授岩石論，每周課時爲 3 小時；農學課的教學內容爲農業泛論及農學實驗，其課時亦爲每周 3 小時。第四類學科最後一年，師範館的學生們所要修習的課程門類與上年相同，仍是植物學、動物學、地學、農學四門課，但是教學深度有所加深。其中，植物學課講授分類學與植物實驗，課時減至每周 4 小時；動物學課主要內容爲發生學、人類及其它脊髓動物、動物學通論、動物與外界之關係、動物學史、進化論及實驗，每周課時仍爲 7 小時；地學課講授動力論、地史論、地文學，其課時增加至每周 4 小時；農學課講授重要作物論、實驗以及重要家畜論，每周課時爲 3 小時。〔註66〕

　　除了在這兩類學科中開設科學課程外，師範館分類科的第一類學科與第二類學科中也設置有少數幾門科學課程，其中第一類學科第一學年內設有生物學課，其講授內容爲生物通論、生物進化論等，每周課時爲 2 小時；第二學年開設生理學課，教授人身生理學，每周課時 2 小時。第二類學科在其第一年裏則設有地理學、生物學等科學課程，地理課主要講授亞細亞洲及大洋洲的地理狀況，每周課時 5 小時；生物學課教授生物進化論與生物通論，每周課時爲 2 小時；第二年內開設的科學課程只有地理課一門，其教學內容爲歐洲與非洲地理，每周課時 5 小時，第二類學科第三年繼續開設地理學課，主要教授美洲地理，每周課時仍是 5 小時。〔註67〕

　　大學堂在變通師範館課程的同時，對預備科課程也進行了改動。張百熙等人認爲大學堂預備科以及各省高等學堂的畢業生將是分科大學招生的主要來源，而「此時各省高等學堂方議創辦，未出有合入大學之學生，應變通先立大學預備科，與外省高等學堂同時興辦，其科目程度一如高等學堂，俟預備科畢業，再按照分科大學辦法。」〔註68〕而且，清廷在光緒二十九年十一月頒佈的《奏定學務綱要》中，也對大學堂預備科的設置做出相應的規定，「京師大學堂宜先設豫備科。」「京師大學堂分科大學，現尚無合格學生，暫可從

〔註66〕　參見《奏定優級師範學堂章程》，湖北學務處本，清光緒二十九年，第 12、13、14 頁。
〔註67〕　參見《奏定優級師範學堂章程》，湖北學務處本，清光緒二十九年，第 5、6、8、9頁。
〔註68〕　《奏定大學堂章程》，湖北學務處本，清光緒二十九年，第 87 頁。

緩，宜先設大學豫備科，其教科課目程度，應按照現定高等學堂章程辦理。」〔註69〕

在大學堂二次開學之前，管學大臣張百熙曾將預備科分列爲藝科與政科兩類，而此次大學堂開學後預備科被重新劃分爲三類，其中第二類、第三類都開設了自然科學的課程，「第二類學科爲預備入格致科大學、工科大學、農科大學者治之；第三類學科爲預備入醫科大學者治之。」〔註70〕在二次開學後，大學堂要求預備科的學生在進入分類學習之前，先對各學科的基礎知識補習了一年，然後才進入分類科學習，「大學預科本年補習外國文字及普通學，按照章程明年應分三類……」〔註71〕學生們在補習普通學中，也包括對地理學在內的一些科學課程進行修習。之後便進入預備科分類科的學習，學制三年。其中，預備科第二類學科在三年內開設五門科學課程，分別是算學、物理、化學、地質礦物、圖畫等。在其第一學年內，學生們要修習的科學課程只有兩門，即算學與圖畫，算學主要教授代數與解析幾何，每周課時爲 5 小時；圖畫課主要教授用器畫與射影圖畫，每周課時爲 4 小時。第二年內開設的科學課程則增加至四門，即算學、物理、化學、圖畫四課，其中算學課的主要內容是解析幾何與三角，課時爲每周 4 小時；物理課講授力學、物性學、聲學、熱學等內容，每周課時 3 小時；化學課教授化學總論、無機化學等，課時爲每周 3 小時；圖畫課的教學內容爲用器畫，射影圖法、陰影法，遠近法，每周授課 3 小時。在最後一年，第二類預備科開設的課程又增加至算學、物理、化學、地質礦物、圖畫等五門課，其中算學課講授微分、積分，每周課時增加至 6 小時；物理學課主要內容爲光學、電氣學、磁氣學等，課時爲每周 3 小時；化學課則講授有機化學等相關內容，其課時也增加至每周 5 小時，其中有 3 小時的理論課，2 小時的實驗課；地質礦物一課教授地質學大意，以及礦物種類形狀與化驗，每周課時爲 2 小時；圖畫課講授用器畫、陰影法、遠近法、機器圖等內容，其課時爲每周 2 小時。〔註72〕此外，對於畢業後希望升入大學堂格致科大學中動物學門、植物學門、地質學門及農科大學各門的學生，「可加課動物及植物」，該課在第三年內開設，主要教授動植

〔註69〕璩鑫圭、唐良炎編：《中國近代教育史資料彙編──學制演變》，上海：上海
　　　　教育出版社，1991 年，第 505 頁。
〔註70〕《奏定高等學堂章程》，湖北學務處本，清光緒二十九年，第 3 頁。
〔註71〕中國第一歷史檔案館、北京大學編：《京師大學堂檔案選編》，北京：北京大
　　　　學出版社，2001 年，第 276 頁。
〔註72〕參見《奏定高等學堂章程》，湖北學務處本，清光緒二十九年，第 8、9 頁。

物種類及構造，每周課時達 4 小時。對於畢業後計劃進入工科大學中的土木工學門、採礦冶金學門等專業與格致科大學中的物理學門與算學門等專業，還有農科大學中的農藝化學門、農學門等專業的學生，則需要加課測量學，該課程在第三學年內設置，每周課時 3 小時，講授內容爲平地測量、高低測量與製圖等。

　　大學堂預備科原本計劃依據規定設立第三類學科，向該類學生開設數學、物理、化學、動植物學等課程。〔註73〕但在實際開辦中大學堂做出調整，將準備進入第三類預備科學習的學生，統歸入第二類，「大學預科本年補習外國文字及普通學，按照章程，明年應分三類，惟學生較少，如照章分類則需用教員、書器較多，擬酌量變通，概令入第二類研習理化實質之學，以爲格致科、工科大學之預備。」〔註74〕大學堂預備科在成立後，又以學生所學外國語種來分類，即根據當時預科生學習的法語、英語、德語而分爲預科法文班、預科英文班、預科德文班三類。其中預備科英文班與德文班即屬於上述第二類預備科，其教學內容與課時安排也都遵照奏定學堂章程的要求而行，待畢業後可升入格致科、工科大學就學。

　　此後，大學堂科學課程的實施雖有局部變動，但大體上都是按照此番調整後的內容進行的。這可以從學生們對當時授課內容的回憶中得到確認，如大學堂師範館第一屆畢業生姚梓芳就曾將其所學課程門類記錄在案，其中與自然科學有關的內容就有動物學、植物學、動物實驗、植物實驗、博物學、地學、生理學、農業泛論、畜產學、農政學、作物論等等，這與奏定學堂章程的規定相吻合，而且姚梓芳還特別注明「動物學以下十一門爲第四類專修之課，號爲主課也」〔註75〕至於數學、地理學等基礎課程已在第一年公共科所授。而且，其它在大學堂就讀的學生，也都曾明確表示過大學堂科學課程的實際講授，是按照當時的學堂章程來進行的，「有一天，有人問我那時候讀

〔註73〕根據章程規定，第三類預備科曾計劃開設的科學課程有代數、解析幾何、微積分等數學內容，力學、光學、聲學、物性學、電學、磁氣學等物理學內容，化學總論、無機化學、有機化學等化學內容，以及動植物學基礎知識與實驗等生物學內容。（參見《奏定高等學堂章程》，湖北學務處本，清光緒二十九年，第11～13頁。）
〔註74〕中國第一歷史檔案館、北京大學編：《京師大學堂檔案選編》，北京：北京大學出版社，2001年，第276頁。
〔註75〕姚梓芳：《京師大學堂丁未畢業考試題總目序例》，《覺庵叢稿》，京師京華書局刷印，中國國家圖書館古籍館藏，第2頁。

的什麼課程，即有人插嘴說，大概多部份是經典。我們所讀的書，並不如此，現代科學是占最大成分的。全部課程，在所謂《奏定學堂章程》及《欽定學堂章程》兩書內均有記載。」〔註76〕另外，京師大學堂於光緒三十一年底公佈的第二屆師範科、預備科學生畢業考試科目表中，也印證了對科學課程的實施，其中師範科的第三類學生被要求參加代數、微積分、幾何、三角、物理學、化學、手工、物理實驗、化學實驗等科學科目的考試，第四類學生須參加植物學、植物學實驗、動物學、動物學實驗、生理學以及礦物學、地學、農業泛論與作物論等，第一、第二類師範生參加的考試則有中國地理、外國地理、生物學、化學等內容。〔註79〕而預備科英文班的考試內容有代數、三角、微積分、化學、物理學、植物學、礦物學、畜產論、化學實驗等，德文班的考試囊括了代數、微積分、解析幾何、三角、化學、物理學、礦物地質、化學實驗、圖畫等諸多與科學有關內容。〔註78〕由這些親歷者的回憶與檔案保存的考試科目等，能夠反映出當時授課內容與大學堂二次開學後的調整規定基本相符，可知大學堂對科學課程的開設與教學，的確遵照相關規定，給予實際落實。這也有力地表明奏定學堂章程並非一紙空文。

而大學堂的分科大學雖然在清末存在的時間較為短暫，僅一年有餘，中途還常因經費短缺而受到各種影響，但其科學教育畢竟還是得到了一定程度的實施。在宣統二年，京師大學堂分科大學在實際組建中，開設了七科大學，即格致科、工科、農科、經學科、文學科、政法科、商科等，其中與自然科學有密切聯繫的主要是格致科、工科與農科，科學教育也主要集中於此三類學科內開展。

當時由於各項條件所限，格致科只先行開辦了化學門與地質學門兩門專業。這兩門專業所開設的科學課程的門類都不是很多，化學門在三年的時間裏，只開設了十二門科學課程，地質學門亦僅有十三門。這兩門專業在三年內開設科學課程的內容及具體課時安排，大多依據奏定大學堂章程的規定，如以下兩表所示。

〔註76〕 鄒樹文：《北京大學最早期的回憶》，《北京大學五十週年紀念特刊》，北京：國立北京大學出版部，1948年，第2、3頁。

〔註79〕 參見《師範預備科畢業考試分堂表》，光緒三十四年十二月，北京大學綜合檔案・全宗一・卷83，北京大學檔案館藏。

〔註78〕 參見《師範預備科畢業考試分堂表》，光緒三十四年十二月，北京大學綜合檔案・全宗一・卷83，北京大學檔案館藏。

大學堂格致科化學門教學計劃〔註79〕

課　程　名　目	課　時　安　排		
	第一年每周課時	第二年每周課時	第三年每周課時
無機化學	3	3	0
有機化學	0	5	0
分析化學	2	0	0
應用化學	0	2	2
理論及物理化學	0	0	3
算學演習	不定〔註80〕	0	0
微積分	6	0	0
理論物理學演習	不定	0	0
化學實驗	不定	不定	不定
化學平衡論	0	0	2
物理學	0	3	0
物理學實驗	0	不定	0
總計	11	13	7

大學堂格致科地質學門教學計劃〔註81〕

課　程　名　目	課　時　安　排		
	第一年每周課時	第二年每周課時	第三年每周課時
地質學	3	0	0
地質學實驗	0	不定	0
礦物學	2	0	0
礦物學實驗	不定	0	0
岩石學	2	0	0
岩石學實驗	不定	0	0
化學實驗	不定	不定	不定
古生物學	0	2	0

〔註79〕 參見《奏定大學堂章程》，湖北學務處本，清光緒二十九年，第 44 頁。
〔註80〕 所謂課時「不定」，章程中解釋為「……惟實驗及演習鐘點不能預定，以實有
　　　　所得而止。」
〔註81〕 參見《奏定大學堂章程》，湖北學務處本，清光緒二十九年，第 47、48 頁。

古生物學實驗	0	3	0
晶像學	0	2	0
晶像學實驗	0	2	0
礦床學	0	0	3
地質學及礦物學研究	0	0	不定
普通動物學	3	0	0
動物學實驗	4	0	0
骨骼學	1	0	0
植物學	0	4	0
植物學實驗	0	3	0
總計	15	16	3

由分析以上兩表可知，除去某些實驗、實習課程外，大學堂化學門在三年之內，一共開設了 12 門科學課程，其每周課時三年內累計達 31 小時，其中第一、第二、第三學年每周的課時分別占三年課時總量的 35.48%、41.94%與 22.58%；地質學門在三年內一共開設了 18 門科學課程，這些課程的每周課時總量達 34 小時，第一、第二、第三年課時所佔其比重依次為 44.12%、47.06%、8.82%。在化學門的八門課程中，微積分與無機化學兩課所佔比重最高，均為 19%，其次是有機化學課，其比重為 16%，課時比重最小的是化學平衡論，其比重為 6%，分析化學較其略高，僅為 7%。在地質學門開設的十三門課中，動物學實驗與植物學的課時比重最高，均為 11%，其次是地質學、動物學、植物學實驗、礦床學以及古生物學實驗，這些課程的課時比重皆為 9%，而課時最少的是骨骼學，該比重僅為 3%，其餘課程的比重都是 6%。通過份析可知，大學堂格致科在實際教學中，十分注重對基礎知識的講授，如在化學門第一學年內依然開設微積分、算學演習等高等數學內容，其中微積分課每周課時多達 6 小時，而當年每周總課時合計為 11 小時，其所佔比重達到 55%，這還沒有將算學演習的課時統計進來，可見大學堂對算學課的重視程度。而且不僅算學課如此，無機化學也是重要的基礎課，它屬於化學知識中的基礎內容，連續兩年在大學堂內開設，每周的課時疊加共計 6 小時。這些都表明基礎課程、基本理論是大學堂科學教學的重要內容。另一方面，對實驗課程的廣為設置，也是大學堂科學教學的一個新特點，如地質學門在三年內一共設置了十八門課程，而其中實驗課就有八門之多，動物學實驗與植

物學實驗所佔的課時比重也較高，儘管有些實驗課的課時沒有具體固定，而且在日後的實際落實中，諸多實驗課也沒有及時到位，但仍然可以反映出格致科大學對實驗操作的重視，只是礙於資金、房舍等外在條件所限。

除去一些沒有固定課時的實驗、實習外，化學門在三年之中，第二年的總課時相對較多，但也僅為每周 13 小時，地質學門課時最多的一年，也是其第二學年，每周總課時只有 16 小時，因此，平均下來，格致科每天的教學時間並不長，學生們的壓力並不沉重。另外，格致科三年課程的教授也明顯是一個由淺入深的過程，基礎性課程都設在第一年，如化學門在其第一年開設了數學課與無機化學等課，而至其第二年時，課程就改為有機化學，應用化學，到第三年時，課程進一步調整為理論物理化學、化學平衡論等，難度與深度明顯提升，地質學門也是如此，在其第一年內只開設了動物學、地質學等基礎課，二三年後也調整為古生物學、晶像學、礦床學等課，這說明格致科課程的設置，符合學生們的學習規律，由低到高，逐級加深。

宣統二年大學堂分科大學的成立中，工科大學因為當時各種條件限制，只先行開辦了土木工學門與採礦冶金學門兩專業。這兩類專業所開設的科學課程門類很多，參照了奏定大學堂章程中的相關規劃，如以下兩表所示。

大學堂工科土木工學門教學計劃〔註 82〕

課 程 名 目	課　時　安　排		
	第一年每周課時	第二年每周課時	第三年每周課時
算學	2	0	0
應用力學	3	0	0
熱機關	1	0	0
機器製造法	1	0	0
建築材料	1	0	0
冶金製器學	2	0	0
地質學	1	0	0
石工學	2	0	0
橋梁	2	0	0
道路	1	0	0

〔註82〕 參見《奏定大學堂章程》，湖北學務處本，清光緒二十九年，第 58 頁。

測量	2	0	0
測地學	0	0	1
計劃製圖及實習	18	22	22
河海工學	0	4	1
鐵路	0	3	0
衛生工學	0	3	0
水力機	0	0	1
實事演習	不定	不定	不定
水力學	0	1	0
地震學	0	0	1
房屋構造	0	0	1
土木行政法	0	0	1
電氣工學大意	0	0	1
市街鐵路	0	0	1
總計	36	33	30

大學堂工科採礦冶金學門教學計劃 〔註83〕

課 程 內 容	課 時 安 排		
	第一年每周課時	第二年每周課時	第三年每周課時
礦物學	1	0	0
地質學	1	0	0
採礦學	4	2	0
機器製造法	0	1	0
冶金學	2	4	0
冶金製器學	0	0	1
測量及礦山測量	2	0	0
礦物及岩石識別	1	2	0
化學分析實驗	9	14	0
礦山測量實習	4	0	0
鑄鐵學	0	2	0
鑄鐵計劃	0	0	5

〔註83〕 參見《奏定大學堂章程》，湖北學務處本，清光緒二十九年，第 73、74 頁。

計劃及製圖	7	0	0
選礦學	0	2	0
試金術	0	1	0
試金實習	0	4	0
吹管分析	0	2	0
實事演習	0	不定	不定
水力學	0	1	0
礦床學	0	0	2
房屋構造	2	0	0
冶金實驗	0	0	2
電氣工學大意	0	1	0
採礦計劃	0	0	5
工學實驗	0	0	1
熱機關	1	0	0
機器學	1	0	0
應用力學	1	0	0
冶金計劃	0	0	5
總計	36	36	21

　　通過份析該統計可知，除去某些實驗、實習課程外，大學堂土木工學門在三年之內課時總量達 99 小時，其第一、第二、第三學年所用課時量分別占總量的 36.36%、33.33%及 30.30%；採礦冶金學門三年的總課時合計為 93 小時，前三年每周課時所佔其比重依次是 38.71%、38.71%、22.58%。在土木工學門開設的二十三門科學課程中，計劃製圖及實習的課時比重最高，達到 63%，已超過了總量半數，而課時比重較低的則有水力學、地震學、水力機、房屋構造、土木行政法、電氣工學大意以及測量學、橋梁學、石工學等等，皆為 1%，其餘的課程也不過 2%、3%以及 5%。除了計劃製圖及實習課外，在整個土木工學門中，其它課時比重沒有超過百分之六的，大部份課程的課時都是 1%。可見計劃製圖及實習課在土木工學專業中的重要地位。在採礦冶金學門設置的二十八門課程中，化學分析實驗課比重最高，為 25%，其次是計劃及製圖，其課時比重為 8%，而課時比重最低的則是機器學、冶金製器學、機器製造法、地質學、礦物學以及水力學、試金術等等，這些課時比重均為

1%，其餘課程的課時比重，最高也不超過 6%。在整個採礦冶金學門中，課時比重爲 1%與 2%的課程門類最多。

由此可見，大學堂工科最顯著地特點就是課程門類的設置普遍較多，這不單單體現在課程門類上，即便是課時總量也都遠遠高於格致科。從課程門類上看，土木工學門在三年之內開設了二十四門科學課程，這比格致科化學門內課程總數多出一倍，而採礦冶金學門在三年裏開設二十九門科學課程，這比格致科地質學門內課程總數多出了十一門；從課時總量上來看，土木工學門每周課時的三年累計總量達 99 小時，是格致科化學門三年課時總數的三倍多，土木工學門平均每年每周課時量爲 33 小時，若以每周六個工作日計算，則三年之內，平均每天授課 5.5 小時，而採礦冶金學門每周課時的三年累計總量爲 93 課時，這也比格致科地質學門課時總數多出了近兩倍，採礦冶金學門平均每年每周課時量爲 31 小時，每天平均授課教學 5.2 小時。可見，與格致科相比，工科內的教學時間明顯增多，學生們的學習壓力也相對較大。當然，這僅是相對而言。

與格致科相類似的是，工科內的教學也表現出了重視基礎課的傾向，如土木工學門內仍設有算學課、應用力學課以及地質學課等基礎理論課，採礦冶金學門中也設有應用力學、地質學、礦物學等基礎課，這些基礎課十分必要，它們大多集中於第一年開設，這就爲以後課程的深入作了知識上的鋪墊。採礦學與冶金學以及計劃製圖這三門課程很重要，在三年課時總量中，其比例分別是 6%、6%與 8%，而與之有直接關聯的採礦計劃與冶金計劃兩門課均在最後一年開設，其所佔當年課時量的比重皆爲 24%。另外，土木工學門中，十分重視對計劃製圖及實習課程的教授，在其第一學年中，只其一門課的課時就達 18 小時，占當年課時總量的 50%，而在第二年、第三年所佔課時量比重逐步上升，分別升至爲 65%與 73%。三年總計，其課時比重高達 63%，單此一門課就比其它二十二門課的課時比重總和還多出 26%，足見土木工學專業對該課之重視。大學堂還對此進行了相關的說明，「土木工學，以計劃製圖實習爲最要，故計劃製圖實習鐘點較爲最多。」〔註 84〕而且工科也很注重實驗課與實習課的開設。在採礦冶金學門中，化學分析實驗佔據相當大的分量，在其第一學年中，化學分析實驗課的課時爲每周 6 小時，占當年課時總量的 25%，至第二學年時，則一躍升至 39%，除了化

〔註84〕 《奏定大學堂章程》，湖北學務處本，清光緒二十九年，第 58 頁。

學分析實驗外，還有冶金實驗、工學實驗等實驗課程，而且工科內還是設置了許多實習課，土木工學門與採礦冶金學門都設有實事演習課等，採礦冶金學門還另設有礦山測量實習課等，可知大學堂工科亦注重對學生實踐能力的培養。

　　清末宣統二年，大學堂農科在開學後，先行設立了補習科，是年秋季才正式成立本科。起初只有農學一門，事後又增設了農藝化學門，這兩類專業中所開設的課程內容與課時設置也是參照奏定大學堂章程中的規劃予以開展，如以下兩表所示。

大學堂農科農學門教學計劃〔註85〕

課　程　名　目	課　　時　　安　　排		
	第一年每周課時	第二年每周課時	第三年每周課時
地質學	2	0	0
土壤學	1	0	0
氣象學	1	0	0
植物生理學	4	0	0
植物病理學	2	0	0
動物生理學	3	0	0
昆蟲學	3	0	0
肥料學	2	0	0
農藝物理學	2	0	0
植物學實驗	不定	不定	0
作物	0	5	3
動物學實驗	不定	不定	0
農產製造學	0	0	3
土地改良論	0	1	0
農藝化學實驗	不定	0	0
園藝學	0	3	0
畜產學	0	3	0
家畜飼養論	0	2	0

〔註85〕參見《奏定大學堂章程》，湖北學務處本，清光緒二十九年，第49、50頁。

農學實驗及農場實習	不定	不定	不定
酪農論	0	1	0
養蠶論	0	2	0
農政學	0	0	3
獸醫學大意	0	0	2
總計	20	17	11

大學堂農科農藝化學門教學計劃 〔註86〕

課程名目	課時安排		
	第一年每周課時	第二年每周課時	第三年每周課時
有機化學	2	0	0
分析化學	1	0	0
地質學	2	0	0
土壤學	1	0	0
肥料學	2	0	0
氣象學	1	0	0
生理化學	0	2	0
發酵化學	0	1	0
植物生理學	4	0	0
動物生理學	3	0	0
農藝物理學	2	0	0
農產製造學	0	0	3
食物及嗜好品	0	0	1
作物	0	5	1
化學原論	0	2	2
土地改良論	0	1	0
農藝化學實驗	不定	不定	不定
家畜飼養論	0	1	0
總計	18	13	7

〔註86〕 參見《奏定大學堂章程》，湖北學務處本，清光緒二十九年，第51、52頁。

　　經過份析可知，農科大學的課程門類較多，農學門一共開設了二十三門課程，農藝化學門則開設了十八門課程，雖然門類較多，但課時量並不大。以每周課時爲單位，除去某些不確定時間的實驗、實習課程外，大學堂農學門三年裏的課時總量達 48 小時，其第一、第二、第三學年所用課時量分別占總量的 41.67%、35.42%及 22.92%；農藝化學門三年的總課時合計爲 38 小時，第一、第二、第三學年所佔課時比重分別達 47.37%、34.21%、18.42%。在大學堂農學門的十九門課程中，作物學的課時量最大，其課時比重爲 17%，其次是植物生理學，其比重達 8%，課時量最少的是土地改良論、土壤學、氣象學與酪農論，其比重均爲 2%，其餘的課程如農政學、畜產學、園藝學、農產製造學、昆蟲學以及動物生理學的課時比重皆爲 6%，地質學、植物病理學、肥料學、農藝物理學等課時比重爲 4%。農藝化學門與農學門有相似之處，在其開設的十七門科學課程中，作物學的課時量仍爲最大，其比重爲 16%，其次是化學原論與植物生理學，其比重均爲 11%，而課時量最少的則有家畜飼養論、食物及嗜好品、分析化學、土地改良論、發酵化學以及氣象學、土壤學等，其課時比重皆爲 3%。除了作物學外，其餘課程比重都處於百分之三至百分之十一的區間段。

　　農科內科學教學大多集中於前兩個學年進行，如農學門中第一年開設了十三門課，第二年則減爲十門課，最後一年只有五門課程，而課時總數也由第一年的 20 小時一直減少到最後一年的 11 小時，其最後一年的課時量占三年總量的 22.92%；農藝化學門也是如此，其在一年級中設置了十門課，第二年則減至七門，第三年僅向學生們開設了五門課，該年課時量爲三年總量的 18.42%，可知每年的課時數量，呈現出遞減的趨勢。另外，在大學堂農科中，作物學比較重要，在農學門與農藝化學門兩專業中，作物學的課時要比其它課程多出幾倍，該門課在農學門中連續兩年開設，前後課時共達 8 小時，占三年周課時總量的 17%，其在農藝化學門中也是在第二年、第三年連續開設，課時共計 6 小時，爲三年總量的 16%。與工科相比，農科學生的理論課壓力少了許多，其中農學門第一年平均每天課時量僅爲 3.3 小時，而最後一年農學門平均每天課時量更減少至 1.8 小時，農藝化學門中第一年的課時量相對較多，也不過是平均每天 3 小時，該門第三年的課時量最少，平均下來，每天教學時間只有 1.2 小時，但是農科學生的實驗任務相對較重，在農學門中就開設有植物學實驗、動物學實驗、農藝化學實驗，以及農學實驗與農場

實習，其中農學實驗與農場實習一課在三年內連續開設，而農藝化學門中的農藝化學實驗課，也貫穿於三年的教學內容之中。章程還對此進行特別強調，「凡農學皆以實驗爲主，故講堂鐘點不能加多。」〔註87〕農科監督羅振玉也指出農科教學注重實驗，「……查農科重在試驗，第一年即有實習……」〔註88〕但在後期開辦中，由於資金、校舍等各項條件的限制，實驗課與實習課落實的並不徹底，一些實驗課還未來得及開設，便因辛亥革命的爆發而隨著大學堂關閉而中斷了。

農科的課程設置也體現出了對基礎知識的重視，除了作物學外，如農學門在其第一年內開設的植物生理學、動物生理學等，其課時比重各爲 8%與6%，而其它大部份課程比重基本上都處於 4%到2%之間；而農藝化學門也是如此，在一年級中設置了植物生理學與動物生理學等基礎課程，其比重已達到了 11%與8%。由此可見，大學堂科學教育很注重對學生進行基本理論、基本技能的培養。

此外，大學堂還規定農科可以招收「蹄鐵術傳習生」、「蠶業傳習生」、「林業傳習生」等類，並對其實習年限作出要求，「而欲入農科大學實地學習蹄鐵術或農業、蠶業、林業者，可許於蹄鐵工場或農場或養蠶室及桑園或演習林實習之。其實習年數，蹄鐵傳習生以一年爲限，農業傳習生以三年爲限，蠶業傳習生、林業傳習生以二年爲限，不給獎勵。」〔註89〕

除了格致科、工科、農科外，其它分科大學中也開設了一定量的科學課程，供學生修習。當時經科大學開辦有毛詩學、春秋左傳學及周禮學三門專業，雖以研究中國經學爲主，但也設有與地理學有關的科學課程，而且還要求從國外的地理學教科書中選取善本，進行講授。政法科大學設置了政治學門與法律學門兩專業，這兩門專業都設有財政統計學等課程，尤其是在政治學門中還開設了全國土地民物統計學。商科大學辦有銀行保險學一門，該專業中與科學課程有聯繫的仍是統計學與商業地理等課。

無論大學堂師範館第三、第四類學科的學生，還是預備科中第二類、第三類學科的學生，以及格致科、工科、農科等分科大學的學生在課上所需用的講義，都由大學堂統一印發。科學課程的講義，多是由負責該課的教習自

〔註87〕《奏定大學堂章程》，湖北學務處本，清光緒二十九年，第 52 頁。
〔註88〕北京農業大學校史資料徵集小組編：《北京農業大學校史 1905～1949》，北京：北京農業大學出版社，1990 年，第 53 頁。
〔註89〕《奏定大學堂章程》，湖北學務處本，清光緒二十九年，第 81 頁。

行編選，再送交大學堂印刷，在授課之前，先期發給學生作為教材，「以後教授功課，東教習於前一日寫出，助教習譯成漢文，再行刷印，每人各發一張，次日上堂再逐一按此講授，譯時以明正達確為義務。」〔註90〕大學堂內諸多科學課程聘請了外國人講授，如日本教習太田達人，負責數學與物理學的教授；桑野久任負責生理學、動物學的教授；西村熊二講授化學；矢部吉楨講授植物學與礦物學等等。這些外國教習在教學時，通常先用本國語講授課程內容，而後再由翻譯人員用中文重新講一遍，鑒於學生們的外語水平有限，大學堂還從譯書局中挑選人員，專門負責對教學內容的翻譯編輯，「擬由編譯局內選擇一二員專任編纂之事情，庶不至曠廢時日而成功較速。」〔註91〕針對進行實驗實習的學生，大學堂通常發給實驗器具，以便於學生能夠進行科學實驗，這當中包括一盒解剖器，兩個採集箱「一個是木製的，專作採集昆蟲用，另一個是鐵製的，採集動植礦物標本用。」「還有畫圖儀器盒一個，大小丁字尺及三角板各一塊，600倍顯微鏡一臺，歸學生二人共用。」〔註92〕這些實驗儀器在學生放假之前，再由大學堂收回。

科學教育注重實驗操作，這也是科學教育的一個主要特徵。儘管當時大學堂所具備的實驗條件十分有限，但在教學過程中，仍竭力地為學生開設各種實驗課程。大學堂在師範館、預備科以及分科大學的科學教學中，不僅講授理論性的科學知識，同時還開設各種實驗使學生參加，以訓練學生的實驗操作能力。曾在大學堂就學的劉勳，在若干年後談起大學堂科學教學的實際情形時，還有著清晰的印象。如在當時的生物學課上，大學堂不僅要求學生們掌握生物學理論，還需要通過各種實驗來觀察、證明「生物的一切組織及與人生的關係。」因此，在課上就要對各種動物，例如爬行動物中的龜鱉、魚類中的鯉魚、兩棲類動物中的青蛙、鳥類中的鴿子、哺乳類動物中的家兔等進行解剖，使學生瞭解不同種類動物的組織器官與其作用原理。在具體的解剖實驗中，通常是先由教習將被解剖的動物向大家展示一遍，有時會對被解剖動物的生理特點做一定的講解，如學生有疑問，也可提出，一併回答。

〔註90〕　《時事要聞》，《大公報》第百九十號，光緒二十八年十一月二十四日（1902年12月23日），第3頁。

〔註91〕　《時事要聞》《大公報》第二百七十五號，光緒二十九年三月初一（1903年3月29日），第3頁。

〔註92〕　劉勳：《我所知道的京師大學堂》，全國政協文史資料委員會編：《文史資料存稿選編・教育》，北京：中國文史出版社，2002年，第747頁。

之後將該動物麻醉，進行解剖。在解剖過程中，教習用手術刀將動物從腹部剖開，「叫學生看清各組織的形狀位置及互相聯繫，隨後再將其各組織一件一件取出，讓大家觀察清楚。」〔註93〕學生們對動物的組織器官進行繪圖後，作爲課程作業上交教習。生物課上，除了進行解剖實驗外，學生們還被要求使用顯微鏡，「觀察各種動物的組織及下等動物的活動情況。」〔註94〕這種顯微鏡實驗的對象通常是一些微生物，「如阿米巴、鼓藻、矽藻或細菌等。」〔註95〕教習用玻璃片將被觀察物放置好後，再指導學生用顯微鏡進行觀察。而且不僅對動物組織進行觀察，「人體生理各部的組織，同樣須用顯微鏡觀察，才能瞭解它的作用。植物除研究其形態外也須研究它的組織，因此亦得用顯微鏡觀察實驗。」〔註96〕

因科學教學的需要，大學堂教習還常常帶領學生到外地考察實習，最典型的例子便是光緒三十一年大學堂組織師範館學生赴山東芝罘進行臨海實驗教學。這是大學堂科學教育自創辦以來，首次舉行有一定規模地野外實習，故此大學堂對此次實習十分重視，「首塗之日，監督、提調、教習諸公以其事爲中國前此所未有，即爲今日講求實業之先河，此中得失影響於全國學風者甚大，而此後之事能否拓免，則一視此役之效果如何爲斷，故於懋勉諸生之際，未嘗不三致意焉。」〔註97〕大學堂教職人員的重視並非小題大做，因爲此次赴山東芝罘進行野外教學的確得到社會的關注，當時的一些報刊都對其作了報導，「有在京師大學堂習動、植學之學生……劉麟率領於初二日攜同來此，將在此留一禮拜，現正在搜羅魚類及海草等以指示學生。自京師大學堂開辦迄今，此爲第一次教習率同學生出外遊歷。」〔註98〕參加此次瀕海實習

〔註93〕 劉勳：《我所知道的京師大學堂》，全國政協文史資料委員會編：《文史資料存稿選編‧教育》，北京：中國文史出版社，2002年，第749頁。

〔註94〕 劉勳：《我所知道的京師大學堂》，全國政協文史資料委員會編：《文史資料存稿選編‧教育》，北京：中國文史出版社，2002年，第749頁。

〔註95〕 劉勳：《我所知道的京師大學堂》，全國政協文史資料委員會編：《文史資料存稿選編‧教育》，北京：中國文史出版社，2002年，第749頁。

〔註96〕 劉勳：《我所知道的京師大學堂》，全國政協文史資料委員會編：《文史資料存稿選編‧教育》，北京：中國文史出版社，2002年，第749頁。

〔註97〕 姚梓芳：《芝罘臨海實驗日記序》，《覺庵叢稿》，京師京華書局刷印，中國國家圖書館古籍館藏，第6頁。

〔註98〕 朱有瓛主編：《中國近代學制史料》第二輯上冊，上海：華東師範大學出版社，1987年，第931頁。

的學生約有二十六人，均爲大學堂師範館第四類學生。帶隊教習爲桑野久任、矢部吉楨、胡宗瀛等人。實驗期間，教學形式主要有兩種，一是繼續理論課學習，由教習教授生物學、礦物學內容，「一曰在內研究，每日按授課次第，隨同教習講肄討論者是也。」〔註99〕另一種則是由教習指導，在室外進行實地採集，「一曰在外研究，教習率領學生，或山或海，查驗水陸物產，採集動、植、礦標本是也。」〔註100〕經過在芝罘一個多星期的學習，學生們不僅有了專業知識上的長進，而且還對日後舉辦類似的實習課程提出了諸多建設性的意見，如第四類師範生姚梓芳就曾表示應對大學堂科學教學進一步拓充，「一、宜請學務大臣擇沿海適宜之地，南北各設臨海實驗所一處，附屬於京師大學，備置儀器藥品及採集器具，以便研究。」「一、京師宜先建一宏敞壯麗之博物院，附設博物會，本類學生均充會員，每年假期回籍，各將其本身物產留心採集，製成標本，置之院中，恣人考驗。」〔註101〕雖然這些建議一時未能落實，但卻從中反映出學生們對大學堂開設科學課程的認眞態度。

　　大學堂千方百計爲學生們赴野外考察、實習創造便利條件。宣統三年，大學堂曾通過學部向郵傳部提出申請，請求爲學堂學生因科學考察而免除車費，「竊照格致科、農科、工科學生，除在堂講授法理外，尙須隨同教員巡驗實習，藉資考證……查各國學生巡驗實習，如經由鐵道，均一律免收車價，該大學格致等科學生實地巡驗，藉資練習，自與他項學生旅行者不同，該學堂功課加多，經費核減，措置困難亦係實在情形。巡驗學生人數有定，稽查頗易，所請免收車價一節，應由郵傳部核准，以憑辦理。」〔註102〕可見京師大學堂對其科學教育的開展是高度重視，認眞負責的。

　　需要指出的是，分科大學在成立後，一直受到資金短缺的影響，因此其科學教學的運行也受到制約。在分科大學成立之前，大學堂科學教育的實施較爲充分，是因爲當時清廷財政尙能夠勉強應付，但在格致科、工科、農科

〔註99〕姚梓芳：《芝罘臨海實驗日記序》，《覺庵叢稿》，京師京華書局刷印，中國國家圖書館古籍館藏，第6頁。

〔註100〕姚梓芳：《芝罘臨海實驗日記序》，《覺庵叢稿》，京師京華書局刷印，中國國家圖書館古籍館藏，第6頁。

〔註101〕姚梓芳：《芝罘臨海實驗日記序》，《覺庵叢稿》，京師京華書局刷印，中國國家圖書館古籍館藏，第7頁。

〔註102〕《學部爲免實習學生車費咨商郵傳部文》，宣統三年四月，京師大學堂檔案·全宗一·卷109，北京大學檔案館藏。

等分科大學開辦後，與科學教育有關的各項開支陡然增大，清廷的財力確實難以支撐。首先分科大學的校舍工程因資金問題拖延不決，直到宣統三年夏，格致科、工科等本科新校舍仍未竣工，「除農科大學校舍秋間可以落成外，現德勝門外之分科大學工程本年底可以報竣者僅經、文兩科校舍。」〔註103〕由於局限於狹小的馬神廟場地，格致科與工科的教學，尤其是一些實驗性教學難以得到深入實施，這極大地影響了科學教育的成效。雖然學部多次督催工科校舍先行完工，以使格致科一同併入工科講堂內授課，但該工程仍難以按期完工，故不得不另行修建臨時實驗場地，「目前惟有趕修實驗室、工場、房屋各一所，俾格致科、工科學生在此實習，而仍並於經文講堂講授。」〔註104〕而即使如此簡易，也至少得一年時間才能完工，「其為今明年趕修者……工科講堂、暫用實驗室、房屋、工場……各項工程從速估計，亦須明年暑假時方能竣事。」〔註105〕不僅硬件設備不能及時落實，甚至因經費不足連整個分科大學的能否持續開辦都成了問題，「分科大學頗有停辦之說……故此次學部奏陳教育經費奇絀一摺，甚注重於此言，然建築之費，於今尚無所出，則辦之固亦為難也。」〔註106〕由於資金困難，分科大學面臨著將被停辦的命運，「分科大學現因度支部無款可籌，學部各堂無可如何，曾以此請示監國，當奉面諭，現在部款竭蹶異常，以緩急輕重而論，興學固為當務之急，然如國防等事較興學為尤急，如果無可設法，只得暫為停辦等語。唐尚書遂與各堂商定，擬自暑假後，暫緩開學，俟籌有的款再行開辦。」〔註107〕而因資金匱乏而要停辦分科大學的消息，連當時外國人也有所耳聞，以至於有的外國公使還曾對此表示願出資扶助，「分科大學開辦以來，經費異常支絀，學部唐尚書以度支部無款可籌，擬暫停辦。茲有某某兩國公使聞知此事，特謁某樞相，願貸重資，讚助成立，並謂中國如願向該兩國貸款，利息甚輕即無利息情願出貸，

〔註103〕《緊要新聞》，《申報》，宣統三年辛亥閏六月廿四日（1911 年 8 月 18 日），第一張第六版。
〔註104〕《緊要新聞》，《申報》，宣統三年辛亥閏六月廿四日（1911 年 8 月 18 日），第一張第六版。
〔註105〕《緊要新聞》，《申報》，宣統三年辛亥閏六月廿四日（1911 年 8 月 18 日），第一張第六版。
〔註106〕《分科大學近信》，《教育雜誌》1910 年第 7 期，第 55 頁。
〔註107〕《分科大學緩辦之風說》，《申報》，宣統二年庚戌五月二十日（1910 年 6 月 20 日），第一張第四版。

惟各項教習須向該兩國訂聘等語。」〔註108〕可見大學堂分科大學在開辦過程中捉襟見肘的尷尬局面。在這種情況下，分科大學科學教育的開辦能夠堅持按照章程上的一些基本規定去實施已屬不易，遑論教育成就。

2、大學堂科學講義舉要

關於大學堂科學教學的具體內容，本文選取與地理學有關的課程講義，即《中國地理講義》作爲範例，試做闡述。這裡將《中國地理講義》作爲京師大學堂科學教學的內容代表，一方面是由於地理學科本身所具有的廣泛性與實際性。地理學課程的開設，遍及於大學堂內的各個教學部門，無論是預備科，還是師範館、仕學館、進士館等都要講授地理學知識。大學堂內的學生，無論接受科學教育，還是接受人文教育，都要對地理學知識有基本的學習與掌握，故此，地理學也是溝通大學堂人文教育與科學教育的一門紐帶。正因爲有如此廣泛的受眾基礎，地理學講義才更有資格作爲反映教學內容的代表。另一方面，則是因爲在當時眾多的科學講義中，地理學的講義是爲數不多的由國人自撰的教材，這更能體現近代中國人是如何消化、吸收西方科學知識的。此外，本節還選取了譯學館的代數學講義，略作說明，藉此反映大學堂附屬機構中科學教學的深度。

京師大學堂的《中國地理講義》一書由晚清地理學家時任大學堂教習的鄒代鈞所撰。該書內容一共分爲兩卷，即卷首與卷一，其中卷首爲地理學總論，主要從三個方面對地理學的整體內容進行講述。該講義首先將地理學定義爲「發明人類所居地球表面一切情形之學，詳言之，則爲區別水陸之位置及氣候形勢之異同，人與動植礦物播布之學也。」〔註109〕這就明確地指出了地理學的自然科學屬性，而後依據其定義，將地理學進行分類，提出了數理地理學、自然地理學以及政治地理學三支。講義將數理地理學解釋爲「此科論地球之形狀與天體之關係，及其運動而成四時晝夜之變化，並確定地球表面各地位之方法，所謂天文地理者是也。」〔註110〕而所謂的自然地理學則是「論海陸自然之區別、空氣氣候並動植礦物之播布者，即今所謂地文地理，

〔註108〕《外人自請資助分科大學》，《申報》，宣統二年庚戌六月初四日（1910 年 7 月 10 日），第一張第四版。
〔註109〕京師大學堂輯：《京師大學堂中國地理講義》，林慶彰等主編：《晚清四部叢刊》第五編第 34 冊，臺中：文聽閣圖書有限公司，2011 年，第 3 頁。
〔註110〕京師大學堂輯：《京師大學堂中國地理講義》，林慶彰等主編：《晚清四部叢刊》第五編第 34 冊，臺中：文聽閣圖書有限公司，2011 年，第 3 頁。

及地理中之最重要者也。」〔註111〕政治地理學則涉及地球上不同民族所居住的位置、環境及其風俗文化。卷首所列的三節，便是對這三個方面分別論述。

　　講義中的數理地理學共有六部份內容，其首先論述了地球與宇宙中其它天體的關係，作者在文中將行星稱為遊星，「地球者天空之遊星，在無數星群間，與其它遊星共為一統系，以太陽為中心，而運行於其四周者也。此系統曰太陽系。」〔註112〕並對太陽系內的八大行星進行了介紹「太陽系重要之遊星凡八，曰水、曰金、曰地球、曰火、曰木、曰土、曰天王、曰海王。」〔註113〕書中又對各個行星的基本數據予以列舉，如「八遊星之大小，地球次在第五，平均直徑二萬三千七百四十八里，最大者木星，徑徑二十一萬里，最小者水星，徑九千里，而太陽位其中心，直徑二百五十五萬里有奇……」〔註114〕講義還以月球為例，對衛星的運轉過程進行了闡述。第二部份介紹地球的面積與體積，舉出各種實例，以證明地球為一球體，並藉此對傳統的天圓地方之說予以批駁。同時也指出地球雖為球體，但卻類似橘子形的扁圓體，「地球雖圓，亦非渾圓，南北兩極稍扁平，正如橘形。」〔註115〕而後舉鐘擺計時的實驗以證明之。第三部份講述地球運轉，著重對地球公轉、自轉以及由公轉、自轉產生的各種自然現象進行介紹。對黃赤交角、二分二至日等均作了基本的說明。而對於太陽東升西落等一系列現象，講義也從科學角度進行了解釋。第四部份論述方位確定原理，同時對地理南北極與地磁南北極之間的偏差也做了簡單的介紹。第五部份論述氣候帶，主要涉及南北回歸線、南極圈、北極圈、以及南北溫帶、寒帶與熱帶等內容。第六部份內容則與地球經緯度相關，主要介紹本初子午線與地球經緯度的劃分、計算。

　　講義第二節講授自然地理學，該節分為二十個部份，在全書中所佔分量最重。其中第一部份論述水陸配置，主要介紹地球表面水陸面積及其比例，

〔註111〕京師大學堂輯：《京師大學堂中國地理講義》，林慶彰等主編：《晚清四部叢刊》第五編第 34 冊，臺中：文聽閣圖書有限公司，2011 年，第 4 頁。

〔註112〕京師大學堂輯：《京師大學堂中國地理講義》，林慶彰等主編：《晚清四部叢刊》第五編第 34 冊，臺中：文聽閣圖書有限公司，2011 年，第 4 頁。

〔註113〕京師大學堂輯：《京師大學堂中國地理講義》，林慶彰等主編：《晚清四部叢刊》第五編第 34 冊，臺中：文聽閣圖書有限公司，2011 年，第 4 頁。

〔註114〕京師大學堂輯：《京師大學堂中國地理講義》，林慶彰等主編：《晚清四部叢刊》第五編第 34 冊，臺中：文聽閣圖書有限公司，2011 年，第 5 頁。

〔註115〕京師大學堂輯：《京師大學堂中國地理講義》，林慶彰等主編：《晚清四部叢刊》第五編第 34 冊，臺中：文聽閣圖書有限公司，2011 年，第 7 頁。

並提及地球形成早前，陸地與海洋的產生過程。第二部份介紹各大陸之區別，不僅論述了亞洲、非洲、歐洲、美洲、大洋洲等各大陸的地形特點，而且還闡釋了大陸與島嶼的不同之處，即一方面面積大小不同，另一方面二者之構造亦有不同，「細檢各大陸之構造，近海左右有山地，中央有大原野，三者具而後成大陸，若島之構造則極簡單，雖至大之島，決無組織痕迹。」〔註116〕該部份對平原、高原、盆地、山地、丘陵等各地形特點也做了簡要的講解。第三部份介紹火山、地震與流水衝擊與地形的改變。講義指出地勢變化究其實質，仍不外水力、熱力的作用，只是在二力作用下地形變化緩慢，難以一時被人察覺。第四部份論述陸水與海水的區別，講義將陸水定名爲「陸上之水，有江河與湖之區別。」〔註117〕海水則是「環繞地球周圍，殆佔地球表面四分之三，水之最大者，區別爲大洋、海灣、海峽。」〔註118〕而後便對江河之水、湖泊之水以及海洋進行講解。第五部份爲海水的運動，主要論述波浪、潮汐、洋流等三種海水運動形式。其中洋流又被分爲三種，即兩極洋流、赤道洋流、回歸洋流。第六部份介紹地球外部大氣，以及大氣運動原理。第七部份介紹風的產生原理、形成過程以及運動形式。該部份在講義中所佔的內容較多，闡述也較爲詳細，不僅對海風與陸風間的差別進行了區分，對颶風與龍捲風也做了論述，講義對颶風經常發生的地點亦有所介紹，「颶風所見之處，多在本國東南沿海及孟加拉灣、亞刺比亞海、印度洋、大西洋。」〔註119〕對於龍捲風常出現的地點，講義則闡明「不擇海陸。」其不僅出現在海面之上，有時在陸地的沙漠、曠野之處也有出現。第八部份至第十五部份，依次介紹雲、霧、雨、雪、霰、雹、虹霓、雷電等天氣現象的形成原理。對於霞與虹霓所呈現出的五顏六色，講義中亦舉出牛頓以三棱鏡觀察七色光的例子來進行闡釋，「西士奈端始用三角鏡向日映照，見日光分七色。雲之冰粒，其用與三角鏡同理。七色有一定之次序，即紫青藍綠黃赭紅是也，七色之合則

〔註116〕京師大學堂輯：《京師大學堂中國地理講義》，林慶彰等主編：《晚清四部叢刊》第五編第34冊，臺中：文聽閣圖書有限公司，2011年，第16頁。

〔註117〕京師大學堂輯：《京師大學堂中國地理講義》，林慶彰等主編：《晚清四部叢刊》第五編第34冊，臺中：文聽閣圖書有限公司，2011年，第19頁。

〔註118〕京師大學堂輯：《京師大學堂中國地理講義》，林慶彰等主編：《晚清四部叢刊》第五編第34冊，臺中：文聽閣圖書有限公司，2011年，第20頁。

〔註119〕京師大學堂輯：《京師大學堂中國地理講義》，林慶彰等主編：《晚清四部叢刊》第五編第34冊，臺中：文聽閣圖書有限公司，2011年，第26頁。

爲白光。」〔註120〕並以此對傳統的一些迷信思想進行了駁斥。第十六部份爲氣候，主要講授各地氣候與當地緯度高低的關係，以及島嶼與大陸內地間的差異。第十七、十八部份介紹寒帶、溫帶及熱帶植物與動物的生長特點，講義中指出植物不僅因五帶而異，即使生長在同一處，因地勢高低而有寒暖之別，則植物亦有不同，動物亦是如此，「故各地動物之種類及其播布，每視植物之多少與溫度之高低。」〔註121〕第十九部份論述人類與人種，講義將全世界人類共劃分爲五種，即「一蒙古人種（黃色人）、二高加索人種（白色人）、三內革羅人種（黑色人）、四馬來人種（褐色人）、五亞美利加人種（銅色人）。」〔註122〕並對此五類人種特點依次進行了介紹。對於地區環境與人類性格特點的關係，講義也進行了簡要的闡明，「……然居熱帶者色黑，其獲衣食易，故其人性耽安逸，且因終歲酷暑，志氣自然混惰。居寒帶者色白，其資生難，終身拮据於衣食，不暇旁及，故性多愚魯。其最適合人類蕃息發達之處，其惟氣候中和，而動植物均足供衣食之資溫帶乎，方今世界文明開化之國，大半屬於此帶，有由然已，其色或黃或白。」〔註123〕第二十部份介紹礦產在地球上不同地區的分佈情況。

講義的卷首第三節爲政治地理，因與自然科學關聯不大，故本文略去不提。

講義的卷一則專門講述亞洲地理特點。該卷共有十四節，分別就亞洲的地理位置與地形特點、亞洲地區的海岸線、鄰近的群島與半島以及海洋、海灣、亞洲地區的氣候特點等展開論述，該卷對亞洲陸地上的河流湖泊、平原、高地等也進行一定程度的介紹。〔註124〕與卷首的地理學總論相比，該卷內容在講義中所佔篇幅較小。

對於大學堂附屬機構所使用的科學教科書，本文以《譯學館初等代數講

〔註120〕京師大學堂輯：《京師大學堂中國地理講義》，林慶彰等主編：《晚清四部叢刊》
　　　　第五編第 34 冊，臺中：文聽閣圖書有限公司，2011 年，第 28 頁。
〔註121〕京師大學堂輯：《京師大學堂中國地理講義》，林慶彰等主編：《晚清四部叢刊》
　　　　第五編第 34 冊，臺中：文聽閣圖書有限公司，2011 年，第 37 頁。
〔註122〕京師大學堂輯：《京師大學堂中國地理講義》，林慶彰等主編：《晚清四部叢刊》
　　　　第五編第 34 冊，臺中：文聽閣圖書有限公司，2011 年，第 39 頁。
〔註123〕京師大學堂輯：《京師大學堂中國地理講義》，林慶彰等主編：《晚清四部叢刊》
　　　　第五編第 34 冊，臺中：文聽閣圖書有限公司，2011 年，第 39 頁。
〔註124〕參見京師大學堂輯：《京師大學堂中國地理講義》，林慶彰等主編：《晚清四部
　　　　叢刊》第五編第 34 冊，臺中：文聽閣圖書有限公司，2011 年，第 65～80 頁。

義》為例，進行簡要的說明。《譯學館初等代數講義》一書是由大學堂譯學館的算學教習丁福保所著，這篇講義除去篇首的概論外，一共設有三十九課，從代數學的定義講起，圍繞著代數式的基本運算即加減乘除、一次方程序、多元一次方程序、因子分解法、最大公約數、最小公倍數、二次方程序、二次方程廣義、多元二次方程序等展開講述。整本書的教學內容都屬於代數學的基礎知識。除此之外，值得一提的便是位於此書篇首的概論，這篇概論是對中國數學發展史的總論，有一定的學術價值。

　　這篇講義的概論對數學在中國的起源、演變等作了系統的梳理，並對在中國數學史上產生了重要影響的數學著作進行了評點。作者將數學從古至今在中國發展的歷史分為了四個重要時期，第一個時期是「自黃帝至明隆慶間，為中算純一之時代」。在這個時期裏，數學代表作有六種，分別是《周髀算經》、《九章算術》、《數學九章》、《測圓海鏡》、《益古演段》、《四元玉鑒》，它們代表了這一時期中國數學的發展成就。作者丁福保認為算學的發展在唐宋時期十分興盛，而南宋之後，對數學的研究開始逐漸地衰落。數學在中國發展的第二個時期是從明萬曆至清朝道光年間，「為西算東漸，古法中興之時代。」〔註 125〕書中提到在這段時期裏，具有代表性的數學著作有七種，分別是《同文算指》、《幾何原本》、《御定數理精蘊》、《梅氏叢書輯要》、《四元玉鑒細草》、《疇人傳》、《續疇人傳》等。講義提出從明代萬曆開始，西方的「幾何、借根、對數、割圓、八線等法，已漸次輸入。」〔註 126〕這開啟了中西學術互相融合的時代，其中梅穀成對天元術的闡發是當時重要的數學成就。中國數學發展史的第三個時期是從咸豐至光緒，這也是西方數學在中國傳播、發展的高潮時期，丁氏認為，這個階段裏，最有代表性的著作有八種，即《代數學》、《代數積拾級》、《代數術》、《代數難題》、《微積溯源》、《三角數理》、《則古昔齋算學》、《行素軒算稿》等。講義對於此八種數學書籍進行了一定的闡述，並指出在道光、咸豐兩朝，數學大家輩出，中西方學人相互合作，成就不斷，諸如西方傳教士偉烈壓力、傅蘭雅等人對西方數學知識在近代中國的傳播作出了重要的貢獻。中國數學發展的第四個時期則是光緒一朝，講義中提出，在這一時期西方數學在中國深入普及，這段歷史時期也可稱為數學教科書時代，丁福保認為此期最為出色的數學書籍有四種，即《筆

〔註125〕丁福保：《譯學館初等代數講義》，上海：科學書局，光緒三十一年，第 3 頁。
〔註126〕丁福保：《譯學館初等代數講義》，上海：科學書局，光緒三十一年，第 3 頁。

算數學》、《代數備旨》、《形學備旨》、《八線備旨》。《筆算數學》、《代數備旨》
與《形學備旨》皆是由美國人狄考文編譯而成。丁福寶認爲《筆算數學》頗
具條理，合於教科之用，而《代數備旨》亦爲普通代數學之善本，《形學備
旨》一書有許多要題，「爲幾何原本所不戴，故近世學者，咸以是書爲宗此
幾何學進步之一證也。其習題亦有細草，徐君伯庚所編，證解詳明，不愧善
本。」〔註 127〕《八線備旨》由美國人羅密士撰，潘慎文選譯，「八線日人譯
作三角學，亦爲普通學科之一，是書於教科最爲合宜。」〔註 128〕講義最後
指出，自戊戌以來，隨著京師大學堂的開辦，各類學堂遍及各地，數學教育
作爲科學教育之一種，亦逐漸在中國普及開來，「自戊戌以後，學校漸盛，
粲粲學子，咸肄象術，普通學科，區分爲四，曰數學、曰代數、曰幾何、曰
三角，此東西各國之通例也。」〔註 129〕數學科學在近代中國的發展也進入
了一個新的時代，丁福寶希望當時的數學研究者能夠重視學習西方、日本等
國的數學著作，「愼勿以舊時譯籍，限其進步也。」〔註 130〕以會通融合的精
神推動數學科學在近代中國的發展。

　　由大學堂的科學講義，可以大致反映出當時京師大學堂科學教學的程
度，以今日的標準來衡量，這些內容都顯得比較陳舊。但在當時卻被作爲全
國最高學府的京師大學堂拿來，用以教學。這更體現出了中國科學教育整體
水平的落後。但是也應當注意到，這種局面的形成，是與當時的教育體系的
不成熟、不完善有著密切的關聯。中國社會整體發展的落後，限制了近代大
學科學教育的開展。尤其是大學堂建立在各地中、小學堂之前，這就導致大
學堂難以招收到符合資格的生源，因此只能擔負起初、中等科學教育的普及
工作，以爲日後分科大學的開辦做準備。據此看來，科學教育在中國的發展
確實是一項長期而艱巨的任務。

3、考核與獎勵

　　大學堂對學生們的考核，主要還是通過各種筆試來實現的，這其中便包
括各種科學科目的考試測驗。這些考試測驗主要有三類，即學期考試、年終
考試以及畢業考試。其中，學期考試一般每半年舉行一次，由大學堂監督會

〔註 127〕丁福保：《譯學館初等代數講義》，上海：科學書局，光緒三十一年，第 6 頁。
〔註 128〕丁福保：《譯學館初等代數講義》，上海：科學書局，光緒三十一年，第 6 頁。
〔註 129〕丁福保：《譯學館初等代數講義》，上海：科學書局，光緒三十一年，第 6 頁。
〔註 130〕丁福保：《譯學館初等代數講義》，上海：科學書局，光緒三十一年，第 7 頁。

同教員，在暑假前舉行，「此學堂彙全班學生而甄別之，以施其沙汰者也。」
〔註131〕年終考試則每一年進行一次，一般在該年的年假之前舉行。若考生分
數及格，則來年開學直接升入上一級，若有不及格者，則需留級補習，並參
與下屆的年終考試，如再不及格，則被退學，「此學堂統學生一年之成績而考
校之，以定其級數者也。」〔註132〕與以上兩類考試相較，大學堂內的畢業考
試，最爲嚴格。大學堂預備科學生與師範科學生的畢業考試，仿照鄉試成例，
由總監督呈文學務大臣，奏請簡放主考，「會同學務大臣，分內、外場，按照
所習科目門類詳加考試。」〔註133〕清廷頒行的奏定學堂章程對此有詳細的要
求。成績等級的評定，大學堂規定以一百分爲滿分，滿八十分以上者爲最優
等，七十分以上者爲優等，六十分以上者爲中等；若有個別科目的考試成績
不滿七十分或六十分，則總平均成績的排名要被降等。

　　至於畢業考試的具體科目，則依據大學堂針對各類學生開設的課程門類
而定。如前文所述，京師大學堂二次開學後，師範科與預備科的課程門類與
教學內容，也是遵照癸卯學制即奏定學堂章程所設，「竊查京師大學堂於光緒
三十一年十一月招預備科及優級師範科學生各一班，按照奏定章程所定課程
分類講授。」〔註134〕如大學堂師範生中的第一類學生便要參加生物學、生理
學、化學等科學科目的畢業考試，第二類師範生則要參加中國地理、外國地
理、化學與生物學等科學科目的考試。第三類、第四類師範生進行考試的科
學科目較多，其中第三類師範生要參加代數、幾何、物理學、化學、三角、
微積分、圖畫、手工、物理實驗、化學實驗等科目的考試，第四類師範生科
學科目的考試則包含植物學、動物學、礦物學、地學、生理學、農業泛論與
作物論、植物學實驗、動物學實驗以及圖畫等等。〔註135〕大學堂預備科學生
的畢業考試也是根據學生所學課程的不同類別，來確定其考試科目，其中預
備科德文班學生要參加代數、解析幾何、三角、微積分、化學、物理學、礦

〔註131〕《大清光緒新法令》第十二冊，上海：商務印書館，宣統二年七月（1910年），
　　　　第74頁。
〔註132〕《大清光緒新法令》第十二冊，上海：商務印書館，宣統二年七月（1910年），
　　　　第74頁。
〔註133〕《各學堂考試章程》，湖北學務處本，清光緒二十九年，第8頁。
〔註134〕《學部爲大學堂畢業生請獎事咨會議政務處文》，宣統元年六月，中國第一歷
　　　　史檔案館·學部·文圖庶務·卷351，中國第一歷史檔案館藏。
〔註135〕參見《師範預備科畢業考試分堂表》，光緒三十四年十二月，北京大學綜合檔
　　　　案·全宗一·卷83，北京大學檔案館藏。

物地質、化學實驗、圖畫等科目的考試，預備科英文班畢業生應進行考試的科學科目有植物學、礦物學、代數、三角、微積分、化學、物理學、畜產論、化學實驗、圖畫等。〔註136〕由大學堂科學的考試科目可以看出大學堂科學課程的實際設置與奏定學堂章程中的相關規劃相互吻合，從而表明大學堂科學教育基本上遵照了原定章程的相關規定，計劃與實施得到統一。

大學堂科學科目的畢業考題，以現在的標準衡量，並不艱深，但就當時的部分考生而言，卻稍有難度，有許多學生就是單純因為某一科或某幾科科學科目的成績不佳，即所謂的「偏科」，而影響了總成績，被降下等級。現以光緒三十四年，大學堂師範生與預備科學生畢業考試成績的統計為例，作具體說明。

在光緒三十四年十二月初八日至十四日（1908 年 12 月 30 日至 1909 年 1 月 5 日），京師大學堂為師範科、預備科的學生舉行了畢業考試。在此次畢業考試中，有相當一部份師範生，因為科學科目的考試分數未達到規定要求，而被降等，當時師範生總成績原本排名為最優等者應有 35 名，但是其中有 8 人因科學科目考試成績不佳而被降等，其中考生張景江的平均分數為八十二分四釐六毫，已達到最優等的標準。但因物理、植物學、地學三門考試均不滿七十分降為優等；考生張厚璋的平均成績為八十二分四釐五毫，而因算學成績不滿七十分被降優等；考生趙晉汾的平均分數為八十一分七釐，但由於動物學、植物學、農學三門考試均不滿七十分降為優等；考生高元溥的平均成績為八十一分五釐三毫，卻只因動物學一門考試成績不滿七十分降為優等；考生金兆枞的平均成績為八十一分二釐二毫，因動物學、植物學兩門課均不滿七十分而被降為優等；考生齊文書的平均成績為八十分五釐二毫，亦因算學一門分數不及七十分而被降為優等；還有考生保謙的平均成績為八十二分，但由於動物學考試得分不及六十分而被降級為中等，考生鍾頌良的平均成績為八十分一釐三毫，按平均成績也可以排為最優等，也是因為動物學的考試分數不及六十分，被降為中等。〔註137〕另有四人，因其它科目的成績不佳也被降級為優等。因此，在最優等生中，由於科學科目成績不合要求而被降等的比率達 22.9%，而因其它科目原因而降等的比率為 11.4%。因此，最

〔註136〕參見《師範預備科畢業考試分堂表》，光緒三十四年十二月，北京大學綜合檔案‧全宗一‧卷 83，北京大學檔案館藏。

〔註137〕參見《奏京師大學堂預備、師範兩科學生畢業照章請獎摺》，《學部官報》第九十六期，宣統元年七月初一，第 13、14、17 頁。

終只有 23 人列爲最優等。而按總成績排名，原本列爲優等的考生應有 142 名，但是其中有 75 人因某些個別科目考試成績沒有達到六十分，最終從優等降級爲中等，降等人數超過半數，在這些降等學生中，有 61 人是由於科學科目的考試分數偏低所致。在這六十一名降等的學生中，李興勇、陸鎏、宗室鍾啓、丁其彥、吳天澈、孫光宇、柯興耀、何師富、張啓聰、徐鍾藩、王之棟、唐春鎣、管望清、陳錫琨、伍思樂、徐國禎、劉善寀、李彩章、張鴻楷、譚淩雲等二十二人是因動物學一科成績不滿六十分被降爲中等；考生張國隷、文啓蠢、王葆初、解名發、湯葆元、馮啓豫、常堉蕙、張炯、靳瀛旭、崔學材、朱崇理、夏緯璟、彭覬圭等十三人皆因算學一門考試不滿六十分被降中等；考生王汝炤、余欽籛、吳克昌、向玉楷等四人則因地學一門考試不滿六十分而被降爲中等；考生張鼎治、楊緒昌、蕭秉元等三人因植物一科考試成績不滿六十分降爲中等；考生易國馨、周揚埈、郁振域、何艮、李堯勳、陳去非等六人因動物學、植物學兩門考試成績均不滿六十分而被降爲中等；考生淵從極、鄒學伊、畢培仁、謝廷昌、夏建寅、鄭滋蕃等六人則因動物學、地理學兩門主課均不滿六十分被降爲中等；考生成林、王黻燦二人因植物學、地理學兩門考試均不及六十分而降爲中等；考生孫鼎元、高鼎文、秦銘光、李文鼎、王道濟、定林、桂芳等七人皆因動物學、植物學、地理學三門考試成績均不滿六十分而降爲中等，另有十四人則由於非科學科目成績不合格亦被降級爲中等。〔註138〕因此，在優等生中，因科學科目不達要求而降等的比率爲 43%，因非科學科目而降等的比率僅爲 9.9%。另外，還有四名考生雖因其個別成績不合要求，但因平時各項表現較好，因此沒有被降等，還有三人排名下等及某些科目無分。經綜合統計，在所有參加大學堂師範科畢業考試的二百一十名學生中，因科學科目考試不達要求而被降等的學生有六十九人，其降等比例約爲 32.9%。由此可察知，當時大學堂師範科學生對科學知識掌握的程度。

　　在預備科學生的考試中，同樣也出現了因爲科學科目的考試成績不合格而影響了總成績，最終被降等的現象。而且與師範生相比，預備科學生對科學知識的掌握更遜一籌，當然，這也與預備科考題的難度有一定關係。

　　在預備科畢業生中，其平均成績被列爲最優等的應有 29 名，但其中有 21 人，因個別科目的考試分數未達到相關的要求，被降爲優等與中等，這裡邊有

〔註138〕參見《奏京師大學堂預備、師範兩科學生畢業照章請獎摺》，《學部官報》第九十六期，宣統元年七月初一，第 17～23 頁。

15 人是因科學科目成績的原因被降等，其中考生葉秉良、張樞、區宗洛、胡宗楷、林建倫五人是由於其圖畫考試分數不及七十分被從最優等降為優等；陳培源是因為其地理考試成績不及七十分被降為優等；李文冀、湛祖恩、陳頌芬三人則是因為各自的地質礦物、圖畫兩門考試成績均不及七十分被降為優等；盧頌芳一人因物理、圖畫兩門考試均不及七十分被降為優等；而考生吳友蓬因圖畫一門不滿六十分被降為中等；李經腴、李逢宸皆因地質礦物成績不及六十分被降為中等；李協因物理一門分數不滿六十分降為中等；陳叔玉因化學、圖畫、地質礦物三門考試成績均不及六十分被降為中等。〔註139〕另有六人是因其它科目成績不合格而降等級。在最優等的考生中，因科學課程的成績而降等級的比率約達 51.7%，已超過半數，而因非科學科目的影響而降等的比率僅為 20.7%。

　　預備科畢業生平均成績原本列為優等者應有 73 名，但其中因個別科目的考試成績沒有達到要求被從優等降為中等者達 62 人，這當中包括 41 名因科學科目考試分數不滿六十分而被降等的學生，在這些學生中，伍大光、麥棠、陳為銚、梁光照、關定波、周運鈞、湯龍驤、司徒衍、喻實幹、莊澤宬等十二人均是因為地質礦物一門考試不及六十分被降為中等；考生錢家瀚、蔡洵等二人是由於圖畫一門考試不及六十分被降為中等；考生吳肇麟是由於物理一門考試不及六十分降為中等；蔣夢桃、羅忠懋二人因化學一門考試不及六十分被降為中等；陳兆焜因算學、物理二門考試均不及六十分被降為中等；徐惕樣因化學、地質礦物二門考試均不及六十分被降中等；馮寶璀、陳昭令、段硯田三人則是因為地質礦物、英文兩門考試均不及六十分而被降為中等；孫祖昌、馮有林二人因地質礦物、德文兩門考試均不及六十分被降為中等；范覲冕、梁程二人因物理、英文兩門考試均不及六十分被降為中等；謝鏡第、周翰二人化學、德文二門考試均不及六十分而被降為中等；陳祥翰因物理、德文二門考試均不及六十分被降為中等；曾元江因圖畫、英文二門考試均不及六十分被降中等；范期顯因化學、法文兩門考試均不及六十分降為中等；婁璈因地理、國際公法二門考試均不及六十分被降中等；姚國禎因圖畫、德文兩門考試均不及六十分降為中等；崇文因地理、國際公法二門考試均不及六十分被降中等；朱聯沆、陳器、張積誠三人是因為化學、地質礦物、德文三門考試均不及六十分而被降為中等；吳詠麟因地質礦物、圖畫、英文三門

〔註139〕參見《奏京師大學堂預備、師範兩科學生畢業照章請獎摺》，《學部官報》第九十六期，宣統元年七月初一，第 3、4 頁。

主課均不及六十分被降爲中等；考生司徒穎因化學、圖畫、英文三門考試均不及六十分被降中等；張鑒哲、彭紹祖、劉國鈞三人則因物理、化學、地質礦物、德文四門考試均不及六十分被降中等；顧立仁因物理、化學、地質礦物、英文四門主課均不及六十分被降中等。〔註140〕在平均成績排列爲優等的71 名學生中，因科學科目分數較低而導致降等的比率爲 56.2%，而非科學科目影響而降等的比率爲 28.8%。而從優等降爲中等的 62 名降等考生中，出自科學科目成績影響的比率達 66.1%。經綜合統計，在所有參加大學堂預備科畢業考試的一百三十三名學生中，因科學科目考試不合格而被降等的學生，總計有五十六人，其降等率達約爲 42.1%，這比師範生高出了將近 10 個百分點。雖然，這種結果與預備科考題難度有一定的關係，但由此可反映預備科學生對科學知識掌握的程度。

　　大學堂在考試過後，對預備科與師範科畢業生進行一定的獎勵，即根據個人的畢業考試成績，實行不同等級的獎賞。大學堂規定，預備科內學生畢業考試成績列爲最優等者，「作爲舉人，咨送學務大臣復試合格，內以內閣中書盡先補用，外以知州分省盡先補用。」〔註141〕並准許其進入大學堂分科大學就讀；考試成績列爲優等的學生，「作爲舉人，咨送學務大臣復試合格，內以中書科中書盡先補用，外以知縣分省盡先補用。」〔註142〕准許其進入分科大學學習；考試成績爲中等的學生，仍作爲舉人，「內以部寺司務補用，外以通判分省補用。」〔註143〕也同樣，允許其升入分科大學；考試成績爲下等者，則需要留在大學堂補習一年，重新參加下年考試，根據其成績再進行錄用，如不願留堂補習，或者二次考試成績仍爲下等，則只發給「修業期滿憑照」，不予錄用。對於師範科的學生，畢業考試成績爲最優等者，「作爲師範科舉人，以內閣中書盡先補用，並加五品銜，令充中學堂、初級師範學堂及程度相當之各項學堂正教員。」〔註144〕考試成績爲優等的學生，「作爲師範科舉人，以

〔註140〕參見《奏京師大學堂預備、師範兩科學生畢業照章請獎摺》，《學部官報》第九十六期，宣統元年七月初一，第 4～10 頁。
〔註141〕《大清光緒新法令》第十二冊，上海：商務印書館，宣統二年七月（1910 年），第 78 頁。
〔註142〕《大清光緒新法令》第十二冊，上海：商務印書館，宣統二年七月（1910 年），第 78 頁。
〔註143〕《大清光緒新法令》第十二冊，上海：商務印書館，宣統二年七月（1910 年），第 78 頁。
〔註144〕《大清光緒新法令》第十二冊，上海：商務印書館，宣統二年七月（1910 年），

中書科中書盡先補用」，並仍可擔任各地中學堂及初級師範學堂的教員之職；考試成績爲中等的學生，「作爲師範科舉人，以各部司務補用」，也可派充中學堂教員；考試成績爲下等的學生，與預備科下等學生的要求一樣，允許其繼續補習一年，再行考試，分等錄取。

大學堂分科大學的學生雖只進行了爲期一年多的學習，尚無畢業考試，但大學堂仍制定了對其獎勵的各項規定，其中分科大學學生如畢業成績爲最優者，「作爲進士出身，用翰林院編修、檢討升入通儒院，如不願入通儒院者，應由學務大臣查核該員才具，酌量分別委以京外要差，奏明請旨辦理，以期及時自效。」〔註145〕考試成績爲優等者，仍給予進士出身，「用翰林院庶吉士升入通儒院。」如不願入通儒院，則根據學務大臣核實情況，派赴京外任職。考試成績爲中等的學生，「作爲進士出身，以各部主事分部盡先補用，升入通儒院。」〔註146〕不願入通儒院者，辦理情形與優等生相同。考試成績爲下等的學生，「作爲同進士出身」，可以留在大學堂內繼續補習一年，一年後再行考試，如果考生不願留堂補習，或者第二年畢業考試成績仍爲下等，則「以知縣分省補用。」考試成績爲最下等的畢業生，「但給考試分數單，不留學。」〔註147〕對於大學堂分科大學中的實科畢業生〔註148〕，大學堂也制定了相應的獎勵之法。

光緒三十四年年底參加考試、宣統元年初畢業的師範科與預備科學生，根據個人的實際成績，被清廷授予了不同獎賞。在師範科二十三名最優等考生中，許維翰、海清等十九人被授予師範科舉人，以內閣中書盡先補用，並加五品銜，餘者也均被賜予五品官銜；在排名爲優等的考生中，裴學曾、張景江等人被授予師範科舉人，以中書科中書盡先補用；在排名爲中等的考生

第 80 頁。

〔註145〕《大清光緒新法令》第十二冊，上海：商務印書館，宣統二年七月（1910年），第 77 頁。

〔註146〕《大清光緒新法令》第十二冊，上海：商務印書館，宣統二年七月（1910年），第 78 頁。

〔註147〕《大清光緒新法令》第十二冊，上海：商務印書館，宣統二年七月（1910年），第 78 頁。

〔註148〕所謂的「實科」，就是指由中學堂畢業的學生，直接升入大學堂分科大學，專選農科、工科、醫科、商科四科中之一門，畢業後可以自營實業，「農、工、商、醫四大學，尚可酌置實科，以練習實業爲主，以中學畢業生入學，三年畢業。」（見《奏定大學堂章程》，湖北學務處本，清光緒二十九年，第 87 頁。）

中，鍾頌良、馮學壹等人則被授予師範科舉人，並以各部司務補用。預備科學生中，畢業分數爲最優等者有八人，其中周昌壽、廖福同等人被授予舉人，並以內閣中書盡先補用；預備科排名優等者有二十二人，皆被授予舉人，其中葉秉良、張樞等人以中書科中書盡先補用，而李文驥、林建倫等人以知縣分省盡先補用；預備科排名中等者有九十五人，亦全被授予舉人，其中李協、雷豫等人以各部司務補用，韓進之、曹數宗等人則以通判分省補用。清廷在對大學堂內的各類學生實行獎賞的同時，對於一些教授科學課程的外國教員也給予一定的獎勵。實際上，獎勵教員早在戊戌時期頒行的大學堂章程中就已有相關規定，即能夠認眞教學的教習，大學堂應獎給其功名，「今擬自京師大學堂分教習及各省學堂總教習、分教習，其實心教授著有成效確有憑證者，皆三年一保舉。原係生監者，賞給舉人；原係舉人者，賞給進士，引見授職；原係有職人員者，從異常勞績保舉之例以爲盡心善誘者勸。」〔註149〕但事後因種種變故未得實行，直到大學堂重新開學後，教員的獎勵政策才陸續落實。就事實而言，大學堂科學教育辦學十餘年來所取得的成效，不僅僅是學生個人勤奮學習的原因，也是大學堂科學教員們的努力工作、認眞教學的結果。這些教員爲了使學生們能夠眞正理解、掌握近代科學知識，在教學過程中盡力採取學生們易於接受的教學方式，無論是理論課上的講解，還是實驗課上的操作，都力求做到明晰易解。大學堂科學教員的這些努力，受到了當時清政府的認可。宣統元年，學部曾向清廷上奏，提出要對大學堂中教學認眞、努力工作的教習給予獎勵，「自光緒二十八年十月開辦優級師範……前後並算，歷時六年之久，成就學生共四百五十人，該教員、管理員等訓迪不倦，董率有方，不無微勞……均擬按照外務部定章請賞給三等第一寶星，以示鼓勵。」〔註150〕最終清廷同意了學部的獎勵意見，賜給大學堂教習三等寶星，這其中受到賞賜的科學教員分別有動物、生物教員、日本理科學士桑野久任，植物、礦物教員、日本理科學士矢部吉禎，物理學與算學教員、日本理科學士氏家謙曹，地理教員阪本建一，圖畫教員高橋勇等人。

〔註149〕中國第一歷史檔案館、北京大學編：《京師大學堂檔案選編》，北京：北京大學出版社，2001年，第35頁。

〔註150〕《奏請賞給京師大學堂東西洋教員賈士鎬等寶星摺》，《學部官報》第九十六期，宣統元年七月初一，第26、27頁。

京師大學堂向師範科學生頒發的畢業證書

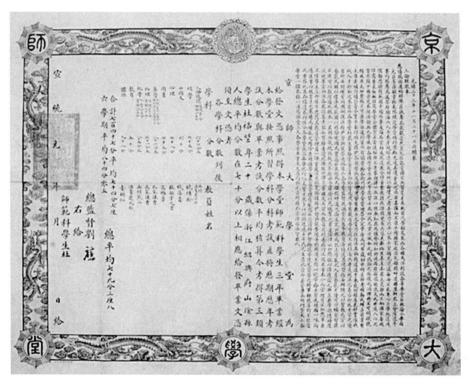

晚清時期，京師大學堂科學教育培養出的畢業生主要是師範科與預備科兩類學生。預備科畢業生除了一部份升入分科大學繼續深造外，其餘的則根據大學堂的獎勵政策有的留在京城各部衙門任職，有的則分赴外省任職。畢業生分赴各省，有利於科學知識廣泛傳播。而與預備科相比，師範生的畢業數量最多，前後兩屆共三百餘人，師範生的畢業去向也更爲廣泛。因爲根據大學堂的規定，師範生有派赴各省中學堂、初級師範學堂等充當教員的義務，且在五年之內專事教育，不得委任其它差使，五年義務期滿後，再予以升階。故此除去部份師範生升入分科大學外，餘者尤其是師範館第一屆畢業生基本都在各地學堂擔任教職。民國成立後，雖有部份人進入政府機關，但所任職務亦與教育相關，如第四類畢業生中的吳鼎新曾在廣西省任教職、楊鋘鋙曾在吉林省任教職、由雲龍曾在雲南省任教職、張景江曾在江西省任教職、葉浩章曾在廣東省任教職；第三類畢業生中的鄒大鏞曾在奉天省任教職、張炯曾在湖南省擔任教職、張秀升曾在山西省任教職、王葆初曾在浙江省任教職

等等。這些師範生任教各省，不同程度地促進當地科學教育事業的發展，爲近代中國科學教育體系的完善做出了應有的貢獻。

京師大學堂培養出的各類學生，把他們在學堂中接受到的科學知識，又一層一層傳遞下去，由此京師大學堂成爲了近代中國傳播科學知識、發展科學教育的核心源地。隨著大學堂畢業生走向全國各地，科學知識的火種被播撒到近代社會的各個領域，其不僅提高了民眾的科學素養，更進一步促使民眾對傳統知識觀、世界觀、價值觀進行反思，爲近代社會的變革奠定了重要的思想基礎。

三、博物實習科內科學教育的推行

由於科學教育深入開展的需要，光緒三十三年（1907 年），京師大學堂又開辦了博物品實習科。當時的中國社會，科學教育已經逐漸爲民眾所接受，在京師大學堂的帶動下，全國各省陸續開辦各級各類學堂，科學教育亦開始成爲這些學校教育的主要內容。但科學教育在全國各地普及的過程中，也出現一些新的問題，其中問題較大是當時中國各級各類學堂所使用的標本器具，都是由國外進口，不僅耗費了學堂的大量錢款，而且有些外國產品粗製濫造，買回來後無法使用，以致資金浪費，「係因各省學堂所需動植各物品，大率購自外洋，非特價值甚昂，且多屬外國產品，不盡合於本國學科之研究……」〔註151〕正因如此，京師大學堂創辦了博物實習科，「以教成能製造各種標本、模型、圖畫之技藝爲宗旨。」〔註152〕爲各級各類學校培養能夠教授博物、生理等科目的科學教習。光緒三十三年六月（1907 年 7 月），時任大學堂總監督的李家駒要求京外各學堂，選拔學生，派送至大學堂博物實習科內就學，「現在本學堂招入學生辦法，專由各省提學使或京師督學局咨送本學堂，須確係某學堂認明此項學生學成後，必在該堂酌盡義務者，方許錄送，以杜個人營業之私。」〔註153〕由此，博物品實習科在大學堂內得以正式成立，大學堂科學教育的實施進一步得到充實與拓展。

〔註151〕《大學堂呈請學部核定博物品實習科課程及規則文》，光緒三十三年六月，北京大學綜合檔案・全宗一・卷 68，北京大學檔案館藏。
〔註152〕《京師大學堂博物品實習科有關規則及課程設置》，光緒三十三年六月，北京大學綜合檔案・全宗一・卷 68，北京大學檔案館藏。
〔註153〕《大學堂呈請學部核定博物品實習科課程及規則文》，光緒三十三年六月，北京大學綜合檔案・全宗一・卷 68，北京大學檔案館藏。

1、課程設置

大學堂博物品實習科內設置的各門課程都與自然科學相關，學生們所要學習的內容也主要是製作標本、模型與製圖等課。博物品實習科最初擬定劃分爲完全科與簡易科。二者所開設的課程有相似之處，均可大致分爲三類，「第一類，以製造標本爲主課，製造模型及圖畫爲副課；第二類，以製造模型爲主課，製標本及圖畫爲副課；第三類，以圖畫爲主課，製造模型爲副課。」〔註154〕而在每一類中又有學科與術科的區別。

博物品實習科的完全科又稱爲本科，其包含學、術兩科，學習期限爲三年。在第一類完全科中，學科第一學年內開設的科學課程共十五門，分別是製造模型標本之主旨、博物學、度量衡之名稱及使用法、採集器具之名稱，使用法及修理法、製造器具之名稱，使用法及修理法、製造用藥品及材料之名稱性質及使用法、集動物法、用槍法、保存動物法、剝製法、採集植物法、保存植物法、記錄法、製造模型法、圖畫講授等課程；術科設置的課程則有主課、副課之分，其中主課包括鳥類之皮標本及姿勢標本、製造骨骼法、製造貝殼標本法、製造卵殼標本法、製造昆蟲標本法、製造仔蟲標本法、製造酒精標本法、製造臘葉標本法、製造果實種子標本法、採集法之實習、飼養法之實習、經理金屬、木材、玻璃及塗料之實習、捆包及搬運法之實習等，副課較少，僅有石膏模型、黏土模型、圖畫三門。在第一類完全科第二學年中，學科開設的課程門類比上一學年減少了將近一半，只有博物學、藥品秤量法、注射法、解剖法、保存動物法、剝製法、保存植物法、製造模型法等八門課程；而術科內的課程門類反而比上一年有所增加，其主課增加至十六門，即鳥類之皮標本及姿勢標本、獸類之皮標本及姿勢標本、魚類、兩栖類、爬蟲類及甲殼類之剝製、製造骨骼法、製造昆蟲標本法、注射法、解剖解體及發育標本之製造法、製造臘葉標本法、製造海藻標本法、製造果實種子標本法、製造酒精標本法、藥品秤量法之實習、採集法之實習、飼養法之實習、經理金屬、木材、玻璃及塗料之實法、捆包及搬運法之實習等，副則增加至課五門，即石膏模型、黏土模型、紙塑模型、鐵線模型、圖畫課。最後一學年，完全科的學科向學生們開設博物學、保存動物法、保存植物法、礦物、岩石及化石之採集法、礦物、岩石及化石之保存法、顯微鏡用標本之製造法、

〔註154〕《博物品實習科課程》，光緒三十三年，北京大學綜合檔案·全宗一·卷68，北京大學檔案館藏。

顯微鏡使用法、製造模型法、寫眞法、陳列標本法等十門課程；其術科內開設的主課仍然較多，分別是剝製動物法、製造骨骼法、製造昆蟲標本法、解剖解體及發育標本之製造法、顯微鏡用動物標本之製造法、顯微鏡用植物標本之製造法、顯微鏡用組織標本之製造法、製造本材標本法、製造酒精標本法、礦物、岩石及化石標本之製造法、顯微鏡用岩石標本之製造法、製造結晶模型法、採集法之實習、飼養法之實習等，副課也增加至七門，依次爲石膏模型、黏土模型、紙塑模型、鐵線模型、蠟模型、圖畫、寫眞術等。〔註155〕

　　第二類博物品實習科完全科是以模型製造爲主要教學內容，標本製造以及圖畫等類屬於該科副課。該類學科一年級開設的課程門類與第一類學科的設置相同，但是關於製造模型課的講授時間則有所加長；該類術科第一年設置的主課分別是黏土模型、石膏模型、雕塑、紙塑模型、鐵線模型、蠟模型、經理金屬、木材、玻璃及塗料之實習、捆包及搬運法之實習等八門，副課有十門，依次是鳥類之皮標本及姿勢標本、製造骨骼法、製造貝殼標本法、製造卵殼標本法、製造昆蟲標木法、製造仔蟲標本法、製造酒精標本法、製造臘葉標本法、製造果實、種子標本法、採集法之實習、圖畫等課程。在第二學年，學科內教授課程共有八門，分別是製造模型法、博物學、保存植物法、藥品秤量法、保存動物法、剝製法、注射法、解剖法等課程；該類術科中開設的主課也是八門，即雕塑、紙塑模型、鐵線模型、石膏模型、蠟模型、黏土模型、捆包及搬運法之實習、經理金屬、玻璃及塗料之實習、木材等，其副課則包括鳥類之皮標本及姿勢標本、獸類之皮標本及姿勢標本、魚類與兩栖類與爬蟲類及甲殼類之剝製、注射法、解剖解體及發育標本之製造法、製造酒精標本法、採集法之實習、圖畫等內容。第三年學科開設的科學課程有博物學、礦物、岩石及化石之採集法、礦物、岩石及化石之保存法、顯微鏡用標本之製造法、顯微鏡使用法、製造模型法、寫眞術、陳列標本法等八門；術科內主課只設有六門，分別是雕塑、黏土模型、蠟模型、紙塑模型、鐵線模型、石膏模型等，副課數量大大減少，僅定爲五門，即顯微鏡用博物及組織標本之製造法、礦物與岩石及化石標本之製造法、結晶模型之製造法、圖畫、寫眞術等。〔註156〕

〔註155〕參見《博物品實習科課程》，光緒三十三年，北京大學綜合檔案・全宗一・卷68，北京大學檔案館藏。
〔註156〕參見《博物品實習科課程》，光緒三十三年，北京大學綜合檔案・全宗一・卷

　　博物品實習科的第三類完全科是以研究製圖爲主要內容，與製作模型有關的內容則作爲其副課。在第一學年中，該類學科開設課程只有講習圖畫之主旨、博物學、圖畫講授、製造模型法、器具之名稱及修理法等五門課程；術科中的主課爲圖畫（主要是木炭畫及鉛筆畫）、廓大法、野外之實習、捆包及搬運之實習等四門，而副課只有兩門，即黏土及石膏模型、雕塑。該類學科在二年級中開設博物學、圖畫講授、幾何學、顯微鏡使用法、製造模型法等五門課；該類術科亦設有主課五門，分別是圖畫中的木炭畫與鉛筆畫及水彩畫、用器畫、實物寫生、顯微鏡寫生圖之實習、野外之實習等，副課仍是石膏模型與雕塑兩門。最後一年，學科內課程又進一步減少至四門，即博物學、圖畫講授、製造模型法、寫眞術；術科則仍設立五門主課，即圖畫、顯微鏡寫生圖實習、實物寫生、野外之實習、掛圖描寫等，副課爲石膏模型、雕塑與寫眞術等內容。〔註157〕可知第三類博物品實習科內科學課程的門類，比前兩類要少很多。

　　大學堂博物品實習科中的簡易科與完全科相比，相當簡化。其學習年限只爲兩年。簡易科中講授的課程門類與完全科相近，也是劃分爲三類課程，每一類中也有學科、術科之分，但是內容深度明顯不及完全科，「所修學科、術科均視本科較爲簡易。」〔註158〕而且，術科中的課程不作主課與副課之區分。其中，第一類簡易科是以製造標本爲主要教學內容。在該類學科中，第一年向學生們教授的內容主要是製造標本之主旨、博物學、度量衡之名稱及使用法、器具藥品及材料之名稱使用法及修理法、動植物之採集及保存法、用槍法、記錄法等七門課程；該類術科設有九門課程，分別是鳥獸之皮標本及姿勢標本、製造骨骼法、製造貝殼標本法、製造卵殼標本法、製造昆蟲標本法、製造酒精標本法、製造臘葉及果實種子標本法、採集法之實習、雜務實習等。第二學年，學科中開設的課程減少至五門，即博物學、藥品秤量法、剝製法、保存動植物法、礦物岩石之採集及保存法；術科內仍舊設有九門課程，依次爲鳥獸之皮標本及姿勢標本、製造骨骼法、魚類與兩栖類與爬蟲類及甲殼類之剝製、製造昆蟲標本法、製造臘葉標本法、酒精標本法（簡易）、

　　　　68，北京大學檔案館藏。
〔註157〕參見《博物品實習科課程》，光緒三十三年，北京大學綜合檔案‧全宗一‧卷68，北京大學檔案館藏。
〔註158〕《博物品實習科課程》，光緒三十三年，北京大學綜合檔案‧全宗一‧卷68，北京大學檔案館藏。

礦物及岩石之採集保存法、採集法之實習、雜務實習等。〔註159〕

第二類簡易科是以製造模型為主要教學內容。該類學科在第一年裏講授的課程有五門，分別是製造模型之主旨、博物學、度量衡之名稱及使用法、器具藥品及材料之名稱、使用法及修理法、製造模型法等課程；術科向學生們講授石膏及黏土模型、紙塑模型、鐵線模型、彩色法、雜務實習等五門課。在第二年內，該類學科僅有兩門課程，即博物學、製造模型法；術科內仍有石膏模型、紙塑模型、鐵線模型、彩色法與雜務實習等五門課。〔註160〕

第三類簡易科是以製圖為主要教學內容。其教學內容遠少於前兩類。如在第一年中該類學科只教授博物學、圖畫講授、器具之名稱及使用法等三門課程；術科也開設了三門課程，依次是授圖畫（木炭畫、鉛筆畫）、廓大法、野外之實習。該類學科在最後一年只設有圖畫講授與博物學；術科則向學生講授圖畫（木炭畫、鉛筆畫、用器畫等）、實物寫生、野外之實習、掛圖描寫等四門課程。〔註161〕可見，簡易科比完全科的課程門類少了很多，教學深度也相對較淺。

2、教學實施與考核

博物品實習科的教學，大致上是每日上下午各四個小時。每周不僅要進行理論課的學習，而且還要拿出大部份時間來製作標本與參加各種實驗、實習。博物品實習科內的教習，除了少數中國人外，大部份都是日本人，據當時的學生尹贊卿〔註162〕回憶，日本教習主要有野田昇平、矢部禎吉、永野定次郎、松井藤吉、土田兔四造、桑野久任等人，其中永野定次郎教授負責教授製作標本的種類與樣式以及「剝製標本、液製標本、乾製標本、動物骨骼及解體斷面標本和植物標本、水產動植物標本、昆蟲標本等。」〔註163〕土田兔四造主要負責向學生講授如何製作顯微鏡標本、解剖注射標本，還有採集動植物標本的方法、保存標本的方法以及「製標本所需的一切藥品、材

〔註159〕參見《博物品實習科課程》，光緒三十三年，北京大學綜合檔案・全宗一・卷68，北京大學檔案館藏。

〔註160〕參見《博物品實習科課程》，光緒三十三年，北京大學綜合檔案・全宗一・卷68，北京大學檔案館藏。

〔註161〕參見《博物品實習科課程》，光緒三十三年，北京大學綜合檔案・全宗一・卷68，北京大學檔案館藏。

〔註162〕尹贊卿又名尹克襄，曾於1908年進入京師大學堂博物品實習科就讀。

〔註163〕尹贊卿：《清末京師大學堂博物實習科概況》，全國政協文史資料委員會編：《文史資料存稿選編・教育》，北京：中國文史出版社，2002年，第753頁。

料、工具和寫眞術等。」〔註 164〕永野與土田二人都屬於博物品實習科內第一類科系的教習。日本教習松井藤吉，主要負責礦物學知識的講授，他時常帶領學生在野外採集各種礦石，經過鑒別後製成標本，供教學使用。日本人野田昇平則作爲博物品實習科內第三類的教習，講授木炭畫、銅筆畫以及對人體實物的寫生等。矢部禎吉與桑野久任同時還是大學堂師範科第四類學科內的教習，他們在博物實習科講課時，將「師範科所授講義全份印發給大家，用作自習研究時參考。」〔註 165〕

博物品實習科的課程教學比較看重實習環節。每個學期，大學堂都爲學生們安排了大量的實習課程。以博物品實習科第一類爲例，該類學生從第一年第二個學期開始，逐年增加在野外實習的時間。這些學生由日本教習帶領，分赴各地，採集動物、植物標本。有時學生們採集的地區，離京城很遠，「如到永定門外的南苑，西直門外的玉泉山等地區。1909 年甚至搭火車到南口，下車後步行到十三陵、居庸關、八達嶺等處，採集標本材料，爲時三周（共 20 天），都是在各地旅店食宿。」〔註 166〕當時，參加野外實習的學生，在日本教習永野定次郎與土田兔四造的指導下，分成各個小組，每日到處採集。採集的工具除了一支獵槍（包含三十枚子彈）外，還有「動物採集箱、網和昆蟲箱、毒瓶、植物採集箱、礦石採集袋，內附鐵錘、鑽以及水壺、食糧袋等。」〔註 167〕每個學生所負重量，平均算下來將近十公斤。除了去較遠的地區實習外，博物實習科的學生還常常去北京西郊的萬牲園〔註 168〕與農事試驗場考察參觀，而當時農事試驗場的場長葉基楨也是博物實習科內的教習。動物園中死去的動物，尤其是體型較大的動物，如大象、蟒蛇、大猩猩、駝鳥、大雁、鱷魚等，常送給博物實習科的學生，由其製成標本。因此，大學堂用於開展關於動植物實驗的材料，比較豐富，但是關於人體組織的實驗材料還是相對較少的，「惟獨有關人體材料，我們解剖實習時都已腐臭不

〔註164〕尹贊卿：《清末京師大學堂博物實習科概況》，全國政協文史資料委員會編：《文史資料存稿選編·教育》，北京：中國文史出版社，2002 年，第 753 頁。
〔註165〕尹贊卿：《清末京師大學堂博物實習科概況》，全國政協文史資料委員會編：《文史資料存稿選編·教育》，北京：中國文史出版社，2002 年，第 753 頁。
〔註166〕尹贊卿：《清末京師大學堂博物實習科概況》，全國政協文史資料委員會編：《文史資料存稿選編·教育》，北京：中國文史出版社，2002 年，第 753 頁。
〔註167〕尹贊卿：《清末京師大學堂博物實習科概況》，全國政協文史資料委員會編：《文史資料存稿選編·教育》，北京：中國文史出版社，2002 年，第 753 頁。
〔註168〕當時的動物園被稱爲萬牲園。

堪，係用藥水泡在大瓦缸內，然後取來實習的，此人體材料如何得來學生都不知道。」〔註169〕博物實習科內的學生，大部份是由各省保送而來，都已認識到博物學的重要性，因此在學習過程中十分認真，「在解剖製作上，如解剖死的鳥獸蛇蟲，既髒且臭，也不嫌忌。」〔註170〕學生們在聽課過程中，如遇到講解或製作不詳細之處，必反覆追問以至明瞭。由於博物實習科學生的刻苦努力，他們在標本製作上獲得了很大的成果，學生們製作的各式標本、模型，不僅合乎規格，而且具有一定的研究價值，在 1910 年舉辦的南洋博覽會上，京師大學堂將一部份博物實習科學生的作品派去展覽，「得到了大會的好評，並獲得一等獎的獎狀和金質獎章。」〔註171〕在 1913 年，貴州實業司舉辦的貴州全省工作品展覽會中，大學堂博物實習科畢業生尹克襄、楊遠臨等人的作品參加了展會，最終也被授予金質獎章與獎狀。

　　博物實習科的畢業考試，在宣統元年舉行。當時，博物實習科簡易科的學生，已經修習了四個學期，學滿二年，已到畢業期限。為此，大學堂就博物實習科學生畢業一事向學部進行呈報，「本學堂前因京外各學堂所需動植物標本模型，往往購自他國……故於光緒三十三年六月，咨明大部，附設博物實習科……查該班自三十三年七月開學起，扣至本年五月，已歷四學期，合計兩年限滿，各生於平日所授功課，均能認真研求，驗其成績，亦多優美，自應准其畢業，俾回原省各盡義務。」〔註172〕同時，大學堂還向學部提出，朝廷既然對大學堂其它機構的畢業生實行獎賞，因此也應對博物實習科的畢業生給予適當獎勵。當時的大學堂師範生、預備科學生以及其它機構的學生在畢業之時，依據其個人成績，都會得到朝廷不同程度的獎賞，分科大學的學生雖未到畢業年限，但也有相關的獎勵規定。而關於大學堂博物實習科的畢業生，清廷卻沒有制定明確的獎勵條文。因此，大學堂建議學部，可以參照中等工業學堂條例，來對博物實習科的學生進行獎賞，「本堂博物實習簡易班，學科程度與中等工業、圖稿、繪畫科門類相同……茲據該生等協懇咨商

〔註169〕尹贊卿：《清末京師大學堂博物實習科概況》，全國政協文史資料委員會編：《文史資料存稿選編·教育》，北京：中國文史出版社，2002 年，第 753 頁。

〔註170〕尹贊卿：《清末京師大學堂博物實習科概況》，全國政協文史資料委員會編：《文史資料存稿選編·教育》，北京：中國文史出版社，2002 年，第 754 頁。

〔註171〕尹贊卿：《清末京師大學堂博物實習科概況》，全國政協文史資料委員會編：《文史資料存稿選編·教育》，北京：中國文史出版社，2002 年，第 754 頁。

〔註172〕《劉廷琛為博物實習科生畢業事咨學部文》，宣統元年四月，京師大學堂檔案·全宗一·卷 90，北京大學檔案館藏。

前來，相應咨呈大部請煩查核，可否援照中等工業學堂畢業獎勵，量減給獎優候衡奪施行。」〔註173〕然而，學部並不同意大學堂關於博物實習科畢業生獎勵的請求。學部認為博物實習科與中等工業學堂並不相同，因為中等工業學堂的學生須經過三年時間的學習，方能畢業，其中即使有些招收的學生未經高等小學畢業，但也要先入預科學習兩年，而博物實習科性質雖與中等工業學堂相近，「而肄業年限不過二年，為時甚短，所學無多，斷難遽予給獎，實業學堂章程，無量減給獎之文，未便遷就辦理。」〔註174〕如大學堂一定要對博物實習科學生實行獎勵，那就必須增加一年的教學內容與教學時間，使該類學生在堂補習一年，「該實習科設在招考限制章程以前，學生係由督學局及各省提學司考選咨送，尚可免扣預科年限，如為鼓勵學生起見，必欲酌給獎勵，應由該學堂酌量設法令該生等展習一年，酌加功課，切實教授，與定章中等工業本科年限相合，庶可比照議獎。」〔註175〕以此來符合博物實習科的授獎條件。

因此，大學堂博物實習科從宣統二年正月（1910 年 2 月）開始，又為該科學生進行補習，補習的內容以博物科的完全科為參照。由此，原初的簡易科教學也基本達到了完全科的水平。在經過一年的補習後，博物科舉行了畢業考試，並再次提出授獎申請。學部在接到申請呈文後，遂於當年十二月，將博物實習科學生的成績單與其他各項材料轉交到京師督學局，由其負責組織博物實習科畢業生的復試。

經過復試後，博物實習科畢業生的獎勵終於得以落實。根據相關規定，大學堂博物實習科畢業生中，考試成績最優等的博物實習科第一類系學生向振風，被授予拔貢；考列優等者，為博物實習科第一類系學生傅林紹、尹克襄、尚烈、王寅、鄧聚奎、張秉釗、季宗魯以及博物實習科第二類系學生閻永輝、楊遠臨、陳承蕃與第三類系學生李蘇同、何久道、許鴻模等，還包括因個別成績不佳被從最優等降為優等的第三類系學生程博識等，共計十四名，均被授予優貢；考試成績列為中等的人員為博物實習科第一類系的學生羅家清、駱唯、馬步洵與第二類系學生謝奮、石之銳以及第三類系的學生張

〔註173〕《咨覆大學堂博物實習科應展習一年如無法展習應即給憑不給獎勵文》，《學部官報》第一百期，宣統元年八月十一日，第 12 頁。

〔註174〕《咨覆大學堂博物實習科應展習一年如無法展習應即給憑不給獎勵文》，《學部官報》第一百期，宣統元年八月十一日，第 12 頁。

〔註175〕《咨覆大學堂博物實習科應展習一年如無法展習應即給憑不給獎勵文》，《學部官報》第一百期，宣統元年八月十一日，第 12 頁。

廷良、趙書麟，以及從優等降爲中等的第三類系的學生布青陽等八名學生，最終被授予歲貢。

　　博物實習科培養出的學生，而後陸續赴全國各地任教，這極大地推動了自然科學知識，尤其是生物學、生理學知識在近代社會的傳播。雖然博物實習科的教學深度不及預備科、師範科及分科大學等，但在普及科學常識過程中所起到的重要作用，卻不低於後者。博物實習科的開辦，不僅是大學堂科學教育進一步發展壯大的表現，同時，它也同預備科、師範科與分科大學一樣，均爲大學堂科學教育體系的重要組成部份。

四、醫學館、進士館、譯學館等機構內科學教育的普及

　　京師大學堂科學教育的實施，不僅局限於前文所述的師範科、預備科以及分科大學、博物實習科之中，而且已擴展至醫學館、譯學館、進士館等附屬性機構。這些直屬、附屬機構，共同構成了大學堂科學教育體系。

　　京師大學堂早在戊戌時期，就辦有醫學堂，而且當時的醫學堂先於大學堂本部開學，由外國教習滿樂道等人負責教授。後醫學堂因庚子事變破壞，被迫停辦。光緒二十九年三月，大學堂重辦醫學堂，將其改名爲醫學實業館，館址設在地安門太平街附近。在重建過程中，醫學館進一步理順了其與大學堂的隸屬關係，「一切辦事章程規則，均按照大學堂章程辦理，不再逐條復出，所有課程由大學堂總教習總辦兼司查察。」「習業所講堂……化學、光學等特別講堂，儀器模型列品諸室，均照大學堂建置章程一律辦理。」〔註176〕總之，在經過各項恢復重建後，醫學實業館中的科學教學再次走入正軌。二十九年三月，大學堂公佈了醫學館的招考示諭，聲明招生考試的內容僅爲「論說一篇，中、西醫學六問。」〔註177〕爲了吸引更多的考生報名入學，大學堂還在公告裏對醫學館學生日後的出路，做了特別地說明，「……所以任使之者有三：一、將來各省學堂及官立醫局所需醫科教習及高等官醫，均須曾給文憑之卒業學生方准充選；一、外省新練各軍近於軍醫一事，頗知講求療治新法，應令卒業學生隨營當差，藉資實驗，一、向例出使各國大臣，均有隨帶醫員，

〔註176〕《京都近聞》，《湖南官報》第四百零一號，光緒二十九年五月十八日，第 9
　　　　頁；《京都近聞》，《湖南官報》第四百零二號，光緒二十九年五月十九日，第
　　　　13 頁。
〔註177〕《中外近事》，《大公報》第三百零一號，光緒二十九年三月二十八日（1903
　　　　年 4 月 25 日），第 3 頁。

即於卒業學生中選派。」〔註178〕

重辦後的醫學實業館調整了其內部機構，劃分出習業所與衛生所兩部門，「一習醫學，二司診治，習醫之處曰習業所，診治之處曰衛生所。」〔註179〕科學課程集中於習業所內開設，「各授以醫科普通學，即備將來升入專門科之選。」〔註180〕根據相關規定，習業所招收學生三十名至五十五名，學生以三年爲卒業之期，後有所調整。衛生所則相當於大學堂的附屬醫院，主要用來診治病者，其設有治病院一處與中、西藥房各一處，「凡大學堂官員、學生、執事人等，遇有疾病，悉送衛生所診治，至若時疫流行，自總教習總辦以下各色人等，均應受衛生所之考察。」「凡學生中遇有疾病宜防傳染者，送入治病院中居住診治。」〔註181〕同時，也可以作爲醫學館學生的實習之地。

醫學館習業所向學生們開設的科學課程共有七門，分別是算學、物理學、化學、植物學、全體學、診治學、方藥學等課程，其中的全體學、診治學以及方藥學是醫學館的核心課程，所佔用的課時最多。在第一學年裏，醫學館算學課的主要內容是分數、小數等，每周課時爲 3 小時；物理課則講授物質的基本性質，包括力、熱、光、聲等基礎知識，每周課時 4 小時；動植物學課的教學內容爲動植物種數大略，每周課時 3 小時；全體學課講授內經、難經以及西法大略，其課時爲每周 5 小時；診治學課則講授西醫驗病法大略及脈學、內經、難經、傷寒論等，每周課時爲 7 小時，方藥學課教授西藥名目品類與本草，每周授課 7 小時。醫學館第二年開設的課程門類雖然仍爲七門，但與上年相比，卻略有不同，即刪減了物理課，增加了化學課，其中算學課的教授內容爲比例與度量衡諸法，每周課時 3 小時；化學課則主要講授化學分質，每周課時 4 小時；動植物學課講授動植物生理淺說，每周課時 3 小時；全體學的教學內容爲西法解剖大略與內經、難經，其課時爲每周 5 小時；診治學與方藥學的課時均與上年相同，但教學內容不同，其講授西醫手法大全、傷寒論、金匱等，方藥學則教授西藥製法、用法與本草。醫學館最後一學年設置的課程門類與第二年相同，但是所學內容較之有所深入，算學

〔註178〕《中外近事》，《大公報》第三百零一號，光緒二十九年三月二十八日（1903年 4 月 25 日），第 3 頁。
〔註179〕《京都近聞》，《湖南官報》第四百零一號，光緒二十九年五月十八日，第 9 頁。
〔註180〕《京都近聞》，《湖南官報》第四百零一號，光緒二十九年五月十八日，第 9 頁。
〔註181〕《京都近聞》，《湖南官報》第四百零二號，光緒二十九年五月十九日，第 13 頁。

課講授代數；化學課的教學內容為化學分劑；動植物學課教授動植物生理；全體學課的教學內容為解剖學；診治學課則主要教授西醫手法、臨床學、金匱、古今醫案、用器法等；方藥課講授西藥配合用法及本草學等。〔註 182〕

由於大學堂譯書局剛剛開辦，可供醫學實業館學生使用的教科書尚未編成，因此，學生們只能參用舊有課本，「西醫尚無課本，除教習指授外，擬將舊譯書籍暫時應用，俟課本編成再行劃一更定。」〔註 183〕光緒三十二年，醫學實業館的學生全員畢業，畢業生的平均成績在六十分以上者有三十六名，皆被授予醫科貢生。

京師大學堂在初建時期，曾設有仕學院，作為實施科學教育的重要部門。在庚子事變後，仕學院得到恢復並被改稱為仕學館。而大學堂在二次開學後，又新建立一進士館，所謂大學堂進士館，是為新考中的進士所設，「新進士入學，係欽奉諭旨辦理，凡一甲之授職修撰、編修，二三甲之庶吉士、部屬中書，皆當入學肄業。」〔註 184〕時任管學大臣張百熙表示進士館的設立與原仕學館意義相近，「令新進士概入學堂肄業，此與仕學館用意相近，課程與各學堂不同。」〔註 185〕因此，原仕學館事後被併入進士館中。大學堂進士館內也開設了一定量的科學課程，而且這些課程帶有鮮明的普及性。張百熙曾就此明確提出，即使進士館內的學員日後從政，也要瞭解一些科學知識，具備一定的科學素養，「聖人論從政之選，分果、達、藝三科……格致、算學、農學、工學、商學，藝之屬也。新進士為從政之初階，自宜講求致用之實，以資報國之具。」〔註 186〕因此，新進士關於科學知識的接受，乃大學堂必不可少之任務。

大學堂進士館的學習年限為三年。在這三年中，進士館學員們所要學習的科學課程並不多，主要是地理、格致兩門，「實非苦人所難。」在進士館第一學年內，地理學課講授地理總論、中國地理等內容，每周課時為 5 小時；格致學的主要內容為博物學大要、物理大要等課，其課時為每周 2 小時；第

〔註182〕 參見《京都近聞》，《湖南官報》第四百零一號，光緒二十九年五月十八日，第 9 頁。
〔註183〕 《京都近聞》，《湖南官報》第四百零一號，光緒二十九年五月十八日，第 9 頁。
〔註184〕 《奏定進士館章程》，湖北學務處本，清光緒二十九年，第 6 頁。
〔註185〕 朱壽朋編：《光緒朝東華錄》第五冊，北京：中華書局，1958 年，總第 5126 頁。
〔註186〕 《大清光緒新法令》第十二冊，上海：商務印書館，宣統二年七月（1910 年），第 59 頁。

二年裏，進士館地理學課主要教授外國地理，每周課時減至 2 小時；格致學課講授化學大要，其課時亦爲 2 小時，除此兩項外，進士館學員在第二年內還要學習統計學、海陸運輸及郵政電信規則等科技知識；在進士館第三年，講授的內容主要有界務地理、工事規則、農事規則及山林水產蠶業規則等課，其界務地理每周課時 2 小時、工事規則課每周教學 6 小時、農事規則及山林水產蠶業規則課每周授課 6 小時。〔註 187〕除了以上這些以外，算學課作爲選修課，在這三年之內，聽憑學生修習。爲了使新進士能夠在大學堂內專心學習，大學堂還給予進士館學員一定的補助津貼，其中進士、翰林、中書等，每年給津貼銀二百四十兩，餘者部屬每年給津貼銀一百六十兩，以示助學。至光緒三十二年末，進士館舉行畢業考試，其中內班學員考分名列最優等者有考生郭則沄等三十八人，優等者爲考生汪應焜等二十一人，中等者爲路士桓等十六人；外班學員成績名列優等者有考生欒駿聲等十一人，排名爲中等者有杜述淙等十七人，皆照章給獎。

在京師大學堂眾多附屬機構中，譯學館是實施科學教育較爲充分的一個單位。其不僅授課年限較長，而且科學課程門類的設置也相對全面。譯學館在光緒二十八年時開始籌辦，「學務大臣既於東安門內北河沿購宅一區，將辟爲譯學館，以之賡續同文館，爲外國語言文字專門學校。」〔註 188〕最初清廷任命曾廣銓爲譯學館監督，負責譯學館的修建，「鳩工庀材，葺治校舍，購置儀器，採集圖書，延訪中外學者爲教習，冀有以擴一同文之舊規，益其學之所不足。」〔註 189〕光緒二十九年九月（1903 年 10 月），大學堂譯學館正式開學授課。譯學館雖爲培養翻譯人才而設，但並沒有忽視科學課程的講授。館內學生，無論學習哪一國的語言，都要兼修自然科學課程，「但無論所習爲何國文，皆須習普通學……」「學生入館，以五年爲畢業之期，應於外國文外兼習普通學。」〔註 190〕這裡所謂的普通學，實際上就包含著各門科學，如數學、博物、地理、製圖、物理及化學等。

大學堂譯學館學制爲五年制，前兩年內向學生開設的科學課程較多。在

〔註 187〕參見璩鑫圭、唐良炎編：《中國近代教育史資料彙編——學制演變》，上海：上海教育出版社，1991 年，第 439、440 頁。

〔註 188〕張輯光：《京師譯學館建置記》，《教育世界》1905 年第 6 期，第 41 頁。

〔註 189〕張輯光：《京師譯學館建置記》，《教育世界》1905 年第 6 期，第 41 頁。

〔註 190〕璩鑫圭、唐良炎編：《中國近代教育史資料彙編——學制演變》，上海：上海教育出版社，1991 年，第 431、434 頁。

其第一學年，館中設立的科學課程主要是算學、博物、地理、製圖、物理及化學，其中算學課的教授內容爲算術，每周課時 4 小時；博物課講授的是生理、衛生、礦物等，每周課時爲 2 小時；地理課的教學內容是中國地理，每周授課 2 小時；製圖課則主要講授自在畫、用器畫，每周課時亦爲 2 小時；物理化學課講授的是物理學基礎知識，每周教學 2 小時；在譯學館第二年內，開設的課程門類與上年相同，但是教學內容則與上年有所不同，其中算學課主要教授代數與算術，每周課時 4 小時；博物課講授植物學、動物學基礎內容，其每周教學 2 小時；物理化學課主要講述無機化學的基本理論，每周課時 2 小時，地理課則講授外國地理，主要是亞洲各國及大洋洲地理，其每周的課時也爲 2 小時；製圖課的教學內容與第一學年相同，仍是講授自在畫與用器畫，每周課時 2 小時。從第三年到第五年，學生們所要修習的科學課程逐漸減少。在第三學年裏譯學館只開設了算學與地理兩門課，算學課的內容是代數、幾何，每周授課 3 小時；地理課教授歐洲各國地理，每周課時爲 2 小時；在譯學館第四年裏，開設的科學課程仍是算學課與地理課，其中算學課的內容爲講授幾何與三角，每周課時 3 小時；地理課則講解非洲地理與美洲地理，其課時爲每周 2 小時；至最後一年，譯學館僅有一門科學課程即地理課，內容是地文學，每周課時仍爲 2 小時。〔註 191〕

　　光緒三十四年，大學堂譯學館爲其甲級學生舉行了畢業考試，這也是譯學館自開辦以來第一批畢業學員。畢業考試的形式，仿照翻譯鄉試成例，由大學堂預備科兼管。考試的科目根據學生所學內容所設，有數學題（包括代數、幾何、三角題等內容）、作圖題（圖畫題）、物理題、化學題、地理題以及動植物學題與礦物學考題等等。〔註 192〕由這些考試內容，可以反映出譯學館的科學教學還是較爲齊備的。在考試過後，大學堂依照獎勵規定，對譯學館甲級學員進行了不同的獎賞。在四十一名參加考試的學生中，考試成績列爲最優等者有一名，爲秦錫銘，獎給其舉人出身，並以主事分部盡先補用；考列優等者，有謝式瑾等九人，成績爲中等者，有姚澄等二十九人，對這些人大學堂基本都給以其舉人出身，並分別以中書、知縣、小京官、通判等補用。

〔註 191〕 參見璩鑫圭、唐良炎編：《中國近代教育史資料彙編——學制演變》，上海：上海教育出版社，1991 年，第 432、433 頁。

〔註 192〕 參見《學部考試譯學館甲班學員畢業全題》，光緒三十四年十月，北京大學綜合檔案・全宗一・卷 121，北京大學檔案館藏。

需要特別提出的是，雖然譯學館、醫學館等部門是大學堂的附屬機構，但清廷對其科學教育的實施與監管，仍是較爲認眞負責的。這裡僅以大學堂譯學館的畢業考試爲例，略作闡述，以說明這些附屬機構中科學教育的嚴格落實。

光緒三十四年，大學堂譯學館的甲級學生已到畢業年限，譯學館一方面籌備畢業考試事務，另一方面，則向清廷提出館內學生對各門科學知識的掌握不同，有高有低，譬如數學科目，因學生基礎參差不齊，而劃分不同的班級教學，譯學館希望數學科的考試能夠降低難度，以照顧學習較差的班級，使其可以畢業，「算學一科，因考入學生原習算學程度參差不一，不得不酌量分班……此次畢業考試所有算學一科，可否就較低之程度統合考試，抑應就原班次分別考試……」〔註193〕而物理化學課程的學習情況，與之類似，即學生們對知識掌握的水平不一，而所用教材內容深淺不同，也使得教授內容較爲駁雜，因此譯學館希望畢業考試能夠改換標準，儘量降低難度。至於繪圖一門，譯學館則直接提出免考請求，希望學部能夠批准，「圖畫一科，當時苦無教員，歷久始經聘到陸師畢業生來堂教授，係軍用地圖，且甚淺略，與本館定章應授圖畫功課不合，因即辭去，嗣後迄未聘得教員，故此科未能切實教授。此次畢業考試，可否免考圖畫，應請核定。」〔註194〕

但是，清廷並沒有同意譯學館所提出的降低科學考題難度以及免試等請求。相反要求譯學館對於畢業生的考試，要認眞對待，一絲不苟，不能隨意更改。至於館內出現學生對科學知識掌握不牢的情況，清廷則要求其盡快對學生進行算學、物理、化學、繪圖等課程的重新教授，待補授完畢後再行考試，「該館第一年至第四年皆有算學課程，實爲重要學科，第三班於三角一門，既係未教，應令趕爲補授，幾何、代數，如有程度較低之處，亦應令補習，以期程度歸於劃一。至理化二科，化學既全係遵章教授，自應仍用大幸《近世化學》教科書考試，其物理一門，第二、三班僅習《理化示教》，查此書爲中學堂初年級所用課本，不足以言畢業，應再按照普通中學程度補授，以符定章。」「至圖畫一科……，若竟不考圖畫一門，是少一門分數矣，該館於此

〔註193〕《箚譯學館甲級學生畢業補授算學、理化、圖畫各科文》，《學部官報》，第五十九期，光緒三十四年六月十一，第246、247頁。

〔註194〕《箚譯學館甲級學生畢業補授算學、理化、圖畫各科文》，《學部官報》，第五十九期，光緒三十四年六月十一，第246、247頁。按：這裡提到的圖畫課乃是與幾何相關的作圖、製圖課。

科未能切實教授，亦應急爲補授，以期完備。」〔註195〕最終，譯學館還是遵照規定，在對科學課程進行重新補授後，舉行了畢業考試。

由此可見，清廷關於京師大學堂附屬機構中科學教育的推行並沒有忽略，也正因爲管理嚴格，其科學教育的開展才能取得一定的成效。宣統元年，還處在籌辦階段中的大學堂分科大學，就已明確提出准許譯學館的畢業生報考分科大學，「是譯學館畢業生亦有升入大學之資格，自應一律收考，以宏造就。」〔註196〕作爲附屬機構之一的譯學館能夠像預備科、師範科一樣，得到分科大學的肯定與承認，也間接表明了其所實施的科學教育還是有一定質量的。

本章小結

自二次開學後，京師大學堂科學教育的開展不僅走上正軌，而且日漸深入。在科學教育的體制逐步完善的同時，科學教學的效果也在不斷提升。此期，京師大學堂爲科學教育的發展制定了詳細、宏遠的規劃。在奏定大學堂章程的指導下，大學堂有條不紊、按部就班地進行實踐。不僅在師範館、預備科內分立不同學科，而且還依據章程，組建了格致科、工科、農科等分科大學。雖然大學堂科學教育的具體實踐，未能完全實現規劃中的目標，但仍然取得了相當成就。

在具體操作中，無論是師範館、預備科、分科大學、博物實習科、仕學館還是醫學館、進士館、譯學館等，大學堂按照相關規定，推行了不同程度的科學教育。在這些部門當中，師範館、預備科以及分科大學所開展的科學教育最爲全面，此三類學生也是大學堂中接受科學教育主要對象。而三者相比，師範館與預備科內科學教育的效果，要好於分科大學。雖然分科大學的教學程度最高，但由於其開辦時間短暫，僅一年有餘就因辛亥革命的爆發而停課放假，而且在其開辦階段內又時常因經費緊張而影響教學。與之相較，師範館與預備科實施的科學教育則更顯充分。在民國成立之前，師範館與預備科都培養出了一批合格的畢業生。其它附屬機構如醫學館、譯學館等也均

〔註195〕《箚譯學館甲級學生畢業補授算學、理化、圖畫各科文》，《學部官報》，第五十九期，光緒三十四年六月十一，第 247、248 頁。

〔註196〕《大學堂咨本部份科大學譯學館畢業生亦有升入資格自應一律收考請查照備案文》，宣統元年七月，中國第一歷史檔案館·學部·文圖庶務·卷357，中國第一歷史檔案館藏。

有學生相繼畢業。

　　大學堂開展的科學教育，在當時社會上引起了巨大的反響，而且博得了世人的好評，甚至於被視作未來中國的希望，「大學堂專重科學，除虛文、課實學，誠為中國一線光明，而鼓鑄眞才之洪爐也。」〔註197〕而大學堂科學教育所取得的成就，既是學生個人勤奮的結果，也有大學堂科學教員們一絲不苟、嚴謹教學的功績。大學堂的各任管學大臣、總監督們為科學教育的發展而殫精竭慮，煞費苦心。雖然他們沒有在教學第一線負責具體的工作，但是他們從全局的角度出發，謀求大學堂發展壯大之路。因此，京師大學堂科學教育十餘年來的發展成就，是全體師生共同努力的成果。

　　京師大學堂科學教育的實施，為日後中國科學事業的深入發展，夯實了基礎，同時，也將中國教育的發展推上了現代化的道路。

〔註197〕《論説》，《大公報》第四百七十七號，光緒二十九年八月二十八日（1903 年 10 月 18 日），第 2 頁。

第五章　京師大學堂科學教材的引進與編譯

一、實驗儀器與科學教材的引進

在科學教育的興起與發展中，科學教材與實驗儀器一直扮演著重要的角色。從十九世紀開始，隨著科學技術日新月異的進步，科學教育對實驗儀器、科學書籍等硬件設施的依賴愈加明顯。京師大學堂科學教育的十餘年發展歷程，也印證了這一歷史規律，即對科學教育的實施，離不開各種實驗儀器與科學教材的配備，而且隨著科學教育的不斷深入，各種儀器與書籍的備置規模也逐漸擴大，進而科學教育的質量也隨之逐步提高。就學校而言，辦好教育關鍵在於提高教學質量，提高科學教學的質量則與實驗儀器、科學書籍的備置有直接關聯。

京師大學堂自創辦以來，一直很重視實驗儀器與科學教材的購買、添置，歷任大學堂管學大臣都深知科學儀器與科學書籍的重要意義。早在維新辦法之前，李端棻在提議興建大學堂之時，就曾建議清廷在大學堂內設立儀器院，「購藏儀器，令諸學徒皆就試習，則實事求是，自易專精。」〔註1〕而且他還主張對同文館、江南製造局等地所翻譯出的西方科學書籍盡行採買，貯之於藏書樓中，「其西學陸續譯出者，譯局隨時咨送，妥定章程，許人入樓看讀……」〔註2〕戊戌時期頒行的大學堂章程明確規定學堂內設藏書樓提調一人，應採購

〔註1〕　朱壽朋編：《光緒朝東華錄》第四冊，北京：中華書局，1958年，總第3793頁。
〔註2〕　朱壽朋編：《光緒朝東華錄》第四冊，北京：中華書局，1958年，總第3793

的各科書目即由該提調擬定，又設儀器院提調一人，「應購各器，並儀器院准人遊觀詳細章程，歸儀器院提調續擬。」〔註3〕藏書樓提調由詹事府左春坊左庶子李昭煒擔任，儀器院提調則由工部郎中周暻擔任。〔註4〕可見，大學堂自創辦伊始，便注重對圖書、儀器的貯備。然而，庚子事變的爆發，不僅打斷了大學堂這種積極採購科學圖書的進程，而且徹底毀壞了大學堂先前儲備的各類書籍與實驗器具，「……詎料於七月二十一日洋兵入城，俄兵德兵先後來學堂占住，看守人役力不能支，均已逃散。所有書籍、儀器、傢具、案卷等項，一概無存，房屋亦被匪拆毀，情形甚重。」〔註5〕當時擔任西學總教習的丁韙良在事後回到大學堂時，也發現大學堂所保存的中學、西學各種有價值的書籍被損毀。

庚子事變過後，清廷痛定思痛，開始實行新政，大力興辦各級各類教育，並委任張百熙為管學大臣。張百熙上任後，便致力於大學堂科學教育的恢復重建。在重建過程中，他亦十分關注實驗儀器與科學書籍，尤其是科學教材的引進。他提出此次大學堂重新開辦，不僅要補足先前在庚子事變中被毀壞的器具、圖書，而且隨著學生數量的增長、科學教育的深入開展，還要進一步擴大購買、儲存的規模，「藝學以實驗而獲益，書籍、儀器兩項，在學堂正如農夫之粟，商賈之錢，多多益善，不特前所有者固當買補，即前所無者亦宜添購，方足以考實學而得真才。」〔註6〕張百熙要求大學堂中要具備科學教育所需的各項設備、儀器，不可因圖書、儀器的短缺而影響科學教育的實際效果，「堂中所應備者，曰圖書，曰黑板，曰几案，曰凳椅，曰時辰表，曰風雨表，曰寒暑表，以及圖畫、算學、物理、化學、地質、礦學、輿地、體操之各種器具、標本、模型，皆須隨時購置，以應各學科之用。」〔註7〕後經過各項準備工作，大學堂恢復了藏書樓與博物院，並「設藏書樓、博物

頁。

〔註3〕 中國第一歷史檔案館、北京大學編：《京師大學堂檔案選編》，北京：北京大學出版社，2001年，第39、40頁。

〔註4〕 參見《國聞報》，光緒二十四年六月初三日（1898年7月21日）。

〔註5〕 《外務部為恢復大學堂知照管學大臣張》，光緒二十七年十二月，北京大學綜合檔案·全宗一·卷13，北京大學檔案館藏。

〔註6〕 中國第一歷史檔案館、北京大學編：《京師大學堂檔案選編》，北京：北京大學出版社，2001年，第107頁。

〔註7〕 中國第一歷史檔案館、北京大學編：《京師大學堂檔案選編》，北京：北京大學出版社，2001年，第169頁。

院提調各一員，以經理書籍、儀器、標本、模型等件。」〔註8〕奏定大學堂
章程要求大學堂除了辦有圖書館外，還規劃設立天文臺、植物園、動物園以
及演習林，其中天文臺經理官「以格致科大學的正教員兼任，掌格致科大學
附屬天文臺事務。」〔註9〕植物園與動物園的經理官，分別由格致科正教員或
副教員兼任；而演習林的經理官則由農科大學的正、副教員兼任，這些經理
官均歸大學堂總監督節制。大學堂的一些附屬機構，如醫學館等，也需要備
置各種儀器、物品，以供教師教學、學生實習所用，「習業所講堂……化學、
光學等特別講堂，儀器、模型、列品諸室，均照大學堂建置章程一律辦理。」
「館中所需藥料質品、治病器具，均須一律辦齊，一以備習業試驗之用，一
以備臨診施治之用。」「中西兩項藥房均須設製藥品之室及收藏藥物之室，
一切製配收藏之器具，均宜全備。」〔註10〕大學堂又規定醫學館內應開闢藥
草園，栽種各種藥物。

　　在張百熙的主持下，大學堂在國內外陸續搜集、購買了各種實驗儀器以
及與自然科學有關的教材書籍。光緒二十八年，大學堂總辦趙從蕃親赴上海
尋購各種儀器與教材，「京師大學堂總辦趙仲宣工部從蕃，奉委至上海等處查
看圖書、儀器價目，聞已於十一日出都。」〔註11〕光緒二十九年六月（1903
年8月），大學堂又委派候補知縣屠寄赴上海等地搜尋可以作為教材的書籍。
因為當時大學堂開學在即，亟需包括教科書在內各種圖書資料，而官編教科
書尚未大量的出版，因此需要從民間搜集，「編譯新書一事於教科極有關係，
近時私家譯輯日出不窮，志士苦心之作與坊間射利之書，判若雅鄭，抉擇宜
嚴，應派員在上海等處薈萃各書，送候審定。」〔註12〕張百熙要求屠寄在上
海等地認真訪尋、細心查找包括科學教材在內的有關書籍，「查有散館主事，
呈致候選知縣屠寄……堪以簡委，簡到該員，即便遵照，迅赴上海等處，訪

〔註8〕 中國第一歷史檔案館、北京大學編：《京師大學堂檔案選編》，北京：北京大
　　　 學出版社，2001年，第166頁。
〔註9〕 北京大學校史研究室編：《北京大學史料》第一卷，北京：北京大學出版社，
　　　 1993年，第127頁。
〔註10〕《京都近聞》，《湖南官報》第四百零二號，光緒二十九年五月十九日，第十
　　　 三頁。
〔註11〕《時事要聞》，《大公報》第九十號，光緒二十八年八月十三日（1902年9月
　　　 14日），第3頁。
〔註12〕《大學堂委派屠寄搜集新書》，光緒二十九年六月，北京大學綜合檔案·全宗
　　　 一·卷37，北京大學檔案館藏。

明各種新書，無論稿本、印本，但係宗旨純粹有裨學堂實用者，隨時搜集。」
〔註13〕同年十月，大學堂又委派姚錫光赴上海採購實驗儀器，「本大學堂現需派員赴滬，採訪書籍、儀器價值，查有副總辦直隸試用道姚錫光堪以箚委。箚到，該道即便遵照赴滬，將各項書籍儀器近時價值詳細採訪，察候察核。」
〔註14〕

　　大學堂在派員赴全國各地採購科學儀器、科學教材的同時，還要求各省督撫將本省所貯備之各類書籍、圖冊，調送至大學堂。光緒二十八年，廣東巡撫應大學堂之要求，彙集本省所出各類新學書籍，運送至大學堂，「茲據廣雅書局提調朱守興鱄將局中已刊各種經史子集，以及時務新書共一百種，每種印刷三部，釘裝完好，分裝六箱……堪以委令齎解至京，前赴大學堂投繳。」〔註15〕這裡提到的「時務新書」即包括各種與科學技術有關的圖書教材。光緒二十九年七月（1903 年 9 月），湖北巡撫將當地譯書局所翻譯出的圖書書目，先行呈送於大學堂。湖北巡撫還就其譯書情況，向大學堂做了簡要的彙報，其中涉及到諸多地理科學類圖書，「查職局自二十八年十一月開辦起，至本年二月止，譯成英、法文各書十三種，五洲輿地名目、經緯度表十二本、繪成圖十三張。現譯英、法文各書十三種、輿地名目、經緯度表四本，現繪圖十八張，待譯英、法文各書，計共五十七種，圖十四種。以上各書皆從英、法兩國新出政治、外交、藝學之本，擇其宗旨純正，不涉偏宕者，嚴加選擇，期於開通風氣之中，仍寓補救新學流弊之意。」〔註16〕當年十一月，湖北巡撫又將當地譯成之書，送交大學堂審定。他向大學堂提出其所翻譯包括自然科學在內的教材資料皆屬國外善本，可作為本國教科書來使用，「職道覆查譯印已成各書，其中交涉、政治、學務、律學、建築、電學各有專門，而格物課程、格致、地理教科、法語必讀試讀各書，類皆英、法國蒙學之善本，目下各省交涉日繁，學堂林立，應需此項最新之書……」〔註17〕除湖北外的其

〔註13〕 《大學堂委派屠寄搜集新書》，光緒二十九年六月，北京大學綜合檔案・全宗一・卷 37，北京大學檔案館藏。
〔註14〕 《大學堂箚委姚錫光采辦書籍儀器》，光緒二十九年十月，北京大學綜合檔案・全宗一・卷 29（一），北京大學檔案館藏。
〔註15〕 《廣東巡撫為送書事咨大學堂》，光緒二十八年十月，北京大學綜合檔案・全宗一・卷 36，北京大學檔案館藏。
〔註16〕 《湖北巡撫咨送大學堂譯書目一本》，光緒二十九年七月，北京大學綜合檔案・全宗一・卷 36，北京大學檔案館藏。
〔註17〕 《湖北巡撫咨送譯書播告事至大學堂》，光緒二十九年十一月，北京大學綜合

它省份，如江蘇、浙江、湖南等地紛紛調取本地書籍，相繼運送至京師大學堂。

大學堂不僅在國內購置各種圖書、儀器，還派人在日本、歐美等國進行選購。由於日本售賣的儀器價格低於一些西方國家，因此大學堂從日本引進的儀器設備爲數不少，「學堂需用各種儀器及地質、礦化、原質、動植物標本、地圖之類應用若干，乞開單詳注，且就日本購買價值較西洋爲廉。」〔註 18〕光緒二十九年年初，大學堂就從日本進口一副東京大學的器具模型，「日前，自日本東京大學校運來該學校全校式樣，具體而微，現已送入大學堂內，聞用大玻璃匣盛之，門窗戶壁逼眞逼肖，所有一切講堂、醫院、博物院、體操場、寄宿舍、花園、遊憩所、浴室科學材料，實無一不備。」〔註 19〕二十九年三月二十三日（1903 年 4 月 20 日），又有一批實驗儀器，由日本運抵天津海關，後大學堂致電天津海關，要求將這批儀器寄送京城，「因有儀器三箱，自日本郵船運來，上寫太田字樣，問是否學堂中儀器，於二十五日覆電，所有儀器三箱，請其查驗放行寄京。」〔註 20〕從日本引進的其它實驗設備，也都由大學堂陸續安置，逐漸展放使用，「由日本東京寄到各種儀器，共四十箱，自本月初十日起，每日開三、四箱，儀器院暫設講堂事務處之東房。」〔註 21〕大學堂總教習吳汝綸在日本考察科學教育之時，也爲大學堂引進了部份科學儀器與實驗用品。在購買過程中，吳汝綸曾細心核對各項物品的價格，並及時彙報給清廷，「學堂需用各儀器，前函請示管學，欲俟各學教師核定購買，未得覆示，後聞已託嘉納治五郎代購，恐未知底蘊，又將陶制軍去年所購價直單覓得，並由原經手指留學生吳振麟索得陶公價直單核對不誤，茲送呈一覽，並請轉呈管學，以備參考。其地質、礦化原質圖，由地質局持贈，動植物標本圖，前經購買，一併由敝門徒杜之堂齎呈大學，亮可供覽。」〔註 22〕

　　檔案・全宗一・卷 27，北京大學檔案館藏。
〔註 18〕《京師大學堂副總教習張筱浦庶常呈吳京卿學務問題》，《經濟叢編》1902 年第 7 期，第 3 頁。
〔註 19〕《時事要聞》，《大公報》第二百四十號，光緒二十九年正月廿五日（1903 年 2 月 22 日），第 3 頁。
〔註 20〕《時事要聞》，《大公報》第三百零二號，光緒二十九年三月二十九日（1903 年 4 月 26 日），第 2 頁。
〔註 21〕《時事要聞》，《大公報》第二百六十四號，光緒二十九年二月二十日（1903 年 3 月 18 日），第 3 頁。
〔註 22〕吳汝綸：《答大學堂執事諸君餞別時條陳應查事宜》，《吳汝綸全集》第三冊，

當時，在日本的中國留學生已經編譯出版了一些科學教材，吳汝綸通過咨詢調查，認爲這些書都翻譯質量均屬上乘，因此也推薦給京師大學堂，「今在此諸生，立教科書輯譯社，所譯物理教科書、生理教科書，皆甚可觀，現交某轉呈管學及大學堂，倘爲之奏請頒行，亦鼓勵人才之一端也。」〔註23〕而且大學堂副總教習張鶴齡也主張採用在日留學生翻譯的科學教材，「東遊學生翻譯日本教科書及專門科學甚富，可悉數蒐羅，以便譯印。」〔註24〕並且建議清廷向這些翻譯科學教材的學生發放譯書經費，以表重視之意。

此外，清政府的一些駐外使臣，也在替大學堂搜集各種適當的教材、資料。光緒二十九年，清廷使日大臣在日本選取了西伯利亞地志一書，送回大學堂儲備，「查日本參謀本部，編有西伯利亞大地志一書，凡五十餘萬言，爲地志中浩大之篇，在今日尤宜急備考核。」「茲再呈上西伯利亞大地志印本一部，求咨送管學大臣俯賜鑒定……」〔註25〕同年，清廷使俄大臣在俄期間經過訪查，瞭解到鐵路地圖的重要意義，便將由俄國人修建的東三省鐵路及俄境內部份鐵路圖進行印刷，送於大學堂，以供教學、觀摩所用，「事關中國境內鐵路巨工告成，歐亞鐵路一線貫注，極應將兩國程途咨報本國……爲此，將譯印東三省鐵路圖四幅，並購備悉畢利鐵路簡圖一副，一併咨送大學堂，即請察照存查。」〔註26〕與這些書籍、圖冊相比，在國外購買的各種實驗儀器，通常價格昂貴，因此在資金問題上，大學堂常常是費盡周折同各方交涉。光緒三十年，大學堂總監督張亨嘉派人在日本購買各種實驗儀器，「飭洋教習等核實估計，綜計需銀一萬八千兩。」〔註27〕爲了購買這批儀器，大學堂向學務處提出申請，請求學務處下撥資金，以便購買。學務處給予的答覆是購買儀器的部份資金可以由駐日使臣楊星先爲墊付，其餘的則由學務處撥款。

合肥：黃山書社，2002年，第443頁。

〔註23〕 吳汝綸：《答大學堂執事諸君餞別時條陳應查事宜》，《吳汝綸全集》第三冊，合肥：黃山書社，2002年，第442頁。

〔註24〕 《京師大學堂副總教習張筱浦庶常呈吳京卿學務問題》，《經濟叢編》1902年第7期，第3頁。

〔註25〕 《使日大臣蔡咨送大學堂西伯利亞大地志一部》，光緒二十九年八月，北京大學綜合檔案·全宗一·卷36，北京大學檔案館藏。

〔註26〕 《使俄大臣胡咨送大學堂鐵路圖五幅》，光緒二十九年九月，北京大學綜合檔案·全宗一·卷36，北京大學檔案館藏。

〔註27〕 中國第一歷史檔案館、北京大學編：《京師大學堂檔案選編》，北京：北京大學出版社，2001年，第246頁。

但因駐日使臣楊星那裏所存放的錢款數額仍不夠支持，而無法購買。楊星遂
請大學堂轉告學務處，該處在駐日使館中的存款雖有兩份，但仍不敷用，尚
需匯款五千日元，「據稱儀器價值爲數甚巨，將存款二宗盡數撥付，尚不敷洋
約二千九百餘元，另有應支吳、范二生自七月起津貼及電報費，並一切雜用，
款無所出，希即轉告學務支應處，電匯日洋五千元以資應付。」〔註 28〕大學
堂在接到楊星的通知後，再次向學務處請求撥款，給以墊付。在反覆溝通後
得到了清廷學務處的批准後，最終大學堂購置下了這批實驗器具。

隨著大學堂科學教育規模的不斷擴展，一些儀器設備，也需要隨時更新
換購。光緒三十一年（1904 年），大學堂師範館內開辦各分類科，「本學堂新
班師範生公共科，今年畢業，明年當入分類，應用各項儀器、標本。」〔註 29〕
其中第三類、第四類師範生要頻繁地進行實驗教學。預備科也即將開辦各種
分類科，「至大學預科……按照章程明年應分三類學生……概令第二類研習理
化實質之學，以爲格致、工科大學預備，蓋格致、工科者乃濬利源、開生業
之要術也。」〔註 30〕因此需要增購一大批新式儀器。大學堂總監督張亨嘉再
次就款項問題，呈文學務處，向學務大臣詳細列舉了需要購置的科學教材與
實驗儀器的種類及其款額，「據洋教習預估，物理、化學、動物、植物、礦物
儀器、藥水、標本、模型及雜品，約需銀一萬六千五百二十九兩一錢七分；
歷史、物理、化學、數學、天文、氣象、動物、植物、礦物書約需銀一萬三
千一十八兩八錢九分，以上價值均繫按照日本金洋新近市價折算，倘金洋價
漲落，隨時增減……」〔註 31〕在致學務大臣的呈文中，爲了避免其吝惜資金
不予及時撥款情況的出現，張亨嘉等人一再強調引進這批儀器、教材，對於
當前大學堂開展科學教育的重要意義，「查學堂以實驗爲先，既應分科，則儀
器等均屬必不可少之物……」〔註 32〕希望學務處能夠長遠考慮。在大學堂的

〔註 28〕中國第一歷史檔案館、北京大學編：《京師大學堂檔案選編》，北京：北京大
學出版社，2001 年，第 253 頁。
〔註 29〕中國第一歷史檔案館、北京大學編：《京師大學堂檔案選編》，北京：北京大
學出版社，2001 年，第 276 頁。
〔註 30〕中國第一歷史檔案館、北京大學編：《京師大學堂檔案選編》，北京：北京大
學出版社，2001 年，第 276 頁。
〔註 31〕中國第一歷史檔案館、北京大學編：《京師大學堂檔案選編》，北京：北京大
學出版社，2001 年，第 276 頁。
〔註 32〕中國第一歷史檔案館、北京大學編：《京師大學堂檔案選編》，北京：北京大
學出版社，2001 年，第 276 頁。

努力下，學務處很快批准了購買請求，這批儀器與圖書始得購進。大學堂師範科、預備科內的教學質量也因之得到保障。

　　光緒三十一年（1905 年），京師大學堂又從日本等地進行了一次大規模的購書活動，引進了大量的科學教材，其中包括數學、物理學、生物學等學科，以爲大學堂藏書樓備置，「茲據洋教習函稱，數學、物理、動物、教育、歷史五科書籍，共一百八十五部，二百二十三本，已交本學歲含藏書樓收存。」〔註33〕在採購的這些科學書籍中，與數學有關的教材約有二十六種，其具體書目如下表所示。

光緒三十一年十月，京師大學堂所購得數學教材一覽表 〔註34〕

書　　目	數　　量
《莫累氏微分學初步》	一本
《拉母氏初等微分學》	一本
《希斯氏通俗星學二十世紀新圖》	一本
《鈕客母氏星辰論》	一本
《巴爾巴氏雲論》	一本
《和布孫氏平面三角法》	一本
《氣陪爾特氏微分學》	一本
《噶烏斯氏對數及八線表》	一本
《克列斯答爾氏代數學教科書》	一本
《勃雷米葛氏對數八線合表本》	一本
《斯噶盤爾脫數學論及娛樂》	一本
《陶脫亨特爾氏積分表》	一本
《狄莫爾痕氏微積分學淺釋》	一本
《希路巴爾篤氏幾何學爾論》	一本
《弗因克氏數學小史》	一本
《偉烈姆孫氏微分學》	一本
《氣陪爾特氏積分學》	一本
《拉克蘭極初等數學》	一本

〔註33〕《大學堂爲購辦書籍事務呈學務大臣文》，光緒三十一年十月，北京大學綜合檔案・全宗一・卷 135，北京大學檔案館藏。

〔註34〕參見《大學堂爲購辦書籍事務呈學務大臣文》，光緒三十一年十月，北京大學綜合檔案・全宗一・卷 135，北京大學檔案館藏。

書　　目	數　　量
《樓氏幾何學問題折紙解法》	一本
《狄莫爾痕數學之研究及困難》	一本
《卡腮氏幾何原本》	一本
《巴斯氏微分學》	一本
《巴樓氏諸表》	一本
《內魯氏對數表》	一本
《貝嘎氏對數表》	一本
《卡局列氏數學史》	一本
合計	二十六本

　　與物理學有關的教材，購買了約有十九種，具體書目如下表所示。

光緒三十一年十月，京師大學堂所得購物理學教材資料一覽表 〔註35〕

書　　目	數　　量
《叩路勞時氏物理學實驗教科書》	一本
《叩路勞時氏物理學實驗入門》	一本
《以幫斯氏物理化學定數表》	一本
《巴倫氏十九世紀發明之進步》	一本
《梅巴氏美國電信法及電信辭典》	一本
《梅巴爾氏無線電信法》	一本
《阿底滿氏 X 光線利用法》	一本
《希斯科克斯氏壓榨空氣法》	一本
《斯求阿特氏初等物理學實驗教科書》	一本
《利和氏物理學現象之晚近學說》	一本
《羅斯叩氏分析論》	一本
《魏巴氏電氣學問題集》	一本
《胡巴氏與引力之關係》	一本
《索底氏物質輻射力論》	一本
《庫帊氏一次電池論》	一本
《魏得氏二次電池論》	一本
《便查民氏電池論》	一本
《布倫德洛氏光線》	一本
《惹恩斯氏物理學問題集》	一本
合計	十九本

〔註35〕參見《大學堂爲購辦書籍事務呈學務大臣文》，光緒三十一年十月，北京大學
　　　　綜合檔案・全宗一・卷135，北京大學檔案館藏。

　　與生物學有關方面的書籍，此次引進較少，只有四種，即《一般生理學》、《人體生理學》、《生理學初步》、《日本動物圖譜》等四種。以上所列舉的僅是與自然科學有關的書籍，此外，大學堂還購買了教育學、歷史學等書，這些書合計一百八十五部，價值爲日本金圓一千六百七十八元零八錢。這些費用，也都是由剛成立不久的學部撥款支付，「……請由貴處函匯駐日公使發給，並請行文前預示日期……除即日如數由正金銀行電匯出使日本大臣查收，轉交丸善株式會社領收外，相應片覆貴總監督函覆洋教習，通知該公司丸善株式會社赴使署領取可也。」〔註36〕由此可反映出，清政府的確爲大學堂引進各種科學圖書、實驗儀器花費了不小的開支。

　　從該次大學堂引進的與科學相關的圖書種類與數量來看，可知大學堂對一些基礎性學科、基礎性課程較爲重視。該次引進的科學圖書計有三類，約49種，其中數學類教材約有 26 種，占該次購得科學類圖書總數的 53%；物理學方面的圖書有 19 種，占總數的 39%，生物學類的圖書資料最少，只有 4 種，其比重僅爲 8%，如下圖所示。

光緒三十一年十月大學堂購得科學類教材比例圖

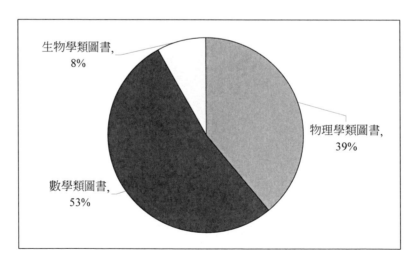

　　由以上數據比例圖可明確看出，對數學類與物理學類書籍的購置，是大學堂於該次引進科學教材的重點項目。數學類教材資料已經超過三者總和半

〔註36〕《學部爲國外購書匯款事知照大學堂》，光緒三十一年十一月，北京大學綜合檔案・全宗一・卷 135，北京大學檔案館藏。

數。從中可見，數學與物理學等基礎學科在大學堂科學教育中的重要地位。
當然，僅以此次購書尚難以反映全貌，故本文再選取大學堂譯書局科學教材
的引進情況爲例，試以分析。

　　大學堂譯書局是大學堂科學教育的重要部門。該書局在開辦過程中也在
積極購置各類科學教材，爲其日後翻譯作準備。據統計，光緒二十九年至三
十年，京師大學堂譯書局引進了大量的原版科學教材，包括數學類、物理學
及化學類、地理學類、生物學類、博物學類與農學類等圖書。其中數學類教
材資料有《代數術》、《微積術》、《微分術》、《積分術》、《高等三角術》等，
約 21 種；物理與化學類教材則有《電磁學》、《動力學》、《化學》、《化學實用》
等，約有 30 種；地理學類教材則有《輿地》等，約有 10 種；農學方面的書
籍只有《農學淺說》兩種；生物學方面的教材，如《植物學》、《衛生學》等，
大約有 9 種；博物學類主要是《世爾滂動物狀》以及赫圖翼著的《海中奇物》、
《赤道奇物》、《二極奇物》及《地中奇物》等 5 種書。〔註37〕這些科學教材
的具體書目可參看文後附錄，此處不一一列舉。

　　大學堂譯書局購進的這些科學圖書合計約有 77 種，其中數學類教材約占
總數的 27%，物理學類與化學類教材約占總數的 39%，地理學類圖書的引進
比例約爲 13%，生物學類教材的比重爲 12%，博物學類圖書則爲 6%，農學方
面的圖書最少，其所佔比重只爲 3%。這些統計數據表明在光緒二十九至三十
年，大學堂譯書局購進的各類科學教材與資料中，數學、物理及化學方面的
教材所佔比例較大，比其它科學門類如生物學、博物學、農學等高出許多。
而這與三十一年十月大學堂本部的購書傾向較爲相似，即都體現出把數學、
物理學等教材資料作爲自然科學類的重點內容來引進的。兩者相互佐證，體
現出大學堂科學教育對數學、物理、化學等基礎學科的重視。

　　而之所以出現這樣的購書傾向，其根本原因在於大學堂對科學教育發展
規律的順應與把握。數學、物理學是自然科學中的基礎學科，在科學領域內
具有極其重要的地位，對其它科學學科的進展能夠產生深遠的影響。科技的
進步離不開基礎學科的發展與繁榮。數學、物理學等基礎學科的繁榮，必然
推動工科、農科等各科學門類深入發展，最終促使科學整體性前進。無論科
學研究，還是科學教育都要遵循這一規律，才會取得實質性成果。而且科技

─────────────

〔註37〕參見《光緒二十九年至三十年大學堂譯書局購買西國書籍報銷清冊》，中國第
　　　一歷史檔案館‧學部‧財經‧卷 217，中國第一歷史檔案館藏。

發展的趨勢也表明，雖然科學進步表現在新專業不斷分化，新學科不斷形成，但這些新專業、新學科仍離不開基礎學科的支撐與基礎理論的運用，例如數學已經融入到包括新興學科在內的一切科學領域，各門科學無不依賴於數學的定量分析。而且在學科分化、更新的過程中也呈現出了基礎理論統一的趨向。晚清時期，京師大學堂在推行科學教育的過程中，已經意識到數學、物理學等基礎學科的重要作用，亦深知它們與其它學科的緊密聯繫，曾擔任大學堂總教習的吳汝綸就強調過數學是其它科學的基礎，要把對數學的學習放在首位，「今方開倡西學，必以算學爲開宗明義第一章……」「今議欲開西學，西學重專門，而以算學爲首務，他學必以算學爲從入之階，明算而後格致諸學循途而致。」〔註38〕因此，大學堂在購置科學教材資料的活動中必然會表現出對這些基礎學科的格外注重。

　　當然，晚清士人對科學發展規律的認識與理解仍是較爲樸素的，遠未達到現代人這樣透徹、清晰的程度。但是對數學、物理學等基礎學科之於科學教育的重要意義，卻已有一定程度的認識，而且這種認識並不始發於大學堂的創辦。早在大學堂成立之前，當時清廷的一些士大夫、學者們就已倡議對數學等學科的注重。當時的總理衙門大臣奕訢曾就此與其它官員反覆商酌，討論學習西方數學的必要性，「臣等復與曾國藩、李鴻章、左宗棠、英桂、郭嵩燾、蔣益澧等往返函商，僉謂製造巧法，必由算學入手，其議論皆精鑿有據。」〔註39〕李鴻章在其關於派遣留學生出洋學習的奏摺中，向清廷表示數學、物理學才是西方科技發達的源頭，「臣等往返函商，竊謂西洋製造之精，實源本於測算、格致之學，奇才迭出，月異日新。」〔註40〕翰林院侍講學士秦綬章曾提出「算學一門，凡天文、地理、格致、製造，無不以此爲權輿。」〔註41〕監察御史陳琇瑩在建議朝廷變通科舉時，亦指出數學的關鍵作用，「西法雖名目繁多，要權輿於算學。洋務從算學入，泰西諸學，

〔註38〕 吳汝綸：《答賀松坡》，《與賀松坡》，《吳汝綸全集》第三冊，合肥：黃山書社，2002 年，第 150、148 頁。

〔註39〕 《籌辦夷務始末・同治朝》第五冊（卷四十八），北京：中華書局，2008 年，第 2020 頁。

〔註40〕 朱有瓛主編：《中國近代學制史料》第一輯上冊，上海：華東師範大學出版社，1983 年，第 400 頁。

〔註41〕 席裕福、沈師徐編：《皇朝政典類纂・學校・書院》卷二百二十六，沈雲龍主編：《近代中國史料叢刊續編》第九十輯第 893 冊，臺北：文海出版社，1984 年，第 4246 頁。

雖不必有兼數器之能，而測算既明，自不難按圖以索。」〔註 42〕奕劻、奕譞等人對於陳琇瑩重視數學的觀點也表示認同，「惟查製造各學，未嘗不探原於算術，誠有如該御史所稱『名目雖繁，權輿於此』者。欲盡取西學之所長，殆必以算學爲先導……」〔註 43〕關中地區的著名學者劉光蕡在新創辦的書院中要求學生們對數學、物理學的修習加以重視，「……算學爲各學之門徑，重學爲製造之權輿……」〔註 44〕並提出應將西方的數學書籍盡早翻譯，「西學之精，非算術不能窺其奧，故宜急刻算術各書。」〔註 45〕由此觀之，大學堂科學教育對基礎科目的重視乃早有淵源，並非憑空而來。在經過洋務運動的鋪墊後，大學堂便將基礎學科的教育作爲重點內容來進行實施。

同時，出現這樣的購書傾向，也是由大學堂科學教育的自身特點與歷史條件所決定的。在京師大學堂發展的早期階段，仕學院、中學、小學等機構是大學堂推行科學教育的主要部門，普通學與專門學課程的分類教學則是當時實施科學教育的基本形式，而具有本科性質的大學教育則尚未形成。庚子事變之後，張百熙恢復重建大學堂，更改舊制、擴大規模，於是師範館、仕學館、預備科、譯學館等先後成立，但直至宣統二年，分科大學才正式成立。由大學堂發展的前後兩個階段可看出，在其開辦科學教育的十幾年裏，大部份時間都被用於爲本科教育奠定基礎、培養本科生源〔註 46〕，因此師範館、預備科等機構的學生是大學堂內接受科學教育的主體。而對於這些學生的培養，自然要把數學、物理、化學等基礎知識作爲教學的重點內容，以便於其日後進入大學可以進行專業性質的學習，實現與分科大學進行良好銜接。而分科大學學科齊備、綜合多樣的特點，也決定了大學堂在師範科、預備科等部門的教學中，必然重視基礎學科。故而大學堂在選購教材的過程中，會對其有所偏向。

經過多年來不斷地引進購置，在辛亥革命之前，京師大學堂已儲備了較爲豐富的科學圖書與儀器，爲科學教育的廣泛開展提供了充沛的資源。據相

〔註 42〕 中國史學會編：《洋務運動》（二），上海：上海人民出版社，2000 年，第 207 頁。

〔註 43〕 朱壽朋編：《光緒朝東華錄》第二冊，北京：中華書局，1958 年，總第 2261、2262 頁。

〔註 44〕 王典章編：《煙霞草堂文集》卷八，戊午春季（1918 年）刊於蘇州，第 22、23 頁。

〔註 45〕 王典章編：《煙霞草堂文集》卷八，戊午春季（1918 年）刊於蘇州，第 25 頁。

〔註 46〕 師範科以及譯學館內的諸多畢業生也在宣統二年升入分科大學。

關統計，至光緒三十三年，大學堂至少已有藏書樓上下兩層共計十四間，物理儀器室與化學儀器室兩處共有六間，化學藥品材料室三處共有八間，化學實驗室五處共計二十一間，暗室兩間，天平室三間，動物標本室、植物標本室、礦物標本室三處共十三間，以及植物園一處。〔註47〕至民國成立初期，京師大學堂被改名為北京大學前後，它已建成各種科學實驗室與講堂，這些硬件設備都被後來的北大所繼承，如「物理實驗室三間」、「化學儀器藥品室五間」、「理科實驗室七間」、「工科實驗室五間」、「冶金實驗室三間」、「天平室三間」、「預科實驗室五間」、「暗室二間」、「修理儀器室三間」、「工科儀器藥品室九間」、「貴重藥品室一間」、「製造汽水室一間」、「儲藏室二十二間」、「博物室九間」、「化學講堂五間」、「物理器械室及西過道門七間」、「地質講堂五間」、「藏書樓上下二十三間」、「工科藏書室四間」〔註48〕等等，這些也是京師大學堂科學教育十多年來的經營成就。

而且，大學堂購備的許多科學教材深得學堂學生們的好評，以至於有些學生將相關教材從大學堂藏書樓處借出不還，直到畢業後仍留在身邊，為其所用。例如大學堂師範館的學生張灝、楊鯤鋙、謝運麒等人，從大學堂借出一些科學圖書，直到其畢業後仍未歸還，為此大學堂於光緒三十三年（1907年）向這些畢業生所在的省份發出咨文，要求其歸還圖書。其中師範科學生張灝從大學堂借出未還的科學教材有《用器畫初步》、《近世物理教科》、《課本地圖》、《幾何蒙小教科》、《平面三角法小教科》、《立體幾何小教科》等，學生楊鯤鋙借出未還的科學教材有《中等地理舉隅》、《衛生要旨》等，學生謝運麒借出未還的書為《課本地圖》、《用器畫初步》等等。〔註49〕在接到大學堂的催還通知後，這些學生仍舊表示這些書籍對於其日後的工作十分重要，一旦歸還，「則另購非易，深慮後日效力義務，參考無資」〔註50〕，故此難以歸還大學堂，情願為之折價賠償，上繳書款。由此體現出大學堂引進購置的各種科學教材與資料，作為當時科學知識傳播的文本載體，不僅具有較

〔註47〕 參見國立北京大學編：《國立北京大學廿週年紀念冊》，北京：國立北京大學，1918年，第5頁。

〔註48〕 國立北京大學編：《國立北京大學廿週年紀念冊》，北京：國立北京大學，1918年，第7頁。

〔註49〕 參見《京師大學堂為畢業生借閱書籍應即繳還咨文》，清代檔案 J033-7-20，吉林省檔案館藏。

〔註50〕 《京師大學堂為畢業生借閱書籍應即繳還咨文》，清代檔案 J033-7-20，吉林省檔案館藏。

高的質量，反映出大學堂科學教育的深入開展，而且隨著大學堂學生的畢業入職而流佈全國各地，成為一些科學教育工作者以及科研人員手中必備的參考資料，有力促進了各地科學教育的積極發展。也正是因此，大學堂所引進備置的各類科學書籍，在當時社會上有著相當的知名度。

二、譯書局的開辦與科學教材的翻譯

大學堂科學教育的開展，離不開對各種科學書籍的翻譯。京師大學堂與科學書籍尤其是科學教材的編譯、出版頗有淵源，這不僅體現在當初籌辦大學堂之時，提出編譯西書的各種倡議，更是因為京師大學堂與早先成立的京師官書局有著千絲萬縷的聯繫。光緒二十二年五月（1896 年 6 月），在李端棻提出興建大學堂的當日，總理衙門便就李端棻的提議向清廷上奏，明確表示大學堂本是對原官書局的擴充，理應由官書局的負責人來籌辦，「至該侍郎所請於京師建設大學堂，係為擴充官書局起見，應請旨飭下管理書局大臣察度情形，妥籌辦理。」〔註51〕光緒帝採納了總理衙門的意見，任命官書局管理大臣孫家鼐著手創辦大學堂。孫家鼐在就任大學堂首任管學大臣之前，正是京師官書局的負責人。

這裡提到的官書局，乃是由康有為、梁啟超等人創辦的強學會演變而來。早在光緒二十一年（1895 年），康有為、梁啟超等人就在北京發起組織強學會，以宣傳維新變法，同時創辦了強學書局，刊印銷售各種西學書籍，其中便包括許多與自然科學有關的圖書。至 1896 年 1 月，御史楊崇伊彈劾強學會，請求查禁強學書局，強學書局旋即被封禁。後經御史胡孚宸上奏，向清廷提出強學書局印售的西學書籍，尤其是自然科學方面的資料於國於民，裨益良多，應予以重視，「京師近日設有強學書局，經御史楊崇伊奏請封禁，在朝廷預防流弊，立意至為深遠，惟局中所儲藏肆習者，首在列聖聖訓及各種政書，兼售同文館、上海製造局所刻西學諸書，繪印輿圖，置備儀器，意在流通秘要圖書，考驗格致精蘊，……此次封禁，不過防其流弊，並非禁其向學，倘能廣選才賢，觀摩取善，此日多一讀書之士，他日即多一報國之人，收效似非淺顯。」〔註52〕胡孚宸建議清廷將強學書局直接改為官辦

〔註51〕中國第一歷史檔案館、北京大學編：《京師大學堂檔案選編》，北京：北京大學出版社，2001 年，第 8 頁。
〔註52〕朱壽朋編：《光緒朝東華錄》第四冊，北京：中華書局，1958 年，總第 3739 頁。

書局，以便於管理，「請旨飭下總署及禮部各衙門，悉心籌議官立書局，選刻中西各種圖籍，任人縱觀，隨時購買，並將總署所購洋報選譯印行，以擴見聞。」〔註53〕，強學書局旋即被清廷改組爲京師官書局，由孫家鼐擔任官書局管理大臣。

京師官書局成立後，便將翻譯、出版各類科學書籍作爲其工作任務之一，這在官書局章程中寫得很清楚，「譯刻各國書籍，舉凡律例、公法、商務、農務、製造、測算之學，及武備、工程諸書，凡有益於國計民生與交涉事件者，譯成中國文字，廣爲流佈。」〔註54〕而且管理大臣孫家鼐提出官書局在譯印各類西書的同時，還應在書局內設立遊藝院，備置各種科學儀器，「廣購化學、電學、光學諸新機，礦質、地質、動物、植物各異產，分別部居，逐門陳列……」〔註55〕以供人參觀、遊覽。民國成立後，梁啓超曾赴北京大學講演，在演說中，提及官書局與大學堂的關係，「及至戊戌之歲，朝政大有革新之望，孫壽州先生本強學會會員，與人同某，請之樞府，將所查抄強學會之書籍、儀器發出，改爲官書局，嗣後此官書局即改爲大學校。故言及鄙人與大學校之關係，即以大學校之前身爲官書局……」〔註56〕印證了大學堂翻譯出版科學圖書的歷史由來已久。

大學堂創建過程中，在對官書局有所繼承的基礎上，又醞釀設立譯書局。大學堂譯書局的開辦，可謂事關重大，一直爲時人所矚目。清廷總理衙門大臣、軍機大臣曾紛紛表示譯書局應從速建立，不宜拖延。總理衙門明確提出，西學書籍尤其是西方科技書籍的翻譯，是推進大學堂科學教育必不可少的環節，「臣等竊惟，譯書一事，與學堂相輔而行，譯出西書愈多，則講求西學之人亦愈眾。」〔註57〕因此，完全有必要在京師設立譯書局，廣譯西書，「今當更新百度之始，必以周知博採爲先，譯書既不厭其多，則譯局自不妨廣設，惟事必呵成一氣，始能日起有功。」〔註58〕此外，他們還指出，

〔註53〕 朱壽朋編：《光緒朝東華錄》第四冊，北京：中華書局，1958年，總第3739頁。
〔註54〕 孫家鼐：《官書局奏開辦章程》，《時務報》1896年第4期，第8頁。
〔註55〕 孫家鼐：《官書局奏開辦章程》，《時務報》1896年第4期，第8頁。
〔註56〕 梁啓超：《蒞北京大學校歡迎會演說辭》，《飲冰室合集》第4冊，文集第二十九，第39頁。
〔註57〕 中國第一歷史檔案館、北京大學編：《京師大學堂檔案選編》，北京：北京大學出版社，2001年，第40頁。
〔註58〕 中國第一歷史檔案館、北京大學編：《京師大學堂檔案選編》，北京：北京大學出版社，2001年，第40頁。

能夠將西學書籍翻譯的準確無誤並非易事，因此建議利用先前上海已有之書局，並將其與京師大學堂譯書局合併管理，統由大學堂節制，「若兩局同時並譯，不相聞問，易致復出，徒費無益，且書中一切名號稱謂，亦須各局一律，始便閱看，故京師大學堂編譯局似宜與上海之譯書官局同歸一手辦理，始能措置得宜。」〔註59〕而且總理衙門特別強調京師大學堂譯書局翻譯的各種西學書籍，應符合大學堂科學教育的要求，要著重翻譯與科學有關的教科書，「至京師編譯局為學堂而設，當以多譯西國學堂功課書為主。」〔註60〕總理衙門的這些提議得到了清廷的認可。光緒帝在任命孫家鼐為管學大臣的同時，也將譯書局劃歸大學堂管轄，「所有原設官書局及新設之譯書局，均著併入大學堂，由管學大臣督率辦理。」〔註61〕負責管理大學堂的孫家鼐因其曾經掌管官書局，具有辦理編譯、出版科學書籍的經驗，故而對大學堂譯書局的開辦、運作較為得心應手。

　　實施科學教育是創辦京師大學堂的主要目的和任務，而大學堂開學授課在即，各門科學教材的編寫便顯得尤為緊迫，因此孫家鼐要求大學堂譯書局的籌備工作加快進行，並為此向光緒帝上了多份奏摺。而譯書局的開辦與科學書籍的翻譯、出版都離不開國家資金的投入，經費不足則對譯書局的運行構成影響。負責辦理具體事務的梁啓超要求孫家鼐代其上奏清廷，希望朝廷能夠增加對譯書局的撥款數額。翻譯科學書籍必須要聘請精通科學之人，在當時的社會條件下，聘請真正精通科學的專業人士，只有薪水豐厚才有可能招徠到，「凡譯專門之書，必須聘請專門之人，無論華人、西士，其通習專門者，聲價必昂，每月薪水大約在二百金之譜，依原奏每月千金，不過能聘五人，而局用及墨費已無所出。」〔註62〕所以，梁啓超、孫家鼐等人提出至少每月增加經費二千兩，「至外聘各人若太廉，誰肯就？若以每人每月薪水六十金起算，已居原定經費三分之二……可否請加增經費每月二千兩，庶可

〔註59〕中國第一歷史檔案館、北京大學編：《京師大學堂檔案選編》，北京：北京大學出版社，2001年，第40、41頁。

〔註60〕中國第一歷史檔案館、北京大學編：《京師大學堂檔案選編》，北京：北京大學出版社，2001年，第41頁。

〔註61〕中國第一歷史檔案館編：《光緒宣統兩朝上諭檔》第二十四冊，桂林：廣西師範大學出版社，1996年，第228頁

〔註62〕北京大學校史研究室編：《北京大學史料》第一卷，北京：北京大學出版社，1993年，第192頁。

以資辦理而免支絀。」〔註63〕孫家鼐、梁啓超等人指出教科書的編譯乃當務之急，建議朝廷能夠急速撥款，譯書局盡快領取，以免延誤大學堂的教學進度，「學堂屢奉旨催辦，開學必當在今年，而功課各書開學時即便須用，故譯書局之開視學堂當尤急，現時學堂尚未開辦，戶部所籌經費想未移撥，唯譯局則相須甚殷，苟未有確款則無從聘請翻譯、分纂等人，必至延誤。」〔註64〕他們要求朝廷能夠將譯書局每月常用經費以及開辦經費於當年七月之前劃撥完畢，以便及時領取。

光緒帝在得知大學堂譯書局的籌備情形後，於當年六月二十九日（1898年 8 月 16 日）下諭，命譯書局加快編譯各類教材，不得遲延，「現在京師設立大學堂，爲各國觀瞻所繫，應需功課書籍，尤應速行編譯，以便肄習。」「此事創辦伊始，應先爲經久之計，必須寬籌經費，方不至草率遷就，致隘規模。」〔註65〕並且急令戶部向譯書局撥款，在原定撥款數目的基礎上，再加撥銀一萬兩，以充實譯書局的開辦經費，「現在購置機器，及中外書籍所費不貲，所請開辦經費一萬兩，尚恐不足以資恢擴，著加給一萬兩，俾得措置裕如。」〔註66〕譯書局常年所用經費也被增加至每月三千兩白銀，「以後自七月初一日起，每月應領經費，並著預先發給，毋稍延遲。」〔註67〕在光緒帝的督促下，譯書局經費擴充，才得以順利開辦下去。

庚子事變之前，大學堂譯書局翻譯的科學教材，主要是從西方新近出版的科學書籍中選取，尤以物理學、化學爲要，「各種藝術，皆以格致爲根本，天文、地質、聲、光、化、電各書舊有譯本，今專求采其新出者譯之。」「富國之學全恃開源，今當廣譯農政、礦政、工政、商政之書，以資取法。」〔註68〕光緒二十四年時，譯書局已在日本輾轉購買了一批美國學校所用的科

〔註63〕北京大學校史研究室編：《北京大學史料》第一卷，北京：北京大學出版社，1993 年，第 192 頁。
〔註64〕北京大學校史研究室編：《北京大學史料》第一卷，北京：北京大學出版社，1993 年，第 192 頁。
〔註65〕中國第一歷史檔案館編：《光緒宣統兩朝上諭檔》第二十四冊，桂林：廣西師範大學出版社，1996 年，第 295 頁。
〔註66〕中國第一歷史檔案館編：《光緒宣統兩朝上諭檔》第二十四冊，桂林：廣西師範大學出版社，1996 年，第 295 頁。
〔註67〕中國第一歷史檔案館編：《光緒宣統兩朝上諭檔》第二十四冊，桂林：廣西師範大學出版社，1996 年，第 295 頁。
〔註68〕中國第一歷史檔案館、北京大學編：《京師大學堂檔案選編》，北京：北京大學出版社，2001 年，第 52 頁。

學教材,對其進行編譯。在具體的翻譯過程中,按照學科門類進行,並適當添加按語以備說明,「初級算學、格致學、政治學、地學四門,悉譯泰西、日本各學校所譯之書,其間有未明晰者自加案語,唯不屬入本文。」〔註 69〕在編譯中,譯書局仿照「西例」,將翻譯後的內容按日分課,「備教習按日督課之用」,並在每課之後附上習題問答。譯書局還曾表示,在條件允許的情況下,爭取將這些科學教科書以白話文的形式再譯一次,「如有餘力仍將原書用通俗語編成演義體,務極幾近易曉……」〔註 70〕各書編成後,一部份交由京師大學堂使用,另一部份則各省每學堂按送一分,剩下的可售賣出去。

然而,譯書局科學書籍的翻譯剛剛起步,卻因義和團運動、八國聯軍進京而中斷停滯。直至張百熙被任命爲京師大學堂管學大臣,著手重建大學堂科學教育之時,譯書局才得以正式恢復。

事實上,庚子事變過後不久,清廷中已出現要求重新設立譯書局、譯書處等各種呼聲。王之春就曾提出科學書籍「有益於中國學問甚大,如算學、化學諸書是也。」〔註 71〕所以要盡早成立譯書處,對一些國外書籍進行編譯。編譯好的圖書在經過審定後,分發至各省參考備用,「擬請旨於京師設立一譯書處,外派翰林部員數人率同翻譯官專司其事,譯成一書,進呈御覽後,或木印、或排印,分派京外各衙門以資採用。」〔註 72〕張謇則向清廷提議,應分省設立譯書局,各省選定某一類學科所用教科書對其進行翻譯,「分年趲譯,每成一種,互相分送,全數譯成……以餉學者。」〔註 73〕張謇還提出中日兩國語言、文化相近,譯書局應首先挑選日文版書籍進行翻譯,「今中國爲先河後海之謀,宜譯東書,即爲同種同文之便,亦宜譯東書。」〔註 74〕當時的會辦商務大臣盛宣懷向清廷提出應由京師大學堂針對科學教

〔註69〕北京大學校史研究室編:《北京大學史料》第一卷,北京:北京大學出版社,1993 年,第 192 頁。
〔註70〕北京大學校史研究室編:《北京大學史料》第一卷,北京:北京大學出版社,1993 年,第 192 頁。
〔註71〕《復議新政有關翻譯諸奏疏》,張靜廬編:《中國近現代出版史料》二編,上海:上海書店出版社,2011 年,第 31 頁。
〔註72〕《復議新政有關翻譯諸奏疏》,張靜廬編:《中國近現代出版史料》二編,上海:上海書店出版社,2011 年,第 31 頁。
〔註73〕《復議新政有關翻譯諸奏疏》,張靜廬編:《中國近現代出版史料》二編,上海:上海書店出版社,2011 年,第 32 頁。
〔註74〕《復議新政有關翻譯諸奏疏》,張靜廬編:《中國近現代出版史料》二編,上海:上海書店出版社,2011 年,第 32 頁。

材的語詞翻譯，作出統一規定，避免翻譯中出現歧義，「尙望聖明飭下政務處及京師大學堂，速立學堂課本章程，早日通行，俾海內外有所準則，以免紛紜駁雜之病。」〔註75〕管學大臣張百熙在就職視事後，也立即展開大學堂譯書局的重建工作。在重建過程中，張百熙多次就譯書局的開辦及翻譯科學教材等具體問題向清廷上摺匯報進展。

光緒二十八年三月（1902 年 4 月），張百熙向慈禧太后提出大學堂譯書局的開辦，包括對各類圖書的編輯與翻譯刻不容緩，需要朝廷委派精通翻譯事務的專職人員負責管理，「臣前奏就官書局開辦譯局一所，原爲編譯學堂課本起見，現在大學堂開辦雖尙需時，然課本一項，不能不預爲地步，擬派總辦一員經理。」〔註76〕張百熙深知嚴復的翻譯才能，因此大力推薦嚴復擔任大學堂譯書局的總辦，「查有直隸候補道嚴復，精通西文，於中學尤有根柢，於所譯各書類能融會貫通，不失本旨，堪以派充譯局總辦，譯務責成辦理。」〔註77〕至於具體的編譯，張百熙則向清廷建議在認眞參考國外學堂使用的科學教科書的同時，還應留心於國內原有版本，「至一切學堂應用課本……急待編定諸門，有宜直用外國全書者，如格致、圖畫、體操之類是也；有宜參用中外書者，如地理、博物之類是也。」〔註78〕實際上，張百熙一直重視以歐美各國的原版科學教材爲參照進行翻譯，早在光緒二十八年二月（1902 年 3 月），他就要求清廷外務部設法購買一些國外原版教材，尤其是經該國政府審定後頒發的教科書，以資參照，「開辦大學堂，編翻西學課本，請向外部商取大、中、小學堂官定課本全分，速寄來京。」〔註79〕在當年十一月，清廷駐美公使伍廷芳根據大學堂的編書要求，將哈佛大學、耶魯大學、賓夕法尼亞大學、哥倫比亞大學等一些美國大學所用的授課章程從美國寄往中國。伍廷芳也告知大學堂，美國國內科技發展迅猛，學生們使用的科學教科書時常被修訂改版，美國政府也沒有設立統一編輯審定此類教科書的機

〔註75〕《緊要專件》，《大公報》第百二十四號，光緒二十八年九月十七日，第 3 頁。
〔註76〕中國第一歷史檔案館、北京大學編：《京師大學堂檔案選編》，北京：北京大學出版社，2001 年，第 132 頁。
〔註77〕中國第一歷史檔案館、北京大學編：《京師大學堂檔案選編》，北京：北京大學出版社，2001 年，第 132 頁。
〔註78〕中國第一歷史檔案館、北京大學編：《京師大學堂檔案選編》，北京：北京大學出版社，2001 年，第 132 頁。
〔註79〕《駐美大使爲送美國各有關學堂授課章程咨京師大學堂》，光緒二十八年十一月，北京大學綜合檔案·全宗一·卷16，北京大學檔案館藏。

構，因此也就沒有什麼所謂的官定課本，「據稱，美國學校之制與他國不同，所有學堂均由各處地方官民捐建，隨時公舉董理，其學堂授課之書，亦是坊間通行本，並無官定課本。至專門之學，則日新月異，其書至繁，其本亦無定，國家並未設官管理等語，本大臣查是實在情形。」〔註80〕因此，伍廷芳只從美國的學校中，獲取了一些課程講義與參考書目，將其郵回國內，「茲特向各學堂總理人員商取授課章，共十三本，即日郵寄。其大、中、小各學堂所課諸書目，已分見於各篇中，如有應行選擇之本，聽候貴大臣開列書目，再隨時採購。」〔註81〕而張百熙關於大學堂譯書局編譯科學書籍的各項建議，相繼得到了清廷的允准。該年三月，嚴復被正式任命為大學堂譯書局總辦。

嚴復的到職，直接推動了大學堂譯書局工作的進展。在他的主持下，譯書局將翻譯外國教科書作為首要任務，「現在所譯各書，以教科為當務之急，由總譯擇取外國通行本，察譯者學問所長，分派淺深專科，立限付譯。」〔註82〕在具體工作中，譯書局首先將翻譯材料進行重新分類，其中對自然科學門類的劃分尤為詳細，而後根據所劃分的不同類別，組織、分配人員進行譯述，「教科分門，一地輿，二西文律令，三布算，四商功，五幾何，六代數，七三角，八渾弧，九靜力，十動力，十一氣質力，十二流質力，十三熱力，十四光學，十五聲學，十六電磁，十七化學，十八名學，十九天文，二十地氣，二十一理財，二十二遵生，二十三地質，二十四人身，二十五解剖，二十六人種，二十七植物狀，二十八動物狀，二十九圖測，三十機器，三十一農學……」〔註83〕可見，對科學教材的翻譯是整個譯書局翻譯工作的核心內容。而這種分門同步翻譯的方式，有力地促進了譯書局的科學翻譯工作向著專業化、精確化的方向發展。

關於不同種類科學書籍的譯述標準與原則，書局亦做出明確規定，就數學而言，如代數、幾何等類，由易到難，首先選擇簡要之本，「數學有空間、時間兩門，空間如幾何、平弧三角、八線割錐；時間如代數、微積之類，世謂數學為西學權輿，誠非妄說，但今所取譯，務擇顯要，用以模範學者之心

〔註80〕　《駐美大使為送美國各有關學堂授課章程事咨京師大學堂》，光緒二十八年十一月，北京大學綜合檔案・全宗一・卷16，北京大學檔案館藏。
〔註81〕　《駐美大使為送美國各有關學堂授課章程事咨京師大學堂》，光緒二十八年十一月，北京大學綜合檔案・全宗一・卷16，北京大學檔案館藏。
〔註82〕　《教育世界》卷五十九，光緒二十九年（1903年），教育世界社印，第1頁。
〔註83〕　《教育世界》卷五十九，光緒二十九年（1903年），教育世界社印，第1頁。

思，且以得諸學之鎖鑰，至於探賾索隱，則以俟專門之家，非普通學之所急也。」〔註 84〕物理學、化學方面的教科書翻譯，與之相似，重點選取簡明扼要之版本進行翻譯，「力，如動靜二力學、水學、聲學、光學、電學；質，如無機、有機二化學，此科分於人事最為切要，而西書亦有淺深，今所譯者，以西國普通課本為斷。」〔註 85〕內容相對複雜、有一定難度的教材，並非當下急務，可以稍後處置，「其它繁富精深之作，則以俟後圖。」〔註 86〕對於其它類別書籍的翻譯，如天文學、生理學等也都有各自的標準，但皆以簡要明瞭為原則，「天有天文，地有地質，有氣候，有輿志，有金石，人有解剖，有體用，有心靈，有種類，有群學，有歷史；物有動物，有植物，有察其生理者，有言其情狀者，西籍各有其淺深，今所譯者，則皆取淺明，以符普通之義。」〔註 87〕在對西方自然科學的譯述中，大量的科技術語與專有名詞是一大難題，而譯名的不統一又會進一步影響到學生對科學知識的理解、吸收。為此大學堂譯書局在翻譯過程中，要求科學名詞的翻譯一律採取音譯的方法，「譯書遇有專名要義，無論譯傳其意，如議院、航路、金準等語，抑但寫其音，如伯理璽天德、哀的美敦等語。」〔註 88〕並在譯文後，就音譯之詞添設中外對照表，以備學人檢閱，久而久之，這種方式便可成為科學翻譯的通例，最終實現譯名的統一。

在嚴復等人的努力下，大學堂譯書局陸續翻譯出許多科學教科書。至光緒二十九年，譯書局已譯出的教材就有《洛克平三角》、《斐立馬格納力學》、《支罕木楞斯密算法》、《威理孫形學》、《額伏列特動力學》、《額伏列特熱學》、《額伏列特光學》、《額伏列特氣水學》、《額伏列特電學》、《額伏列特聲學》、《密理辛和什理財學》、《亨利丹那農術要理》、《哈白蘭民種學》等等。〔註 89〕

在大學堂重辦科學教育時期，譯書局不僅譯成了各類科學書籍，而且譯書局本身的規模也在不斷擴大。光緒二十八年，大學堂除了在京師設立本部

〔註 84〕 《教育世界》卷五十九，光緒二十九年（1903 年），教育世界社印，第 2 頁。
〔註 85〕 《教育世界》卷五十九，光緒二十九年（1903 年），教育世界社印，第 3 頁。
〔註 86〕 《教育世界》卷五十九，光緒二十九年（1903 年），教育世界社印，第 3 頁。
〔註 87〕 《教育世界》卷五十九，光緒二十九年（1903 年），教育世界社印，第 3 頁。
〔註 88〕 《教育世界》卷五十九，光緒二十九年（1903 年），教育世界社印，第 3 頁。
〔註 89〕 參見鄭鶴聲：《八十年來官辦編譯事業之檢討》，黎難秋主編：《中國科學翻譯史料》，合肥：中國科學技術大學出版社，1996 年，第 701 頁。

譯局外，又在上海開辦了大學堂的譯書分局。值得注意的是，該譯書分局不僅翻譯出一批科學教材，如《礦物學教科書》、《地文學》、《中學礦物學教科書》、《博物學教科書生理部》、《博物學教科書植物部》、《博物學教科書動物部》、《天文淺說》、《化學教科書》、《經濟統計學》，而且還翻譯了一些課程教學法之類的教育學書籍，如《埴氏實踐教育學》、《獨逸教授法》、《格氏特殊教育學》、《教授法各論》、《實驗教育行政法》、《德意志教授法》等等〔註90〕，可見譯書分局的開辦也是有一定成效的。

　　大學堂譯書局及其分局翻譯出的這些科學教材，一方面供本校教學使用，管學大臣張百熙就曾提出，自然科學方面的教科書國人獨立編著的甚少，故而大學堂教學需要採用國外教科書，以解燃眉之急，「各種科學書，中國尚無自纂之本，間有中國舊籍可資取用者，亦有外國人所編、華人所譯、頗合中國教法者，但此類之書無幾，目前不得不借用外國成書，以資講習。」〔註91〕另一方面，這些書籍還作為當時的標準教材，被全國各地的學堂採用。如當時的雲南巡撫林紹年曾致電京師大學堂，請求大學堂將其所編譯的各類教材，發送至雲南，供當地使用，「貴處譯編課本已有幾種，請先惠寄，俾早仿印開辦，至禱盼覆。」〔註92〕在光緒二十九年，大學堂還曾通知天津招商局，將譯局新譯出版的各類書籍運至上海，以便於東南各省學堂購買使用，「照得本大學堂新譯各書，由官書局排印裝訂發往上海譯書分局，以便東南各省可以就近派員購買。現在各省學堂待官定教科書甚為急切，津滬轉運應由招商局代為經理，庶足以昭慎重而免遲延，為此箚飭，箚到該局即便遵照，一俟京師書局運書到津，驗明封條，迅即發運，毋稍遲誤。」〔註93〕由此可知譯書局所譯各書，在全國各地被廣泛使用。不僅如此，即便作為傳統學術最高官署的翰林院，亦曾向大學堂調取其所翻譯的各類新學書籍，以為參考借鑒，「翰林

〔註90〕　參見《上海譯書分局為開辦情形呈報京師大學堂》，光緒二十八年七月，北京大學綜合檔案・全宗一・卷23，北京大學檔案館藏；《沈兆祉呈大學堂譯書稿文》，光緒二十九年四月、八月、十一月，北京大學綜合檔案・全宗一・卷37，北京大學檔案館藏；《沈兆祉為送譯稿事呈學務大臣文》，光緒三十年六月，北京大學綜合檔案・全宗一・卷48，北京大學檔案館藏。

〔註91〕　《奏定學務綱要》，璩鑫圭、唐良炎編：《中國近代教育史資料彙編——學制演變》，上海：上海教育出版社，1991年，第502頁。

〔註92〕　《時事要聞》，《大公報》第二百三十號，光緒二十九年一月十五日（1903年2月12日），第3頁。

〔註93〕　《通知天津招商局發運大學堂所譯各書》，光緒二十九年七月，北京大學綜合檔案・全宗一・卷37，北京大學檔案館藏。

院爲片行事。本處現在編譯書籍，需用各種新書，相應行文貴學堂將新譯各種書籍，務於即日咨送過院，以便編譯可也。」〔註94〕由此更加印證了大學堂譯書局翻譯出來的科學書籍，質量尤屬上乘，在當時中國的知識界、教育界中有著極大影響。

　　大學堂除了設有譯書局外，在二次開學前，還曾設立編書處。編書處主要負責編纂本國各類中學書籍，如經學、史學、諸子學等各類教科書，涉及到自然科學的書籍種類不多，僅有地理學一類，而且其中地圖部份還要參照國外樣式，「惟地圖一門，率多舊制，絕少採擇，除參用洋圖外，擬俟將來各州縣學堂遍設之後……以備肄業之用。」〔註95〕

　　晚清時期，大學堂除了成立譯書局、編書處編譯科學書籍外，同時還審定、頒行了一批科學教材。大學堂之所以要對科學教科書進行審定，一方面是其作爲全國最高教育機關的屬性所致，另一方面也是因爲隨著科學教育的廣泛開展，大學堂譯書局翻譯出的圖書種類與數量已不敷使用，因此不能單純依靠譯書局來提供教材，還需要准許社會人士來參與譯書、編書，尤其是要從全國各地的新式學堂中，選拔優秀的教習參與對各門類科學教材的編譯，「應令京外各學堂，擇各科學教員之學望素著者，中學用中教員，西學用外國教員，查照現定各學堂年限鐘點，此書共應若干日講畢，卷葉應須若干，所講之事孰詳孰略，孰先孰後，編成目錄一冊，限三月內編成。」〔註96〕在一些官編教科書尚未出版之前，允許學堂各科教員自行編寫教材，「應准各學堂各科學教員，按照教授詳細節目，自編講義。」〔註97〕因此，針對這些非官方機構翻譯、編撰的科學教材，大學堂須要進行嚴格評審，以確定書中內容是否符合教學要求。只有審查通過，才允許出版發行，「擇其宗旨純正、說理明顯、繁簡合法、善於措詞、合於講授之用者，即准作爲暫時通行之本。」「其私家編纂學堂課本……確合教科程度者，學堂暫時亦可採用，准著書人

〔註94〕 《翰林院知照大學堂送新譯各書》，光緒二十九年十二月，北京大學綜合檔案・全宗一・卷36，北京大學檔案館藏。

〔註95〕 北京大學校史研究室編：《北京大學史料》第一卷，北京：北京大學出版社，1993年，第204頁。

〔註96〕 《大清光緒新法令》第十一冊，上海：商務印書館，宣統二年七月（1910年），第15、16頁。

〔註97〕 《大清光緒新法令》第十一冊，上海：商務印書館，宣統二年七月（1910年），16頁。

自行刊印售賣，予以版權。」〔註98〕當然，這些私家在對科學書籍進行翻譯、編撰的過程中，也要遵循一定的準則，清廷曾爲此進行了明確規定，「蓋視此學堂之程度，以爲教科書之淺深，又視此學堂之年限，以爲教科書之多少，其書自然恰適於用。然後將此書分成詳細節目，每年講若干，每星期講若干，自何處起至何處止，共若干日講畢……」〔註99〕而且譯者在翻譯過程中，應對原文材料嚴格甄別，質量確屬上乘者，方予以選定採用。在翻譯過程中，一些專有名詞可以調整變動以爲簡化。翻譯成文後，若其間仍存有不合漢語文法之處，教員可在教學中進行修正，「現訂各學堂教科門目，其中有暫用外國科學書者，或名目間有難解，則酌爲改易，仍注明本書名於下，俾便於依類採購，俟將來各科學書中國均自編有定本，撰有定名，再行更正。至現所選錄之外國各種科學書及華人所譯科學書，均由各教員臨時斟酌採用，其與中國不相宜之字句則節去之，務期講習毫無流弊。」〔註100〕各省督撫學政，也紛紛向大學堂致電，希望大學堂能夠盡快頒定教材書目，便於各地學堂展開教學。

爲此，光緒二十九年（1903年），大學堂發文各省，公佈了通過其審定的教材書目。此次通過審定的科學教科書囊括了數學、物理、化學、地理、博物等各個門類。其中數學類的有「商務印書館之普通珠算課本，益智書局本美狄考文著、鄒立方譯之筆算數學、代數備旨、形字備旨，美華書館本美羅密士著、潘愼文譯之代形合參，利瑪竇偉烈亞力譯徐光啓、李善蘭筆述之幾何原本等書」〔註101〕物理與化學類的教科書「列入格致須知本英傅蘭雅著之重、力、電、聲、光、氣、水、熱等八種，科學叢書本日本木村駿吉著、樊炳清譯之小物理學，開明書店售教科書譯輯社本日本水島久太郎編、陳幌譯補之物理學，會文學社本美那爾德著、范震亞譯化學探原，科學叢書本樊炳清譯理化示教等書。」〔註102〕地質學課本則「列入廣智書會本英教士著、

〔註98〕　《大清光緒新法令》第十一冊，上海：商務印書館，宣統二年七月（1910年），16頁。

〔註99〕　《大清光緒新法令》第十一冊，上海：商務印書館，宣統二年七月（1910年），16頁。

〔註100〕《大清光緒新法令》第十一冊，上海：商務印書館，宣統二年七月（1910年），16頁。

〔註101〕《教科書之發刊概況》，《第一次中國教育年鑒》戊編，上海：開明書店，1934年，第118頁。

〔註102〕《教科書之發刊概況》，《第一次中國教育年鑒》戊編，上海：開明書店，1934

李慶軒譯地學指略，英傅蘭雅著金石略辨等書。」〔註 103〕博物學類通過審查的教科書爲「英傅蘭雅著格物須知本動物須知、植物須知、全球須知，英約瑟著西學啓蒙本植物學啓蒙，作新社譯植物學教科書、中等植物學教科書、動物啓蒙，科學叢書本日本藤井健次郎著、樊炳清譯之近世博物教科書，五島清太郎著、樊炳清譯之普通動物學教科書，譯輯社本美斯起爾原本、何炳時譯補之中學生理教科書等書。」〔註 104〕地理學方面的教科書則有「作新社編之世界地理，丸善本日本矢津昌永著、吳啓孫譯之世界地理學，輿地學會譯印之大地平方圖、皇朝一統總圖、五大洲總圖等書。」〔註 105〕京師大學堂還對這些科學教材的審定原則予以公布，「嗣接各省函電，多以課本應用何書爲問，本大臣暫將學堂應用各書，按照課程門目酌定書目一卷，刊發各省，所刊各書意在刪繁就簡，俾學者得以自淺及深，分年卒業，如……算學須求適用，約舉各種重在演草精熟……博物、物理、化學、地質、礦產諸科專重實驗，發達較難，姑就譯本入手，能讀西文，自可講求新理新法……處此學戰世界，公理日明，實業日進，乞靈迻譯，殆等筌蹄明知，見病於通人，或稍有裨於淺學。」〔註 106〕

晚清時期，直至總理學務處及學部成立，京師大學堂才將其審定、頒行教科書的權限進行移交，但先前由其頒發的教材書目仍然得到了學部的認可，「凡教員於此次審定圖書之外皆應有參考書，前已有大學堂審定暫用書目可以照購。」〔註 107〕由此反映出大學堂關於包括自然科學在內各類教科書的審定，還是比較嚴謹的，經得起時間的考驗。

京師大學堂譯書局的開辦及其對科學教材的翻譯，爲大學堂科學教育的實施提供了有力地支撐與保障。它不僅是科學教育的開展基礎，而且譯書局自身完善的同時，又推動大學堂科學教育向著縱深方向不斷發展。更爲重要

年，第 118 頁。

〔註103〕《教科書之發刊概況》，《第一次中國教育年鑒》戊編，上海：開明書店，1934年，第 118 頁。

〔註104〕《教科書之發刊概況》，《第一次中國教育年鑒》戊編，上海：開明書店，1934年，第 118 頁。

〔註105〕《教科書之發刊概況》，《第一次中國教育年鑒》戊編，上海：開明書店，1934年，第 118 頁。

〔註106〕《時事要聞》，《大公報》第二百九十七號，光緒二十九年三月二十四日（1903年 4 月 21 日），第 3 頁。

〔註107〕《學部第一次審定初等小學暫用教科書凡例》，《學部官報》1906 年第 3 期，第 2 頁。

的是，大學堂通過科學書籍的翻譯與審定，引起了全國各地對科學教材編譯活動的重視。各地不同的翻譯出版機構，先後把京師大學堂翻譯的教材作爲樣板。可以說，大學堂對科學教材的翻譯，符合科學教育的發展要求，符合時代的發展要求。

本章小結

　　科學教育的實施，離不開實驗儀器與教材資料的支撐。特別是科學教育在起步之時，對教材與實驗依賴尤重。當代大學科學教育對實驗儀器、實驗設備相當重視，而晚清時期的京師大學堂，因各項條件所限，其對科學教育的實施，更倚重於與教材相關的各種書籍資料。京師大學堂通過各種渠道，從國內外引進了大量的科學書籍，其中大部份屬於教材課本。同時，大學堂也在竭盡全力爲學生購置各種實驗儀器，以確保大學堂科學教學的質量。與書籍相比，儀器、設備通常價格昂貴，但在當時財政拮据的情形下，大學堂仍然能從國外引進相應的實驗器具，供教學所用，實賴於清政府的鼎力支持，更體現出了大學堂實施科學教育的堅定決心。

　　大學堂一方面引進各類科學教材，另一方面對這些教材進行翻譯、編輯。大學堂科學教材的翻譯活動主要是通過譯書局來實現的。大學堂譯書局譯出的各類科學書籍，對科學教育的實施有著重要的意義。正基於此，大學堂對譯書局的開辦也一直關注。早在戊戌時期，大學堂譯書局就已創辦。在庚子事變過後，大學堂又率先對譯書局進行了恢復重建。重建後的譯書局，不僅自身規模也日漸增擴，更重要的是爲大學堂提供了豐富多樣的科學教材。而且這些教材不僅在大學堂內使用，也被全國各地的新式學堂廣泛採用。由於譯書質量頗佳，大學堂翻譯出的各類科學書籍很快成爲通行全國的標準教材。除了翻譯之外，大學堂還審定、頒發了一批科學課本。

　　京師大學堂譯書局通過對科學教材的翻譯、審定等一系列活動，有力地支撐了科學教育的開展，並不斷推進科學教育深入實施。譯書局是大學堂開展科學教育的重要部門，其對科學教材的編譯活動，也是大學堂科學教育開展的重要體現。正是通過這種形式，京師大學堂引領和規範了清末科學教科書的編譯活動。

第六章 京師大學堂科學教育之評析

一、京師大學堂科學教育之總體特點

1、科目設置綜合性與教學內容多樣性

與當時同類學堂相比，京師大學堂科學教育實施的最顯著的特點便在於其學科設置以及教學內容中的綜合性與多樣性。

在清末，除了京師大學堂外，當時還有北洋大學堂與山西大學堂並存。這兩所大學堂也都相繼開設了各類科學課程，聘請了科學教員。但與二者相比，京師大學堂的科學教育更具綜合性。

其中北洋大學堂是由早先成立的天津中西學堂〔註 1〕發展而來，該學堂係由盛宣懷等人創辦而成。光緒二十一年八月（1895 年 9 月），天津海關道盛宣懷向時任北洋大臣的王文韶提出在天津設立一所中西學堂。盛宣懷就學堂內科系的設置、課程的安排、教習與學生的任用與管理、學堂經費的籌措等各項事宜，均進行了詳細規劃。根據盛宣懷的意見，王文韶將設立學堂一事向光緒皇帝奏明，提出創建學堂應加快進度，不宜拖延，「一切應辦事宜，仍責成盛宣懷會商伍廷芳等，妥速辦理，以免因循，虛曠歲月。」〔註 2〕盛宣懷、王文韶等人關於開辦學堂的規劃很快得到了清廷批准。而後，美國人丁家立被聘為首任總教習，負責督辦科學教育。雖然北洋大學堂成立較早，但直至庚子事變平息之後，北洋大學堂的科學教育才進入實質性的發展階

〔註 1〕 又名為西學學堂。
〔註 2〕 中國第一歷史檔案館編：《光緒朝硃批奏摺》第一〇五輯，北京：中華書局，1996 年，第 404 頁。

段。山西大學堂是由時任山西巡撫岑春煊與英國人李提摩太等，於光緒二十八年（1902年）創辦的。山西大學堂成立於清末新政時期，由於在它成立之前，京師大學堂已經開辦，因此山西大學堂部份學科的設置，也參照了京師大學堂的規制。山西大學堂的前身是山西晉陽書院、令德堂以及李提摩太參與籌辦的中西學堂。山西大學堂成立後，爲了開辦科學教育，在學堂內特別組建了西學專齋〔註3〕，集中教授科學課程。

京師大學堂、北洋大學堂與山西大學堂是晚清時期，中國僅有的幾所公立大學，也是眞正實施了科學教育的近代大學。雖然三者各自開設了自然科學課程，並投入了一定的資金以確保科學教育的落實，但各自實施的特點卻不盡相同。其中北洋大學堂與山西大學堂二者的特點較爲相近，即都比較重視工科建設，尤其是北洋大學堂，其工學色彩明尤爲鮮明，而京師大學堂的科學教育則因包含格致科、工科、農科以及醫學實業館等各個學科而明顯帶有綜合性，這通過對其課程內容間的相互比較，即可知曉。

就科學科目的設置而言，北洋大學堂內分立二等學堂與頭等學堂，學制均爲四年，其中部份學科後改爲三年制。二等學堂內開設的科學課程不多，只相當於北洋大學堂的預科，頭等學堂是北洋大學堂科學教育的主要陣地。早在頭等學堂籌辦之初，盛宣懷等人就計劃在頭等學堂內設置大量的科學課程，其中最引人注目的便是專門學的設立。盛宣懷等人計劃在北洋大學堂頭等學堂中設立五門專門學，即工程學、機器學、電學、礦務學與律例學，除去律例學外，其餘四門課程都是典型的工學科目。〔註4〕可見，北洋大學堂自籌辦之初就帶有濃重的工學特色。後在實際開辦中，主要成立了機器學、土

〔註3〕 山西大學堂的西學專齋與當時「山西教案」的賠款有直接的關聯。在對「山西教案」的解決中，中、英雙方達成了賠款協議，時李提摩太提議將山西省賠款的五十萬兩白銀，用於在山西建立中西學堂，傳授科學知識，以廣開民智。後經過籌商，山西巡撫岑春煊向清廷奏請將此中西學堂歸入山西大學堂中，並名爲西學專齋。西學專齋即由此而來。

〔註4〕 盛宣懷等人對專門學中的具體課程的設置也提出了規定，其中工程學主要講授「演習工程機器、測量地學、重學、汽水學、材料性質學、橋梁房頂學、開洞挖地學、水力機器學」；機器學的課程內容爲「深奧重學、材料勢力學、機器、汽水機器、繪機器圖、機器房演試」；電學則向學生們教授關於「電理學、講究用電機理、傳電力學、電報並德律風學、電房演試」等知識；礦務學的教學內容爲「深奧金石學、化學、礦務房演試、測量礦苗、礦務略兼機器工程學」。（參見麥仲華編：《皇朝經世文新編》卷五上，上海：上海書局，光緒辛丑年冬月，第13頁。）

木工學、採礦冶金、法律等四門專業。〔註5〕庚子事變中，北洋大學堂科學教育受到損害，被迫中斷，庚子過後，北洋大學堂得到恢復重建，至光緒三十一年，頭等學堂已經恢復了專門學中的土木工學、採礦冶金等科的授課教學。至宣統二年（1910）時，北洋大學堂共設有三門專業即法律學門、土木工學門及採礦冶金學門，其中土木工學甲班、採礦冶金學甲班，共計約十餘人，於該年夏畢業，宣統三年，因招生人數過少以及學生基礎知識不牢，只開設了採礦冶金學的丁班與法律學的丙班，土木工學門則沒有進行招生。〔註6〕

　　至於具體的教學內容，據晚清學部對北洋大學堂的調查統計顯示，當時北洋大學堂在土木工學門中開設的課程主要有微積分、物理學、物理實驗、應用力學、化學分質實驗、格致測量、測量實習、礦山測量、城鎮繪圖、建築材料、地質學、水力學、圖算、建築製圖、建築製圖實習、石工學、道路學、鐵路學、鐵路測量、自來水工、溝渠、工程計劃及登記、生理學、天文學、弧三角、用器畫、自在畫、解析幾何、製圖幾何等近三十門課程。〔註7〕而採礦學門則向學生教授微積分、弧三角、製圖幾何、解析幾何、物理學、物理實驗、應用力學、化學求數實驗、化學分質實驗、測量實習、礦山測量、城鎮繪圖、建築材料、地質學、利用地質學、石中動植物迹考、石類識別、採礦學、礦物學及吹管分析、熱氣關及錫爐、冶金學、試金術、驗礦實習、生理學、天文學、自在畫、用器畫等二十餘門課程。〔註8〕這些課程都與工程技術有著緊密的聯繫。

　　而山西大學堂的科學課程則主要集中於其西學專齋之內。山西大學堂西學專齋最初曾籌設五門學科，其中與科學技術有關的主要是格致學、工程學、醫學〔註9〕，其它兩門則是文學與法律學。後山西大學堂根據實際情況，

〔註5〕參見天津大學校史編輯室編：《北洋大學——天津大學校史資料選編》第一輯，天津：天津大學出版社，1991年，第30頁；朱有瓛主編：《中國近代學制史料》第一輯下冊，上海：華東師範大學出版社，1986年，第501頁。
〔註6〕參見朱有瓛主編：《中國近代學制史料》第二輯上冊，上海：華東師範大學出版社，1987年，第978頁。
〔註7〕參見《北洋大學堂教科表》，《學部官報》1907年第21期，第143頁。
〔註8〕參見《北洋大學堂教科表》，《學部官報》1907年第21期，第143頁。
〔註9〕山西大學堂西學專齋最初計劃的科學教學內容為「一曰格致學，內分算學，物理、化學、電學等學。一曰工程學，內分機器、工藝、礦路、地質等學。一曰醫學，內分全體、內外、大小、男女、居宅衛生藥物等學。」（見鄧實編：《政藝叢書·政書通輯卷五》，沈雲龍主編：《近代中國史料叢刊續編》第二十八輯第267冊，臺北：文海出版社，1984年，第289頁。）

對科學科目進行了一定程度的調整。山西大學堂西學專齋開辦初期，由於學生的基礎過差，科學素養較低，因此教學程度只相當於預科水平，西學專齋內當時只有預科班。〔註10〕光緒三十二年（1906年），山西大學堂始於西學專齋內設立專科。在民國成立之前，山西大學堂西學專齋內已陸續開設了礦學、工程、格致三類科學學科。〔註11〕

山西大學堂礦學科設置的科學課程有數學、採礦學，機械製造與繪圖、應用力學與實驗、化學實驗、礦物與地質學、汽學、試金術與實驗、礦學測量與實驗、礦質實驗、選礦質、礦洞實驗、礦地實驗、冶金學與實驗、礦學機械、礦學應用電氣等；格致學課程有微積分、無機化學與實驗、有機化學與實驗、物理實驗、化學新理、研究化學新法、礦質與地質學、電氣化學、分析化學、電氣化學實驗、應用化學與繪圖、應用化學與製造、熱學、冶金學、機械法與實驗等；工程學包含的課程有材料力學、水力學、機器原理、機械製造與繪圖、應用力學與實驗、化學實驗、機械造法與實驗、熱機關、測量與實驗、物理實驗、電氣工學等等。〔註12〕在民國成立前，山西大學堂西學專齋專科已有部份學生畢業。雖然山西大學堂設立格致科，並講授一些理學課程，但從山西大學堂科學教育的整體上來看，礦學與工程學兩類學科是其教育實施的重點內容，因此，山西大學堂的工學色彩依然鮮明。宣統三年，山西大學堂西學專齋擬定更名為工科，中學專齋被改為法科。

與北洋大學堂、山西大學堂相較，京師大學堂科學科目的設置則豐富多樣。在京師大學堂開辦的科學教育中，理、工、農、醫各類學科俱全，工科僅是其中一類。京師大學堂分科大學中的工科，主要成立了土木工學門與採礦冶金學門兩類專業。這兩類專業下設了大量的科學課程，其數量均超過二十門，如土木工學門中的算學、應用力學、建築材料、機器製造法、計劃製圖及實習、房屋構造、土木行政法等等，採礦冶金學門中的採礦學、冶金學、採礦計劃、礦物及岩石識別、冶金實驗等等，都是重要的專業基礎課。

而除了工科這幾門專業外，京師大學堂還開辦了格致科大學與農科大

〔註10〕 李提摩太在事後回憶中，也提及「學校設立了為期三年的預科課程……預科之後是另一個為期三年的畢業課程」。（見李提摩太：《親歷晚清四十五年——李提摩太在華回憶錄》，北京：人民出版社，2011年，第293頁。）

〔註11〕 參見梁善濟撰文，劉篤敬書：《山西大學堂設立西學專齋始末記》，宣統三年七月碑刻。（現山西大學檔案館內藏有該碑文拓片）

〔註12〕 參見《山西提學使申送山西全省學務報告書》，《學部官報》1908年第44期，第526、527頁。

學,其中格致科最初籌劃設置六門專業,後在實際開辦中,調整爲兩門專業,即化學門與地質學門,其中化學門開設了十餘類科學課程,除去無機化學、有機化學、應用化學、分析化學、化學實驗之外,還設有物理學、物理學實驗、物理化學、理論物理學演習、化學平衡論,以及微分積分與算學演習等數學課程,而且微積分的課時比重約占總體的 19%,是化學門中課時較多的一類課程,反映出大學堂對基礎學科、基礎課程的重視。地質學門中亦有將近二十門課程,除了礦物學、地質學、岩石學外,還有動物學、植物學、晶像學與古生物學等等,而且地質學門中還設置各類實驗課程,如化學實驗、動植物學實驗、岩石學實驗等。京師大學堂農科大學則先後成立了農學門與農藝化學門兩類專業,其中農學門中開設了二十餘門課程,如土壤學、氣象學、植物生理學、動物生理學、作物學、農藝物理學等等,農藝化學門則設有分析化學、發酵化學、肥料學、農藝物理學等近二十門課程。

　　京師大學堂雖然沒有在分科大學中成立醫科,但是大學堂亦辦有醫學館。京師大學堂在其早期發展階段,即庚子事變之前,就成立了醫學堂,由外國教習滿樂道等人負責授課。光緒二十八年後,大學堂又重新開辦了醫學實業館。在醫學館中,除了講授數學、物理學、化學等基礎知識外,還設有植物學、全體學、診治學、方藥學等課程,而且在醫學館中中醫、西醫兩類內容同步教授,如西醫學中的西醫驗病法大略、西醫手法大全、解剖學、臨床學等,以及中醫學的脈學、傷寒論、難經等內容。可見,京師大學堂科學教育涵蓋了多個學科,科學課程的種類豐富多樣。

　　不僅分科大學的學科設置與課程教學呈現出綜合性與多樣性,京師大學堂師範館與預備科內科學教育的實施也是豐富多彩的。師範館與預備科所囊括的科學課程門類有數學、物理學、化學、製圖、手工、博物學、生物學、生理學、地理學、地質學、礦物學、農學等等。其中第四類師範科便是以動物學與植物學爲主課,他們在植物學課上講授內部形態學、植物生理學與分類學等內容;動物學課則教授腔腸動物、軟體動物、棘皮動物以及脊髓動物的分類與比較解剖等;還有岩石論、地文學、動力論等地學內容與作物論、畜產論等農學內容。在理論課之外,還設有各種動、植物學實驗課與野外實習課。此外,京師大學堂中還設立博物實習科,主要教授標本模型的製作方法。其教學內容主要是博物學、動植物採集與保存法、器具藥品材料使用法、製作石膏與紙塑模型以及製造卵殼、貝殼、臘葉、昆蟲標本法等等。

值得注意的是，在具備綜合多樣等外在特點的同時，大學堂仍沒有離開對基礎學科的重視。京師大學堂第三類師範科與第二類預備科都是以理化爲教學重點內容，代數學、解析幾何、微積分、電磁學、光學、無機化學、有機化學等是其必修科目，在其它部門中也相繼設立了不同程度的數理化課程。

相比之下，北洋大學堂與山西大學堂預備科課程的設置則較爲單一、專門。光緒三十二年正月，時任代理北洋大學堂監督的丁惟魯向當時北洋大臣袁世凱提出，要完善北洋大學堂預備科的教育，必須在原來的基礎上增加一些科學課程門類，充實教學內容，以使學生對自然科學知識能夠掌握的全面、牢固，「查該堂學級向有頭等、二等之分，頭等分習法律學、礦學、工程學、機器學，爲專門科；二等習英國語言文字、算術、化學等，爲預備科⋯⋯所有奏定之課程，爲舊日預備科所無者，宜一律增入，此預備科課程之必宜變通者也。又預備科之課程均繫高等學科⋯⋯其於修身、歷史、地理、博物、衛生等科經考求者寥寥無幾，夫入專門而不習普通⋯⋯根基未立，滯礙實多，則國文與普通學之必須補習，無待言也。」〔註13〕北洋大學堂已經意識到課程設置的綜合多樣對培養科技人才具有重要的作用，因此才強調對普通學的補習。

綜上所述，無論是自然科學的學科設置，還是具體課程的教學內容，無論是分科大學，還是師範館、預備科等部門，京師大學堂科學教育都表現出了多樣性與綜合性的注重，這也確實符合京師大學堂作爲由中央政府創辦的最高學府的身份，即力爭達到科目全面，課程齊備的特徵。同時，也可由此看出在清末時期，京師大學堂深受國家之器重。

京師大學堂的科學教育之所以不同於其它二者，是源於其身份、地位的特殊性。京師大學堂、北洋大學堂與山西大學堂都爲公立，但京師大學堂是由當時的中央政府創辦與主管的，是名副其實的近代早期國立大學。自戊戌時期的籌備、初建到庚子事變後的重建，再到宣統時期分科大學的開辦，京師大學堂的辦學經費都是由戶部以及後來的度支部下撥（學部成立後，京師大學堂經費由學部領發），不僅如此，其它各省份還要依據自身情況爲京師大學堂籌解、繳納常年經費，這項特權更是其它兩所大學堂不具備的。

與京師大學堂不同，北洋大學堂歸屬直隸總督主管，由天津海關道督率

〔註13〕《代理北洋大學堂監督丁條陳改良北洋大學堂事宜稟並批》，《直隸教育雜誌》1906年第4期，第1頁。

辦理，辦學經費也是由直隸省負責籌措。在北洋大學堂籌辦之初，其創始人天津海關道盛宣懷就明確提出開辦經費從天津海關稅收中提取（包括從其負責的招商局、電報局等處籌集），不需中央政府撥款。直隸總督兼北洋大臣王文韶在向清廷的奏摺中也對盛宣懷此舉表示稱讚，「則造就人才，尤當以學堂為急，該道仰體時艱，就本任及經管招商、電報各局設法籌款，不動絲毫公帑，洵屬講求時務，公而忘私。」〔註14〕庚子事變過後，北洋大學堂在時任直隸總督袁世凱的主導下得以復校，但日後學校經費仍從直隸省所出，〔註15〕歷任天津海關道也均為北洋大學堂的督辦。山西大學堂的省立身份更加明確。山西大學堂由西學專齋與中學專齋兩部份組成，這兩齋的辦學經費都是由山西省地方當局負責供給，「晉省釀禍之重，係民智不開所致，擬由晉省籌給賠款銀五十萬兩建立學堂，亦經全權大臣核敕晉省商辦。」〔註16〕在光緒二十八年（1902年）訂立的關於山西大學堂西學專齋的合同中，已註明西學專齋的費用由山西省籌措，「前訂合同所指定晉省籌出之司庫平紋銀五十萬兩，今作為大學堂西學專齋經費，請李提摩太代為經理，以十年為期。」「倘已屆十年期滿，無論款項有無餘剩，均即交由晉省官紳經理，以符原議。」〔註17〕十年之內，若此五十萬兩款項用盡，則西學專齋仍交歸山西省管理。此合同在得到清廷允准後，正式生效。宣統三年，西學專齋被山西省收回自辦。山西大學堂中學專齋的經費與管理也都是由山西省直接負責。相互比照，顯見北洋與山西兩所大學堂與京師大學堂迥異之處。

　　除此之外，京師大學堂還曾是全國最高教育機關，統轄全國各省學堂，負責處理全國學務。而這一職權的擁有，更加賦予了京師大學堂在當時學界中獨一無二的特殊地位。正因於此，京師大學堂作為清末中國教育成就的代表，必然在科學教育的開辦中求其詳備與完整，綜合多樣的發展方向亦為題中之意。早在戊戌時期頒行的京師大學堂章程中，就已標明「京師大學堂為

〔註14〕中國第一歷史檔案館編：《光緒朝硃批奏摺》第一〇五輯，北京：中華書局，1996年，第404頁。

〔註15〕參見《北洋大學堂略史》，天津大學校史編輯室：《北洋大學——天津大學校史資料選編》第一輯，天津：天津大學出版社，1991年，第31、32頁

〔註16〕中國第一歷史檔案館編：《光緒朝硃批奏摺》第一〇五輯，北京：中華書局，1996年，第501頁。

〔註17〕《山西巡撫岑奏請將中西大學堂歸併山西大學堂作為西學專齋摺》，《政藝通報》1902年第12期，第3頁。按：用於西學專齋辦學的五十萬兩經費，原本屬於因教案事件山西省所籌給的賠款，在李提摩太的幹旋下，始用於辦學。

各省之表率，萬國所瞻仰，規模當極宏遠，條理當極詳密，不可因陋就簡，有失首善體制。」〔註18〕癸卯學制中的奏定大學堂章程不僅提出「京師大學堂爲各省之弁冕」「於規模建置力求完善，以樹首善風聲，早收實效。」〔註19〕更進一步聲明京師大學堂要將各個學科全部含納，而日後其它各省組建大學辦有三科即可，「以上八科大學在京師務須全設，若將來外省有設立大學者可不比限定全設，惟至少須設置三科以符學制。」〔註20〕學部成立後，亦積極強調京師大學堂內的學科門類要設置齊備，缺一不可，「查分科大學列爲八科，經學、法政……皆所以造就專門治人才，研究精深之學業，次第備舉，不可缺一。」「按照奏定章程，大學應分八科，一經學、二法政學、三文學、四醫學、五格致學、六農學、七工學、八商學，門目均屬緊要，缺一即不完備。」〔註21〕在晚清時代，身份與地位決定了京師大學堂科學教育的發展道路，就某種意義而言，京師大學堂科學教育自誕生之日起，便具有了綜合多樣的潛在特點，只是隨著各項建設的落實而逐步呈現出來。北洋大學堂與山西大學堂則缺少這種身份的優勢，加之種種因素所限，其在科學教育的開展中優先注重工科建設，希望盡早取得實效，以利於國計民生，然後再以工科帶動其它科學門類的發展。

還應指出的是，北洋大學堂與山西大學堂開辦的科學教育也取得了相當的成就，它們在人才培養上都做出了顯著的貢獻（在某些方面還要優於京師大學堂）。北洋大學堂、山西大學堂與京師大學堂一道，共同開創了近代中國大學科學教育的先河，構成了近代早期大學科學教育的體系。

2、科學教育與人文教育搭配結合

科學教育是中國近代大學教育中的重要內容，但並不是唯一內容。在科學教育之外，近代大學也開設了大量的史學、文學等人文性課程，實施著人文教育。在古代中國，人文教育一直是學校教育的核心，這種局面一直到近代才逐漸改變。事實上，自然科學教育只是到了近代才真正出現，並且是從西方、日本等國移植引進。因此，研究科學教育在近代中國的發展、演變，

〔註18〕 《謹擬京師大學堂章程》，光緒二十四年五月，北京大學綜合檔案‧全宗一‧卷146，北京大學檔案館藏。

〔註19〕 《奏定大學堂章程》，湖北學務處本，清光緒二十九年，第90頁。

〔註20〕 《奏定大學堂章程》，湖北學務處本，清光緒二十九年，第3頁。

〔註21〕 朱壽朋編：《光緒朝東華錄》第五冊，北京：中華書局，1958年，總第5968頁。

就不能不探討、分析科學教育與人文教育間的相互關係。而且如何處理與人文教育間的關係，也是反映大學科學教育總體特徵的一種表現形式。當然，近代大學中的人文教育，與現當代的人文教育差別還是很大的，近代的人文教育與傳統道德、傳統文化有著緊密的聯繫。京師大學堂作為中國近代早期大學的代表，其既實施科學教育又推行人文教育，而二者間的關係則具體體現在大學堂中科學教育與人文教育的結合、搭配上。

　　在京師大學堂的早期發展階段中，科學課程與人文課程已開始互相搭配，「查各堂早習中文，午習西學，晚習算學……」〔註22〕「小學午前讀經，午後習科學……仕學院及中學生午前無功課，但自習經史，午後均習科學。」〔註23〕庚子事變過後，京師大學堂重新開辦。在分科大學未成立之前，大學堂內師範館與預備科的學生是接受科學教育與人文教育的主要對象。師範館成立之初未曾分科、分類，因此對師範生教學不加分類，只是按年級的升高而教學內容逐漸加深。其中師範館實施的人文教育，主要集中在倫理學、經學、史學以及教育學等課程的教授上。但在實行了一段時間後，師範館內的課程又進行了調整改動，即對師範生進行分科、分類教授。師範生分為四類學科，但是在進入這四類學科之前，還是要先進行為期一年的公共科學習，然後才能進入分類科。公共科的設置，則是經過課程調整後，大學堂科學教育與人文教育相互結合的重要形式之一。大學堂在師範生公共科的教學中，除了一些外語課程外，還同時開設了人倫道德、群經源流及中國文學等人文性課程，其每周課時分別為 1 小時、2 小時與 3 小時，其中人倫道德一課主要講授《大戴禮・保傅篇》、《學記》與《荀子・勸學篇》；群經源流課主要是從欽定四庫全書提要的經部中擇取數種，講其大要；中國文學課則教授歷代文章源流義法，並練習各文體。〔註24〕與其相搭配的科學課程則是算學課。算學課作為公共科中的主要科學課程，其每周課時達 6 小時，與以上三項人文性課程的課時總量相同。而在進入分類科後，大學堂師範科的第三類、第四類都是以科學教學為主，其中第三類開設的科學課程有算學、物理學、化學、

〔註22〕中國第一歷史檔案館、北京大學編：《京師大學堂檔案選編》，北京：北京大學出版社，2001年，第79頁。

〔註23〕喻長霖：《京師大學堂沿革略》，劉錦藻編：《清朝續文獻通考》（第二冊）卷一百六，上海：商務印書館，1936年，第8649頁

〔註24〕參見《大清光緒新法令》第十二冊，上海：商務印書館，宣統二年七月（1910年），第15頁。

繪圖等，第四類開設的科學課程主要是植物學、動物學、生理學、礦物學、地學、農學等等，但在這兩類之內仍搭配性的設置了一定數量的人文課程。在第三類學科中，除了外語、體操、教育學外，人文教育主要落實在人倫道德、中國文學、經學大義三門課程上。在三年的時段裏，人倫道德課的內容主要是從宋代至清代諸儒學案中摘選講授，其課時一直保持為每周 2 小時；中國文學三年之內的教學內容與課時安排也基本一致，均為練習各體文字，每周課時也均為 1 小時；經學大義一課的教學內容則因年級不同而有別，在分類科第一年裏，經學大義主要講授《欽定詩義折中》、《書經傳說彙纂》與《周易折中》，每周課時為 6 小時，第二年則講授《欽定春秋傳說彙纂》，課時為每周 5 小時，至第三年其教學內容調整為講授《欽定周禮義疏》、《儀禮義疏》與《禮記義疏》，課時則減為每周 4 小時。〔註25〕第四類學科中也設置了人倫道德、中國文學以及經學大義等三門人文課程，其每年的教學內容與課時安排皆與第三類學科一致。

大學堂預備科最初曾籌劃設立政科與藝科，科學教育基本上都集中於藝科內進行，其預定的科學課程有算學、物理、化學、動植物學、繪圖、地質及礦產學等，但同時，藝科也計劃設立倫理學與中外史學等人文性課程，其中倫理課計劃講授「三代漢唐以來諸賢名理、宋元明國朝學案及外國名人言行，務以周知實踐為歸。」〔註26〕而中外史學課則教授中外史制度異同、中外史治亂得失以及商業史。而後預備科在實際開辦中又重新劃分為三類，後又有進一步調整成兩類。預備科的學生在經過對普通學的補習一年後，才開始進入分類學習。其中第二類是以教授自然科學為主，其科學課程主要是算學、物理學、化學、製圖、地質及礦物等，同時第二類預備科也實施了人文教育，這主要體現在人倫道德、經學大義與中國文學三門課程的開設上。人倫道德課的教學內容與大學堂第三類師範生大致相同，即擇取宋代、元代以及明代、清代各儒生學案進行講授；經學課則在三年之內分別教授《周易折中》、《書經傳說彙纂》、《欽定詩義折中》與《欽定春秋傳說彙纂》以及《儀禮義疏》、《禮記義疏》、《欽定周禮義疏》等等；中國文學課前兩年的講授內

〔註25〕 參見《大清光緒新法令》第十二冊，上海：商務印書館，宣統二年七月（1910年），第 19～21 頁。

〔註26〕 中國第一歷史檔案館、北京大學編：《京師大學堂檔案選編》，北京：北京大學出版社，2001 年，第 153 頁。

容與第三類師範生類似，只是最後一年才添加了對歷代文章名家流派的講解。〔註27〕

宣統二年，分科大學成立，就讀的學生雖然進入專業性的學習，但人文教育與科學教育仍有所結合，最明顯的便是經科大學與文科大學中某些科學課程的開設。大學堂經學科與文學科是當時實施人文教育的主要陣地，經學科辦有毛詩學、春秋左傳學、周禮學三門專業，但這三門專業也向學生開設了中國地理學、外國地理學等自然科學類的課程，其中規定地理學在第二、第三年級開設，課時均爲每周一小時。〔註28〕經學科中的周易學專業雖然最終沒有成立，但是在最初的教學籌劃之時，曾提出應運用國外的不同學科內容來證明易經，這其中便包括與西方科學間的互相聯繫，互相引證。大學堂文學科辦有中國文學與外國文學兩門專業，其中中國文學專業中有一門重要的基礎課，即文學研究法，對於這門課的教學內容，大學堂明確提出要研究「文學與地理之關係」、「文學與學習新理、新法、製造新器之關係。」〔註29〕政法科大學在其政治學門中也設置了全國土地民物統計學等與數理統計相關的科學課程。這些都表明，人文教育與科學教育在分科大學中亦呈現出相互搭配、相互結合的趨勢。

京師大學堂科學教育與人文教育間的搭配結合，在學生們事後的回憶中也得到證實，曾在大學堂就讀的第四類師範生姚梓芳就曾對其畢業考試的科目進行回憶記錄，「人倫道德（題一）、倫理學（題二）、經學（題三）、文學（題一）、心理學（題三）、教育學（題二）、體操、圖畫（題二）、動物學（題八）、動物實驗（標本三）、植物學（題三）、植物實驗（標本五）、博物學（題三）、地學（題二）、生理學（題五）、農業泛論（題二）、畜產學（題二）、農政學（題二）、作物論（題二）。」〔註30〕由這些考試科目可知大學堂開設的課程不僅有與生物學、農學相關的科學內容，同時還有文學、倫理學、經學等人文課程。而且學生姚梓芳還特別提出「自人倫道德以下八門爲堂中通

〔註27〕 參見《大清光緒新法令》第十一冊，上海：商務印書館，宣統二年七月（1910年），第66、67頁。

〔註28〕 參見北京大學校史研究室編：《北京大學史料》第一卷，北京：北京大學出版社，1993年，第99、100頁。

〔註29〕 北京大學校史研究室編：《北京大學史料》第一卷，北京：北京大學出版社，1993年，第107頁。

〔註30〕 姚梓芳：《京師大學堂丁未畢業考試題總目序例》，《覺庵叢稿》，京師京華書局刷印，國家圖書館藏，第1頁。

習之課，動物學以下十一門爲第四類專修之課，號爲主課也。」﹝註31﹞其餘
的數學、地理學等基礎性課程已在第一年公共科內授完。可見大學堂中科學
與人文的結合沒有單純停留在紙面規劃上，確實落入實踐。清末流行於民間
的竹枝詞中亦曾出現詠歎京師大學堂「宏規大起育英才，學貫中西馬帳開」
﹝註32﹞的詞句，道出了大學堂教育實施兼及中西的特點。

　　雖然科學教育與人文教育在大學堂中互相搭配、互相結合，但是在搭配
與結合過程中，難免會出現何者爲主、何者爲次的問題。這極易引發士人對
二者孰輕孰重問題的爭論，發展到極端，就會出現否定一方、偏重一方的情
況。如當時的軍機大臣鹿傳霖就對大學堂制定的人文課程較少，科學課程較
多表示不滿，「探聞張冶秋尙書奏呈學堂章程後，軍機大臣鹿傳霖多方挑剔，
因章程……各種新學名目亦多吹求云。」﹝註33﹞國子監司業管廷鶚則提出經
史類的課程減少，最終將破壞中國的傳統禮法，「綱常名教，必定大壞，不
如依舊照向來讀書的課程辦理。」﹝註34﹞另一方面，也有士大夫主張削減大
學堂中的人文教育，如當時的翰林院編修許鄧起樞就向清廷提出對大學堂課
程進行「酌改」，改動的重點便是減少大學堂對人文課程的講授，「大學堂爲
國家儲備任用之才，意在講求政事，見諸施行，自宜注重專門實業，經學、
國文但應聽其自行溫習，毋庸講堂課授。」﹝註35﹞而且還主張應將倫理學一
課徹底刪除，「又現在大學堂設有倫理學一門，專尙理想空談，無裨政學實
際，乃以重金延聘東洋教習，未免虛糜可惜，似應裁去，非惟節浮費，亦以
正學趨。」﹝註36﹞在光緒二十九年（1903 年）大學堂擬於師範館內開設詞章
一門課程時，便有人登報表示反對，「今乃復增詞章，益長尙文之風習，有
損學堂之課程，非得計也。且詞章之規格甚繁，學堂之時間甚促……學堂時
間原有定限，多添一時間之詞章，則必少學一時間之科學，誤切實之科學，

﹝註31﹞　姚梓芳：《京師大學堂丁未畢業考試題總目序例》，《覺庵叢稿》，京師京華書
　　　　　局刷印，國家圖書館藏，第 2 頁。
﹝註32﹞　瞹西復儂氏、青村杞盧氏：《都門紀變百詠》，路工編：《清代北京竹枝詞（十
　　　　　三種）》，北京：北京古籍出版社，1982 年，第 118 頁。
﹝註33﹞　《時事要聞》，《大公報》第七十一號，光緒二十八年七月二十三日（1902 年
　　　　　8 月 26 日），第 3 頁。
﹝註34﹞　《記京師大學堂事》，《杭州白話報》1902 年第 31 期，第 1 頁。
﹝註35﹞　《翰林院代奏編修許鄧起樞條陳釐訂學務摺》，《學部官報》1906 年第 1 期，
　　　　　第 8 頁。
﹝註36﹞　《翰林院代奏編修許鄧起樞條陳釐訂學務摺》，《學部官報》1906 年第 1 期，
　　　　　第 8 頁。

而學無用之詞章，空耗腦力，徒擲日月究之學成無補。」〔註37〕

　　而由關於科學教育與人文教育之間關係的討論，則又會進一步引出國家對發展科學教育的態度問題。實際上，在京師大學堂創建前後，針對科學教育的開辦，就已出現兩種截然不同的意見與觀點。

　　一種意見認為，當前教育應該以教授社會科學知識為主，自然科學教育為輔，梁啓超便是這種意見的主要代表。梁啓超也認為教育之興廢乃關乎國家生死存亡的大事，當前的中國應該學習西方，實行大學教育。但是他認為在發展教育的過程中，應該把學習西方的社會科學知識，即所謂的「政學」放在第一位，而對自然科學教育的實施則退居其次，「今中國而不思自強則已，苟猶思之，其必自興政學始。」〔註38〕在梁啓超的思想觀念中，科學教育僅是政學的附屬品而已，「今日之學，當以政學為主義，以藝學為附庸。政學之成較易，藝學之成較難，政學之用較廣，藝學之用較狹。」〔註39〕而這種「藝學為附庸」的理念產生的緣由，就在於梁啓超認為，對國家而言，即使「藝學」落後，也可異地借才，使之振興，但有藝才而無政才，「則絕技雖多，執政者不知所以用之，其終也，必為他人所用。」〔註40〕梁啓超還對早前開辦的各種洋務學堂提出了批評，認為其收效不大，就在於忽視了對學生們進行「政與教」的課程落實，「言藝之事多，言政與教之事少。」〔註41〕而這種「政學」教育的實施，他強調還必須要與中國傳統的人文教育相結合，「宜以六經諸子為經，而以西人公理公法輔，以求治天下之道；以歷朝掌故為緯，而以希臘羅馬古史輔之，以求古人治天下之法；以按切當今時勢為用，而以各國近政近事輔之，以求治天下所當有事……此學若成，則真今日救時之良才也。」〔註42〕他認為學校培養人才的最佳模式，便是

〔註37〕《論說》，《大公報》第四百七十七號，光緒二十九年八月二十八日（1903年10月18日），第2頁。
〔註38〕梁啓超：《學校餘論》，《時務報》光緒二十三年七月二十一日，第三十六冊，第3頁。
〔註39〕梁啓超：《學校餘論》，《時務報》光緒二十三年七月二十一日，第三十六冊，第2頁。
〔註40〕梁啓超：《學校餘論》，《時務報》光緒二十三年七月二十一日，第三十六冊，第2頁。
〔註41〕梁啓超：《論學校一》，《時務報》光緒二十二年八月二十一日，第六冊，第1頁。
〔註42〕梁啓超：《學校餘論》，《時務報》光緒二十三年七月二十一日，第三十六冊，第3頁。

將傳統的人文教育與西方的「政學」教育相互貫通融合,「故今日欲儲人才,
必以通習六經經世之義,歷代掌故之迹,知其所以然之故,而參合之於西政,
以求致用者爲第一等。」〔註43〕總之,以梁啓超爲代表的這類觀點認爲發
展教育,應當側重於人文性、社會性的學科知識,而自然科學的教育則退居
其次。

另一種意見,是以嚴復等人爲代表,他們堅決提倡自然科學,並把實施
自然科學教育視爲興國利民的唯一途徑,這與梁啓超等人的觀點,形成了鮮
明的對照。嚴復認爲自然科學是中國傳統教育最爲缺乏的內容,因此,若要
發展教育,就應把科學知識的教授放在首位,如果本末倒置,必然誤國害民,
「格致之學不先,褊僻之情未去,束教拘虛,生心害政,固無往而不誤人家
國者也。」〔註44〕故而,在對人文科學、社會科學學習前,務必要對自然科
學知識有一定程度的掌握,「是故欲治群學,必先有事於諸學焉,非爲數學、
名學,則其心不足以察不循之理,必然之數也;非爲力學、質學,則不知因
果功傚之相生也。」〔註45〕嚴復強調開淪民智,乃富強之原,而開民智之法,
則首推物理化學。西方各國之所以物阜民豐,皆源於將物理化學作爲學問之
本始,「言學則先物理而後文詞,重達用而薄藻飾,且其教子弟也,尤必使自
竭其耳目,自致其心思。」〔註46〕而且嚴復還始終認爲科學教育不僅使人增
長智慧,而且通過嚴謹、精確的科學方法,還可以起到扭轉人心風俗,塑造
人類品性的作用,從而使人誠信不妄,「然而西學格致……一理之明,一法之
立,必驗之物物事事而皆然,而後定之位不易。」「欲變吾人心習,則一事最
宜勤治:物理科學是已。夫不佞所謂科學,其區別至爲謹嚴,苟非其物,不
得妄加其目。」〔註47〕嚴復已經認識到,科學知識不僅有益於國計民生,科
學本身對人類的心靈世界也有著重要的影響,即通過學習科學知識進而領會

〔註43〕梁啓超:《學校餘論》,《時務報》光緒二十三年七月二十一日,第三十六冊,
　　　　第 2 頁。
〔註44〕嚴復:《原強》,王栻主編:《嚴復集》第一冊,北京:中華書局,1986 年,第
　　　　6 頁。
〔註45〕嚴復:《原強》,王栻主編:《嚴復集》第一冊,北京:中華書局,1986 年,第
　　　　6、7 頁。引文中提到的質學一詞,嚴複本人解釋爲化學是也。
〔註46〕嚴復:《原強》,王栻主編:《嚴復集》第一冊,北京:中華書局,1986 年,第
　　　　29 頁。
〔註47〕嚴復:《救亡決論》,王栻主編:《嚴復集》第一冊,北京:中華書局,1986
　　　　年,第 45 頁;嚴復:《論今日教育應以物理科學爲急務》,王栻主編:《嚴復
　　　　集》第二冊下,北京:中華書局,1986 年,第 282 頁。

科學精神，最終以此來薰陶人們的品性道德。

　　這些不同觀點的出現，反映了近代中國科學教育在開展過程中所面臨的複雜形勢。對於這些不同意見，京師大學堂以其具體實踐作爲回應。大學堂在其存在的十餘年時間裏，對科學教育的實施不斷拓展，逐步深化，並且始終與人文教育相互配合。當然，處於封建時代的大學堂，其所開設的經學、倫理學等課程的內容都是在對傳統道德進行宣揚，而近代科學則對傳統道德構成了潛在的威脅。但是作爲一種歷史現象來看，這卻表明了中國近代大學力圖將科學與人文融貫合一。至於這種努力的結果如何，則需別而論之。自然科學在近代中國的發展面臨著多種挑戰，就知識層面而言，有兩重關係必須處理得完滿，即一方面自然科學要處理好自身與中國固有的經學、史學、文學等傳統學術之間的關係；另一方面還要解決好與從西方新近引來的法學、政治學、經濟學等社會學科間的關係。京師大學堂科學教育與人文教育間的相互搭配、相互結合，便是中國近代大學在實踐中解決以上兩重關係的嘗試。

　　科學教育在中國經歷了一個從無到有，從小到大的成長過程。科學技術於發展生產力、改善人們日常生活的實際效用，顯而易見，有目共睹。因此，在中國日後的教育發展走向中，科學教育逐漸成爲主流，與其相對的則是人文教育在大學內的空間逐漸縮小，這可以在民國時期大學學科的佈局，以及國家對科學教育投入經費的比例中得到印證。

二、京師大學堂科學教育的歷史貢獻

1、開通風氣，促進了教育事業的振興

　　京師大學堂科學教育的開辦，是中國近代教育發展史上的一座里程碑。它的成立，不僅標誌著近代大學科學教育的正式形成，而且推動了中國教育事業走向現代化的軌道。

　　早在戊戌時期，因大學堂科學教育的創建，京城內外就已經出現興學重教的氛圍。在大學堂的帶動下，各種學堂、學館陸續成立，並把自然科學作爲其教學內容。京師本地即是如此，「自創辦大學堂以來，各處學堂聞風興起，皆以講求時務爲先，近日兵部郎中陳劍秋正郎時利，在前門外施家胡同設立道器學堂……前門內兵部街所設經濟文館，向由宋君鎣鄧君文達參辦……來習英文者蒸蒸日盛，行見風氣大開，人才輩出……」〔註48〕內閣侍

〔註48〕《添設學堂》，《申報》光緒廿四年七月十二日（1898年8月28日），第9113號。

讀楊銳等人則表示因受國家籌辦大學堂科學教育的鼓舞，願在京師成立蜀學堂，並在堂中開設包括自然科學在內的各類西學課程，「伏見近年以來，屢降諭旨⋯⋯並特旨開辦京師大學堂，以爲之倡，薄海臣民，無不聞風興起。職等籍隸四川，與同鄉京官公同商酌⋯⋯創設蜀學堂，兼習中西學業。」〔註49〕而且他們還提出參照大學堂科學教育的實施辦法，在蜀學堂內「購置西國圖書儀器，隨時觀覽。」京外各省對學堂興建也是在京師大學堂科學教育的帶動之下出現的，如江西的鄒殿書就明確表示江西務實學堂的設立是受大學堂的影響，「京師又新設大學堂，以待各省之掄升，此實中國轉弱爲強之機，淬柔爲剛之本，薄海臣民，自應激奮，勉成此舉。」〔註50〕而且這些外省學堂在科學課程的設置與教學上，也都紛紛倣仿大學堂。如陝西巡撫魏光燾就提出新成立的陝西中學堂「仿照大學堂普通初級各學功課，先行實力講求。」「學中分時定課，即遵大學堂章程⋯⋯」〔註51〕而且還提出要參照大學堂設立儀器院，儲備各種實驗器具，以供教學所用，「並周建光明室宇，即各種天算、聲光、化電、農礦、動植諸學應用儀器機器，先擇最要者精購愼藏，以爲研究諸學之助。」〔註52〕其它學堂，如廣東的時敏學堂不僅在其創立公告中特別強調學習科學之重要性，「使紫陽生於今世，其必爲天算、地輿、格致之學，而不爲考據、詞章、帖括之學也審矣。然則時務之書，其可不亟讀哉？」〔註53〕並且在實際開辦中也設置了算學、物理、化學、地理等科學課程。天津高等學堂還力圖借鑒大學堂譯書局的運行辦法，在學堂內部設立編譯局翻譯各種科學教材，「現擬於天津高等學堂內設立編譯書局，與京師大學堂編譯局相輔而行。」「西學之書，將算數、格致、外國輿圖史鑒、工程、礦學、聲光電化等書，照西國學堂肄業次序，分爲溥通學、專門學兩種，譯成功課書，刊作定本，頒發各屬學堂依次課授。」〔註54〕總之，在大學堂的影響下，興辦教育的繁榮景象在京城內外已有初步顯現，「餘如八旗奉直

〔註49〕 《戊戌變法檔案史料》，沈雲龍主編：《近代中國史料叢刊續編》第三十二輯第 317 冊，臺北：文海出版社，1984 年，第 307 頁。

〔註50〕 《江西鄒殿書部郎請設務實學堂稟》，《萃報》1897 年第 3 期，第 6 頁。

〔註51〕 《戊戌變法檔案史料》，沈雲龍主編：《近代中國史料叢刊續編》第三十二輯第 317 冊，臺北：文海出版社，1984 年，第 318、320 頁。

〔註52〕 《戊戌變法檔案史料》，沈雲龍主編：《近代中國史料叢刊續編》第三十二輯第 317 冊，臺北：文海出版社，1984 年，第 319、320 頁。

〔註53〕 《廣州創設時敏學堂公啓章程》，《知新報》1898 年第 53 期，第 7 頁。

〔註54〕 《戊戌變法檔案史料》，沈雲龍主編：《近代中國史料叢刊續編》第三十二輯第 317 冊，臺北：文海出版社，1984 年，第 283 頁。

小學堂、求是、道器、知新各處，均已開成。北城之崇善堂亦立有規模，並聞江西、四川等省各擬次第舉行，自可逐漸加增……俾京外舉貢生監及京官子弟皆可入學肄業，以期與大學堂相輔而行。」〔註55〕京師大學堂科學教育在全國範圍內的領航地位與模範作用，連當時清廷中的一些保守勢力也不得不承認，「今者，京師大學堂為天下倡，學西學、讀西書，其肄業各員即為他日天下學堂之師表，其翻譯諸書為大學堂所考訂者，即為天下學堂之讀本……」〔註56〕直至光緒三十二年時（1906 年），成立已久的北洋大學堂仍舊表示其對科學教育的開辦是在京師大學堂引領之下，「上承京師大學堂之後，下樹全省學校之準，方無負立學之初心。」〔註57〕

　　庚子事變的爆發，曾一度中斷了大學堂科學教育的發展，全國各地各類學校所推行的科學教育也陷入停滯狀態。直至事變過後，京師大學堂科學教育的恢復重建，再一次帶動了各級各類學校對科學教育的重辦。由此，新一輪興辦學堂、實施科學教育的熱潮再度出現。與之前不同的是，此次興起發展教育的熱潮不僅比以往持續的時間更長，而且最顯著的是部份省份開始著手創建省內大學堂。

　　庚子事變過後，在振興京師大學堂的號召之下，全國各省以京師大學堂科學教育為樣板，開始籌建省城大學堂。這些省份根據京師大學堂科學教育的實施辦法，在省城大學堂中設定各門科學課程，如當時的山東巡撫袁世凱在籌建山東大學堂的過程中，便仿照京師大學堂早期設置中學、小學的辦法而設置備齋、正齋，並在正齋中設立藝學門中以集中進行科學教育，「藝學一門分為八科：一、算學；二、天文學；三、地質學；四、測量學；五、格物學（內分水學、力學、汽學、熱學、聲學、光學、磁學、電學八目)；六、化學；七、生物學（內分植物學、動物學兩目)；八、譯學（泰西方言附）。」〔註58〕山東大學堂在教學計劃中還聲明應重視對實驗過程的演示、講解，「而西學有必須試驗，其理始明者，則以試驗輔之……試驗之理，次日須由學生

〔註55〕《戊戌變法檔案史料》，沈雲龍主編：《近代中國史料叢刊續編》第三十二輯第 317 冊，臺北：文海出版社，1984 年，第 281 頁。

〔註56〕中國第一歷史檔案館、北京大學編：《京師大學堂檔案選編》，北京：北京大學出版社，2001 年，第 65 頁。

〔註57〕《代理北洋大學堂監督丁條陳改良北洋大學堂事宜稟並批》，《直隸教育雜誌》1906 年第 4 期，第 1 頁。

〔註58〕楊鳳藻編：《皇朝經世文新編續集》（一），沈雲龍主編：《近代中國史料叢刊》第七十九輯第 781 冊，臺北：文海出版社，1973 年，第 374 頁。

演說。」〔註 59〕貴州巡撫鄧華熙則向清廷表示，因受到京師大學堂重新開辦的激勵，擬於貴州當地也建立一所大學堂，並表示「直省大學堂上承京師大學堂，下統各府、廳、州、縣中小學堂，務須聲氣相通，脈絡貫注……」〔註 60〕而且依據京師大學堂科學教育實施的具體情形，貴州大學堂也擬定設立算學、繪圖等科學課程，且盡力購置各種科學儀器、實驗設備，以加強對學生的培養，「購置書籍、報章、儀器並應用器物……以及陸續添購藥房藥料、工房物料、化學房材料、格物學所需質料器具等項雜款……」〔註 61〕漕運總督陳夔龍向清廷奏請建立江北大學堂，「爲淮徐海各屬開通風氣。」至於學堂教學，陳夔龍亦主張按照京師大學堂設置預備科的辦法，在江北大學堂中設置備齋等，「以儲高等學堂之豫備科，留專齋以待學成諸生，並淮徐海各屬普通學成之士。」〔註 62〕並在備齋中設定諸多科學課程，由外國教習負責講授，「西教習課天算、地輿、測繪、格致、方言、體操等學。」〔註 63〕河南巡撫錫良在其請設河南大學堂的奏疏中，也明確表示河南大學堂西學課程的設置，取資於京師大學堂，「就天下而論，各省會學堂又當以京師大學堂爲宗，由內統外，理既屬於一貫，蹟似不宜兩岐。」〔註 64〕而且他請求朝廷能夠將京師大學堂頒行的各門教材，迅速下發各省，以便各省城大學堂盡快開展教學，「或由京師大學堂酌定課程定本，奏明頒發各直省，以爲各學堂程序……一體遵行，既彰同文之盛，益收造士之功。」〔註 65〕直到光緒三十三年，兩江總督端方籌辦南洋大學堂時，仍提出以京師大學堂爲樣板，「仿京師大學堂，先教預備科畢業後，再照分科大學辦理……」〔註 66〕此外，在

〔註 59〕 楊鳳藻編：《皇朝經世文新編續集》（一），沈雲龍主編：《近代中國史料叢刊》第七十九輯第 781 冊，臺北：文海出版社，1973 年，第 375 頁。
〔註 60〕 《貴州巡撫鄧華熙試辦大學堂暫行章程》，璩鑫圭、唐良炎編：《中國近代教育史資料彙編——學制演變》，上海：上海教育出版社，1991 年，第 89 頁。
〔註 61〕 《貴州巡撫鄧華熙試辦大學堂暫行章程》，璩鑫圭、唐良炎編：《中國近代教育史資料彙編——學制演變》，上海：上海教育出版社，1991 年，第 96 頁。
〔註 62〕 楊鳳藻編：《皇朝經世文新編續集》（一），沈雲龍主編：《近代中國史料叢刊》第七十九輯第 781 冊，臺北：文海出版社，1973 年，第 379 頁。
〔註 63〕 楊鳳藻編：《皇朝經世文新編續集》（一），沈雲龍主編：《近代中國史料叢刊》第七十九輯第 781 冊，臺北：文海出版社，1973 年，第 380 頁。
〔註 64〕 鄧實編：《政藝叢書·內政通紀卷三》，沈雲龍主編：《近代中國史料叢刊續編》第二十八輯第 268 冊，臺北：文海出版社，1984 年，第 448 頁。
〔註 65〕 鄧實編：《政藝叢書·內政通紀卷三》，沈雲龍主編：《近代中國史料叢刊續編》第二十八輯第 268 冊，臺北：文海出版社，1984 年，第 448 頁。
〔註 66〕 《學部奏議覆兩江總督端方等會奏擬建南洋大學堂摺》，《東方雜誌》1907 年

京師大學堂科學教育重新開辦的引領下，四川大學堂、廣東大學堂、廣西大學堂、浙江省城大學堂等各地大學堂，相繼開始籌建，並且紛紛表示實施科學教育是其主要辦學任務。

　　大學堂的生源，需由中學、小學次第而升，「開辦大學堂，必須多設中學堂、小學堂，以便取材。」〔註67〕因此京師大學堂的創辦，必然帶動全國各地中、小學的建立，進而促進了中、小學科學教育的開展。在京師大學堂的引領下，近代學制開始在中國建立。在清末頒佈的壬寅、癸卯兩部學制中，關於中、小學堂科學教育的實施都作出了明晰的規定，初等小學堂、高等小學堂均須設立算術、地理、格致等科學課程，中學堂應教授算學、博物、地理、物理及化學等內容，通過這些科學知識的講授，使學生能夠瞭解物質世界的各種現象及其變化規律，以及這些物質世界的變化對人類社會的作用與影響，「以備他日講求農、工、商實業及理財之源。」「凡教理化者，在本諸實驗，得眞確之知識，使適於日用生計及實業之用。」〔註68〕這些統統表明，在京師大學堂科學教育的影響之下，傳統的教育體系最終得到突破。新式學制的誕生則因對科學教育的注重，推動了中國教育現代化的進程，順應了歷史發展的潮流。

　　大學堂促進傳統教育體系變革的另一表現，是在科學教育的廣泛影響下，科舉考試被逐漸廢除。京師大學堂科學教育的開辦，引發了各地興辦科學教育的熱潮。在科學教育爲社會廣泛接受的同時，伴隨而來的便是廢除科舉的呼聲日漸高漲。

　　早在京師大學堂科學教育恢復重建時期，京師大學堂副總教習張鶴齡就曾提出大學堂重新開辦，科學教育將再次得以實施，但通行已久的科舉取士卻不利於科學教育的發展，「培才之道如理財然，開源暢流乃能不匱。今科舉不廢，士懷徼倖，既塞其源，學成不用，志士灰心，又遏其流。」〔註69〕他建議參照西方、日本等國選舉用人之法，來代替科舉取士，「竊謂茲行宜遠攬泰西，近規日本，於其選舉之法、進用之方鈎稽條例，參以論說，明人才與

　　　　第 7 期，第 149 頁。
〔註67〕北京大學校史研究室編：《北京大學史料》第一卷，北京：北京大學出版社，1993 年，第 135 頁。
〔註68〕《中學堂章程》，《奏定學堂章程》，北京官書局，光緒二十九年十一月，第 8 頁。
〔註69〕《京師大學堂張筱浦庶常呈吳京卿學務問題》，《經濟叢編》1902 年第 7 期，第 1 頁。

學校之消長⋯⋯」〔註70〕在當時社會上流行的一篇《敬告京師大學堂肄業諸君書》的文章中，作者針對在大學堂內就讀的各級學生發出呼籲，指出科舉選才與大學堂實行的教育兩相悖逆，「科舉之弊，諸君所知也，紫陽謂欲求國家恢復，非罷三十年科舉不可⋯⋯國家知科舉不足得人才，故議建大學堂。諸君知空疏無以勝物競，故返求諸科學，獨是學堂立矣。」〔註71〕希望大學堂學生能夠群策群力，爭取廢除科舉。

京師大學堂二次開學後不久，一些官員也紛紛上奏，請求朝廷能夠停罷科舉，歸重學堂。如張之洞、袁世凱等人便向慈禧太后提出，在京師大學堂的帶動下，現今學校已經成為培養人才的重要之所，「致治必賴乎人才，人才必出於學校，古今中外，莫不皆然。」〔註72〕然而，科舉考試卻已淪落為當前興辦教育、培養人才的絆腳石。儘管朝廷在先前已經對科舉考試進行了多次改革，但遺害之處仍未根本去除，因此廢除科舉勢在必行，「是科舉一日不廢，即學校一日不能大興，將士子永遠無實在之學問，國家永遠無救時之人才，中國永遠不能進於富強，即永遠不能爭衡於各國。」〔註73〕袁世凱等人同時建議清廷從下年開始，逐年減少科舉中額之數，直至最後徹底廢除，至於被裁減之士子，可送其入學堂就學。兩廣總督陶模也就停罷科舉一事表達了類似的意見，即傳統的科舉取士之法與當前實行科學教育背道而馳，二者斷無可以並行之理，「竊謂阻礙學堂者，莫如科舉。」「科舉一日不廢，學堂即一日不能大興，事機迫切，如再緩緩圖效，又不知彼時局勢為何狀，言念及此可為寒心。」〔註74〕因此他主張應當立即廢除，不需採用遞減之法。至光緒二十九年十一月（1904 年 1 月），時任京師大學堂管學大臣張百熙、榮慶與張之洞等人再次聯名上奏，呼籲清廷停止科舉考試。張百熙等人認為，目前京師大學堂科學教育的實施，已嶄露頭角，而科學教育在全國各地的發展

〔註70〕《京師大學堂張筱浦庶常呈吳京卿學務問題》，《經濟叢編》1902 年第 7 期，第 2 頁。
〔註71〕《敬告京師大學堂肄業諸君書》，《經濟叢編》1903 年第 39 期，第 4 頁。
〔註72〕沈桐生編：《光緒政要》卷二十九，沈雲龍主編：《近代中國史料叢刊》第三十五輯第 345 冊，臺北：文海出版社，1973 年，第 1826 頁。
〔註73〕朱壽朋編：《光緒朝東華錄》第五冊，北京：中華書局，1958 年，總第 4998、4999 頁。
〔註74〕鄧實編：《政藝叢書·政書通輯（卷五）》上篇（一），沈雲龍主編：《近代中國史料叢刊續編》第二十八輯第 267 冊，臺北：文海出版社，1984 年，第 293、294 頁。

也呈現出一片欣欣向榮的景象，這表明學校教育的優勢逐漸明顯，科舉取士則日漸落後，「凡科舉之所講習者，學堂無不優爲，學堂之所兼通者，科舉皆所未備，是則取材於科舉，不如取材於學堂彰彰明矣。」「凡科舉掄才之法，皆已括諸學堂獎勵之中」〔註 75〕在這種情形下，科舉考試已無存在之必要。他們建議清廷從下屆科舉開始，對鄉、會試取中名額逐漸遞減，直至最後取消，「俟末一科中額減盡以後，即停止鄉、會試。」「科舉停止後，會試總裁改於大學堂畢業考試時奏請簡放，分別內外場考試，鄉試主考，改於各省高等學堂畢業考試時奏請簡放，分別內外場考試。」〔註 76〕

在大勢所趨之下，清廷最終決定廢除科舉。光緒三十一年八月（1905 年9 月），清廷發佈上諭，正式通令自下年起，徹底停廢科舉考試，「方今時局多艱，儲才爲急，朝廷以近日科舉每習空文，屢降明諭，飭令各督撫廣設學堂，將俾全國之人咸趨實學……著即自丙午科爲始，所有鄉、會試一律停止，各省歲科考試亦即停止。」〔註 77〕並聲明希望此後各地官紳能夠聞風興起，多建學堂普及教育。

科舉制的廢除既是科學教育爲社會普遍接受的結果，同時，也爲日後科學教育的進一步發展掃清了障礙，除去了羈絆。自此之後，新式學堂在全國各地發展的勢頭更爲迅猛，科學教育得到更廣泛地實施，「全國之人咸趨實學」。科學知識在民眾頭腦中的儲備，不僅標誌著舊式知識體系的改變，更是社會思潮變動的前兆。而這些都是在京師大學堂科學教育的直接、間接影響下出現的，因此也是大學堂科學教育開辦十餘年來的重要成果，「大學堂爲各省學堂之表率，各省學堂咸仰之以爲模範，居高提倡，自易見效，若以專攻科學，不尙詞章，示程於各省，則千年來學界尙文無實之惡習，不難移易，胥二十二行省人士皆尙實學矣。」〔註 78〕京師大學堂科學教育的創建與發展，是近代中國變革教育體系、振興教育事業的一項重要成就。

2、為日後科學事業的發展奠定基礎

京師大學堂科學教育的創建與實施，不僅推動了清末教育體系的變革，

〔註 75〕 朱壽朋編：《光緒朝東華錄》第五冊，北京：中華書局，1958 年，總第 5127 頁。
〔註 76〕 朱壽朋編：《光緒朝東華錄》第五冊，北京：中華書局，1958 年，總第 5128 頁。
〔註 77〕 中國第一歷史檔案館編：《光緒宣統兩朝上諭檔》第三十一冊，桂林：廣西師範大學出版社，1996 年，第 114、115 頁。
〔註 78〕 《論説》，《大公報》第四百七十七號，光緒二十九年八月二十八日（1903 年10 月 18 日），第 2 頁。

同時也爲中國科技事業日後深入發展，奠定了堅實的基礎。由於科學教育的現實效用，清廷對大學堂科學教育的開辦高度重視，京師大學堂在科學教育實施、管理等方面也都認眞嚴格地對待。在大學堂有過學習經歷的學生對其接受的科學教育有著深切的回憶，如在師範館就學的鄒樹文曾提及大學堂科學教育的實施狀況，「有一天，有人問我那時候讀的什麼課程，即有人插嘴說，大概多部份是經典。我們所讀的書，並不如此，現代科學是占最大成分的。全部課程，在所謂《奏定學堂章程》及《欽定學堂章程》兩書內均有記載。」〔註79〕王道元也曾對科學課程有所追憶，「我們入大學後，外間蜚語，還認爲不過是讀經書、作策論，學學算術而已。其實大不然。在第一年已分習英、德、法、俄、日等文，及普通科學了。」〔註80〕化學家俞同奎則直接表示，京師大學堂時期的學習經歷，令他受益匪淺，爲其在日後科學事業中的發展打下了良好的基礎，「校中所授學科，雖不太深，但卻是擇要急速深進。我雖在校短短一年，但後來到英國考進大學，亦受母校預備的益處不少。」〔註81〕

也正因爲對科學教育認眞管理、嚴格落實，才使得京師大學堂在短短的十幾年裏，培養出了一些科技工作者，爲民國時期科學研究的深化夯實了基礎。這也是大學堂科學教育爲近現代科技發展做出的直接貢獻。以下僅略舉大學堂畢業生中的代表性人物，擇要介紹，以爲證明。

馮祖荀，中國現代早期數學家、數學教育的開拓者。1880 年生於浙江，1902 年入京師大學堂師範館就學，後因學習成績優異，被派往日本留學，辛亥革命前後回國，在北京大學數學門（後改稱爲數學系）任教。在北大任教期間，他積極從事數學研究，於 1919 年發表了《以圖像研究三次方程之根之性質》學術論文，1930 年又發表了《論模替換式字母》學術論文，除此之外，他還對「高斯收斂定理之新證法」、「橢圓函數論」、「微分方程序論」等，進行了專題性的科學研究，並就「高斯積分定理」與「Pdx＋Qdy＝0 之積分因素」等作學術講演。馮祖荀曾長期擔任北大數學系主任，爲數學系的發展建設做出了重要的貢獻。蘇步青等數學家亦對馮祖荀有著高度的評價，「馮祖

〔註79〕鄒樹文：《北京大學最早期的回憶》，《北京大學五十週年紀念特刊》，北京：國立北京大學出版部，1948 年，第 2、3 頁。
〔註80〕王道元：《前京師大學堂師範館優級師範概況》，北京：北京師範大學檔案館。
〔註81〕俞同奎：《四十六年前我考進母校的經驗》，《北京大學五十週年紀念特刊》，北京：國立北京大學出版部，1948 年，第 12 頁。

荀……是解放前的中國數學會的主要創辦人，對開創中國現代數學事業有不可磨滅的貢獻。」〔註82〕

俞同奎，中國現代早期化學家、化學教育奠基人。1876 年生於浙江，1902 年入京師大學堂師範館就學，因學習優秀，被派往歐洲留學。1910 年回國，在京師大學堂任教，主要負責化學課的講授。大學堂更名北大後，繼續在北大任教，1919 年，北大廢門改系，俞同奎被聘為化學系主任與教授會主任。俞同奎為中國近代化學教育的發展貢獻了應盡的力量。他曾組織編寫了各類大學化學教材，如《有機化學》、《應用化學》等等，還親自負責化學名詞的命名、編訂工作。他還是中國最早的化學學術團體「中國化學會歐洲支會」的組織、發起人之一，1922 年他又發起成立中華化學工業會，參與創辦了《中華化學工業會會誌》。

何育傑，中國現代早期物理學家、物理學教育奠基人。1882 年生於浙江，1902 年入京師大學堂師範館學習，後被大學堂派往歐洲留學。回國後，在大學堂格致科擔任教習，並在之後的北大教授物理學，曾於 1919 年當選北大物理系主任。在北京大學工作期間，何育傑親自編寫了物理學教材，曾將德文版的《波動力學通論》譯成英文，以便於學生閱讀，並承擔了量子論、氣體動力學、熱力學等高等物理學課程的教學工作，曾發表過《X 射線與原子內部構造之關係》等學術論文。為了表彰何育傑在物理學領域內的開創性貢獻，1940 年，中國科學社特別設立了「何育傑物理學紀念獎金」。

秉志，中國現代動物學家。1896 年生於河南，1904 年入京師大學堂預備科學習，4 年後，以優異的學習成績畢業，並考取了第一批官費留學生，赴美國留學。1920 年回國後，曾先後在南京高等師範學校、廈門大學、東南大學等高校任教，並在中國科學社生物研究所、北平靜生生物調查所進行科研工作。他在昆蟲學、神經生理學、古生物學等領域進行了深入的研究，發表了大量學術論文，如《中國白堊紀之昆蟲化石》、《豚鼠大腦皮層運動區的定位》、《新疆腹足類軟體動物》等。1948 年，秉志當選為中央研究院院士。

胡先驌，中國現代植物學家。1894 年生於江西，1909 年入京師大學堂預備科學習。他曾著有《京師大學堂師友記》一文，追述其在京師大學堂時期的學習、生活。1912 年胡先驌赴美國加州大學留學，在國外期間參與創辦了中國科學社與《科學》雜誌。回國後在南京高等師範學校、東南大學、北京

〔註82〕陳克堅：《蘇步青談中國現代數學》，《中國科技史料》，1990 年第 11 卷第 1 期。

大學以及北京師範大學等高校任教。胡先驌畢生致力於植物學研究，其發表的論文百餘篇，其在高校工作期間，組織人員大量採集植物標本，通過對標本的調查、鑒定，胡先驌相繼發表了《江西植物名錄》、《江西浙江植物標本鑒定名表》、《浙江植物名錄》、《東南諸省森林植物之特點》等文章，1933 年他還編譯了《世界植物地理》一書。此外，胡先驌還發現了在植物界被譽為「活化石」的水杉。1948 年他與鄭萬鈞共同發表了《水杉新科及生存之水杉新種》對水杉的發現經過以及水杉的科種性質，進行了詳細的闡述。此一發現震動了國際植物學界，被認為是現代科學的重要成就。美國植物學家 R.W.Chaney 曾為此專程來華考察、交流。建國後，他發表了《被子植物分類的一個多元系統》，對被子植物的系統提出了新的劃分標準。

這些由京師大學堂培養出來的科學家們，為日後中國科學事業的進步做出了重要的貢獻。他們所從事的科研活動，給中國科學的發展帶來了極大的活力和蓬勃的生機。這些科學工作者在民國時期的多所大學任教，他們在科學領域裏，進行了很多開創性的工作，如增設新學科、新專業、新課程；而且他們還參與編寫科學教材、創建實驗室、出版科學刊物、組織科學團體等等，這些都使得中國科學研究的整體水平大大提高。

不僅如此，京師大學堂對科技人才的培養方式，即其所建立的理、工、農、醫的分科形式，包括各類科學專業、科學課程的設置，都為後世大學確立了參照標準。民國時期頒佈的大學規程令，對當時科學教育制定相關準則，它沿襲了大學堂以理、工、農、醫各科為培養科技人才的分類方式，而且就科學科目的設定上，也基本仿照奏定大學堂章程中的方案，如其要求日後各大學科系設置中，理科專業應具備「數學、星學、理論物理學、實驗物理學、化學、動物學、植物學、地質學、礦物學九門」。〔註 83〕這與京師大學堂關於格致科內專業設置的方案十分接近，只是新增加了礦物學，並且把原來的動植物學一門拆分為動物學門與植物學門兩門，將原來的物理學門拆分為理論物理學與實驗物理學兩門；規程令要求民國時期的大學工科專業則有「土木工學、機械工學、船用機關學、造船學、造兵學、電氣工學、建築學、應用化學、火藥學、採礦學、冶金學十一門」〔註 84〕這與京師大學堂工科專業設置方案相比，也只是增加了船用機關學一門，且將原採礦冶金學一門分立為

〔註83〕《教育部公佈大學規程令》，《教育雜誌》1913 年第 5 卷第 1 期，第 1 頁。
〔註84〕《教育部公佈大學規程令》，《教育雜誌》1913 年第 5 卷第 1 期，第 1 頁。

採礦學門與冶金學門兩門而已,而農科、醫科內設置的專業門類則與奏定大學堂章程中的規定完全一致。由此可見,京師大學堂科學教育對日後科學事業的發展產生了深遠的影響。

清末時期,京師大學堂既是當時大學科學教育的重鎮,也是當時傳播科學知識的中心之一。在大學堂影響之下,興辦科學事業的熱潮四處湧現,這不僅體現學校教育發展蓬勃,而且在社會上還出現科學館、講習所等專門普及科學知識的社會性機構。

1904 年,上海的科學儀器館成立了理科講習所,由虞和欽等人講授物理、化學、博物等科學內容,「講理化學五載,講博物學一載。」虞和欽等人十分關注近代科技的發展,他們將普及科學知識視為一項極有意義的工作,「理科占學科中一大部份,東西列國,於是學固有大學專科……惟我國自古迄今,素無是學,既乏材料,又少師資,學理日新,求之匪易。」〔註 85〕故此,他們創辦了理科講習所,普及自然科學,「因設理科講習所於海上,抱普及之忱,冀速成之效,雖自慚菲薄,未足與言,而一切應用器械,其足以闡明理奧者,亦大要具備矣。」〔註 86〕清廷對虞和欽等人創辦理科講習、傳播科技知識也給予了贊許,「理科知識於人生最為切要,為普通教育所決不可缺者。該職創立科學儀器館,製造理化器具、博物標本,以為輸入文明之助。復附設理科傳習所,招集生徒,聘請專門教員,教授理化、博物,使理科知識逐漸普及,深堪嘉尚。」〔註 87〕並且表示希望理科講習所能夠推廣到其它各省。科學儀器館則於 1906 年、1907 年分別在瀋陽與桂林開辦了理科講習所的分所。

除了科學儀器館這樣的社會性機構傳播科學知識外,因受到京師大學堂興建儀器院、動植物院的鼓舞,當時社會上還出現了一些農事試驗場與博物館,其中最有名的便是南通博物苑。南通博物苑由張謇於 1905 年創建。張謇曾在戊戌時期參與籌劃大學堂的創辦〔註 88〕,對大學堂科學教育的實施辦法有一定瞭解,也直接間接地受到大學堂科學教育的影響。張謇十分重視博物

〔註85〕 《科學儀器館附設理科講習所章程》,《教育雜誌》1905 年第 6 期,第 40 頁。

〔註86〕 《科學儀器館附設理科講習所章程》,《教育雜誌》1905 年第 6 期,第 40 頁。

〔註87〕 《科學儀器館經理虞輝祖設立理科講習所懇請立案稟批》,《學部官報》第七期,光緒三十二年十月十一日,第 65 頁。

〔註88〕 張謇曾就京師大學堂得開辦提出意見,「宜分內外院。內院已仕,外院未仕……」(南通市圖書館、張謇研究中心編:《張謇全集》第六卷,南京:江蘇古籍出版社,1994 年,409、410 頁。)

館的開辦，認爲它可以作爲科學教育的重要補充，成爲傳播科學知識集散之地，對開啓民智大有裨益，「然以少數之學校，授學有秩序，畢業有程限……益有圖書館、博物苑，以爲學校之後盾，使承學之彦，有所參考，有所實驗，得以綜合古今，搜討而研論之耳。」〔註89〕南通博物苑相關物品的陳列大致有三個部份，即天然、歷史、美術三部，「凡動、植、礦物皆天然之屬，凡金石、車服、禮器皆歷史之屬，凡書畫、雕繡、漆塑、陶瓷皆美術之屬。」〔註90〕其中「天然」類都是與自然科學有關的展品。至民國初期，南通博物苑收藏的科學類藏品，其中已有植物類三百零七號、動物類四百六十號、礦物類 1103 號。〔註91〕

在大學堂科學教育深入影響下，此期社會上還出現了一些專門性質的科學期刊如《科學世界》、《亞泉雜誌》等。這些刊物把傳播科學知識作爲主要任務，其中《科學世界》設有原理、論說、拔萃、教科、傳記等多個專欄，其所刊登的文章涵蓋數學、化學、物理學、地理學、生物學以及科技史等各個自然科學門類，這些文章在當時也具有一定的學術價值，如它以連載的形式對原子量作了專題性地論述，並在文末對最近幾十年來科學界發現的新元素進行總結，「至近幾十年間，新元質發明頗多，而其相與化合之量亦每被紛擾。但在爲基本之元質，其化合量檢定法殆一定，其略有差誤者，不過爲施行法則時所混擾耳。」〔註92〕再如該雜誌發表於第四期的科學論文《中國地質構造》，對中國地質、地貌特點均做了綜合性的闡述。《亞泉雜誌》也是當時較爲重要的科學刊物，其刊載的文章涉及數學、地質學、生物學等領域，而更側重於對化學學科的關注，如《化學原質新表》、《論氫》、《化學理論》等文章刊載。而且該雜誌還設有化學問答欄目，以答覆讀者關於自然科學方面的問題。除去這些專門性的科技期刊外，其它一些綜合性的刊物如《大陸》、《醒獅》、《東方雜誌》、《科學一斑》等，也受到科學教育熱潮的影響，相繼開闢專欄，刊登自然科學相關內容，向民眾普及科學常識。

〔註89〕南通市圖書館、張謇研究中心編：《張謇全集》第四卷，南京：江蘇古籍出版社，1994 年，第 272 頁。

〔註90〕南通市圖書館、張謇研究中心編：《張謇全集》第四卷，南京：江蘇古籍出版社，1994 年，第 278 頁。

〔註91〕參見張美英：《多識鳥獸草木之名——南通博物苑的自然藏品綜述》，李讓、李文昌編：《博物館的記憶與想像》，北京：學苑出版社，2005 年，第 130 頁。

〔註92〕虞和欽：《論原子量》，《科學世界》，1903 年第 6 期。

3、引發了傳統觀念的變革

京師大學堂科學教育的創辦與發展，一方面引發了近代教育體系的變革、推動了近代科學事業的進步，另一方面它所傳播的科學知識以學校教育為主要途徑，在近代社會中得到了廣泛傳播，而這種傳播與普及的結果不僅使民眾在知識層面上有所收穫，更重要的是由此所促發的對諸多傳統觀念的反思與變革。

知識的積纍是思想觀念形成的重要前提，任何一個時代的思想總是由該時代下的知識體系支撐起來，而知識系統的更新往往預示著社會思潮的變動。京師大學堂通過科學教育十餘年來的開辦，在更新國人知識結構的同時，首先引發了國人對知識本身乃至學術分科的關注，尤其是對自然科學的分支架構有了新的認識，形成新的理念，並為之展開闡述討論。因此，在思想觀念的變動中，知識觀念的更新首當其衝。而這種知識觀念的更新變革，則直接體現在關於科學知識的分類、歸屬以及不同科學門類間相互關係的話語言論中。

嚴復在大學堂譯書局工作期間，經受編譯教材的影響，認為可以將近代科學知識劃分為統挈科學、間立科學與及事科學三大類，他將數學與邏輯學歸類於統挈科學，「分名、數兩大宗，蓋二學所標公例，為萬物所莫能外，又其理則妙眾慮而為言，故稱統挈也……數學有空間、時間兩門，空間如幾何、平弧三角、八線割錐，時間如代數、微積之類。」〔註93〕將物理學、化學含納於間立科學之中，「間科分力、質兩門。力，如動靜二力學、水學、聲學、光學、電學；質，如無機、有機二化學，此科分於人事最為切要。」〔註94〕其餘的學科，如生物學、地質學、物候學、社會學等皆隸屬於及事科學。他認為及事科學乃治天地人物之學，「天有天文，地有地質，有氣候，有輿志，有金石，人有解剖，有體用，有心靈，有種類，有群學，有歷史；物有動物，有植物，有察其生理者，有言其情狀者……」〔註95〕可見，嚴復對近代知識產生的新理解，已經突破了傳統的學術分類觀念。

〔註93〕嚴復：《京師大學堂譯書局章程》，《教育世界》卷五十九，光緒二十九年（1903年），教育世界社印，第2頁。

〔註94〕嚴復：《京師大學堂譯書局章程》，《教育世界》卷五十九，光緒二十九年（1903年），教育世界社印，第3頁。

〔註95〕嚴復：《京師大學堂譯書局章程》，《教育世界》卷五十九，光緒二十九年（1903年），教育世界社印，第3頁。

另一位學者王國維則對自然科學分支學科的歸屬，尤其是就京師大學堂中的地理學、地質學、地文學及其與格致科間的相互關係，提出自己的見解，「夫今日之世界，人迹所不到之地殆少，故自地理學之材料上言之，殆無可云進步矣，其尚可研究之方面，則在地文、地質二學。然此二學之性質，屬於格致科，而不屬於文學科，今格致科大學中既有地質科矣，則地理學之事可附於此科中研究之。」〔註96〕並且建議京師大學堂科學教育不要只限於應用科學的教授，「而大學之所授者，非限於物質的應用的科學不可，坐令國家最高之學府與工場圜闠等，此必非國家振興學術之意。」〔註97〕對基礎性學科、理論性學科也應予以注重。關於近代科學知識體系，他認為主要是由理論知識與實際知識兩部分組成，「知識又分為理論與實際二種……科學如數學、物理、化學、博物學等，皆所謂理論之知識；至應用物理、化學於農工學，應用生理學於醫學，應用數學於測繪等，謂之實際之知識。」〔註98〕這實際上是將近代科學區分為理論型與應用型，這兩種類型的科學知識都很關鍵，都是人類社會發展必不可缺的，「理論之知識，乃人之天性上所要求者，實際之知識，則所以供社會之要求，而維持一生之生活，故知識之教育，實必不可缺者也。」〔註99〕

晚清史學家陳黻宸在京師大學堂擔任史學教習時，亦曾就歷史學與物理學及其它不同學科間的相互關係，闡述自己的觀點。他指出史學作為知識門類之一種，與物理學等自然科學有重疊、交叉之處，只是為常人所忽略，「史學又必合教育學……物理學、社會學而後備，此人所鮮言者也。」〔註100〕並進而提出史學知識也具備科學屬性，可以被納入科學範疇，「是故讀史而兼及……物理學、輿地學、兵政學、財政學、術數學、農工商學者，史家之分法也……是固不可與不解科學者道矣。蓋史一科學也，而史學者又合一切科

〔註96〕王國維：《奏定經學科大學、文學科大學章程書後》，舒新城編：《近代中國教育史料》第二冊，上海：中華書局，1928年，第36頁。

〔註97〕王國維：《奏定經學科大學、文學科大學章程書後》，舒新城編：《近代中國教育史料》第二冊，上海：中華書局，1928年，第33頁。

〔註98〕王國維：《論教育之宗旨》，《教育世界》卷五十六，光緒二十九年（1903年），教育世界社印，第1頁。

〔註99〕王國維：《論教育之宗旨》，《教育世界》卷五十六，光緒二十九年（1903年），教育世界社印，第1頁。

〔註100〕京師大學堂輯：《京師大學堂中國史講義》（影印本），林慶彰等主編：《晚清四部叢刊》第五編第35冊，臺中：文聽閣圖書有限公司，2011年，第662頁。

學而自爲一科者也。」〔註101〕雖然陳黻宸對知識的看法是從史學的角度出發，擡高史學地位，認爲欲興科學，「必自首重史學始。」但從中可明顯看出其受到自然科學的影響，力圖打破傳統觀念，重新劃分學術門類，以將史學與科學融爲一體。

京師大學堂另一位教習張鶴齡也因受教學工作的影響，將人類社會積纍的知識整體統分爲「融合之知識」與「辨別之知識」兩類。張鶴齡認爲在獲取知識的過程中，對事物的不同方面先有一定程度的研究，再將其相互貫通融合以達到徹底理解而最終形成知識體系，此即融合之知識，其特點在於綜合貫通，譬如研究食材「若色、若臭、若味、若所含之原質，若補益之效用，此一部份中之理解也，然考其原質則關於動植物及理化諸科矣，考其效用，則又關於全體衛生諸科矣，此他部份中之理解也，合此種種理解而後一食物料之細品，其知識庶可幾於完全耳。」〔註102〕與之相對的辨別之知識，主要是指在研究過程中嚴格按照一定規律，一步一步逐層深入，最終得到對事物的理解，「如物理家考驗一物，先辨其族類及構造，則物質學也；次辨其力與性之功用也，則理化學也；三及其製造之宜及其方法，則工學也。」〔註103〕其特點在於研究過程必須遵循次第，逐級而深，「此須循序而進，不容躐等。」可見，張鶴齡對知識的認識是以研究方法及其表現形式爲出發點，並非針對研究對象而言。這種知識觀念的形成，顯然是受到自然科學研究方法的啓迪。

儘管以上這些關於科學知識的統屬與分類都是一家之見，但是卻反映出了因大學堂科學教育的影響而促進了人們對傳統知識觀念以及學術分類觀念的反思與揚棄。

京師大學堂分科設學這一制度的確立，尤其是格致科、工科、農科等分科大學的招生授課，不僅標示著國人對知識分科觀念的接受，更是將這種變革後的觀念深入普及於整個社會。在當時盛行於民間的竹枝詞中，曾出現這樣讚歎大學堂建立七門分科大學的詞句，「分科大學指開堂，功課七門教育

〔註101〕京師大學堂輯：《京師大學堂中國史講義》，林慶彰等主編：《晚清四部叢刊》第五編第 35 冊，臺中：文聽閣圖書有限公司，2011 年，第 663 頁。

〔註102〕京師大學堂輯：《京師大學堂倫理學講義》（影印本），林慶彰等主編：《晚清四部叢刊》第五編第 34 冊，臺中：文聽閣圖書有限公司，2011 年，第 144 頁。

〔註103〕京師大學堂輯：《京師大學堂倫理學講義》，林慶彰等主編：《晚清四部叢刊》第五編第 34 冊，臺中：文聽閣圖書有限公司，2011 年，第 144 頁。

良……」〔註 104〕這反映出民眾對近代知識系統的認識與理解，已經隨著大學堂科學教育的深入實施而得到更新，理、工、農、醫等學科分類的觀念已深入人心。民國成立後，大學規程令的頒佈〔註 105〕，則體現了這種知識觀念變革的久遠影響。隨著舊式學術分類方法的日漸淘汰，近代中國大學教育逐漸走上現代化的道路，科學教育也開始成爲教育領域中的主流。

然而，在知識觀念變革的同時，更具影響力的是，大學堂科學教育中所傳播的科學常識，以其對物質世界的闡釋，以及對各種實驗方法的介紹與提倡，對某些傳統觀念形成了嚴重的衝擊，這便爲社會思潮的變動帶來了新的資源與動力。

長久以來，在中國人的觀念中，天道與人道、自然與人文是融爲一體的。而二者融合的方式就是以天道作爲人道的來源與支撐而實現的，即把物質世界視作人類意志的延伸體，傳統思想極爲強調社會秩序與自然秩序的同一性，代表自然世界之「天」已經衍生爲人格化之「天」、道德化之「天」。而近代大學科學教育所攜帶的科學知識通過對自然現象的合理解釋，給近代國人帶來了一個全新的宇宙與世界，解構了傳統的天道觀，從而推動國人思想觀念開始轉變。清末十年，京師大學堂科學教育影響於中國社會的深層意義正在於對那種「天人合一」、「天人感應」等傳統觀念的顛覆。

自漢代董仲舒起，自然界的變化便與政治秩序相互匹配，自然規律成爲政治統治的合法依據，「天之道，春暖以生，夏暑以養，秋清以殺，冬寒以藏，暖暑清寒，異氣而同功，皆天之所以成歲也。聖人副天之所行以爲政，故以慶副暖而當春，以賞副暑而當夏，以罰副清而當秋，以刑副寒而當冬，慶賞罰刑，異事而同功，皆王者之所以成德也。慶賞罰刑，與春夏秋冬，以類相應也，如合符，故曰：王者配天，謂其道。天有四時，王有四政，若四時，通類也，天人所同有也。慶爲春，賞爲夏，罰爲秋，刑爲冬。慶賞罰刑之不可不具也，如春夏秋冬不可不備也；慶賞罰刑，當其處不可不發，若暖暑清寒，當其時不可不出也；慶賞罰刑各有正處，如春夏秋冬各有時也；四政者

〔註104〕 蘭陵憂患生：《京華百二竹枝詞》，路工編：《清代北京竹枝詞（十三種）》，北京：北京古籍出版社，1982 年，第 125 頁。

〔註105〕 1913 年民國政府頒行大學規程令，對日後大學專業的設置作出相關規定，但其對科學科目的設置要求，則基本沿襲京師大學堂格致科、工科、農科、醫科內各專業設立規劃，如其中的農科與醫科內專業設置門類與奏定大學堂章程中的規定完全一致，理科與工科也是在原章程的基礎上，增加一兩門新專業以及部份新課程而已。

不可以相干也，猶四時不可相干也；四政者不可以易處也，猶四時不可易處也。」「天有四時，時三月；王有四選，選三臣……四選之中，各有節也，是故天選四時，十二而天變盡矣。盡人之變，合之天，唯聖人者能之，所以立王事也。」〔註106〕這種天道與皇權政治相結合的觀念既是董仲舒對漢代之前思想的總結與提煉，同時也向下開啓了以「天人合一」、「天人感應」等爲代表的宇宙觀、世界觀在中國的發展歷程。即使到了清代，這種將自然規律與國家政治相連的觀念，依舊十分流行。晚清時期，保守勢力爲了反對開設同文館，便堂而皇之地將當時各種自然災害的出現與之附會，要求撤消同文館，時任直隸州知州楊廷熙在奏摺中便提到，「臣聞天垂象見吉凶，故聖人常因天道以警人事。今年自春及夏，久旱不雨，屢見陰霜蔽天，御河之水源竭，都中之疫病行，本月初十日大風晝晦兩時之久，此非尋常之災異也……然天象之變，必因時政之失，京師中街談巷議皆以爲同文館之設，強詞奪理、師敵忘仇、禦夷失策所致……」〔註107〕可見將自然現象與人類社會緊密聯繫的思想，在近代以前常盛不衰。然而，如此流傳甚久的觀念卻在大學堂實施的科學教育中難以維繫下去。僅在大學堂所用的一些科學講義中，對四季冷熱不同之理的描述就已改換了另一幅圖景，「地面之寒暑因日光射之斜正而異，正射則熱盛，斜射則熱衰。日光直射赤道北二十三度半時，其斜射之光越過北極之背，亦二十三度半，北半球熱盛晝長爲夏至，南半球寒盛晝短爲冬至。」「若日光直射赤道時，則南北半球寒暑均、晝夜平，爲春秋二分，然南北半球之春秋分日彼此互易，其理與冬夏二至日正同。」〔註108〕在這些科學講義裏，只有對客觀事物運行原理的描述，卻完全找尋不到皇權、王道的影子，寒暑之交替往復僅僅是無意志的規律而已。不惟如此，大學堂早期階段所用的科學教材，就自然界中各種異常天氣現象的形成原理進行了詳細分析，例如《重增格物入門》將海市蜃樓的現象解釋爲因空氣折光成影之理，這就去掉了那層天人附會的神秘面紗，「嘗見海面忽現城市車馬人物之形，倏起倏滅，亦有經久始滅者，山東蓬萊山、義國那伯里城往往遇之，俗謂海市蜃樓，其實皆幻境也。近海岸之島嶼，上有村落，遙望不見，海面天氣偶有厚薄，

〔註106〕董仲舒：《春秋繁露》，上海：上海古籍出版社，1989年，第74、45頁。
〔註107〕楊廷熙：《請撤銷同文館以弭天變摺》，高時良編：《近代教育史資料彙編——洋務運動時期教育》，上海：上海教育出版社，1992年，第19頁。
〔註108〕京師大學堂輯：《京師大學堂中國地理講義》（影印本），林慶彰等主編：《晚清四部叢刊》第五編第34冊，臺中：文聽閣圖書有限公司，2011年，第10頁。

則若懸鑒返照，其光被折，成影空際而見之矣。曠野平原亦每見空際忽現江河車馬人物之形，俱甚高大，俗以爲地中風水，不知亦天氣冷熱不等而折光使然也。」〔註109〕此外，教材還針對空中成影、瀑布蒸氣成虹等自然現象作出科學解釋，其他類似的例子在大學堂科學教學中不勝枚舉。而這種關於自然規律的描述模式，不僅帶來了新的認知，而且分離了傳統時代自然與人類的關係，無形中促使人們對「天人合一」觀念重新審視，並進而對這種皇權政治的合法性進行反思。

作爲傳統學術之一的理學，雖略於天道，詳於人道，但是仍把天道作爲人道的來源與依據，只是它更側重於將人類的倫理道德與自然規律相連，就某種意義而言，這也是對董仲舒「天人感應」思想的一種新發展，在《四書章句集注》中，朱熹認爲「天以陰陽五行化生萬物，氣以成形，而理亦賦焉，猶命令也。於是人物之生，因各得其所賦之理，以爲健順五常之德，所謂性也。」「誠者，天之道也；誠之也，人之道也。」「天地之道，可一言而盡也：其爲物不貳，則其生物不測。」〔註110〕可見在理學中，天道與人道、天理與人理俱爲一體，在闡明人道來源於天道的同時，天道也就分有了人類社會才具有的意志屬性，「明德者，人之所得乎天，而虛靈不昧，以具眾而應萬事者也。」「天地以生物爲心，而所生之物因各得夫天地生物之心以爲心，所以人皆有不忍人之心也。」「仁、義、禮、智，皆天所與之良貴。而仁者天地生物之心，得之最先，而兼統四者……」〔註111〕人類社會的道德規範被視作自然世界的根本法則，不可變易。朱熹的《四書章句集注》作爲明清兩代科舉考試的主要內容和標準答案，深入到許多讀書人的思想深處，鑄造了一種思維範式，對古代知識分子無論其爲高居廟堂的士大夫還是遁居鄉野的民間人士都有著強大的吸引力與號召力。清初民間理學家張履祥就曾堅持認爲，「天者，理而已矣！」「天人一氣，天人一理；人爲私意間隔則不誠，不誠即自絕於天矣！」〔註112〕但是這種傳統天道觀、天理觀卻在近代科學教育的衝蕩中走下神壇，漸漸瓦解，那種意志性、人格化的色彩逐漸褪去。物質世界的客觀性在大學堂的諸多科學教材中均被予以充分的闡釋。宇宙、自然以及生命

〔註109〕丁韙良：《重增格物入門》卷四，京師大學堂刊行，光緒己亥上海美華書館鉛板（1899年），第42頁。
〔註110〕朱熹：《四書章句集注》，北京：中華書局，2011年，第19、32、35頁。
〔註111〕朱熹：《四書章句集注》，北京：中華書局，2011年，第4、220、222頁。
〔註112〕張履祥：《楊園先生全集》下冊，北京：中華書局，2002年，第1064、1124頁。

的起源，只是物質性的演變過程，人類的道德意志不再如往日那樣充盈其間，「夫太初之時，聚六合之散質成團，動而生熱，熱甚生光，是爲太陽，太陽旋轉極速，其外皮剖分，團成諸行星與地球。」「開闢之初，渾然太虛，迨氣凝成球，其初甚熱，發光如星，故地面初時有火而無水。」「而天空養輕二氣早已鬱結於中，惟相合處熱如蒸氣，不能凝而下墜，歷劫既久，地面積漸失熱，始凝爲雨而下降焉，此水之始生也。」「然雨水漸積日久，其力即能減地球炎熱，變化地面以備後來草木、人物之長養……」〔註113〕人們在其中看到是一幅嶄新的新天地，也是一副與以往迥然不同的新世界。傳統天理觀的道德性，已被自然界的物質性逐步消解，而物質世界不斷運動的規律，則進一步衝破了天理不可移易的觀念。知識的更新與積纍，一步步導向對傳統思想的變革。

　　與此同時，近代自然科學對傳統自然觀、世界觀中的錯誤之處給以直接駁斥與糾正，更進一步觸動了人們的思想觀念，如大學堂在教學過程中對傳統的天圓地方觀念、虹霓形成等觀念的批駁，「……地形如球，今日已無疑義，然在民智未開之時，皆誤認地球爲平面體，四周大洋延長無際，士大夫且有執天圓地方之古說，以爭訟者甚或逞種種之臆說，謂天外有天，鬼神怪物居之。」「古稱雄虹雌霓，是海上蜃氣所成者，謬也。太陽光線由雨點之上半射入下半射出，則成虹，反之則成霓。」〔註114〕再如針對古代士人以天氣變化占筮吉凶的駁斥，「日光七色合之則爲白光，故彩虹或變爲白虹，不足爲異。占驗家以白虹貫日爲不祥，大謬。彩虹變白虹之理，可以光學喻之，今試以七色之紙分黏極速機輪之輞，當其轉速之時，但見白光盤旋，不分七色。」〔註115〕儘管這些傳統觀念也曾試圖掙扎，但在與近代科學知識的對峙中，最終敗下陣來。當然，這些科學知識在今人看來不過是一些常識而已，無可驚異，但在清末時期，卻恰恰是這些常識性內容，拉開了人們反思傳統、變革傳統的序幕。北大校長蔣夢麟在回憶早年的學習生活時，曾形

〔註113〕丁韙良：《重增格物入門》卷四，京師大學堂刊行，光緒己亥上海美華書館鉛板（1899 年），第 19 頁；《重增格物入門》卷二，第 34 頁。

〔註114〕京師大學堂輯：《京師大學堂中國地理講義》（影印本），林慶彰等主編：《晚清四部叢刊》第五編第 34 冊，臺中：文聽閣圖書有限公司，2011 年，第 6、7、33 頁。

〔註115〕京師大學堂輯：《京師大學堂中國地理講義》，林慶彰等主編：《晚清四部叢刊》第五編第 34 冊，臺中：文聽閣圖書有限公司，2011 年，第 33 頁。

象地描述了接受科學知識之初，其心靈所產生的震撼，「……後來先生又告訴我，閃電是陰電和陽電撞擊的結果，並不是電神的鏡子裏發出來的閃光，雷的成因也相同，並非雷神擊鼓所生，這簡直使我目瞪口呆。從基本物理學我又學到雨是怎樣形成的，巨龍在雲端張口噴水成雨的觀念只好放棄了。瞭解燃燒的原理以後，我更放棄了火神的觀念。過去為我們所崇拜的神佛，像是烈日照射下的雪人，一個接著一個融化。這是我瞭解一點科學的開端，也是我思想中怪力亂神信仰的結束。」〔註116〕近代中國發展科學教育的重要意義，不只限於知識層面的增革損益，但新思想、新觀念的形成卻需要新型知識系統的有力支撐。

大學堂科學教育十餘年來的開展，使科學知識首先進入到讀書人那裏，再由他們散布到普通民眾之中。京師大學堂在創辦過程中，曾先後成立不同程度的教學部門，培養出了各類人才，其畢業生的去向相當廣泛，除了一部份升入分科大學繼續深造外，仕學館、進士館以及部份預備科學生進入朝廷，在京城內外擔任官職，師範科、博物實習科與譯學館內的大部份學生則分赴各省學堂擔任教員，隨著這些畢業學生步入社會，科學知識也被帶到近代社會各個領域，而畢業生由中央至地方間的多層次流動，使得科學知識的傳播進一步優化。

科學知識的普及給近代中國社會帶來了巨大的變化，使近代中國人獲得了極大的解放，這種解放不是單純指科學以技術、器物等物化形式把人從繁重的體力勞動中解放出來，而是指對國人思想的解放，把人的自主性、能動性從天道、天理中解放出來，主體不再需要為自身的行為而轉向自然界中尋求支持與庇護。由此，主體開始覺醒，得以真正獨立，而只有主體得到覺醒，才會提出各種訴求乃至於抗爭，社會上才會出現尋求變革的觀念與呼聲，進而形成種種思潮。這正是大學堂科學教育為推動社會進步所作出的重大貢獻。它雖然沒有針對傳統倫理道德與封建政體進行正面攻擊，但是其所傳播的科學知識無情地剝掉了覆在傳統宇宙觀、自然觀的神聖外衣，使傳統社會秩序失去了合法性與永久性，撼動了其底層基礎。這是中國社會由傳統向現代過渡的第一步，自然預示著顛覆傳統觀念風暴的來臨。

〔註116〕蔣夢麟：《西潮》，臺北：世界書局，1984 年，第 42 頁。

三、京師大學堂科學教育的歷史局限與啟示

　　大學堂科學教育在十餘年來的發展歷程中，取得了相當的成就，但同時也存在著嚴重弊端與缺陷。一個首要問題就是大學堂實施科學教育的總體程度不高。除去開辦時間短暫的分科大學外，無論是大學堂早期設立的仕學院、中學、小學，還是庚子事變後成立的預備科、師範科、譯學館、博物實習科、醫學館、仕學館、進士館等，這些部門前後所教授的科學知識大多為現今高中、初中的教學內容，與現代大學有明顯的差距。（大學堂各教學部門關於科學課程的講授內容，包括大學堂所用科學講義、科學教材等，俱如前文所述，其難易程度亦從其可知，無需贅言。）由於學生們基礎較差，導致學堂教學深度無法盡快提升，本科階段的教育也只能推遲延後，這對大學堂科學教育的實施效果造成極大的削弱。京師大學堂預備科學生在進入分類學習之前，就曾補習基礎知識一年，其它教學單位如譯學館、博物實習科等也曾因學生基礎過差而進行過不同程度、不同時段的課程補習，這些都致使大學堂科學教育的水平大打折扣。

　　不僅京師大學堂科學教育存在這樣的問題，北洋大學堂、山西大學堂等其它學堂，也經常出現教學內容較為膚淺的情況，這可以說這是近代中國大學科學教育的一種通病，而產生這種通病的主要原因則在於近代中國基礎科學教育的嚴重缺失。

　　在大學堂創辦之前，各地中、小學堂寥寥無幾，難以為大學堂輸送合格的生源。雖然洋務運動時期，洋務派官員創辦了一些新式學堂，傳授科技知識，但是這些學堂大多屬於軍事技術學堂與工程技術學堂，真正實施普通科學教育的學堂仍不多見。洋務學堂畢業生所學內容多為應用型科技知識，無法與京師大學堂開設的科學課程形成良好對接。因此，近代大學科學教育只能從頭做起，必須肩負起普及基礎科學教育的重任。

　　由於缺少合格的中、小學堂作為鋪墊，京師大學堂在創辦之初就明確提出在堂內設中學、小學，這雖與西方各國大學常規建制不符，卻也是不得已而為之，「西國大學堂學生，皆由中學堂學成者遞陞，今各省之中學堂，草創設立，猶未能遍及，則京師大學堂之學生，其情形亦與西國之大學堂略有不同，今當於大學堂兼寓小學堂、中學堂之意，就中分列班次，循級而升。」〔註 117〕在戊戌政變之後，京師大學堂中數量最多的學生也是中小學生，講

〔註117〕《謹擬京師大學堂章程》，光緒二十四年五月，北京大學綜合檔案・全宗一・

授內容自然膚淺。但這也恰好被保守勢力抓到把柄，成為攻擊大學堂的重要理由，即所謂的「降格相就」〔註118〕因此大學堂督促各省加快對中、小學堂的創辦，要求在一年之內即見成效。然而，庚子事變爆發，中斷了當時各級各類教育的發展勢頭，直到事變過後，在京師大學堂恢復重建的帶動下，各地的中、小學堂始得逐漸成立。而重辦大學堂，面臨的主要困難仍是招生問題，由各省中小學堂培養出畢業生尚需時日，「是目前並無應入大學肄業之學生」〔註119〕，為了解決生源問題，大學堂只能先行籌辦預備科與師範館，因此大學堂科學教學的整體水平，也只能停留在中學階段。欽定大學堂章程曾在其全學綱領中明確表示設立預備科「本一時權宜之計」，這道出了大學堂力圖推進科學教育，但又無法超越現實障礙的無奈心態。直到宣統二年，具有本科性質的格致科、工科、農科等分科大學才得以成立。可見，因基礎科學教育之不完備，京師大學堂把大量的時間用在培養可以接受高等教育的後備力量上。

當時的其它學堂，如北洋大學堂、山西大學堂等也都出現了類似的問題，即因普及初中等教育而限制了大學教育的整體深度。北洋大學堂在開辦初期，便設有二等學堂講授基礎知識，庚子事變後北洋大學堂復校，首先成立的也是備齋，以之作為預備科來解決生源問題。直到北洋大學堂發展的中後期，仍不時出現需要為學生補習基礎課程的情況，「夫入專門而不習普通……根基未立，滯礙實多，則國文與普通學之必須補習，無待言也。」「今大學堂學生既須補習高等、中等之功課，勢需用高等、中等之圖書，擬請飭由學務處按章酌宜選定……」〔註120〕山西大學堂同樣因為招收學生的科學素養較低，無法立即實施本科教育，只能在其西學專齋中先行開設預科班，預科生畢業後才在學堂中成立專科。其它省份開展的科學教育也是如此，山東巡撫袁世凱在籌備山東大學堂時，亦苦於招生之難，只能先期成立備齋，教授基

卷146，北京大學檔案館藏。

〔註118〕當時的陝西道監察御史吳鴻甲就曾以設立小學為由來反對京師大學堂的開辦，「京師創設大學堂，原議招學生五百人，若令顧名思義，本不應設小學堂在內，今既矣降格相就……」（參見中國第一歷史檔案館、北京大學編：《京師大學堂檔案選編》，北京：北京大學出版社，2001年，第73頁。）

〔註119〕中國第一歷史檔案館、北京大學編：《京師大學堂檔案選編》，北京：北京大學出版社，2001年，第102頁。

〔註120〕《代理北洋大學堂監督丁條陳改良北洋大學堂事宜稟並批》，《直隸教育雜誌》1906年第4期，第1、2頁。

礎內容，培養後備力量，「按大學堂只應設專齋，因一時無所取材，故雖有大學堂之名，暫不立專齋之課，而先從備齋、正齋入手，侯正齋諸生畢業有期，再續訂專齋課程，以資精進。」〔註121〕可見，清末時期的大學堂大多降格而用，所謂的大學堂科學教育也僅有大學之名，難當大學之實。

　　實際上，近代科學教育中存在著如此嚴重的缺陷，早已被有識之士所點出，梁啓超在論及教育次序時，已指出各地中小學堂未能先於大學堂而立，必將給大學堂教育造成拖累，「頃者朝廷之所詔敕，督撫之所陳奏，莫不有州縣小學、府中學、省大學、京師大學之議，而小學、中學至今未見施設，惟以京師大學堂之成立聞，各省大學堂之計劃亦紛紛起;若循此以往，吾決其更越十年而卒無成效者也。求學勢如登樓，不經初級而欲飛升絕頂，未有不中途挫跌者。」〔註122〕不僅本國大學如此，一些在日本留學的中國學生也是因爲在國內沒有受到良好的基礎教育，而不得不從頭學起，「……驟入其高等學、專門學、大學等，講求政治、法律、經濟諸學，然普通學不足，諸事不能解悟，卒不得不降心以就學於其與中學相當之功課」〔註123〕當然，作爲當時最高學府的京師大學堂也意識到基礎教育的缺失，必將對其日後科學教育的開展構成影響，「現時各省會所設之中學堂尙屬寥寥，無以備大學堂前茅之用，其各府州縣小學堂，尤爲絕無僅有，如不迭期開辦，則雖有大學堂，而額數有限，不能逮下，成就無幾。」〔註124〕它曾反覆強調完善初、中等科學教育的重要性，督促各地廣開學堂，但科學教育的發展畢竟有其內在規律，科學知識的累積需要一個漸進的過程，不可能一躍而上，一蹴而就，不過從另一角度檢視，這恰好成就了京師大學堂帶動近代中國教育事業發展的業績。

　　其次，京師大學堂科學教育在實驗教學等相關環節上有很大缺口，這在格致科、工科、農科等分科大學中表現的最爲明顯。對於本科階段的科學教育而言，實驗設備十分重要，實驗儀器是否充足關係到教學質量能否得到提高。雖然大學堂爲師範科、預備科購進了大量的實驗器具，也爲其野外實習創設了諸多機會，但是在本科教學中卻實難應付。奏定大學堂章程原本對各專業的實驗課程做出了各項要求，如格致科地質學門在三年內一共計劃開設

〔註121〕《宮中檔光緒朝奏摺》第十四輯，臺北：國立故宮博物院，1974年，第377頁。
〔註122〕梁啓超：《教育政策私議》，《新民叢報》1902年第8號，第51頁。
〔註123〕梁啓超：《教育政策私議》，《新民叢報》1902年第8號，第52頁。
〔註124〕《謹擬京師大學堂章程》，光緒二十四年五月，北京大學綜合檔案‧全宗一‧卷146，北京大學檔案館藏。

十八門課程，而其中實驗課就有八門之多；農科大學也預定設置植物學實驗、動物學實驗、農藝化學實驗以及農學實驗與農場實習，其中農學實驗與農場實習及農藝化學實驗還被要求在三年內連續開設。但是在分科大學的實際開辦中，很多原定的實驗課程不能得到落實，致使科學教學無法深入，從而抑制了大學科學教育的成效。僅在大學堂分科大學開學幾個月後，當時的一些媒體報刊就報導出因實驗設備、實驗場地的缺乏而嚴重影響教學的局面，「京師分科大學農、工、格致等學生於各該科學研究有素，此次考入分科，原欲得各種實驗，以期深造，乃開學至今，徒發乾燥無味之講義，空談學理大綱，如農科無農事試驗場之經驗；工科無工廠製造之實習；格致科無應用理化之試驗，其科學之程度、儀器之設備反不及各省高等學堂，因此大為失望，暑假後多有不願回堂者。」〔註125〕這其中雖有過份誇大之處，但所反映出因實驗設備簡陋而妨礙教學深入卻是實情。直到辛亥革命前夕，格致科與工科大學的校舍工程仍未完工，「……現德勝門外之分科大學工程本年底可以報竣者僅經、文兩科校舍。此外如學生寄宿舍、教員住室正在勘估，尚未興工，即使趕估興修而教員、學生人數較多，尚難分佈。」〔註126〕各分科大學都局促於馬神廟處狹小之地，實驗場地難以開闢，實驗教學必然受限。為此，清廷學部曾一度改變計劃，提出率先修建工科大學各個教室與實驗室，並與格致科師生共同使用，「惟有將明後年應修工程提前趕辦，工科校舍亦即趕估修築……格致科學生併入工科講堂講授。」〔註127〕但因經費等各項條件所限，該計劃未得立即實行，後考慮到科學教學的需要，不得不另行修建臨時實驗室、實驗場，但格致科與工科的理論課教授只能借用經科文科講堂之所。

分科大學科學教育的開辦如此簡易，是與當時中央政府捉襟見肘的財政局面有直接的聯繫。在各分科大學成立之前，大學堂科學教育的實施相對充分，源於當時的清廷財政尚能夠勉強應付，但也會偶而出現撥款不能及時到位的情況，如大學堂在修建植物園時曾因款項未能按時下撥而停頓了一段時間。但在格致科、工科、農科等分科大學開辦後，不僅需要修建各類實驗室，

〔註125〕《京師近事》，《申報》宣統二年庚戌六月廿八日（1910 年 8 月 3 日），第一張第六版。

〔註126〕《緊要新聞》，《申報》宣統三年辛亥閏六月廿四日（1911 年 8 月 18 日），第一張第六版。

〔註127〕《緊要新聞》，《申報》宣統三年辛亥閏六月廿四日（1911 年 8 月 18 日），第一張第六版。

而且大學階段所用實驗設備的價格也較為昂貴，因此與科學教育有關的各項開支陡然增大，清廷的財力確實難以支撐。宣統時期，清政府把大量的資金用於軍事、練兵等方面，而教育方面的經費投入則逐日減少，供大學堂分科大學所用的經費亦所剩無幾。雖然大學堂的常用經費有一部份取自於各省的認解繳納，但在實際執行中，仍有不少省份拖欠、少交。〔註128〕因國家經濟形勢的困頓，不僅格致科、工科與農科的科學教育難以順利開展，所有分科大學能否持續開辦下去都成了問題，關於停辦分科大學的消息也屢見報端，「分科大學頗有停辦之說，其原因以某日監國召見唐春卿尚書云，聞分科大學年費至二百萬以外，如此不如停罷，唐答以實只二十萬，並無二百萬之說……」〔註129〕「分科大學現因度支部無款可籌，學部各堂無可如何，曾以此請示監國，當奉面諭，現在部款竭蹶異常，以緩急輕重而論，興學固為當務之急，然如國防等事較興學為尤急，如果無可設法，只得暫為停辦等語。唐尚書遂與各堂商定，擬自暑假後，暫緩開學，俟籌有的款再行開辦。」〔註130〕「學部唐春卿尚書以分科大學現尚未籌有的款，深恐明春仍難開辦，請度支部設法。」〔註131〕在這樣的情形下，本科性質的科學教育尚難以深入推行，遑論出色的教育成就。

　　除此之外，京師大學堂科學教育的實際開辦與原定規劃有所脫節。京師大學堂在其恢復重建後原本計劃在學堂中設立算學、物理學、地理學、化學、博物學等科學課程，但是在二次開學之初，卻裁撤掉了化學與博物學兩門課程，只添設了一門衛生學。〔註132〕更為明顯的是，奏定大學堂章程明確規定大學堂分科大學應有八科，四十六門專業，與自然科學相關的有四科，三十一門專業。但在實際開辦中，不僅醫科大學沒有成立，而且其餘的三科，即格致科、工科、農科中設立的專業也大大縮減，三科大學一共才設立六門專業，這與原定規劃相去甚遠。即使在理論規劃中，大學堂的一些專業設置也

〔註128〕據大學堂的統計，自光緒二十八年至三十二年，除了山東、陝西兩省如數交齊外，其餘各省都有不同數額的欠解經費。參見《咨催各省速解大學堂欠解經費文》，中國第一歷史檔案館・學部・文圖庶務・卷357，中國第一歷史檔案館藏。
〔註129〕《分科大學近信》，《教育雜誌》1910年第7期，第55頁。
〔註130〕《分科大學緩辦之風說》，《申報》，宣統二年庚戌五月二十日（1910年6月20日），第一張第四版。
〔註131〕《分科大學近聞》，《教育雜誌》1910年第10期，第81頁。
〔註132〕參見《時事要聞》，《大公報》第三百號，光緒二十九年三月二十七日（1903年4月24日），第3頁。

有爭議之處，如文學科下設的中外地理學門中的一些課程與地質學門的設置有重複之處，當時曾有人建議將地理學調整至格致科下，「文學科大學中之有地理科，斯最可異者已……其尚可研究之方面，則在地文地質二學，然此二學之性質，屬於格致科，而不屬於文學科，今格致科大學中既有地質科矣，則地理學之事可附於此科中研究之。」〔註133〕

總之，以上均是京師大學堂科學教育在其開辦過程中所表露出的種種不成熟之處，它不僅深刻反映出近代大學科學教育所存在的固有缺陷與弊端，而且有力證明了科學教育的推行難以脫離社會，無法超越時代。

科學教育是人類社會發展到一定階段的產物，是人類主體對客觀世界的不斷認識、不斷改造的重要結晶，時代性與社會性是其本有的內在屬性。大學科學教育是一個國家、一個社會發達程度的集中體現，與社會中的經濟、政治、思想、文化等各種因素緊密依存，相輔而行。晚清時期的中國社會是近代大學科學教育賴以生存的現實土壤，經濟落後首先使這片土壤變得貧瘠。在民國成立之前，資本主義工商業雖在洋務運動等一系列活動作用下，取得了一定的發展成就，但從總體來看，自給自足的小農經濟仍占主導地位，鉅額的戰爭賠款與龐大的軍費開支，更加劇了國家財政困難，辦學經費不得不一再削減，教育體系也難以完善。而思想觀念的保守則自上而下地對科學教育形成壓制，在某些傳統觀念的影響下，晚清士人長時期把西方科學視為器物之術，只是在屢戰屢敗的恥辱中才對其有所重視，然而這種急功近利的實用觀念仍無助於科學教育的良性發展。

這再次提醒我們，科學教育作為社會整體中的有機組成部份，是與其它領域的發展相協調、相同步的，只有提高國家的綜合國力，推動社會各領域全面發展，科學教育事業才會穩步前進。

本章小結

京師大學堂科學教育經過十多年的發展，不僅取得了一些成績，而且在演變中形成了自身獨有的特點。這些特點一方面體現在京師大學堂科學教育的內部關係處理上，即各科學科目的設置與課程教學，這也可稱為內部特點；另一方面則體現在科學教育的外部關係處理上，即科學教育與人文教育

〔註133〕王國維：《奏定經學科大學、文學科大學章程書後》，舒新城編：《近代中國教育史料》第二冊，上海：中華書局，1928年，第36頁。

間的關係，這也可稱爲其外部特點。就內部特點而言，京師大學堂科學教育的開辦與當時的同類大學堂相比，在科目的設置與課程教學上，更具綜合性、多樣性。中國近代的大學在晚清時期主要有三所，即京師大學堂、北洋大學堂與山西大學堂，這三所大學堂皆推行科學教育，但實施特點各有不同。北洋大學堂與山西大學堂對科學教育的實施較爲相近，均十分重視工科的建設，尤其是北洋大學堂，工學色彩明尤爲鮮明。而京師大學堂與之不同，不獨注重工科。在京師大學堂分科大學中除了辦有工科外，還有格致科、農科，雖然沒有成立醫科大學，但是京師大學堂成立了醫學實業館。即便在京師大學堂的師範館、預備科等教學單位中，課程內容也是從基礎到專業，都有涵蓋，其科學教育總體上呈現出豐富多樣的景象。就外部特點而言，京師大學堂的科學教育與人文教育互相搭配、互相結合。在大學堂實施科學教育的幾個主要部門中，均開設了不同門類的人文課程，一些文科專業中也設有科學課程，這是京師大學堂在面對如何處理近代科學教育與人文教育關係時，所做出的探索性實踐。

　　京師大學堂科學教育的創辦與發展，在中國近代史上有著極其重要的地位。大學堂對科學教育的開辦，開通了社會風氣，在全國範圍內推動了科學教育的發展，引發了科學教育的興辦熱潮，在對傳統教育體系進行突破的同時，促進了新式教育體系的形成。在科學教育的浪潮下，各種科學刊物、科普機構相繼出現。而大學堂通過科技人才的培養，更爲日後中國科學事業的進步，打下了堅實的基礎。此外，大學堂科學教育所傳播的科學知識，在當時社會中發揮了重要的啓蒙作用。它不僅更新了民眾的觀念意識，而且通過對宇宙觀、自然觀、世界觀的重新闡釋，促使人們反思傳統觀念，進而尋求社會變革，最終得到覺醒。當然，在十餘年來的發展歷程中，京師大學堂科學教育也存在著諸多缺陷與不足，表現出了近代早期大學科學教育的種種不成熟之處，也生動地反映出了科學教育的發展與近代社會諸因素間相互制約、相互作用這一客觀規律。

　　京師大學堂作爲當時中國最高學府，引領著近代早期中國大學科學教育的前進方向，爲中國近代的科學事業與教育事業，乃至於整個社會的啓蒙都作出了重要的貢獻，其開拓之功永載史冊。

結　語

　　武昌起義的爆發，敲響了清王朝覆亡的喪鐘，也引發了社會動蕩。起初，清廷為了穩定大學堂教學秩序，採取了一系列措施，先是通令大學堂照常上課，後又任命勞乃宣為大學堂總監督，以維持學堂運轉。然而，隨著革命形勢的發展，清廷的軍隊步步敗退，社會形勢日益動蕩。大學堂中告假回鄉的學生與教員，越來越多，學堂教學難以為繼，不得不停課放假，「時革命軍聲勢甚盛，京師震恐，學生紛紛離京，大學學務停頓數月。」〔註1〕最終連總監督勞乃宣也向清廷稱病辭職，大學堂以關閉而告終。直到1912年5月，新成立不久的民國政府下令，將京師大學堂更名為北京大學。5月15日，北京大學舉行開學典禮，正式開學復課。在對京師大學堂科學教育寶貴遺產的繼承下，北京大學步入了一個新的時代。京師大學堂科學教育的歷史也就此告一段落。

　　縱觀京師大學堂十餘年來的發展歷程，可知近代中國的大學科學教育是在一個在內憂外患的環境下，從無到有，從小到大成長起來。科學教育發端於西方，直至近代伴隨著西方列強的炮火來到中國。正因為夾雜在血與火的背景之下，國人對科學的態度才十分複雜。在屢戰屢敗的恥辱中，清廷逐漸意識到科學技術的實際效用，進而對科學發展日益重視。而由重視科學，必然延伸至關注科學教育。因此科學教育在近代中國的出現，是歷史發展的必然結果。儘管在科學教育在清末時期裏備受磨難，但終究能夠突破重重阻礙，不斷前行。這充分印證了科學技術所葆有的強大生命力。

〔註1〕　胡先驌：《京師大學堂師友記》，黃萍蓀主編：《四十年來之北京》（第二輯），
　　　　　上海：子曰社，1950年，第54頁

伴隨科學教育的出現，尤其是大學科學教育的建立，近代中國社會對於科學技術、科學教育的認識也在逐漸深化。當然，就統治階層而言，更看重的是科學、科學教育對整個國家生存、發展的影響、對政權鞏固的影響。由此可以聯想到，京師大學堂正因為其開辦了科學教育，才維持住了整個學堂的運轉。戊戌政變後，大學堂能夠得以留存，有多方面的原因，學術界也有所探討。但筆者認為，科學教育之於國家安危的實際意義，挽救了大學堂面臨被裁撤與整肅的命運。在歷次反對外來侵略戰爭中，清政府基本都以失敗告終，諸多有識之士意識到中國科技落後的現實國情。儘管當時大部份國人對科學的認識並不全面，尚存在著這樣那樣的偏差，但是關於科學技術在強國禦侮方面的效用，則已取得共識。實施科學教育，培養科技人才，是為當務之急，亦乃人所共知，京師大學堂對科學教育開辦正基於此。慈禧太后雖然忌恨維新派，但她也需要利用科技來鞏固政權、穩定社會秩序，甚至於強大國家。科學教育也確實能夠產生這樣的作用。由此不難理解，創辦了科學教育的大學堂為何在晚清階段經歷了風風雨雨卻依然能夠發展下去。

在國家的重視下，京師大學堂從最初籌劃、建立、重建以至後期發展，科學教育一直被作為其各項工作的核心內容。對教員招聘、學生的錄取都是從重視科學角度出發，「教科學的教員，亦慎重選聘，借用客卿，倒不是流氓商人混飯吃的一流人物。」「招選學生，以國學和東西文有根底者為取錄標準，以便容易研究科學。」〔註2〕從大學堂的發展歷程也可以看出，清廷對京師大學堂科學教育的實施與監管，還是比較認真負責的，本文以上各章節已對此有所論述。

當然，處於開拓階段的大學科學教育，必然會帶有種種缺陷與不足，京師大學堂也是如此，其講授之內容過於膚淺，難以與國外大學相提並論，實驗設備之缺乏更制約了教學質量的提升；在教學過程中對科學知識的講授，只是以一種靜態的結論呈現出來，缺少啟發性的指導，而且教學中也缺乏關注自然科學各學術門類間的內在關聯。更重要的是，它忽視了對學生實踐精神、創新精神、科學精神的培養，「學校中的科學教育只是販賣知識，教員對於學生只負有轉運知識的責任，科學家做學問的精神絲毫不曾得著。」〔註3〕這使得學生仍以功利的心態去看待科學，科學精神有所缺失。此外，大學堂

〔註2〕 俞同奎：《四十六年前我考進母校的經驗》，《北京大學五十週年紀念特刊》，北京：國立北京大學出版部，1948年，第12頁。

〔註3〕 張君勱等：《科學與人生觀》，遼寧教育出版社，1998年，第228頁。

還出現理論規劃與教學實踐相脫節，而且理論規劃本身也存在不少漏洞。

　　但是對大學堂科學教育的評價應當回歸到歷史的語境中去，要充分結合當時中國社會發展的整體水平、要結合當時中國科學與教育的各自發展狀況。近代科學教育是近代教育的重要組成部份，而近代教育的發展則無法脫離時代背景、無法脫離社會環境，既要受到生產力、生產關係的制約，也要受到意識觀念的牽連。故此，中國近代大學科學教育作爲一個整體，受到中國近代社會經濟、政治、文化等發展程度的影響。羸弱的中國社會艱難地爲近代大學科學教育提供著各種資源。然而，科學教育又不是完全被動地受制於社會，其對社會的發展又有著明顯的反作用力。因爲近代社會的進步，離不開科學知識的傳播，離不開科學教育的實施，離不開科學技術的發展。大學科學教育在發展演變過程中，不僅使自身逐步完善，同時有力地促進了民眾觀念的轉變與近代社會的變革，推動了現代化的進程。這是晚清時期，大學科學教育創辦十幾年來的重要成果，即一方面通過培養各種科技人才，爲日後中國科學教育的深入發展奠定了重要的基礎，它的發展與壯大，加速了現代教育的體系形成，並爲科學研究專業化、深入化做了十分必要的準備。更爲關鍵的是它所傳播的科學知識，發揮了重要的啓蒙作用，直接間接地促進了民眾的覺醒，對中國社會的進步產生了深遠的影響。

　　任何事物的發展都需要一個開拓的過程，只有在此基礎上才能走向成熟、走向繁榮，科技進步尤爲如此。正如京師大學堂學生在經過野外實習後認識到那樣，「夫學術之競爭，未有不始於至微，而終於至已者也，泰西今日科學之茂美，實業之發達，其價值久有定論，無待瀆陳，然試推其原，其致此之由，其層聚曲折之故也，固有不可誣者。」〔註4〕大學科學教育在清末時期的開疆拓土，乃是歷史賦予之使命。在完成這份使命的過程中，京師大學堂的科學教育也贏得當時社會的高度評價，「大學堂專重科學，除虛文、課實學，誠爲中國一線光明，而鼓鑄眞才之洪爐也。」〔註5〕這其中雖不乏溢美之辭，但由衷地反映出京師大學堂科學教育在清末世人心目中的崇高地位。

〔註4〕　姚梓芳：《芝罘臨海實驗日記序》，《覺庵叢稿》，京師京華書局刷印，中國國家圖書館古籍館藏，第7頁。
〔註5〕　《論說》，《大公報》第四百七十七號，光緒二十九年八月二十八日（1903年10月18日），第2頁。

附　錄

一、光緒二十九年至三十年，京師大學堂譯書局購買的科學類書
　　籍如以下各表所示。

光緒二十九年至三十年，大學堂譯書局所購數學書籍書目〔註1〕

作　者	書　目
荷呼、乃德	《代數術》
荷呼、乃德	《代數初階》
韓布林斯密	《代數》
古靈希略	《微積術》
洛克思	《布算淺說》
洛克思	《布算》
布魯克斯密	《布算》
韓布林斯密	《布算》
贊普	《對數表》
洛克思	《三角術》
沙羅門	《割錐通系》
幾連生	《微分術》
幾連生	《積分術》

〔註1〕　該統計出自《光緒二十九年至三十年大學堂譯書局購買西國書籍報銷清冊》，
　　　　中國第一歷史檔案館・學部・財經・卷217，中國第一歷史檔案館藏。以下各
　　　　類書籍統計亦出自同一檔案案卷。

荷呼、思知文	《三角術》
荷呼、思知文	《幾何》
洛克	《高等三角術》
荷力格利	《數學集題》
韋廉生	《積分術》
佛賴爾	《三方指數》
保羅	《算家傳》
約翰生	《曲線解題》

光緒二十九年至三十年，大學堂譯書局所購物理學、化學書籍書目

作　者	書　目
洛克思	《動力學》
俞尼	《靜力學》
普押斜	《電磁學》
洛契爾	《天文分課》
普洛脫爾	《星圖》
科沁	《科學拾級》
布魯爾	《科學拾級》
俞尼	《力學水學》
湯生忒特	《力學後編》
俞尼	《動力學》
洛克思	《動力學》
牛德思	《格物》
斯爵爾	《格物》
啓羅文、忒特	《力學參微》
克西拉	《儀器用法》
馬格農	《力學》
李扶烈	《格物淺說》
侯失勒	《談天》
韓布林	《水學》
寶勒	《天文入門》
勞芝	《科學前茅》
加涅特	《力學》

阿維里	《科學講義》
褒洛和	《科學十種》
洛綺爾	《天學》
斯爵耳	《力體常住》
林蒙森	《化學》
多白思	《化學實用》
魯士戈	《化學》
侯失勒	《格物肄言》

光緒二十九年至三十年，大學堂譯書局所購地理學書籍書目

作　者	書　目
戚休龍	《輿地》
克來得	《輿地》
可安倭律	《輿地》
休思	《輿地》
邁克爾宗	《輿地》
白爾德	《地貿學》
幾凱	《地文學》
約翰士敦	《輿地》
馬克突厥	《輿地》
馬密蘭	《輿地讀書》

光緒二十九年至三十年，大學堂譯書局所購生物學、生理學書籍書目

作　者	書　目
愛得蒙	《植物學》
倭立華	《植物學》
葉肯	《植物學》
牛休蒙	《衛生學》
費耳得、訥特	《衛生學》
幾洛比	《衛生學》
斯賓塞爾	《生學天演》
安哲勒	《動物內景》
昆衍思	《醫典》

光緒二十九年至三十年，大學堂譯書局所購博物學書籍書目

作　　者	書　　目
赫圖翼	《海中奇物》
赫圖翼	《赤道奇物》
赫圖翼	《二極奇物》
赫圖翼	《地中奇物》
懷德	《世爾涝動物狀》

光緒二十九年至三十年，大學堂譯書局所購農學書籍書目

作　　者	書　　目
韋柏	《農學淺說》
丹那	《農學淺說》

二、京師大學堂二次開學後，教授科學課程的教員名單如下表所示

大學堂科學教員表（光緒二十八年至宣統三年）（專職與兼授）〔註2〕

教員姓名	教授課程門類
宋發祥	化學、地質、礦物等
顧澄	算學
胡宗瀛	植物學、動物學、農學
太田達人	算學
高橋勇	圖畫
江紹銓	地理、代數、幾何
西村熊二	化學
劉麟	動物學
氏家謙曹	數學、物理
盧紹鴻	圖畫、手工
周培炳	化學

〔註2〕 參見國立北京大學編：《國立北京大學廿週年紀念冊》，北京：國立北京大學，1918年，第29～59頁。

矢部吉槙	植物學
桑野久任	動物學
土田兔司造	動植物學
吳樂鄳	物理學
馮闓模	動物學
王宰善	數學、化學
路孝植	農學
胡玉麟	算學
何育傑	算學
周道章	算學
譚紹裳	輿地
桂邦傑	輿地
席淦	算學
鄒代鐸	測繪
譚應麟	圖畫
艾克坦	物理、化學
王周瑤	衛生學
哈漢章	衛生學
謝天保	衛生學
陳家盛	衛生學
永野慶次郎	博物實習科
葉山	博物實習科
來海	博物實習科
杉野章	博物實習科
王栖	博物實習科
宋井藤吉	博物實習科
野田昇平	博物實習科
梭爾格	格致科、工科教員
士瓦爾	格致科、工科教員
艾克坦	格致科、工科教員
陳棍	格致科、工科教員
米婁	格致科、工科教員
勁博爾	格致科、工科教員

惠文	格致科、工科教員
秦岱源	格致科、工科教員
何伯德	格致科、工科教員
陳祖良	格致科、工科教員
高樸	格致科、工科教員
龍訥庚	格致科、工科教員
貝開爾	格致科、工科教員
陳煥齋	格致科、工科教員
藤田豐八	農科教員
橘義一	農科教員
小野孝太郎	農科教員
三宅市郎	農科教員
章鴻釗	農科教員
毛鷖	農科教員

參考文獻

一、**史料**（以字首拼音爲序）：

1. 北京大學檔案館藏京師大學堂檔案全宗。

2. 北京大學校史研究室編：《北京大學史料》（第一、二卷），北京：北京大學出版社，1993 年。

3. 陳學恂編：《中國近代教育史教學參考資料》（上中下三冊），北京：人民教育出版社，2000 年。

4. 陳學恂編：《中國近代教育文選》，北京：人民教育出版社，1984 年。

5. 陳忠倚編輯：《皇朝經世文三編》，上海書局石印本，光緒二十七年（1901 年）。

6. 陳平原、夏曉虹編：《北大舊事》，北京：北京大學出版社，2009 年。

7. 陳磐石、陳學恂編：《清代後期教育論著選》（上下冊），北京：人民教育出版社，1997 年。

8. 陳谷嘉、鄧洪波主編：《中國書院史資料》，浙江教育出版社，1998 年。

9. 《籌辦夷務始末》，北京：中華書局，2008 年。

10. 《大公報》。

11. 《大清光緒新法令》，上海：商務印書館，宣統二年七月。

12. 《東方雜誌》。

13. 國立北京大學編：《國立北京大學廿週年紀念冊》，北京：國立北京大學，1918 年。

14. 國立北京大學編：《北京大學五十週年紀念特刊》，北京：國立北京大學出版部，1948 年。

15. 《湖南官報》。

16. 教育部教育年鑒編纂委員會：《中國第一次教育年鑒》，上海：開明書店，1934 年。

17. 《教育雜誌》。

18. 《教育世界》。

19. 梁啓超：《飲冰室合集》，北京：中華書局，1936 年。

20. 黎難秋：《中國科學翻譯史料》，合肥：中國科學技術大學出版社，1996 年。

21. 《清會典》（影印本）卷一百，北京：中華書局，1991 年。

22. 璩鑫圭、唐良炎編：《中國近代教育史資料彙編——學制演變》，上海：上海教育出版社，1991 年。

23. 全國政協文史資料委員會編：《文史資料存稿選編·教育》，北京：中國文史出版社，2002 年。

24. 〔日〕多賀秋五郎編：《近代中國教育史資料》，臺北：文海出版社，1976 年。

25. 舒新城編：《近代中國教育史料》，北京：中華書局 1933 年。

26. 宋原放主編：《中國出版史料——近代部份》，武漢：湖北教育出版社，2011 年。

27. 沈雲龍主編：《近代中國史料叢刊》，臺北：文海出版社，1973 年。

28. 沈雲龍主編：《近代中國史料叢刊續編》，臺北：文海出版社，1984 年。

29. 沈桐生編《光緒政要》，上海崇義堂石印木，宣統元年（1909 年）。

30. 《申報》。

31. 《時報》。

32. 湯志鈞編：《康有爲政論集》上下冊，北京：中華書局，1981 年。

33. 王栻編：《嚴復集》（1～5 冊），北京：中華書局，1986 年。

34. 王學珍等編：《北京高等教育文獻資料選編》（1861～1948），北京：首都師範大學出版社，2004 年。

35. 《吳汝綸全集》（1～4 冊），合肥：黃山書社，2002 年。

36. 《戊戌變法》，《中國近代史資料叢刊》，上海：神州國光出版社，1953 年。

37. 《萬國公報》。

38. 《學部官報》。

39. 《湘學報》。

40. 學部總務司編：《學部奏咨輯要》，臺北：文海出版社，1985 年。

41. 學部總務司編：《第一次教育統計圖表》，臺北：中國出版社，1973 年。

42. 楊家駱主編：《清光緒朝文獻彙編》，臺北：鼎文書局，1978 年。

43. 尹德新主編：《歷代教育筆記資料》（清代部份），北京：中國勞動出版社，1993 年。

44. 《諭摺彙存》（影印本），臺北：文海出版社，1967 年。

45. 張靜盧編：《中國近代出版史料》，北京：中華書局，1957 年。

46. 鍾叔河主編：《走向世界叢書》，長沙：嶽麓書社，2008 年。

47. 朱有瓛：《中國近代學制史料》（第 1～3 輯），上海：華東師範大學出版社，1992 年。

48. 朱壽朋：《光緒朝東華錄》，北京：中華書局，1958 年。

49. 中國史學會主編：《洋務運動》，上海：上海人民出版社，2000 年。

50. 中國第一歷史檔案館藏京師大學堂檔案全宗。

51. 中國第一歷史檔案館編：《光緒宣統兩朝上諭檔》，桂林：廣西師範大學出版社，1996 年。

52. 中國第一歷史檔案館、北京大學編：《京師大學堂檔案選編》，北京：北京大學出版社，2001 年。

53. 中國第一歷史檔案館編：《光緒朝硃批奏摺》，北京：中華書局，1996 年。

二、研究專著

1. 〔美〕波普爾：《科學知識進化論》，北京：三聯書店，1987 年。

2. 陳景磐：《中國近代教育史》，北京：人民教育出版社，1983 年。

3. 丁偉志、陳崧著：《中西體用之間》，北京：中國社會科學出版社，1995 年。

4. 董光璧：《中國近現代科學技術史論綱》，長沙：湖南教育出版社，1992 年。

5. 杜成憲、丁鋼：《20 世紀中國教育的現代化研究》，上海：上海教育出版社，2004 年。

6. 段治文：《中國現代科學文化的興起（1919～1936）》，上海人民出版社，2001 年。

7. 杜石然等：《洋務運動與中國近代科技》，瀋陽：遼寧教育出版社 1991 年。

8. 馮志傑：《中國近代科技出版史研究》，北京：中國三峽出版社，2008 年。

9. 何志平：《中國科學技術團體》，上海：上海科學普及出版社，1990 年。

10. 霍益萍：《近代中國的高等教育》，上海：華東師範大學出版社，1999 年。

11. 金忠明等：《中國近代科學教育思想研究》，北京：科學普及出版社，2007 年。

12. 金以林：《近代中國大學研究》北京：中國文獻出版社，2000 年。

13. 金林祥：《蔡元培教育思想研究》，瀋陽：遼寧教育出版社，1994 年。

14. 龔育之：《科學‧哲學‧社會》，北京：光明日報出版社，1992 年版。

15. 〔美〕科恩：《科學中的革命》，北京：商務印書館 1998 年。

16. 李安平：《百年科技之光》，北京：中國經濟出版社，2000 年。

17. 李喜所：《近代留學生與中外文化》，天津：天津人民出版社，1991 年。

18. 李澤厚：《中國近代思想史論》，天津：天津社會科學院出版社，2004 年。

19. 李醒民：《中國現代科學思潮》，北京：科學出版社，2004 年。

20. 梁柱、王世儒：《蔡元培與北京大學》，太原：山西教育出版社，1995 年。

21. 呂達：《中國近代課程史論》，北京：人民教育出版社，1994 年。

22. 林慶元、郭金彬：《中國近代科學的轉摺》，廈門：鷺江出版社，1992 年。

23. 劉大椿、吳向紅：《新學苦旅——中國科學文化興起的歷程》，桂林：廣西師範大學出版社，2003 年。

24. 劉鈍、王揚宗編《中國科學與科學革命：李約瑟難題及其相關問題研究論著選》，瀋陽：遼寧教育出版社，2002 年。

25. 盧嘉錫：《中國現代科學家傳記》（第 1 集），北京：科學出版社，1991 年。

26. 羅素：《宗教與科學》，北京：商務印書館 1982 年。

27. 馬祖毅：《中國翻譯簡史》（五四前部份），北京：中國對外翻譯出版公司，1984 年。

28. 邱若宏：《傳播與啓蒙——中國近代科學思潮研究》，長沙：湖南人民出版社，2004 年。

29. 錢曼倩、金林祥：《中國近代學制比較研究》廣州：廣東教育出版社，1996 年。

30. 任定成：《在科學與社會之間》，武漢：武漢出版社，1997 年。

31. 孫培青：《中國教育史》，上海：華東師範大學出版社，2000 年。

32. 宋恩榮：《近代中國教育改革》，北京：教育科學出版社，1994 年。

33. 宋秋蓉：《近代中國私立大學研究》，天津：天津人民出版社，2003 年。

34. 蘇中立，蘇暉：《執中鑒西的經世致用與近代社會轉型》，北京：中華書局，2004 年。

35. 唐明邦主編《中國近代啓蒙思潮》，南昌：江西人民出版社，1993 年。

36. 湯一介：《北大校長與中國文化》，北京：北京大學出版社，1998 年。

37. 田正平：《中國高等教育百年史論》，北京：人民教育出版社，2006 年。

38. 王倫信等：《中國近代民眾科普史》，北京：科學普及出版社，2007 年。

39. 王倫信等：《中國近代中小學科學教育史》，北京：科學普及出版社，2007 年。

40. 王炳照，閻國華：《中國教育思想通史》，長沙：湖南教育出版社，1994年。

41. 王建軍：《中國近代教科書發展研究》，廣州：廣東教育出版社，1996年。

42. 吳國盛：《科學的世紀》，北京：法律出版社，2000年。

43. 吳洪成：《中國近代教育思潮研究》，重慶：西南師範大學出版社，1993年。

44. 吳式穎等主編《外國教育思想通史》第八卷，長沙：湖南教育出版社，2002年。

45. 吳廷嘉：《戊戌思潮縱橫談》，北京：中國人民出版社，1988年。

46. 夏東元：《洋務運動史》，上海：華東師範大學出版社1996年。

47. 熊月之：《西學東漸與晚清社會》，上海：上海人民出版社，1994年。

48. 蕭超然：《北京大學與五四運動》，北京：北京大學出版社，1995年。

49. 蕭超然：《北京大學校史》，北京：北京大學出版社，1988年。

50. 楊玉厚：《中國課程變革研究》，西安：陝西人民出版社，1993年。

51. 余英時：《中國思想傳統的現代詮釋》，南京：江蘇人民出版社，1989年。

52. 朱國仁：《西學東漸與中國高等教育近代化》．廈門：廈門大學出版社，1996年。

三、研究論文

1. 鮑嶸：《課程與權力——以京師大學堂（1898～1911）課程運營為個案》，《浙江師範大學學報（社會科學版）》，2005年第4期。

2. 〔法〕巴斯蒂：《京師大學堂的科學教育》，《歷史研究》，1998年第5期。

3. 陳友良、林鴻生：《略論嚴復的科學教育思想》，《福建師範大學福清分校學報》，2002年第1期。

4. 陳磊，高桂娟：《現代大學制度研究：概念與要素》，《遼寧教育研究》，2005年第8期。

5. 崔樹民：《略論民初進步知識分子推進教科文事業的近代化》，《山西大學學報》，1997年第4期。

6. 鄧愛英：《洋務運動與中國科技教育近代化》，《滄桑》，2004年第3期。

7. 段治文：《論近代科技在中國現代化進程中的地位和影響》，《學術月刊》，2000年第3期。

8. 段治文：《試論中國近代科技教育的體制化歷程》，《浙江社會科學》，1995年第5期。

9. 樊洪業：《中國近代科學傳播的「開路小工」》，《文匯報》，1997年7月。

10. 郭建榮、劉淑君：《中國近現代理科人才培養的歷史研究（北京大學理科

課程體系演變的・考察)》,《高等理科教育》,1996 年第 3 期。

11. 黃知正:《五四時期留美學生對科學的傳播》,《近代史研究》,1989 年第 2 期。

12. 闞維民:《中國高校建立地理學系的第一個方案——京師大學堂文學科大學中外地理學門的課程設置》,《中國科技史料》1998 年第 4 期。

13. 李恩民:《戊戌時期的科技近代化趨勢》,《歷史研究》,1990 年第 6 期。

14. 劉鐵芳:《科學教育:過去、現在和未來》,《河北師範大學學報(教育科學版)》,2000 年第 3 期。

15. 羅長青:《試論科學精神及其培養》,《光明日報》,2001 年 8 月 4 日。

16. 羅志田:《從科學與人生觀之爭看後五四時期對五四基本理念的反思》,《歷史研究》,1999 年第 3 期。

17. 羅小瓊:《淺議晚清教育》,《歷史研究》,1989 年第 6 期。

18. 曲鐵華,王健:《中國近現代科學教育發展擅變及啓示》,《東北師大學報(哲學社會科學版)》,2000 年第 6 期。

19. 曲鐵華,梁清:《論蔡元培科學教育思想的內涵及現代價值》,《河北師範大學學報(教育科學版)》2004 年第 1 期。

20. 錢存訓:《近世譯書對中國現代化的影響》,《文獻》,1986 年第 2 期。

21. 任豔青:《北京大學與中國高等教育的早期現代化》,《教育研究》2010 年第 3 期。

22. 桑兵:《晚清民國時期的國學研究與西學》,《歷史研究》1996 年第 5 期。

23. 唐斌:《科學教育與人文精神——兼論科學的人文教育價值》,《教育研究》,1997 年第 11 期。

24. 王德春:《論科學救國思想的發軔及意義》,《湖北社會科學》,2005 年第 5 期。

25. 王建輝:《科學編輯杜亞泉》,《出版廣角》,2000 年第 6 期。

26. 王冬淩:《試論中國近代科學教育產生的動因與背景》,《清華大學教育研究》,2004 年第 1 期。

27. 王冬淩:《論中國近代科學教育發展的社會制約性》,《瀋陽師範大學學報(社會科學版)》,2004 年第 2 期。

28. 王曉勇:《京師同文館的創立與中國早期的自然科學教育》,《涪陵師範學院學報》,2002 年第 5 期。

29. 王建華:《中國近代大學的形成與發展——大學校長的視角》,《清華大學教育研究》,2000 年第 4 期。

30. 吳冬梅:《淺析中國近代科學教育中科學精神缺失之原因》,《濟南大學學報》,2002 年第 3 期。

31. 鄔大光：《高等教育理論創新與本土化》，《中國高等教育》，2006 年第 9 期。

32. 徐克敏：《我國最早的科技期刊——〈亞泉雜誌〉》，《中國科技期刊研究》，1990 年第 1 期。

33. 尹恭成：《近現代的中國科學技術團體》，《中國科技史料》，1985 年第 5 期。

34. 易慧清：《「五四」時期北京大學的教育改革》，《東北師範大學學報》1989 年第 3 期。

35. 袁振國：《反思科學教育》，《教育參考》，1999 年第 1 期。

36. 薛天樣，侯定凱：《高等教育發展歷程中的大學校長權力》，《高等教育研究》，1996 年第 3 期。

37. 姚曉春：《科學教育與教育的使命》，《教育參考》，1999 年第 5 期。

38. 趙吉惠：《科學主義教條主義對當代歷史認識論研究的影響》，《學術月刊》1994 年第 5 期。

39. 張劍：《中國科學社的科學宣傳及其影響（1914～1937）》，《檔案與史學》，1998 年第 5 期。

40. 張亞軍：《略論科技期刊的科技傳遞》，《貴州大學學報》（自然科學版），1999 年第 1 期。

41. 張汝：《清末新政的新式學堂與教育近代化》，《樂山師範學院學報》，2002 年第 1 期。

42. 張小莉：《試析清政府「新政」時期教育政策的調整》，《河北師範大學學報（教育科學版）》，2003 年第 2 期。

43. 張亞群：《廢科舉與學術轉型——論清末科學教育的發展》，《東南學術》，2005 年第 4 期。

44. 張希林：《張百熙與兩個章程》，《新疆師範大學學報（哲社版）》，2004 年第 6 期。

45. 張振助：《庚款留美學生與中國近代教育科學化運動》，《高等師範教育研究》，1997 年第 5 期。

46. 張運君：《京師大學堂和近代西方教科書的引進》，《北京大學學報（哲學社會科學版）》2003 年第 3 期。

47. A.Henry Savage-Landor. *China and the Allies*, Vol. II, London：William Heinemann, 1901.

48. Sarah Pike Conger. *Letter from China*, Chicago, A.C.McClurg&Co., 1910.

49. Timothy B.Weston. *The Power of Position:Beijing University, Intellectuals and Chinese Political Culture, 1898~1929*. Berkeley：University of California Press, 2004.

50. *The North China Herald*, 1899.

51. Xiaoqing Diana Lin. *Peking University: Chinese Scholarship and Intellectuals, 1898~1937.* State University of NewYork Press, 2005.